人的存在方式研究

en De Cunzai Fangshi Yanjiu

陈学明 王 平 孔明安 王治东 主编

人民出版社

目　录

上　篇

下 篇

上　篇

虚拟财富及其存在论解读

马拥军

马克思和恩格斯指出："一当人开始生产自己的生活资料，即迈出由他们的肉体组织所决定的这一步的时候，人本身就开始把自己和动物区别开来。"① 恩格斯晚年在批评政治经济学家关于"劳动是一切财富的源泉"的观点时，一方面说明"劳动和自然界在一起才是一切财富的源泉，自然界为劳动提供材料，劳动把材料转变为财富"；另一方面认为"劳动是整个人类生活的第一个基本条件，而且达到这样的程度，以致我们在某种意义上不得不说：劳动创造了人本身"②。马克思和恩格斯的存在论立足于对劳动的异化、物化状态的研究，认为在资本主义生产条件下，"日常的平均状态"的劳动表现为抽象劳动，并由此导致全部生活的物化；只有扬弃抽象劳动，人才能进入更高的存在状态，即"每个人的自由发展"的状态。然而，虚拟经济的出现改变了马克思政治经济学批判的初始分析条件。现在仅仅对财富进行存在论解读已经远远不够了，我们必须把政治经济学批判扩展到对虚拟财富的存在论解读。

---

① 《马克思恩格斯文集》第 1 卷，人民出版社 2009 年版，第 519 页。

② 《马克思恩格斯文集》第 9 卷，人民出版社 2009 年版，第 550 页。

一、财富与人的存在

人是对象性存在物，因此，谈到人的存在，必然要涉及财富。因为财富无非是满足人的需要的对象。

所谓“对象性”，是指人的存在不是自足的，而是依赖对象的；只有在与对象的联合中，主体才能存在。与此相对的是“自足性”，它指的是主体的依靠自身的存在，也就是“独立”的、无须对象就能保持的存在。人的存在的对象性突出表现在“需要”范畴中。需要意味着需要对象：没有对象意味着存在处于残缺不全的状态，会令主体感到痛苦；获得了对象意味着存在得到实现，会令主体感到快乐。因此，需要既有其客观方面，也有其主观方面。客观方面表明，存在总是与“对象性”联系在一起的；主观方面表明，主体总是对对象有一种特定的情感评价。

费尔巴哈已经研究了人的存在的对象性。马克思和恩格斯立足于人的社会存在，试图寻找实现对象性的途径，以便使自足性显现出来，让每个人都得到“自由发展”。因此，马克思和恩格斯总是把人的存在与“财富”联系在一起。

在现阶段，人的自然存在表现为人的肉体存在，它是人的精神存在和社会存在的基础。费尔巴哈与黑格尔的区别，正是在于他理直气壮地强调人的肉体存在相对于精神存在和社会存在的基础地位。对于费尔巴哈来说，只有感性意义上的对象性才是真正的对象性。它与思维意义上的对象性不同。思维意义上的“对象性”是可以被扬弃的，感性意义上的对象性却无法被扬弃。人作为感性存在物，只能是要么需要得到满足，要么得不到满足。就得到满足来说，可以是局部满足，也可以是全面满足。满足了就快乐，不满足就痛苦。这意味着，人不仅是知性存在物，而且是感性存在物、意志存在物。因此，在“对象性”意义上，人的本质可以概括为知、情、意三个方面。

马克思和恩格斯注意到，单就“对象性”来说，人和其他动物是一样的。我们甚至可以说，对人来说，自然界本身就是对象性的。真正把人跟动物区别开来的，并不是人能通过修行戒除或消解对象性；恰恰相反，按照马克思和恩格斯的观点，人与动物的区别在于人类可以通过生产活动，自己创造出满足对象性需要的手段。因此，马克思和恩格斯反对禁欲主义。他们是从承认“需要”而不是从否定“欲望”出发的。

禁欲主义把所有肉体需要和欲望都看作不合理的、应当戒除的，但在实际上，对于作为自然存在物的人来说，只有超出肉体需要的部分欲望即贪欲才是不合理的。正如人通过思维把握对象一样，人也通过需要及其满足来感性地把握对象。肉体需要并不违背自然，相反，需要本身就是人的自然性和社会性的体现，不仅如此，肉体需要还构成精神需要和社会需要的基础。

马克思在《1844年经济学哲学手稿》中专门研究了人的动物性需要和需要的人化。他把所有能满足需要的对象都当作人的财富，这样，财富就不仅包括物质财富，而且包括精神财富和社会财富。物质财富即使用价值，在它成为人的精神需要和社会需要的基础的时候，它也是人性的对象，但是如果物质财富脱离了精神财富和社会财富，成为人的唯一的需要对象，它就不再是人性的表现，而表现为纯粹的动物性需要的对象。另一方面，需要的人化不仅意味着人的精神需要和社会需要得到发展，而且意味着物质需要本身以合乎人性的方式表现出来。在后来的著作如《1857—1858年经济学手稿》和《资本论》中，马克思都把《1844年经济学哲学手稿》中的自足与“自由”联系起来。这样，人类共同的生产能力和人们的社会关系作为财富，就使自由与自足联系为一体，从而完成了从亚里士多德的实践哲学到马克思主义财富哲学的演化过程。

众所周知，亚里士多德的实践哲学是以“自足”作为出发点的。但精神上的自足需要一定的物质条件。因此，与柏拉图的共产主义主张不同，亚里士多德以适度的财富作为实现自由的前提条件。马克思所理解的自足，即“自然界的和人的通过自身的存在”，则是在满足了人的物质需要和精神需要之后的状态，即消除了贫困和富有的对立的状态。① 但在当代人眼里，由于

① 《马克思恩格斯文集》第1卷，人民出版社2009年版，第194—195页。

欲望的无限扩张，对象性异化成为客体性，“自足”成为一个完全无法理解的概念。

欲望仅仅是感性的，而需要则体现在感性、知性和意志等各个方面，因此，一旦人类以欲望在量上的无穷扩张代替了需要的质的（即从肉体需要到精神需要、社会需要的）进化，人类的存在就必然进入幻化之境。欲望会使人的注意力集中到对象性存在物上面，从而使自身的自足性被遮蔽。禁欲主义者认为，只要抑制或消解了肉体需要或欲望，人本身自足的方面就会显现出来。马克思和恩格斯则认为，肉体需要或自然需要一旦被满足，它就不再发挥作用，更高级的需要即精神需要和社会需要自然就会显现出来。因此，与禁欲主义者不同，马克思和恩格斯不是主张通过抑制肉体需要或欲望获得自由，而是主张通过提高生产力、满足肉体需要而让精神需要和社会需要自然显现。在马克思和恩格斯这里有一种需要生成的历史现象学。问题是一旦肉体需要超过了自然需要的界限，成为依靠人工来维持的人造需要，人的存在就完全幻化了。比如，食和色是正常需要，人人都有食欲和性欲，因此不能自足，必须有了食物和异性才能得到满足。按照禁欲主义者的说法，只要消解了食欲和性欲，人们的眼睛就不会再盯着香甜的食物和漂亮的异性，被食欲和性欲遮蔽的真理就会把人们的注意力吸引过来。马克思和恩格斯的看法则不同。他们认为，只要食欲和性欲得到满足，食、色的对象自然不会再发生作用（就像马斯洛的心理学揭示的那样），高一级的需要即发展需要（马克思和恩格斯称为“享受需要和发展需要”）就会显现出来；一旦发展需要得到满足，自我实现的需要就会显现出来。从此，人与自然的关系、人与人的关系都不再成为人们关注的主题。人与自身的关系就会成为人们关注的焦点。

马克思和恩格斯没有想到另外一种可能：黑格尔的“恶无限”会在感性层面上表现出来。这就是欲望的无穷扩张。人们不仅吃饱了，而且已经过饱，但他们关心的仍是吃，哪怕需要用药品来维持自己的胃口。这时候的欲望已经不再是自然的需要，而成为人工制造和维持的欲望。人成了地道的欲望机器。存在完全幻化了。

这一切之所以可能，是因为资本为欲望的无穷扩张提供了条件。资本是能够带来剩余价值的价值。资本的原则是量的原则，或恶无限原则，其结果集中表现在虚拟财富及其对人的存在状态的改变。

二、虚拟经济与财富虚拟化

当今时代，自然需要的满足是与财富联系在一起的，人工制造的欲望的满足则是与虚拟财富联系在一起的。虚拟财富是从虚拟经济中获取的财富。因此，要把握虚拟财富概念，首先必须把握虚拟经济概念和财富的虚拟化概念。正如虚拟财富的对照物是实际财富一样，虚拟经济对应的是实物经济或实体经济。

马克思对人的存在的财富哲学分析限于实体经济。对虚拟财富的哲学分析要求把政治经济学批判的触角延伸到虚拟经济，特别是需要对金融市场学的相关原理展开批判。

（一）虚拟经济与虚拟资本

有的学者把虚拟经济理解为以虚拟技术为依托的经济，比如网络经济。这种学说诚然有其自身的根据，但与多数人所理解的虚拟经济不同。通常把虚拟经济理解为以金融市场为依托的经济。众所周知，金融市场与产品市场和要素市场不同：产品市场和要素市场以商品为交易对象，在其中，货币仅仅是交易的中介；金融市场则以货币本身为交易对象。正因如此，以产品市场和要素市场为依托的经济被称为实物经济，而以金融市场为依托的经济则被称为虚拟经济。

从马克思的观点看，劳动价值论是政治经济学批判，而不是政治经济学。政治经济学批判实际上是存在论视野中的经济学。同理，存在论视野中的虚拟经济学也是金融市场学批判，而不是金融市场学。金融市场学的研究对象是资金的融通，虚拟经济学研究的则是虚拟资本的运动。在虚拟经济学的视野中，虚拟经济是以虚拟资本为核心、以金融市场为依托形成的经济。

虚拟资本是通过“收入的资本化”形成的。按照马克思的政治经济学批判，资本是能够带来剩余价值的价值。政治经济学把剩余价值看作资本的收入即“利润”，这样，能够带来固定收入的所有权凭证如商业票据、债券、股票等等，也就被政治经济学家当作资本看待，马克思则称之为“虚拟资本”。

为什么被政治经济学当作“资本”来看待的，马克思却当作是虚拟资本呢?

因为政治经济学混淆了财富和价值，误把财富的创造和价值的创造混淆起来，以为资本的“收入”同劳动的“收入”一样，本质上是一种财富。马克思则明确区分了财富和价值，以及创造两者的不同劳动即具体劳动和抽象劳动，在马克思看来，资本的收入同劳动力的收入一样，本质上是由劳动者的抽象劳动所创造的价值。

马克思指出：“不论财富的社会的形式如何，使用价值总是构成财富的物质的内容。”① 就是说，财富的社会形式在不同的历史条件下有所不同，但它的物质内容始终是一样的，这就是使用价值。在市场经济条件下，财富的社会形式表现为价值，但其物质内容仍然是使用价值。相应地，财富的生产也包括两个方面：一是价值的生产，二是使用价值的生产。马克思区分了具体劳动与抽象劳动，认为价值是由抽象劳动创造的，使用价值是由具体劳动创造的。但与抽象劳动是价值的唯一来源不同，具体劳动只有与生产资料结合起来才能创造使用价值。

政治经济学家误把财富的物质内容即使用价值的生产与它的社会形式即价值的生产混淆起来，因而从“资本、土地和劳动都是财富的生产要素”这一前提出发，得出了利润、地租和工资是产品价值的三个构成部分的结论，这就是要素分配论、要素价值论。实际上，财富的生产要素只是使用价值的生产要素，不是价值的生产要素，但分配的对象却是价值而不是使用价值，这样，传统政治经济学就无法研究资本的再生产过程即资本主义的扩大再生产是如何实现实物补偿和价值补偿的。马克思通过对财富和价值的区分，以及创造财富的劳动和创造价值的劳动的区分，正确地解决了这一

① 《马克思恩格斯文集》第5卷，人民出版社2009年版，第49页。

问题。

因此，对于马克思来说，资本并不是能够带来剩余财富的财富，而是“能够带来剩余价值的价值”。虚拟资本不创造价值，只是参与价值分割，在这一意义上，它能够为所有者带来“剩余价值”，但虚拟资本作为带来剩余价值的“价值”，本身却是虚拟的。这就意味着，马克思所说的“虚拟资本”是对（能够带来剩余价值的）价值的虚拟，而不是对财富的虚拟。

相反，价值作为财富的社会形式，本身是对财富的自然形式即使用价值的虚拟。要研究虚拟财富，就必须把价值的虚拟和使用价值的虚拟区分开来。虚拟资本作为价值虚拟是对被虚拟了的使用价值的再次虚拟，是使用价值虚拟的二阶存在。

（二）财富的虚拟化

使用价值是财富一般。这就是说，无论财富的社会形式如何变化，它的物质内容始终是使用价值。在市场经济时代，人们把价值（货币和资本）当作财富，这是误把作为财富一般的使用价值在特定社会形式中的表现当成了使用价值本身。这是使用价值的虚拟化必然带给人们的错觉。

所谓使用价值的虚拟化，是指在市场经济条件下，由于生产者的直接目的不是获取使用价值，而是获取交换价值，于是，一定的交换价值的量就成为特定的使用价值的量的代表。在这一意义上，货币和资本，只有当它们能够代表一定量的使用价值的时候，才是货真价实的财富；相反，如果它们失去兑换使用价值的能力，就会变成废物。但人们常常忘记，货币和资本转化为使用价值是需要条件的，并由此把货币和资本等财富的价值形态直接等同于财富本身。这当然是一种错觉，然而却是一种必然的错觉。

从存在论角度看，造成政治经济学失误的主要原因在于它的非历史观点。财富表现为货币和资本，这并不是一切时代共有的特征，而只是商品经济时代、资本主义时代所具有的特征。货币和资本表现的是特定时代人与人之间的经济交往关系，虽然就其作为财富的实现来说，最终必须表现为特定的使用价值，但那是在间接意义上，如果忽略这种中介性，直接把货币和资本看作是使用价值或“物”，其结果必然是导致商品拜物教、货币拜物教、资本拜物教。这是一种由财富的货币幻觉和资本幻觉所必然导致的、根深蒂固的意识形态，只有依靠唯物辩证法才能戳穿它的外表。但唯物辩证法并不能消灭这种意识形态本身；要消灭这种意识形态，只有消灭货币和资本①。

同重商主义者一样，有的学者在拜物教意义上理解财富概念，误以为在市场经济条件下，某种对象当且仅当能用货币或价值衡量的时候才是财富，否则就不是财富。由于虚拟经济能够带来货币收入，于是就被当成真正的财富，这显然正是一种非历史的观点。任何财富都是其自然形式和社会形式的统一。在市场经济条件下，这种统一表现为财富的物质内容和价值形式。价值无非是抽象劳动的凝结；只有在存在抽象劳动的时代，才有可能把价值从使用价值那里分离，当作"财富的本质属性"。按照马克思的观点，把价值这一社会形式当作"财富的本质属性"，用（抽象）劳动衡量人，而不是用人来衡量（抽象）劳动，这是人的异化的、物化的存在状态的理论表现。这一做法同传统政治经济学一样，是把异化的、物化的劳动当成了劳动的唯一可能的形态。在此基础上，借口生产的社会性，把财富的物质性抛开，实际上就是把抽象劳动当作财富的唯一源泉。这同传统政治经济学没有区别。

要准确把握虚拟财富，就必须回到马克思政治经济学批判的立场，区分它的物质内容与社会形式，弄清使用价值的虚拟化与价值的虚拟化的区别。

三、虚拟经济与虚拟财富

（一）虚拟财富是财富的物质内容与虚拟价值形式的统一

财富有其物质内容与社会形式，虚拟财富也不例外。虚拟财富是其物

① 人们喜欢用"哥白尼革命"的说法来称呼科学对常识的颠倒。由于感受不到地球的自西往东的自转，人们曾经长期把太阳东升西落当作是太阳围着地球转的"证据"。甚至在接受了哥白尼学说之后，我们的感觉仍然是太阳在升、落，而不是地球在自转。因此，地心说虽然是一种错觉，但却是一种必然产生的错觉。同样，马克思的拜物教理论实现了社会科学领域里的哥白尼革命，但它并不能消解货币和资本的魔力。后文我们还将专门讨论这种颠倒的世界观是如何由颠倒的世界产生的。

质内容和虚拟价值形式的统一。

对此已经有学者注意到了，例如李宝翼认为，“马克思指出‘不论财富的社会形式如何，使用价值总是构成财富的物质内容’，而价值则是（市场经济条件下）财富的社会形态”。“在市场经济中，人们的财富占有关系并不直接表现为财富的物质形态，而表现在价值形态上，随着财富的价值形式逐渐发展为（虚拟）货币和虚拟资本形式，人们对财富的占有也越来越多地采取虚拟的形式”，“虚拟财富或者说财富的虚拟形式，是财富的一种复杂的社会形式，而不是财富本身。在虚拟经济中，财富是其虚拟的社会形式（本质上是财富的价值形式在现代市场经济中的表现）和使用价值形态（或物质形态）的统一”①。李先生关于“对个人和家庭来说，虚拟财富是财富……对一个封闭的经济来说……虚拟财富的增加并不能带来物质财富的增加”②的结论值得推敲。虚拟财富是对于整个虚拟经济来说的，而不是“对于个人和家庭来说”或“对一个封闭的经济来说”的。至于虚拟财富相对于特定主体（个人、家庭或封闭的经济体）的意义，只有放在虚拟经济的语境中才能理解。

在马克思的时代，资本的虚拟化已经得到了很大程度的发展，但由于存在金本位，货币的虚拟化尚未实现，这使虚拟经济处于萌芽状态。随着布雷顿森林体系的瓦解，美元与黄金脱钩，各国货币与美元脱钩。货币不再与黄金和实物挂钩，意味着它不能再作为抽象劳动即价值实体的代表，从而实现了虚拟化。这样，价值的虚拟化就不仅体现在资本中，而且体现在货币中。以货币作为交易对象的金融市场逐渐脱离产品市场和要素市场，成为相对独立的纯符号系统，导致虚拟经济的产生。在虚拟经济中，人们从货币符号即虚拟货币的交易中获利，就像在马克思的时代，人们从资本符号即虚拟资本中获利一样。

人们通过虚拟货币或虚拟资本的交易获得的财富就是虚拟财富。

现在可以看到，为什么说“虚拟财富”与“财富的虚拟化”不是一回

① 李宝翼：《虚拟经济和虚拟财富的内涵》，《南开经济研究》2005 年第 2 期。

② 李宝翼：《虚拟经济和虚拟财富的内涵》，《南开经济研究》2005 年第 2 期。

事。财富的物质内容即财富一般，表现为使用价值，就此而言，财富在商品经济、市场经济条件下的社会形式，即价值，如果脱离它的物质内容，可以视为财富的虚拟化。这是因为，财富总是它的物质内容与社会形式的统一，但在特定条件下，人们有可能抛开它的物质内容，只去关注它的社会形式，甚至误把它的社会形式混同于它的物质内容。由此必然导致拜物教。

由于虚拟经济是价值虚拟，而不是技术虚拟，因此就其社会形式来说，虚拟财富并不代表使用价值的虚拟，而是代表价值的虚拟。一方面，虚拟财富作为财富，同样既有其物质内容，又有其社会形式。就其物质内容来说，虚拟财富虽然是从虚拟经济中获得的虚拟价值，但只要它能够兑现为实体价值（特定的抽象劳动量），从而进一步兑现为使用价值，就不能说它不是“财富”。另一方面，由于它表现为价值的虚拟，即在对使用价值虚拟化的基础上的再次虚拟，因此它与使用价值的关系更加间接。正因如此，笼罩在虚拟财富观点上的拜物教就更加严重。

虚拟财富是不是财富，与虚拟财富能否实现为使用价值是两回事，正如价值是不是财富，与价值能否实现为使用价值是两回事一样。众所周知，价值并不总是能够实现为使用价值。同样，虚拟财富也并不总是能够实现为价值，当然就比价值实现为使用价值更加困难。但在市场经济条件下，由于财富观本身是被物化了的，人们不会质疑价值作为财富的社会形式是否合乎理性。相反，人们会坚持价值才是财富的“本质属性”。同样，虚拟财富不仅是财富，而且被认为是比价值形式更加符合财富“本质”的财富。“颠倒的世界产生颠倒的世界观”，这句话于此得到了准确的印证。

这不是说人们不够聪明，恰恰相反，它只是反映了世界是颠倒的这一“事实”。只要不从否定的立场出发理解这一事实，人们就只能满足于拜物教的世界观。在这种缺乏自觉的世界观中，越是聪明人，世界的颠倒就越是深入其心灵深处，从而越能以倒为正，其颠倒的反映越容易为人所接受。

（二）虚拟经济的二重性与虚拟财富的二重性

虚拟经济是否创造财富？这与虚拟经济是否创造价值是两回事。正如“虚拟资本并不创造价值，而只是分割剩余价值”，但并不能由此得出“虚拟资本不创造财富”一样；虚拟经济不创造价值，当然也不创造剩余价值，它只是分割剩余价值，但不能由此得出“虚拟经济不创造财富”。虚拟经济不仅创造财富，而且在当今历史条件下，它在创造财富中所起的作用越来越大。现代实体经济已经离不开虚拟经济，虚拟经济发展的程度往往与实体经济发展的程度呈正相关。

马克思分析了虚拟资本的作用。以股票为例，他不仅认为股票的发行能促进资本集中，而且认为这种资本的社会化方式能为未来的工人合作提供一种可资借鉴的形式。当然，股票本身并不是虚拟资本，只有当它在股市上流通时，才是虚拟资本。同样，股票分红所得收入并不是虚拟财富，而是资本所有权的收入，即实体财富。只有单纯通过股市流通所获得的收入，即通过所有权的交易而获得的财富，才是虚拟财富。但股票在股市的流通为股本提供了退出机制，这解除了原始股购买者的后顾之忧，为通过股票发行实现资本集中提供了便利。金融市场之所以成为现代“服务业”的组成部分，恰恰来源于它的这种机能。

分析金融市场的功能不是本文的任务。本文仅仅满足于说明，以虚拟资本为核心、以金融市场为依托形成的虚拟经济虽然不创造一丝一毫的价值，但如同从商品资本中独立出来的商业资本参与财富的创造一样，从货币资本中独立出来的金融资本参与虚拟财富的创造，并因此成为现代生产力的有机构成部分。

既然如此，我们就必须从虚拟经济的二重性出发研究虚拟财富：从肯定的方面说，虚拟经济是生产力发展的客观要求，是促进生产力向社会生产力转化的中间环节，对虚拟财富的追求有助于实现这种转化；从否定的方面说，虚拟财富是金融资本瓜分剩余价值的特定形式，无论是在一国范围内，还是在世界范围内，它都是一种为现存制度所认可的掠夺形式。因此，正如对资本主义制度不能单纯从道德角度进行评判一样，对虚拟经济和虚拟财富也不能单纯从道德角度进行评判。恶是历史的动力。一种制度或体制并不因为它不道德，而只能因为它的自相矛盾而走向毁灭。

资本主义的自相矛盾表现在经济危机中，虚拟经济的自相矛盾则表现在现代金融危机中。传统的经济危机主要是商业危机，即产品相对过剩的危机。在马克思的政治经济学批判中，商业资本是商品资本的独立化。现代金融危机是虚拟经济的危机，即虚拟货币和虚拟资本相对过剩的危机。金融资本是货币资本的独立化。无论是货币资本的循环，还是商品资本的循环，都要顺次经过货币资本、生产资本和商品资本三种形式，只不过起点不同而已，即：货币资本的循环是从货币资本开始，经生产资本和商品资本，回到货币资本；而商品资本的循环是从商品资本开始，经货币资本和生产资本，回到商品资本。由于资本循环的这种相互包容的特征，金融危机与商业经济或虚拟经济危机与实体经济危机，通常总是交织在一起的：虚拟经济的危机会通过货币资本的循环传导给实体经济，因此金融危机通常会导致经济危机；商业危机会通过商品资本的循环传导给虚拟经济，导致实体经济资金链断裂，破坏剩余价值的生产，因此商业危机通常会导致金融危机。最严重的是商品资本和货币资本同时产生相对过剩，从而使实体经济泡沫和虚拟经济泡沫一起出现，相互叠加。泡沫的破裂导致虚拟财富瞬间蒸发，虚拟经济大量缩水，实体经济长期停滞。

总之，虚拟财富作为使用价值与虚拟价值的统一，从它的物质内容即作为使用价值来说，是财富；从它的社会形式即作为虚拟价值来说，这种财富又是虚拟的。虚拟财富的物质内容与社会形式的统一，以虚拟经济这种特定历史时代的经济形态为前提。因此，虚拟财富是财富，但只在虚拟经济中才是财富，而且只在虚拟经济正常运转时才是财富。一旦虚拟经济出现危机，虚拟财富的虚拟性就会以大幅缩水的形式表现出来，而一旦虚拟经济消失，虚拟财富也将随之消失，被强制还原为使用价值。

只有理解了虚拟财富的这种双重性，我们才能理解在虚拟经济时代人的存在状态。

四、虚拟财富与人的存在

如果说，在自由资本主义条件下，财富使人的存在表现为异化的存在，使人的世界成为颠倒的世界，那么，在虚拟经济条件下，就更是这样了。

虚拟财富之所以作为“财富”，是由于它与使用价值的内在联系，而不是由于它的虚拟价值形式。使用价值在任何时代都是财富的物质内容。那些认为“虚拟财富才是真正的财富”，而财富的物质内容却是财富的非本质属性的观点，是典型的拜物教观点。这不仅是把价值与财富相混淆，而且是把虚拟价值与财富相混淆。如果说，前者是把异化的社会存在当成了人的永恒的自然存在，那么，后者就更是把异化的极端形式——幻化，当成了人的存在的自然属性了。

人们为了维持自己的生命存在，需要衣食住行等生活资料。因此，生产物质财富即使用价值，是任何人类社会存在的第一个前提。只要生产力还没有发展到足以满足所有人的肉体需要的水平，精神需要和社会需要的满足就只是部分人的特权。全面发展和每个人自由发展，是以发达的社会生产力作为基础的。就此而言，人的存在方式与动物的存在方式的区别只是表明：只要生产力不够发达，人就仍然没有完全摆脱动物状态，人类社会就仍然处于“史前时期”。

生产力发展的不同水平要求不同的社会形式与之相适应。表现在财富上，就是财富的社会形式的演变。在市场经济条件下，财富的社会形式是价值即抽象劳动。在这种条件下，“人类劳动的等同性，取得了劳动产品的等同的价值对象性这种物的形式；用劳动的持续时间来计量的人类劳动力的耗费，取得了劳动产品的价值量的形式；最后，生产者的劳动的那些社会规定借以实现的生产者关系，取得了劳动产品的社会关系的形式”①，由此必然导致商品拜物教。商品拜物教的根源在于私人劳动不能直接表现为社会劳动，它只有通过交换才能实现为社会劳动。有交换就需要确定交换价值的形式。价值形式的发展经历了多个阶段，而货币则是完成形态的价值形式，“但是，正是商品世界的这个完成的形式——货币形式，用物的形式掩盖了私人劳动的社会性质以及私人劳动者的社会关系，而不是把它们揭示出来”②。

从拜物教中只能产生政治经济学的各种范畴，因此，对于市场经济来

① 《马克思恩格斯文集》第5卷，人民出版社2009年版，第89页。

② 《马克思恩格斯文集》第5卷，人民出版社2009年版，第93页。

说，传统政治经济学，而不是政治经济学批判，才是所谓的“客观真理”；这是因为“对于这个历史上一定的社会生产方式即商品生产的生产关系来说，这些范畴是有社会效力的，因而是客观的思维形式”①。只有从整个人类历史的角度，而不是把市场经济当作永恒的人类生产方式，才能看到政治经济学批判的正确性。马克思不仅举了政治经济学家喜欢引用的鲁滨逊的例子，而且分析了中世纪的农奴劳动和自给自足的自然经济条件下的劳动，甚至设想了在“自由人联合体”中的劳动，说明在不存在私人劳动与社会劳动对立的社会里，“人们在劳动中的社会关系始终表现为他们本身之间的个人的关系，而没有披上物之间即劳动产品之间的社会关系的外衣”②。

如果在价值形式上会产生拜物教，在虚拟价值形式上就更不用说了。虚拟价值形式比价值形式更容易迷惑人。作为货币资本的独立化，它给人“钱能生钱”的假相。这不仅让金融资本能理直气壮地占有他人的劳动，连被剥削者都被迷惑住，甚至为自己的被剥削感到惭愧，似乎这种被剥削不仅是应该的，而且还表明了自己在智力上的低人一等。

戳穿了拜物教，就可以看到剩余价值理论的真理性。同样，认识到虚拟经济虽然通过为实体经济服务，参与财富的创造，但不参与价值的创造，而只参与虚拟价值的创造，就可以看到虚拟财富对人的存在状态的毒害：它不仅使剥削者不把人当“人”看，而且使被剥削者也不把自己当“人”看。在以物衡量人、而不是以人衡量物的时代，人们必然会认为：“人”只不过是财富，物才有“价值”。

剩余价值的分割，说穿了就是凭借所有权取得财富的价值形式。虚拟财富参与剩余价值的分割，不仅同商业资本参与剩余价值的分割一样，在拜物教形式上显得“公正”“合理”，而且还以“金融创新”的形式创造虚拟价值，从而为虚拟经济罩上一层“知识经济”的光环。在这种条件下，作为拜物教产物的金融市场学的各种范畴具有社会效力，因而是客观的思维形式，而金融市场学本身的认识则显得是客观真理；尽管实际上，它不过是以虚拟

① 《马克思恩格斯文集》第5卷，人民出版社2009年版，第89页。

② 《马克思恩格斯文集》第5卷，人民出版社2009年版，第94—96页。

价值的对象性即以异化形式表现出来的财富的对象性的理论反映而已。

财富作为具体劳动与生产资料相结合的产物，是人的对象性活动的凝结。作为价值对象性的商品则是抽象劳动的产物，是人的特定形态的异化劳动的凝结。商品是用于交换的劳动产品，因此是使用价值和价值的统一体。虚拟财富是以虚拟资本为核心、以金融市场为依托的虚拟经济的产物，是使用价值和虚拟价值的统一体。正如交换活动使价值被当作物一样，虚拟经济活动使虚拟价值被当作真实的财富。虚拟财富的拜物教正是在这一基础上形成的。

既然是拜物教，它就不仅仅是资产阶级对无产阶级的恶意欺骗，而且是一种客观的假相，正如太阳围着地球转虽然是假相，但它是客观的假相（我们能够看到太阳每天东升西落，但感觉不到地球的转动）一样。不管是无产者还是资产者，只要不懂辩证法，就必然处于拜物教的统治之下。即使懂得了辩证法，也只是在思维中理解了世界的颠倒，并不能消除世界的颠倒。在以头立地的时代，以脚立地的人不仅被看作疯子，而且很难找到生存空间。

因此，要消除这种拜物教，就不能满足于理论论证，而必须致力于实践改造。理论上，必须把虚拟资本还原为资本，把虚拟价值还原为虚拟剩余价值，然后把剩余价值还原为价值，把价值还原为使用价值，把使用价值还原为物质需要，最后把物质需要植根于人的全面发展和自由发展的需要。这要求对虚拟资本和资本进行监管，逐步把它们由纯粹个人的赚钱形式恢复为发展社会生产力的手段。实践上，这要求加强对虚拟资本和资本的监管，把市场投机严格控制在尽可能小的范围内，然后通过高额累进的资本收入所得税方式，把虚拟财富控制在市场动荡所允许的范围内，最后，如果可能，应当通过货币改革，重新把虚拟货币变为货币实体，把虚拟价值还原为价值实体。只有这样，才能为恢复人的对象性存在准备条件。

这样的实践需要特定的物质力量来推动。在马克思的时代，这属于无产阶级的历史使命。但 20 世纪以来，随着福利政策在发达资本主义国家普遍得到实施，国际无产阶级被引导到改良主义轨道上，逐步丧失了自己的阶级意识，重新分化为无数的个人。与此同时，新旧自由主义超越了民族国家的界限，疯狂反扑。尤其是国际金融资本以金融创新为幌子，纵横捭阖，夺取了巨量的虚拟财富，并把它们转化为实体财富，给全世界带来了巨大的灾难。新的历史时期呼唤全世界劳动人民的新的联合。只有这种联合，才是把人类从正在陷入的地狱中救拔出来的真正希望。

（作者单位：上海财经大学人文学院）

工业 4.0：技术资本对人的惩罚还是救赎

——从马克思“商品拜物”和“自由时间”等批判视角

王淑芳

摘要：工业 4.0 作为工业生产领域的当红词汇，因其独特的智能制造思维而备受世人瞩目。本文在阐释工业 4.0 基本概念的基础上，坚持了马克思资本批判和技术批判的一贯精神，并借鉴当代西方马克思主义和中国马克思主义学者的若干理论成果，对工业 4.0 可能引发的新的“商品拜物教”和“时间强迫症”以及全球性影响进行了深度分析与批判。

关键词：工业 4.0　商品拜物教　时间强迫症　自由时间　技术资本主义

一、工业 4.0：技术和资本主导的新工业革命渐行渐近

近几年，工业 4.0（Industry 4.0）正日益成为人们热议的话题。虽然它是德国在 2011 年汉诺威工业博览会上才首次提出来的一个概念，但很快在 2013 年就进入了德国国家层面的战略规划《德国高技术战略 2020》。工业 4.0 更科学的称谓应该是德国工业 4.0，它是德国试图以高科技手段保证自己工业生产领先地位的一种国家战略，而并非是通行的国际标准。但即便如此，它依然引起了中国、英国、日本和美国等制造业大国和强国的高度重视，俨然成为世界制造业新一轮转型升级的务实选择和方向指南。

众所周知，第一次工业革命的主要标志是蒸汽机的发明，它开创了机器大工业替代工场手工业的新时代；第二次工业革命是以电力的发明为主要

标志，它带来的电气化和流水线生产模式极大地提高了生产效率；第三次工业革命则归功于信息技术的兴起，以可编程的逻辑控制和通信控制技术实现了生产工艺的自动化。应该说，工业发展史上的每一次革命都是具有某种技术特征的，那么工业 4.0 的技术特征是怎样的呢？其实，工业 4.0 的基础，是已经实现的前三次工业革命。其主要特征就是综合利用第一次和第二次工业革命创造的“物理系统”和第三次工业革命带来的日益完备的“信息系统”，通过两者的融合，实现智能化生产。

智能化与自动化的不同之处在于，自动化是工人通过电脑程序控制机器，完成自动生产，是一种单向的指令。而智能化则是一种多向“交流”，工人、机器、产品、原料、物流、用户等等与生产、供应和使用有关的各个环节之间，始终保持着双向的信息互换，使生产和服务实现最优化组合。① 也就是说，在工业 4.0 时代，通过大数据、云计算以及物联网这些新技术的融入，建立一个高度灵活的个性化和数字化的产品与服务生产模式，制造业将实现更高的工程效率、灵活性以及更短的上市时间。

自从第一次工业革命以来，技术创新与金融资本从来都是如影随形。工业 4.0 的概念自然也会被嗅觉灵敏的金融资本炒得风生水起。据普华永道（PwC）预计，到 2020 年之前，工业 4.0 解决方案吸引的资本投资额将占到德国制造商的资本投资总额的一半左右，年投资将达 400 亿欧元（约合 450 亿美元）。如果全欧洲的工业部门都运用同样的投资级别，年投资总额将高达 1400 亿欧元。据调查，目前德国只有五分之一的工业企业实现了其关键生产流程链的数字化，但预计今后五年时间里，85% 的公司会在其所有重要的业务部门实施工业 4.0 解决方案。② 据市场调研机构 Wikibon 估计，全球范围的工业互联网投资总额将在 2020 年超过 5000 亿美元，是 2012 年的 200 亿美元投资额的 25 倍。一些技术乐观派学者甚至认为，在资本热捧下的工业 4.0，将颠覆性地改变产品生产过程，使零库存、个性化生产、消费

---

① 胡旭东：《德国工业 4.0：旨在实现“绿色”智能化生产》，《欧洲时报》德国版 2014 年 12 月 31 日，http：//ouzhou.oushinet.com/germany/20141231/177369_2.html#。

② Strategy&，PwC.Industry 4.0—Opportunities and challenges of the industrial internet，2015-01-26，http：//www.strategyand.pwc.com/media/file/Industry-4-0.pdf.

者和生产者直接沟通真正变成现实。这种成本降低、效率提高、环境友好、让利于民的新的生产方式将极大地降低社会财富支出，减少劳动时间，提高产品体验，社会的公平性也会很快得到大幅提升。

工业 4.0 真的有那么神奇吗？它到底是把劳动力从资本逻辑中解放出来的灵丹妙药，还是技术和资本强加在劳动力身上的新一重枷锁，笔者觉得有必要运用马克思的批判武器进行剖析，以打破幻想，澄清误解。

马克思早就指出，工业革命不仅仅是生产力的快速提升，同时还是生产关系的改变。显然，工业 4.0 也概莫能外。它不仅仅意味着技术的转变、生产过程的转变，同时也意味着整个管理和组织结构的调整，更意味着社会关系的转变。根据顾问公司麦肯锡的调查分析，制造商通过内置感应器来收集各种数据，可以更好地分配资源，从而将能耗降低 20%，将人工费用降低 25%。被誉为德国工业 4.0 模范工厂的西门子安贝格电子制造厂，就拥有欧洲最先进的数字化生产平台。由于产品与机器之间进行了通信，整个生产过程都为实现 IT 控制进行了优化，产能较数字化前提高了 8 倍，可做到 24 小时内为客户供货。除了一些产量特别小单独配置自动化生产设备不划算的情形外，整个生产线上已经不再需要人工参与。目前该厂的自动化运作程度已经达到 75% 左右，其 1150 名员工主要是从事计算机操作和生产流程的监控。德国人工智能研究中心首席执行官沃尔夫冈博士指出："即使是在工业 4.0 时代，我们的工厂里也不会空无一人。不过，人在生产中所从事的工作内容将不同于现在，他们的体力劳动将减少。"这也印证了马克思先前所说："工场手工业分工的一个产物，就是物质生产过程的智力作为他人的财产和统治工人的力量同工人相对立……工场手工业使工人畸形发展，变成局部工人，大工业则把科学作为一种独立的生产能力与劳动分离开来，并迫使科学为资本服务。"① 可以说，当前这种形势并没有改变，工业 4.0 仍然在以科技进步之名继续名正言顺地把工业界几乎占半壁江山的蓝领工人边缘化。

笔者认为，至少从以往的经验看，工业 4.0 消灭工作的速度显然要比它创造工作的速度更快。这并不是夸大其词，因为未来员工的职责肯定将从简

---

① 马克思：《资本论》第 1 卷，人民出版社 2004 年版，第 418 页。

单的操作和执行层面转为更加复杂而重要的控制和规划层面。就算现在还不是这样，但这个趋势不可能逆转。技术资本市场的竞争规律就是要淘汰效率低下的企业，多余的“劳动力”势必要被排除在劳动进程之外。而他们作为“消费者”，却又显得并不那么“多余”，因为资本为了维持不断地扩张需要更多的人去消费。那么当人们对工业 4.0 带来的结构性失业已经无可奈何的时候，是不是同样作为消费者和劳动者的他们可以从享受产品和自由时间方面得到些安慰和补偿呢？接下来笔者从马克思“商品拜物”和“自由时间”的批判视角，简单分析一下工业 4.0 在这两个方面的“似是而非”的所谓“福利”。

二、商品拜物：后工业时代个性异化的陷阱

我们都很熟悉马克思在《资本论》中对商品拜物教的批判。正是由于生产资料私有制的统治，制造商无法精确了解社会的需求状况，因而对能不能顺利地卖掉商品，并没有太多的把握。这就是说，商品的命运反过来支配和决定了商品生产者的命运，商品拜物教也就由此产生。其实，在这里我们只是更多地关注到了商品生产者的商品拜物动机，而忽略了资本主义文化背景下商品对商品消费者的绑架和逆袭。

过去的厂商可能更喜欢大批量生产某种单一产品，因为这样使得订单、配料、生产、技能、设备、工艺、人员等方面都是最省事、最经济的，但是现如今社会商业环境的变化使得他们再也无法重走老路了。多元化、个性化的消费倾向让厂家和商家不得不改弦易辙，通过创意（Creativity）彰显个性的所谓“创意经济”“体验经济”和“私人定制”正日益成为后工业社会生产商和服务商的谋财之道。我们要讨论的工业 4.0 也正是以此为卖点，它能够使无论是汽车、服装、家居用品、家具，还是生活电器等，都可以根据顾客的要求在外观尺寸、颜色、软件、硬件、功能和服务等多项参数中进行定制。甚至在药品使用方面也可以做到个性化、精准化医疗。

这些商品和服务给消费者带来的便利和满足是毋庸置疑的，因为比起

物质带来的欢娱，消费者更在意精神层面的“存在感”。个性化定制作为一种消费方式，似乎能够让人从大众化、平庸化存在的束缚中解脱出来。其实他购买的明明也是物，但感觉上他的物和别人的物是不同的。这种对比让他从别人的身上得到了自己想要的一种更直接的存在感，这应该就是个性化定制的魅力所在。

马克思的商品拜物教理论对这种以商品消费来“刷存在感”的拜物心理是有过深入分析的，“商品形式的奥秘不过在于：商品形式在人们面前把人们本身的社会性质反映成劳动产品本身的物的性质，反映成这些物的天然的社会属性，从而把生产者同总劳动的社会关系反映成存在于生产者之外的物与物之间的社会关系……商品形式和它借以得到表现的劳动产品的价值关系，是同劳动产品的物理性质以及由此产生的物的关系完全无关的。这只是人们自己的一定的社会关系，但它在人们面前采取了物与物的关系的虚幻形式”①。笔者认为，马克思的商品拜物教理论其实不仅是观察资本主义社会人性颠倒的一面镜子，更可成为我们研究现代社会心理不可或缺的一种思维方式。因为在现在的商品社会中，尤其在西方世界，科技的进步和宗教的式微正在让人的存在感进一步减退。工业 4.0 正是抓住这样一个商机，借助资本的实力和技术的“霸权”，通过广告媒介的“暗示”和文化工业的“狂轰滥炸”“软磨硬泡”，时时向消费者传递一个信息：朋友，你和别人不一样。我们愿意帮助你，打造专属于你的个性物品。如果你生活中的一切都是定制的，你的生活势必是最有品质的。

就这样，或多或少，我们的生活在不知不觉中被设计了。所以，在以私有制商品经济为基础的社会里，商品拜物教的泛滥是同人们盲目地受商品生产的经济规律的支配分不开的，现在也依然如此。劳动产品一旦作为商品来生产，就带上拜物教的性质，商品就从一个普通的可以感觉的物变成了一个可感觉而又超感觉的物了。我们以为我们购买的商品是独一无二的，是我们的“个性”和“创意”创造了这个产品。事实上呢？这个产品仍然是一个货币的等价物，你可以买，我可以买，只要我们花得起大价钱。这种好似

① 《马克思恩格斯文集》第 5 卷，人民出版社 2009 年版，第 89—90 页。

“伪艺术品”一样的“工业化制成品”在让我们感受到片刻欢娱和短暂的存在感后，往往会令我们陷入更深的虚无和焦虑。这种对商品既爱又恨的焦虑感正折射了商品社会中人的异化和物带给我们的某种难以弥合的张力。人们拼命地购买新奇特的商品，追求高精尖技术的最新创造物，崇尚个性消费或奢侈消费，本意就是想超凡脱俗。却又意识不到自己早已是商品拜物教的奴隶了，正在被商品和金钱牵着鼻子走，落入了一个万劫不复的俗套。

丹尼尔·贝尔（Daniel Bell）对后工业社会人们的这种消费心理有过这样的评述：如果以工艺学和计量学为基础的现代社会结构代表着人类历史上一种崭新的社会组织形式，那么关心自我的现代文化，便是人类心灵深处的不断冲动同现代对资产阶级社会的仇恨的综合产物。①

即使工业 4.0 标榜以功能理性和环境效益作为它的轴心原则，对于应对和解决当今世界所面临的一些挑战，例如资源和能源利用效率、人口结构变化等方面具有一些积极意义。但马克思在《哲学的贫困》中就早已指出，“资产阶级借以在其中活动的那些生产关系的性质决不是单一的、单纯的，而是两重的：在产生财富的那些关系中也产生贫困；在发展生产力的那些关系中也发展一种产生压迫的力量”②。事实上工业4.0依然是资本主义用技术和资本驱动的牟利工具，它假借人们意义感、存在感迷失，披上一件以自我表现和自我满足为特征的虚幻外衣，但最终还是瓦解而没有弥合整个社会的聚合力。

针对资本主义经济结构和文化结构断裂的现实，丹尼尔·贝尔反对把“虚假的欲求”的满足当作生产的目的，强调祛除消费心理中的那种“无意识”和“非知”，而把“真实的需求”当作人与社会赖以维系的基础来满足。贝尔最后的结论是：“应当将如下三种行动结合起来：重新肯定过去，唯有如此我们才可根据历史遗产并了解我们应对后人承当的责任；承认资源有限，承认需求——个人的和社会的需求应当优先于无限制的欲望和要求；达成一种公正观，它将给所有的人一种公平感并将所有的人包括进社会之内，

① ［美］丹尼尔·贝尔：《后工业社会》（简明本），彭强编译，科学普及出版社 1985 年版，第 149 页。

② 《马克思恩格斯文集》第 1 卷，人民出版社 2009 年版，第 614 页。

它将促进这样一种新市场，在那儿，在相关领域之内，人们变得更加平等因而能够被平等对待”①。

三、自由时间：时间强迫症的挑战与负担

马克思的观点认为自由时间对于实现人的自由而全面发展具有决定性意义，而人走向自由解放的历程，实质上就是摆脱时间的统治的历程。在当前悄然来临的工业 4.0 阶段，社会生产力的高度发展正在使社会必要劳动时间进一步缩减，自由时间相对不断增加，似乎人的自由而全面的发展越来越成为可能。而事实上呢，人们所谓的休闲时间其实并不是自由的，因为技术和资本已经通过一系列的手法将个人的休闲性时间牢牢限定在一个资本化的场域。工业 4.0 并没有让人解脱，甚至正把我们的休闲时间进一步压缩。然而更可怕的是，我们已经被绑定，我们的后代似乎也将会被绑定，因为他们的互联网思维要远远胜过我们。

英国学者梅扎罗斯（Istvan Mèszaros）在其代表作《超越资本——关于一种过渡理论》中对这个问题已经有所感知。他认为，资本无限扩张这一“遗产”是“资本制度对时间的践踏”，它作为绝对的必然性，正把“迟早要处理的负担”，“盲目地强加在了数代人身上”。“因而，甚至人类遥远的未来也必然会处在危险之中，因为资本制度在最有限的时间内，总会沿着其行动路线前进，而根本不管这样做会带来怎样的后果，即使这种后果预示了社会新陈代谢再生产基本条件的破坏。”②

我们都相信新技术、新产品会给我们带来便利，但最大的问题是我们被这种“错觉”欺骗了。现在，劳动者不仅要在生产领域遵守严格的劳动纪律，互联网、3G/4G 通信技术也让更多的工作偷偷延伸到了劳动者的生活时

---

① ［美］丹尼尔·贝尔：《资本主义文化矛盾》，赵一凡等译，生活·读书·新知三联书店 1989 年版，第 344 页。

② 陈学明：《人类超越资本不但是必要的，而且是可能的——读梅扎罗斯的〈超越资本〉一书》，《天津行政学院学报》2007 年第 3 期。

间和空间，这种“隐性”的过劳甚至危及到了他们的健康、幸福和寿命。

前面我们已经讨论了在消费领域的“商品拜物”问题，这个问题从时间上去理解也许会让我们对技术和资本导致的“时间强迫症”看得更透彻一些。譬如我们以工业 4.0 为例，以前我们购买的许多电器和设备对我们来说一般只要性价比符合自己的购买期望，买回来熟悉熟悉说明书或者遥控器之类的，会用就可以了，而产品内部的构造和工作原理等对我们而言其实就是“黑箱”。而工业 4.0 却要引导和鼓励我们去打开“黑箱”，并参与进来。首先，我们会被他们的广告所吸引，决定“DIY”一个满足我们个性需求的家电产品。接下来，我们肯定会花费相当的时间对零部件的功能参数、工作原理等内容进行了解，还可能对尺寸、颜色等常规问题有所纠结。当你投入了不少的热情、时间和精力最终选定了商品下了订单之后，工业 4.0 的厂商还热情地“邀请”你通过网络实时地观看机器人把一个又一个零件安装在自己定制的商品上，看着它从无到有、从小到大……厂家的服务不可谓不到位，但消费者付出的大把金钱和时间也是实实在在的。这还不算完，商品最终从生产线经物流配送到家并可以正常使用以后，即使没有商家的优惠和奖励手段，消费者也可能会志得意满地“晒晒”自己的“宝贝”，通过撰写详细的体验和评价来获得别人的“膜拜”，让自己的“虚荣”再次获得满足。就这样一步一步，资本已经全方位地支配和蚕食了人们的自由时间，把我们的非劳动时间也“巧妙”地纳入了他们的增殖轨道中。

时间对职业培训界和教育界人士的挑战也不可小觑。就德国而言，国家再工业化的战略本身就是为了促进就业，拯救步履维艰的福利国家模式，但工业 4.0 革命又会让相当部分员工面临下岗危机。虽然产业升级会为社会带来了更多的技术性人才需求，但下岗再培训的难度远非昔日可比。欧美很多发达国家都有免费职业技能培训的项目，但通常的培训在原则上不会改变从前的专业方向。比如，一个熟悉机械制造的蓝领工人，在培训中通常不会去学计算机，而是学他本行里的新东西。但是对于工业 4.0 厂商的系统开发工作来说，凡是产品中包含了软件和网络的领域都明显缺乏优秀的机械、电子和计算机工程师。因此，劳动者跨学科的能力就显得越来越重要。为此，短期培训肯定是不够的，继续教育必须大力加强。除包含新的工艺技术和方法外，还要教授虚拟系统与物理系统交互方面的专业知识。即使职业再教育的办学和培训方向转变得足够快，对广大的再就业劳动者来说，这些技能还是要花大量的理论学习与实践时间才能真正被掌握。

虽然在马克思看来，自由时间里包括个人受教育的时间和发展智力的时间。但如果受教育的目的不是为了充实自己和增长见识，而是为了提升就业能力，避免沦为失业大军，那么能说劳动者的自由时间是真正自由的吗？马克思曾深刻地揭示过劳动在一定历史条件下与自由相悖的状况："劳动对工人来说是外在的东西，也就是说，不属于他的本质；因此，他在自己的劳动中不是肯定自己，而是否定自己，不是感到幸福，而是感到不幸，不是自由地发挥自己的体力和智力，……因此，工人只有在劳动之外才感到自在，而在劳动中则感到不自在，……他的劳动不是自愿的劳动，而是被迫的强制劳动。"①

同时，当下资本主义世界老龄化问题引发的技术工人短缺问题也日益严重。尤其在欧洲，在原来主要以服务业为主忽然转向再工业化这样一个青黄不接的形势下，智能化生产将不得不允许年长的工人延长其工龄，以保持企业的正常运转。德国目前拥有世界第二年老的人口，仅次于日本。在德国许多制造公司中，员工的平均年龄已经超过 40 岁，年轻员工的数量在不断地下降。从 2012 年起，德国法律已经将退休年龄提高到 67 岁，将来可能达到 70 岁。从人的生命意义上来说，自由时间再次被极大地压缩了。陪伴家人、休闲、满足个人爱好等等最能体现生命质量的活动被工作、教育培训大量挤占，学习以及再学习的时间长度、难度和频度将大大加强。

20 世纪 30 年代，经济学家凯恩斯（J.M.Keynes）曾大胆预测，到 2030 年前后，劳动者不但可以获得更高的生活水准，而且每周只需要工作 15 个小时。事实上，直到 2014 年，世界上的发达资本主义国家连每周工作 30 小时的水准都还没有达到。也就是说，技术和资本所标榜的知识经济并没有给我们带来一个工作轻闲的新世界，反而让工作时间有了延长的危险。根据有关数据，美国的制造业从业者在 2000 年的工作时间比起 20 世纪 70 年代来

① 《马克思恩格斯选集》第 1 卷，人民出版社 1995 年版，第 43 页。

竟然还要多出 20%。

事实上，不仅凯恩斯错了，很多想当然的学者都错了。他们曾普遍认为人们的休闲时间会随着生产力和生活水平的提高而同步增加，可真实的情况却并非如此。从 1870 年起至今，美国的生产力提高了 18 倍，人均 GDP 提高了 26 倍，而平均工作时间仅减少了一半而已。① 考虑到近 40 年美国社会不平等现象的加剧，对很多低收入的工人家庭来说，他们甚至不得不工作更长的时间，以保持他们的生活水准不下降。

四、鸿沟加剧：警惕工业 4.0 全球蔓延的可能影响

2008 年国际金融危机之后，世界主要资本主义国家重新认识到以制造业为主体的实体经济的战略意义，纷纷实施再工业化战略。尤其伴随着德国工业 4.0 政策的启动与深化，世界各制造业强国纷纷开始追随德国的政策方向。在美国，通用电气公司（GE）主导的“工业互联网”革命已成为美国“制造业回归”的一项重要内容。2012 年 2 月美国国家科学技术委员正式发布了《先进制造业国家战略计划》。英国政府科技办公室也在 2013 年 10 月推出了《英国工业 2050 战略》。日本政府也积极跟进，于 2015 年 1 月 23 日公布了《机器人新战略》，并在“日本机器人革命促进会”下设“物联网升级制造模式工作组”，期望弥补日本工业机器人在互联网技术上的短板，带领日本制造业重新做大做强。法国则推出“未来工业”战略，意在通过信息化改造产业模式，实现再工业化的目标。

在这一点上，我们不得不承认西方国家对再工业化进行“概念设计”的高明之处。然而，我们更需要清醒地认识到，不管是“工业 4.0”，还是“工业互联网”，抑或是所谓的“机器人新战略”，固然有其前瞻性的思考，但其实都不过是在金融危机之后为了走出经济低迷而采取的应对之策。这些

① Christoph Hermman，*Capitalism and the Political Economy of Work Time*，Routledge/Taylor & Francis Group，2015，p.185.

国家都明白，只有通过新一轮技术和资本主导的产业革命，才能重塑竞争优势，才能继续保持在经济全球化进程中的领先地位。马克思对此早有预见：生产的不断变革，一切社会状况不停的动荡，永远的不安定和变动，这就是资产阶级时代不同于过去一切时代的地方。① 对马克思崇敬有加的熊彼特对资本主义的这个本质性事实也曾有过形象的描述："开动和保持资本主义发动机运动的根本推动力，来自资本主义企业创造的新消费品、新生产方法或运输方法、新市场、新产业组织的形式。"②

围绕工业 4.0 的追赶浪潮，广大发展中国家似乎也很兴奋。他们仿佛看到了本国工业企业转型升级的努力方向，也仿佛看到了全球市场共同繁荣与发展的新前景，还有的甚至已经开始迫不及待地描绘一幅幅关于智能生产和个性化消费的美好蓝图了。可以说，这种技术乐观主义的想象正是资本巨头和技术引领者所喜闻乐见的，事实上也是他们正在不遗余力所鼓吹的。

马克思告诉我们，离开了工业活动的社会历史现实，我们的社会批判就不可能蕴含真正技术批判的意义。自从 18 世纪第一次工业革命以来，全球的技术鸿沟就已逐渐产生。我们不禁要问，工业 4.0 带来的升级盛宴真的可以全球共享吗？工业 4.0 对全球性的技术鸿沟能有所改善吗？还是像以前的工业革命一样继续成为鸿沟加剧的"帮凶"呢？下面我们试着做一些冷静的分析。

单就工业 4.0 的概念来说，对发达国家和发展中国家都一样，理解起来并不难。尤其是其中蕴含的"个性化定制"的营销创意和"互联网 +"的生产思维方式，很值得借鉴。但概念终归是概念，要想真正落实，一定离不开坚实的工业化和信息化基础。甚至可以说，仅有基础也还不够，还需要在创意设计、精细生产、信息控制和品牌营销等诸多方面将"两化"高度融合才可以。自经济全球化以来，广大发展中国家一直徘徊在全球产业链的低端，最多只能按图生产，赚个辛苦的加工费。信息化建设也远远落后于发达国家，即便是 IT 业人才大国印度，也只有 40% 的人口享有基本的网络服

① 《马克思恩格斯选集》第 1 卷，人民出版社 1995 年版，第 276 页。

② ［美］约瑟夫 · 熊彼特：《资本主义、社会主义与民主》，商务印书馆 1999 年版，第 146 页。

务，只有 10% 的人口对网速满意。发展中国家在工业化和信息化方面既没有牢固的基础，也没有关键的核心技术，更没有在全球叫得响的知名品牌。他们的所谓增长更多的是基于劳动人口的红利，而非来自制造业水平的有效提高。即使有少数行业或企业达到了工业化的较高水平，但从整体来看，基本上仍处于第二次工业革命的阶段。因此，工业 4.0 时代的到来，未必就一定能促进发展中国家的产业升级，反而有可能会进一步扩大发达国家的领先优势。

仍以德国为例，其强大的工业制造水平在业内是有口皆碑的，但互联网和智能信息技术不如美国也是不争的事实。作为工业 4.0 的标杆，西门子为了使自己成为真正意义上的数字化企业，于 2014 年 11 月战略性地收购了美国知名 MES 厂商 CamStar 系统公司。MES 即制造执行系统（Manufacturing Execution System，MES），是一套面向制造企业车间执行层的生产信息化管理系统，是传统工业企业向智慧型制造转型的关键。它能够实时监控生产全貌，敏捷地应对生产中的各种“状况”，为计划优化和调度调整提供最优决策建议。CamStar 公司在 MES 领域一直保持全球领导地位，曾为 SanDisk、IBM、日立、飞利浦等许多全球优秀企业提供过专业解决方案。西门子完成对它的收购，无疑进一步夯实了其在工业数字化领域的技术实力和全球竞争力，为其成为新一代工业生产技术的标准制定者和领先供应商打下了坚实的基础。试想，类似西门子这样已经是行业翘楚的公司都要强而再强，这个技术鸿沟怎么会不继续拉大呢？

即便广大发展中国家想赶超，也势必面临来自发达国家和先进企业的全方位抑制。首先，德国、美国等发达国家正在将他们在机器人、成套装备制造、IT 技术、控制技术、信息技术等领域的先发优势融合到工业 4.0 体系内，利用新的工业 4.0 体系生产制造出来的新设备和新产品将更具竞争力。发展中国家未来的产业升级将不得不被动接受新规则和新标准，甚至还得花大价钱去购买这些新设备。其次，工业 4.0 的出现，将使信息和人才成为生产函数中更为重要的内生变量。由于“富国”旺盛的研发需求，恐怕将引发发展中国家新一轮的高科技人才流失热潮。就在 2014 年 11 月，奥巴马绕开国会，直接颁布实施了其筹划已久的移民改革计划，该政策可以让高技术移民、在美留学的毕业生和企业家更容易、更快捷地留在美国。正如奥巴马在电视讲话中所说："两百多年来，我们欢迎世界各地移民的传统让美国拥有了超越其他国家的巨大优势，并使我们保持年轻、活力和有开创精神。"① 事实的确如此，2015 年 8 月当谷歌公司任命 43 岁的印度高管桑德皮查伊为新一任首席执行官（CEO）时，外界这才忽然意识到，谷歌和微软这两个硅谷巨擘已经均由印度人执掌了。

马克思曾在《共产党宣言》中英明地预言了经济全球化的前景，"资产阶级，由于开拓了世界市场，使一切国家的生产和消费都成为世界性的了"②。现在看来，不仅是生产和消费，就连各个民族的劳动者本身也成为"世界性"的了。更令人无奈的是，他们甚至被资产阶级雇佣来"挖掉工业脚下的民族基础"，成为使技术鸿沟和贫富鸿沟继续加剧的"帮凶"。面对工业 4.0 咄咄逼人的"进攻"态势，发展中国家对"高技术人才"的持续流失倍感忧虑。2015 年 9 月印度总统莫迪在出访美国期间，还特意会见了知名社交网络 Facebook 的 CEO 马克 · 扎克伯格，借助其平台，郑重表达了希望在美的印度软件业人才能回国效力的愿望。

五、结 语

无可否认，今天的资本主义生产方式不仅与马克思的时代相比，而且与第三次工业革命兴起时相比，确已发生了巨大的变化。但只要资本主义的政治经济体系没有发生根本改变，资本积累逻辑下诞生的类似工业 4.0 这样的技术新进步并不能让全世界的劳动者获得真正的解放。工业 4.0 时代仍然是少数拥有"技术权力"和"资本权力"的发达资本主义国家的"主场"。因此，正如西方马克思主义学者安德瑞 · 高兹（André Gorz）所指出的那

① Remarks by the President in Address to the Nation on Immigration，2014-11-20，https：//www.whitehouse.gov/the-press-office/2014/11/20/remarks-president-address-nation-immigration.

② 《马克思恩格斯选集》第 1 卷，人民出版社 1995 年版，第 276 页。

样，“科学技术不能被看作是意识形态中立的”[①]。随着工业4.0的讨论和实践日渐深入，德国本土的学者也对工业4.0数字化平台的“合法性”提出质疑。譬如，西门子是否会成为脱离控制的数字化平台的奴隶？对大数据的垄断是否会摧毁市场的竞争法则？工业4.0是否会催生一个“超资本主义”（hyper-capitalist）的世界？等等。出于对一系列未知的忧虑，他们认为：就工业4.0而言，我们不需要一个新的产业政策，而是一个更好的监管框架。[②]笔者也相信，即使工业4.0的出现有其效率和效益方面的合理性，但它终究也只不过是资本主义劳动分工或人机关系的新阶段而已，事实上资本主义生产方式仍旧走在“创造性毁灭”的老路上。

（作者单位：东华大学人文学院）

---

① Gorz A.，*The Division of Labour*，The Harvester Press，1978，p.165.

② Industry 4.0：*We Don't Need A New Industrial Policy But A Better Regulatory Framework*，2015-10-21，http：//www.socialeurope.eu/2015/10/industry-4-0-we-dont-need-a-new-industrial-policy-but-a-better-regulatory-framework/.

马克思两种“现代”概念与马克思主义的现代性批判进路

姜国敏

当代的人们在对“现代性”进行考察乃至批判时，马克思主义无疑是一个绕不开的重大思想资源，但当着诸种现代性批判理论各有取舍地“借用”马克思主义时，我们就要搞清楚马克思恩格斯本身关于现代性的理论立场，搞清楚马克思主义如何界定所谓“现代”，它批判了“现代”的哪些方面，它以什么尺度和方式来进行这种批判，等等——我们特别是要紧扣马克思主义的两大根本的立论基础，即唯物史观和剩余价值学说。马克思本人在为其最重要的作品《资本论》所写序言当中，对《资本论》的主旨——因而在相当程度上也可以说是马克思一生理论工作的主旨——作了自我宣示：

> 本书的最终目的就是揭示现代社会的经济运动规律。①

然而，“现代”并不就是一个素朴的、直白的、自明的概念。列宁在《什么是“人民之友”以及他们如何攻击社会民主党人?》当中引述了马克思这句话，并分析说“这句话本身就使我们碰到几个需要加以说明的问题”，而其中排位第一的问题，即是句中“现代”一词的确切含义：

---

① 《马克思恩格斯全集》第44卷，人民出版社2001年版，第9页。

既然马克思以前的所有经济学家都谈论一般社会，为什么马克思却说“现代（modern）”社会呢？他在什么意义上使用“现代”一词，按什么标志来特别划出这个现代社会呢？①

一、“现代”在马克思主义语境中的两重含义

列宁提出了“现代”的含义问题，并随即给出了他自己的理解，他是把马克思所谓的“现代”社会径直等同于资本主义社会。列宁说：“马克思说的只是一个‘社会经济形态’，即资本主义社会经济形态，也就是他说的，他研究的只是这个形态而不是别的形态的发展规律”②。列宁十分重视对“现代”含义的这一诠释，他后来在《马克思主义的三个来源和三个组成部分》中重申说：“马克思的主要著作《资本论》就是专门研究现代社会即资本主义社会的经济制度的。”③ 其后的《卡尔·马克思》一文，也再次摘引了《资本论》中的这句话，并特意在“现代社会”后面加括号注明说，“即资本主义社会，资产阶级社会”④。可是，列宁的这种诠释是否就穷尽了马克思（以及恩格斯）语境中“现代”的全部含义了呢？“现代”是否就是在各处都保持意思的均质、同一的呢？

（一）现代Ⅰ：资本主义

我们考察所谓“现代”，它首先显然是一个时间性的概念，具有某种量的规定性，然而这种时间区间的划分，本身可以依研究目的的不同，依具体研究者的理论立场和方法的不同，有多种不同的分法。而根据马克思主义研究社会经济形态这一主旨，首先当然得根据某种经济性的因素“来特别划

① 《列宁选集》第1卷，人民出版社1995年版，第3—4页。

② 《列宁选集》第1卷，人民出版社1995年版，第5页。

③ 《列宁选集》第2卷，人民出版社1995年版，第311页。

④ 《列宁选集》第2卷，人民出版社1995年版，第428页。

出”①，需要有经济方面的质的规定性。列宁此处径直将资本主义所处的历史时段认定为“现代”，的确是与马克思许多作品当中的提法相符合的，例如《共产党宣言》中曾使用“从封建社会的灭亡中产生出来的现代资产阶级社会”② 的提法，《〈政治经济学批判〉序言》当中又说：“大体说来，亚细亚的、古代的、封建的和现代资产阶级的生产方式可以看作是经济的社会形态演进的几个时代”③，马克思都是认为，资本主义社会开始之后的那个历史时代，就已经是所谓的“现代”了。

这种时间性的“现代”还可以更加定量地加以指明，人们可以指明时间轴上的具体位置，以此确定一段区间。而借着时间轴的尺度，那么从年代所对应的历史事实上，我们就更加能确定“资本主义”对应着“现代”。马克思在《资本论》中对于封建主义向资本主义的演进过程表述说：“封建剥削转化为资本主义剥削。要了解这一过程的经过，不必追溯太远。虽然在14 和 15 世纪，在地中海沿岸的某些城市已经稀疏地出现了资本主义生产的最初萌芽，但是资本主义时代是从 16 世纪才开始的。在这个时代来到的地方，农奴制早已废除，中世纪的顶点——主权城市也早已衰落。”④

恩格斯同样有着这种用法，他在《共产党宣言》意大利文版序言当中，也明确说封建主义社会的终结之后的资本主义即是“现代”，是一个新纪元和新时代：“意大利曾经是第一个资本主义民族。封建的中世纪的终结和现代资本主义纪元的开端，是以一位大人物为标志的。这位人物就是意大利人但丁，他是中世纪的最后一位诗人，同时又是新时代的最初一位诗人。”恩

---

① 注意：中译本所谓“按什么标志”，列宁的原话是“по каким *признакам*”（*В. И. Ленин Полное Собрание Сочинений*，том 1，Москва：Политической литературы，1975，c.132.）。用“标志”的汉语表述，可能会被误解为单纯外在的“迹象”“记号”之类，如下文中我们援引恩格斯的提法，他是将但丁这样的文学家个人作为划时代的“标志”。但是，俄语名词“признаки”固然也有此意，但这里应取“特征”之义，是指所划分的事物（在这里也就是社会发展阶段）的内在的因素、成分，列宁认为“资本主义”是“现代”之“标志”，以及笔者将要分析的“大工业”，都是前一类。

② 《马克思恩格斯选集》第 1 卷，人民出版社 1995 年版，第 273 页。

③ 《马克思恩格斯选集》第 2 卷，人民出版社 1995 年版，第 33 页。

④ 《马克思恩格斯全集》第 44 卷，人民出版社 2001 年版，第 823 页。

格斯在这里也是将社会形态的“封建”和“资本主义”，分别同具有时间规定性的“中世纪”和“现代”联系起来，而且也是量化地提出了两个时间区间的分割节点，即“1300年”①。其后，恩格斯致拉法格的信中又提及“资本主义制度……这个制度诞生于十五世纪”②，节点略向后推。

当然，时间节点的具体划定还可以具体商榷，但“资本主义”和“现代”的对应关系则是可以确定的了。直接地看，马克思否定“14和15世纪”，这同恩格斯所说的“1300年”“十五世纪”有不小的差距。不过本文认为，由于旧的社会经济形态的衰落直至灭亡，新的社会经济形态的因素从最初在旧有形态的胎胞中孕育，再逐渐成熟并最终取代旧形态，这本身有一个时段的过程，即从恩格斯所说“衰落”到马克思所说“终结”、从恩格斯所说“最初的萌芽”到马克思所说“纪元的开端”。所以，我们可以认为马克思与恩格斯两人的划界差异，更多只是评判标准差异，分别选取了过渡阶段的头抑或尾来进行划界，马克思和恩格斯对封建主义和资本主义这两大形态的本身的区分问题，还是一致的，是两个“时代”。在这个意义上，列宁将资本主义等同于现代，从而前资本主义也就是前现代，确实是符合马克思恩格斯做法的。

（二）现代Ⅱ：大工业

但是，更加值得我们关注的是，马克思对“现代”还有另一种真正不同的用法。《〈黑格尔法哲学批判〉导言》在批判德国当时的状况时，马克思是将德国和“现代国家”进行了分立和对比：“即使对我国当代政治状况的否定，也已经是现代各国的历史废旧物品堆藏室中布满灰尘的史实。……我们没有同现代各国一起经历革命，却同它们一起经历复辟。”③当时已经有了商业和手工业资本主义发展的德国，并没有被马克思划入“现代国家”的范畴，却反而是被视作“现代国家”的对立物。在《德意志意识形态》中，更

① 《马克思恩格斯选集》第1卷，人民出版社1995年版，第269页。

② 《马克思恩格斯全集》第36卷，人民出版社1974年版，第194页。

③ 《马克思恩格斯选集》第1卷，人民出版社1995年版，第3页。

是对商业和手工业资本有明确的断言说，“这种资本和现代资本不同”①!

那么所谓“现代”的资本是什么呢?《德意志意识形态》中说：“在起源于中世纪的民族那里，部落所有制经过了几个不同的阶段——封建地产，同业公会的动产，工场手工业资本——才发展为由大工业和普遍竞争所引起的现代资本，即变为抛弃了共同体的一切外观并消除了国家对所有制发展的任何影响的纯粹私有制。”② 现代资本，是与“大工业”(die große Industrie) 联系在一起的资本，而同业公会和工场手工业尽管已经位于封建社会之后，但并不就是现代，而是与封建一起，同现代相对立，是前现代阶段的东西。而且，即使就在前述将“资产阶级社会”即视为“现代”的《共产党宣言》这同一部作品当中，我们也还能找到这样的表述：“现代大工业代替了工场手工业”，“现代资产者，代替了工业的中间等级”。在《1861—1863 年经济学手稿》中，马克思又说：“从后面的引文中可以看出，亚当·斯密在这里反映的还是大工业的史前时期，因此他表达的是重农主义的观点，而李嘉图则从现代工业的观点来回答他。”③ 马克思在这些场合所说的“现代”，是和“大工业”联系在一起的④，是晚于资本主义的。

恩格斯也注意到了在资本主义开端的时间节点之后，大工业起到了又一个历史分期作用，尽管往往还是将“现代”之名单用于“现代资本主义”，他不像马克思那样将后一个节点也称为“现代”。他在《反杜林论》中认为，“现代资本主义生产……存在还不到 300 年，而且只是从大工业出现以来，即 100 年以来，才占据统治地位，……”⑤；前引恩格斯致拉法格信，也是质疑拉法格认为资本主义起于“1780 年左右—1800 年”，恩格斯对此标注了两个“?”，他本人是认为，“这个制度诞生于十五世纪，大工业的兴起只是开

① 《马克思恩格斯选集》第 1 卷，人民出版社 1995 年版，第 106 页。

② 《马克思恩格斯选集》第 1 卷，人民出版社 1995 年版，第 131 页。

③ 《马克思恩格斯全集》第 33 卷，人民出版社 2004 年版，第 34 页。

④ 还有其他用例，如马克思《1857—1858 年经济学手稿》中，虽没有直接提“现代”，但是他所说的“古代人从来不曾超出道地的城市手工艺的范围，因此从未能达到大工业”(《马克思恩格斯全集》第 33 卷，人民出版社 1995 年版，第 507 页)，在与“古代”相对而言的意义上，这实际上仍然是将“现代”与“大工业”相联系。

⑤ 《马克思恩格斯选集》第 3 卷，人民出版社 1995 年版，第 491 页。

创了它的全盛时代”①。大工业不构成生产关系、社会经济形态和制度上的分期，但它仍然具有历史的开创性的作用，恩格斯在《资本论》英译本序言中批评资产阶级政治经济学家说：“一切产业，除了农业和手工业以外，都一概被包括在制造业（manufacture）这个术语中，这样，经济史上两个重大的本质不同的时期即以手工分工为基础的真正工场手工业时期和以使用机器为基础的现代工业时期的区别，就被抹杀了。”②

（三）两种“现代”的时段错位

尽管马克思也曾不甚严谨地把大工业和资本主义等同，说过“手推磨产生的是封建主的社会，蒸汽磨产生的是工业资本家的社会”③，但由上面那些考察，我们可以归纳出马克思恩格斯对“现代”概念的主流用法，是有着两种不同界定的：

> （1）封建社会一经终结，历史进入到资本主义社会，即进入了第一种含义的“现代”；
>
> （2）资本主义社会开始一段时间后，要在工业革命完成之后，才算进入到第二种含义的“现代”，即“大工业”的时代。

这种一词多义的现象并非“现代”独有，例如在马克思主义政治经济学的既往探讨当中，研究者们便已经根据马克思原著的初步提示、根据对文本的全面梳理，明确地提出了一些同名概念的区分，如第一种含义的社会必要劳动时间和第二种含义的社会必要劳动时间，第一种含义的利润率和第二种含义的利润率，等等。对于这种歧义现象本身，我们一方面可以去探究，它是属于理论建构过程中术语系统尚有待规整统合，属于日常语言本身的含混性，抑或是属于经典作家纯粹的个人使用习惯，等等。然而，更重要的一方面是，我们需要去考察这种理论范畴上的歧义，本身有没有蕴含着一些现

① 《马克思恩格斯全集》第 36 卷，人民出版社 1974 年版，第 194 页。
② 《马克思恩格斯全集》第 44 卷，人民出版社 2001 年版，第 32 页。
③ 《马克思恩格斯选集》第 1 卷，人民出版社 1995 年版，第 142 页。

实当中重要的区分，这种有区分的两种“现代”概念或曰“现代”的两重维度，本身是否有着重大的实际意义。

第一种含义的“现代”的重要性似乎很好理解，它既然标志着资本主义和前资本主义社会的区分，那么从前现代进入第一种含义的“现代”，就是社会形态演进过程当中的重要变革，马克思认为“生产关系的革命”造成了“鸿沟”①，用恩格斯的评价来说是“新纪元”。——那么，“大工业”究竟有何特别之处，竟然也能够划分出一个新纪元、能够变革资本主义社会并使其成为“两个重大的本质不同的时期”呢？

二、“现代”的两重维度构成“生产力—生产关系”矛盾的现代形式

马克思恩格斯在19世纪40年代中后期创立了唯物史观，从生产力—生产关系的矛盾运动来解释人类社会的历史演进，而这当然不是为了纯粹学理的历史学研究兴趣，而是有着批判资本主义的现存状况、论证未来新社会阶段的实践导向的。因此，马克思主义并不停留在对唯物史观的“一般”规律的揭示上，而是要聚焦于“现代社会”的特定历史阶段，进而创立了以剩余价值学说为核心的政治经济学理论，具体而深入地分析资本主义经济运动的全过程，揭示其内在矛盾本性的产生、发展和最终导向灭亡的历史和逻辑线索。上面我们所分析和归纳的马克思主义语境中“现代”的两重维度，就分别是作为现代的生产力和现代的生产关系因素，这两种“现代”因素首先就使得资本主义在工业化时代，有了和既往社会（包括前工业阶段的早期资本主义社会）不同的基本矛盾形态。

（一）现代大工业生产力的新特性

《德意志意识形态》最初提出“大工业”的概念，是如字面所示的表示

① 《马克思恩格斯全集》第44卷，人民出版社2001年版，第826页。

一种规模的宏大，并且首先表现为生产者的人数规模和协作规模，是与个体的、家庭的等等“小工业”相对而言的。但其后马克思恩格斯更加深入的研究，例如在《共产主义原理》和《共产党宣言》中，则在“大工业”外在形式的“大”之外，抓住了与之前工业有所区别的更加内在的特性，即“蒸汽和机器”，即机器引入和中介了外部自然力，这开始取代劳动者本身的肉体组织，成为生产力的主要方面。

前引恩格斯说大工业区分开了“经济史上两个重大的本质不同的时期”，这种经济史上的“本质不同”，首先在生产力方面不同，在人对自然的生产改造方式方面不同，因为大工业而发生了变革。第二种“现代”即大工业的时代，《共产党宣言》说明了它是在于“蒸汽和机器引起了工业生产的革命”①，《反杜林论》也谈及“蒸汽和新的工具机把工场手工业变成了现代的大工业，从而把资产阶级社会的整个基础革命化了”②。

需要注意，机器本身诚然是人的发明与创造，在大工业的生产当中也仍然需要由人来操控机器，仍然属于广义的人对自然的生产改造，但这里所说的被取代了的劳动者本身，是指之前的“小工业”当中，劳动者进行生产实践主要要依靠本身的肉体组织以及依靠作为肉体组织之直接延伸的手工工具，——一句话，是依靠所谓的“人力”——而在“大工业”中，人需要依靠机器这一对象性的、异在于人的存在物，人需要依仗机器及其背后更加广大的生产资料的自然力，而人本身只是对生产过程间接地发挥作用。《资本论》中说：

> 劳动资料取得机器这种物质存在方式，要求以自然力来代替人力……在工场手工业中，社会劳动过程的组织纯粹是主观的，是局部工人的结合；在机器体系中，大工业具有完全客观的生产机体，这个有机体作为现成的物质生产条件出现在工人面前。③

① 《马克思恩格斯选集》第1卷，人民出版社1995年版，第273页。

② 《马克思恩格斯选集》第3卷，人民出版社1995年版，第611页。

③ 《马克思恩格斯全集》第44卷，人民出版社2001年版，第443页。

既然生产力的主要承担者发生了改变，那么生产力的发展进步，其承担者也相应地改变了。在以往的时代，从主要方面的方面来看，既然生产力是与劳动者直接同一的，那么生产力的进步，主要即需要劳动者本身发生改进，包括劳动者数量的增加、经验技能的积累、劳动积极性的提高、人际的协作方式的演进等因素来实现。然而，进入到机器大生产的时代，早在欧文那个并非成熟的机器生产阶段，他即已经看到了这样的情形，马克思转述欧文的观点说：

> 从在不列颠的制造业中普遍运用无生命的机器以来，除了少数的例外，人都被当作次要的和附属的机器，对于改善木材和金属等原料远比对于改善人的身体和精神要重视得多。①

（二）前工业时代“生产关系—生产力”关系的传统形态

用马克思的比喻来说，资本主义的生产关系是一个“外壳”，是工业生产的外壳，而我们尤其要注意这种作为“外壳”的生产关系，其与生产力的结合方式，与生产力发生矛盾的方式，也是有历史阶段性的新特点的。前文已经说过，在机器大生产真正确立之前，人的因素，劳动者的因素，是生产力的主要方面。那么也就可以推论说，生产关系作为人与人在生产过程当中所必然发生的关系，这种关系由于有着“人”本身这一载体，这和生产力的载体是直接同一的，因此生产关系同生产力具有直接的、内在的关联。相应的，生产关系对生产力的促进或束缚，主要地即表现为对劳动者的促进或束缚，生产关系与生产力的矛盾集中体现在劳动者的自由程度与受制约程度。更直白地说，就体现在劳动者所受压迫、苦难等等的轻重，例如在传统的马克思主义叙事框架当中，是这样论述封建社会生产力之所以不发展的原因的：

> 自地主阶级这样残酷的剥削和压迫所造成的农民的极端的穷苦

① 《马克思恩格斯全集》第31卷，人民出版社1998年版，第107页。

和落后，就是中国社会几千年在经济上和社会生活上停滞不前的基本原因。①

相应地，如果生产关系要促进生产力的发展，就需要促进劳动者的自由度。剥削阶级有时会主动地采用“寡人之于国也，尽心焉耳矣”的手段，通过改良劳动者的自由度而提高其生产率，当然更主要的还在于劳动者阶级本身的抗争效果：

因为每一次较大的农民起义和农民战争的结果，都打击了当时的封建统治，因而也就多少推动了社会生产力的发展。②

资本主义生产关系的最初确立，这种先于大工业而确立的第一种“现代”，尽管是社会的新形态，是人与人之间社会关系的新阶段，但上述作用机制仍然是延续的。西欧，特别是马克思恩格斯作为资本主义理想型的英国，是需要以封建贵族自身间的战争（例如英国的“玫瑰战争”）和其后的资产阶级主动革命作为手段，从而削弱、瓦解、打破封建制度的枷锁和桎梏，并由圈地运动等直接的经济关系领域的变革，将劳动者“解放”为可以自由受雇佣的工人。

当然，先期建立的资本主义生产关系，仍然会与当时的生产力相矛盾，其中也当然就直接与劳动者相矛盾，而且这种事后客观追述的“解放”，也在于“新被解放的人只有在他们被剥夺了一切生产资料和旧封建制度给予他们的一切生存保障之后，才能成为他们自身的出卖者。而对他们的这种剥夺的历史是用血和火的文字载入人类编年史的”③。人民出版社 1972 年版的《马克思恩格斯选集》选录的《资本论》论述唯有刚才这段话所处的第 24 章“所谓原始积累”，即使撇开那个特殊年代的政治文化背景不谈，这种做法也是颇能对一般读者产生震动和感染的。但是，这是否就是问题的全部呢？当

① 《毛泽东选集》第 2 卷，人民出版社 1991 年版，第 624 页。
② 《毛泽东选集》第 2 卷，人民出版社 1991 年版，第 625 页。
③ 《马克思恩格斯全集》第 44 卷，人民出版社 2001 年版，第 822 页。

然如果我们熟悉国际和中国共产主义运动史、熟悉相应的理论论争史的话，就可以联想到关于阶级斗争和生产力作为历史动力的地位问题的争论。

（三）大工业时代“生产关系—生产力”的关系需要重新考察

然而到了机器大生产的时代，劳动者不再是作为生产力的主要方面，从这一前提出发，我们就不能不说，现代社会中的生产关系与生产力的矛盾，不再是径直地等同于资本主义生产关系同劳动者阶级（即工人）的矛盾①，我们至少需要考虑某种矛盾的“转形”问题。恩格斯在《反杜林论》的相关章节（这些章节后来又被编入《社会主义从空想到科学的发展》）当中，有对于“现代社会”当中生产力和生产关系间矛盾的集中和系统论述，他说：

> 正如从前工场手工业以及在它影响下进一步发展了的手工业同封建的行会桎梏发生冲突一样，大工业得到比较充分的发展时就同资本主义生产方式用来限制它的框框发生冲突了。新的生产力已经超过了这种生产力的资产阶级利用形式；生产力和生产方式之间的这种冲突，……②

但是在其后，恩格斯又不再是限于这里所反复说的“生产力”，而是转而使用“生产”的提法，并将之写成一纲三目的论述结构，其中的核心是“社会的生产和资本主义占有之间的矛盾”，而这样的一个矛盾，它：

> （1）表现为无产阶级和资产阶级的对立；
>
> （2）表现为个别工厂中的生产组织性和整个社会中生产的无政府

① 在这里，笔者也等于是对传统所谓中国古代史研究的五朵金花之一的“农民战争问题”表明了自己的态度，笔者认为中国古代的农民战争可以认为是对生产力的直接推动，在当时的生产力构成情况之下，劳动者阶级经由阶级斗争以求得自由度的提高，直接就是生产力的一种进步，亦即是通俗地说，在当时的确是“阶级斗争，一抓就灵”。

② 《马克思恩格斯选集》第3卷，人民出版社1995年版，第618页。

状态之间的对立；

(3) 在危机中剧烈地爆发出来。[①]

我们在此需要对恩格斯的叙述方式进行分析。这里的第一条并不能简单从其字面去理解，不能因为这里未加限定语，就理解为阶级对立的全部内容。我们看恩格斯的行文，他论述第一点时所谈及的，只是资本主义的生产方式逐步确立的过程，是此中对农民和小生产者的剥夺与消灭，使得他们沦为雇佣工人——恩格斯并没有在这一部分说及资本主义的持存阶段，后一阶段中的状况，例如资本与贫困的两极积累等等，恩格斯是放在第 3 条当中加以叙述的。在本条所要论述的，只是劳动者遭受苦难的最初阶段和形式。

关于其第二条，则主要是在说在资本主义的无政府竞争状态下，“失败者被无情地消除”的状况，但在这里所叙述的所谓失败者和被清除者，都是指在市场竞争当中的参与者，是经营者、有产者。除了早期是手工业者之外，其后的那些主体，都是资本家、工业部门和国家。在这里，与资本主义的生产关系发生冲突的，并非劳动者，而是资本的人格化诸形态。当恩格斯叙述第三条的时候，他认为，“经济的冲突达到了顶点：生产方式起来反对交换方式，生产力起来反对已经被它超过的生产方式”。实际上，正是在此处，恩格斯才又回复到了“生产力”的提法。

而在传统的政治经济学教科书当中，恩格斯这部分具有历史感的论述是被拆解重构成了两点：一是资本主义条件下生产的无政府状态，二是工人的被剥夺状态，这两个方面造成了资本主义具有不可克服的矛盾，并以经济危机的形式爆发出来——这样的归纳就可能造成理论的模糊，没有紧扣住生产力—生产关系的逻辑线索，又或者可能引起误解，事实上没有凸显大工业条件下工人（工人阶级）不直接作为生产力要素的新情况。然而，正是资本主义的生产关系不适应大工业的生产力水平，才导致资本主义历史阶段特有的经济危机形态和社会革命必要性。

---

① 《马克思恩格斯选集》第 3 卷，人民出版社 1995 年版，第 619—627 页。

三、大工业反对资本主义：马克思主义现代性批判的基本根据

（一）资本主义对大工业生产力的束缚方式：市场容纳与生产扩张

概括地说来，马克思主义的现代性批判，主要就是对资本主义意义上“现代”的批判，马克思恩格斯并不是后现代主义，并不否定以工业化为主要特征的现代化过程，不是以某种前现代的田园牧歌式的流风余韵框定现代，他们“不屈尊于后现代主义和反现代主义”①。但更进一步说来，大工业这一方面并不是被视作和批判无关的因素，它反而是批判的现实基础，现代大工业的生产力水平，使得资本主义的生产关系不再适应，从而产生资本主义特有的经济危机，面临着被变革的命运。

前面我们已经看到马克思恩格斯说，“蒸汽和机器”变革了工业本身，变革了社会生产关系的基础，那么这变革了的基础是否会进而影响适应于这基础的生产关系呢？答案是肯定的。恩格斯批判资产阶级抹杀“经济史上两个重大的本质不同的时期”，他紧随其后就说道：“不言而喻，把现代资本主义生产只看作是人类经济史上一个暂时阶段的理论所使用的术语，和把这种生产形式看作是永恒的最终阶段的那些作者所惯用的术语，必然是不同的。”② 基础的变革引发了基础之上的社会关系以及在社会关系基础之上的理论表达的变革要求。

机器大工业所代表的生产力既然在于自然力的不断引入，就具有自我循环、自我促进和无限扩展的潜力。当然，这一过程会碰到自然本身的界限，即资源供给和环境承载的界限，不能容许机器大工业的生产力超出这个范围继续扩大，这一点本文从略（而这正是当今生态主义所需要重点加以考量的事情）。而资本主义的生产关系为生产力设定了另一个界限，更狭隘的

① 哈贝马斯：《哈贝马斯访谈录》，上海人民出版社 1997 年版，第 56 页。

② 《马克思恩格斯全集》第 44 卷，人民出版社 2001 年版，第 32 页。

界限，这个界限不是如既往历史阶段那样直接作用于生产者的自由发展程度，不是在直接的生产环节限制生产，而是间接地通过分配和流通环节对生产造成制约乃至破坏。

资本主义要求以市场作为社会经济关系的基本机制，以市场来配置资源组织生产，也以市场来容纳生产出的产品，即把产品作为商品来对待，并且，资本主义的经济剥削和压迫也要求采用市场形式来完成，资本在生产环节占有的还只是剩余产品，必须通过市场出售，完成“惊险的一跃”才能最终实现为剩余价值。然而，在生产力达到了“现代”层次，在达到机器大工业的条件下，生产关系的市场机制就和生产力的机制，即扩大再生产和技术进步机制相紧张，恩格斯对此归纳说：

> 大工业的巨大的扩张力——气体的膨胀力同它相比简直是儿戏——现在在我们面前表现为不顾任何反作用力在质量上和数量上进行扩张的需要。这种反作用力是由大工业产品的消费、销路、市场形成的。但是，市场向广度和深度扩张的能力首先是受完全不同的、力量弱得多的规律支配的。市场的扩张赶不上生产的扩张。冲突成为不可避免的了……它在把资本主义生产方式本身炸毁以前不能使矛盾得到解决……①

（二）*劳动者在矛盾形成中的作用改变：从直接生产到分配流通环节*

这一束缚是通过怎样的机制而造成的呢？马克思分析了生产和分配的辩证统一，认为分配形式“只不过是从另一个角度看的生产形式”，而资本主义分配具有“特定性质”“界限的特征”和“特殊的局限性”，而这“是危机的最深刻、最隐秘的原因，是资产阶级生产中种种尖锐矛盾的最深刻、最隐秘的原因”②，“一切现实的危机的最后原因，总是群众的贫穷和他们的消费受到限制”③。所以，在“现代社会”当中，劳动者阶级所受的压迫对生产力的意义，首要地就不在于工人阶级的生产主体属性，而是其作为市场购买体

---

① 《马克思恩格斯选集》第3卷，人民出版社1995年版，第626页。

② 《马克思恩格斯全集》第26卷下册，人民出版社1974年版，第86—87页。

③ 《马克思恩格斯全集》第46卷，人民出版社2003年版，第548页。

系中的主体的地位，而这又更进一步追溯到分配环节中的市场购买能力。

既然要以商品的形式去进行市场交换，而不同的商品所有者之间又必须要依照商品的价值进行等量的交换——商品要卖出去，并且要等价地卖出去——正是在这两条看似平凡的事实当中，已然内在地蕴含着资本主义社会的矛盾。当着一方面是生产环节的结果，大工业的巨大生产力所创造产品的物质形态，另一方面是分配环节的结果，即价值形态在少数资产阶级和广大工人群众间的贫富两极分化，这时，剩余价值在资本家方面的高度集中，并不会全部用于购买产品而支出完毕，这就造成市场交换的两端并不对等，商品流通不顺畅。这一基本态势早已蕴含在马克思的论述之中，后世凯恩斯主义则有益地补充了“消费倾向递减”的“心理规律”微观解释（尽管凯恩斯回避了商品价值的构成和分配机制，也并不分辨工人和资产者的不同收入情况对生存的不同意义）。

如同马克思的名言所说，商品交换的惊险的一跃，如果不成功，摔坏的不是商品，而一定是商品所有者，进一步说，那摔坏的还是因为商品卖不出去导致资本家就无法实现手中商品的价值，摔坏这种交换关系从而整个生产关系，面临着尖锐的矛盾，即生产的（相对）过剩。这种矛盾在整个社会上的积累，就是资本主义的经济危机，这是大工业所代表的生产力与资本主义生产关系的矛盾的集中体现。《共产党宣言》所谓在资本主义时代不到一百年的历史中所创造的生产力，比过去一切世代创造的全部生产力还要多还要大，这不仅是从直观和常识上的成就，而且从生产力尺度来看也的确如此，传统的历史阶段中总是直接受害于产品的不足和生产力的不发达，但对于资本主义生产关系而言，发达的生产力却反而成为负担：

> 从上面所阐述的历史观中还可以得出以下的结论：生产力在其发展的过程中达到这样的阶段，在这个阶段上产生出来的生产力和交往手段在现存关系下只能造成灾难，这种生产力已经不是生产的力量，而是破坏的力量（机器和货币）。①

① 《马克思恩格斯选集》第 1 卷，人民出版社 1995 年版，第 90 页。

因为社会上文明过度，生活资料太多，工业和商业太发达。社会所拥有的生产力已经不能再促进资产阶级文明和资产阶级所有制关系的发展；相反，生产力已经强大到这种关系所不能适应的地步，它已经受到这种关系的阻碍；而它一着手克服这种障碍，就使整个资产阶级社会陷入混乱，就使资产阶级所有制的存在受到威胁。资产阶级的关系已经太狭窄了，再容纳不了它本身所造成的财富了。①

(三)“造反”何时开始“有理”：资本主义的历史极限问题

马克思的两大发现使得社会主义成为科学，这正是在于它科学地批判了资本主义，说明了它产生、发展和最终灭亡的历史根据，其中首要的是经济的根据，使社会主义和共产主义获得经济科学的论证，毛泽东式“造反有理”解读所谓的“理”，正是从资本主义内在矛盾所得出的。不过，马克思恩格斯在科学发现的早期阶段，他们所得出的“生产力已经达到了这样的阶段”的总体评价，既然还只是“从历史观得出的结论”，这也正印证着恩格斯晚年的回顾，“这种阐述只是表明当时我们在经济史方面的知识还多么不够”②，乃至于只是“半先验地根据不完备的材料所推出的结论”③，完备的材料还有待马克思恩格斯在科学理论的进一步发展当中去搜集与归纳，并不断修正、完善和发展既有的理论框架和具体结论。

14、15 世纪是商业资本主义特别是海外贸易迅速发展的时代，这是第一种“现代”的开始；到了 17 世纪中叶，资本主义开始进入工场手工业时期，在商业领域积累起来的大量资本投入生产领域，此时的生产力水平也还尚未得以造成生产过剩；再后来，即是英国的工业革命，英国从工场手工业向机器大工业的过渡，第二种含义的“现代”开始形成。这是资本主义本身的上升周期，在这个阶段上没有“造反有理”的问题，即革命还不存在其历史的根据。这三个阶段分别在经济学上的表现也是一个勃兴的历程，即经由重商主义、重农主义，直到以斯密、李嘉图为代表的政治经济学典范形态的

① 《马克思恩格斯选集》第 1 卷，人民出版社 1995 年版，第 278 页。

② 《马克思恩格斯选集》第 4 卷，人民出版社 1995 年版，第 121 页。

③ 《马克思恩格斯选集》第 4 卷，人民出版社 1995 年版，第 507 页。

顶峰。那么，什么时候“造反”开始合理的呢？是在资本主义发展到一定阶段之后，是在发生了工业化，完全进入到“现代”即大工业时代的资本主义，才得以发生第一次生产过剩的危机，这一节点在于 1825 年。在此之后的否定资本主义的社会革命企图，即所谓的“造反”，才具有了世界历史的合理性，因为从这一节点开始，资本主义进入了它的下行周期和衰亡阶段，资本主义面临着达到其极限的问题，相应地在科学表达上，需要由马克思主义取资产阶级政治经济学而代之。

1825 年、1837 年和 1847 年，是资本主义世界前三次经济危机，欧洲迎来了 1848 年的革命风暴。在风暴来临前夕，马克思和恩格斯开始把初步探索形成的革命性分析框架公布出来。正如马克思在《〈政治经济学批判〉序言》中自己回顾的，《哲学的贫困》《关于自由贸易的演说》《共产党宣言》是其在唯物史观的总体方针指导下，以政治经济学为基础，来考察和批判资本主义的真正起点。马克思在这些作品中以英国为资本主义的理想型，阐述了生产力—生产关系矛盾的基本形态，得出两个“不可避免”的革命结论：一方面是现代大工业生产力的发达，而另一方面是工人群众贫困，资本主义形成世界市场从而其容量趋于终结，在经济危机中主要以摧毁产品和生产力的方式达成市场供需平衡，表现为历史的倒退。——然而，1848 年革命最终仍然没有成功。这个时候，工人运动不成熟的理由固然仍可以聊以自慰，但从科学态度而言，马克思重又返回书斋开始做政治经济学的批判研究。马克思之后的理论历程，一是建立系统的剩余价值理论，阐明上述矛盾形态的内在机制，二是更全面地考察资本运动对危机的应对及其历史极限，作出两个“决不会”的判断。

如果说《德意志意识形态》和《共产党宣言》的结论当时的确过于乐观、把革命看得过于急迫和容易的话，那么这种乐观首先不在于对资本主义历史极限的质的判断，而在于极限具体达到的量的规定，并且，这种对资本主义自我调适手段和程度的估计不足，不仅仅属于马克思恩格斯的理论，资产阶级本身也是在其经济实践和理论探索当中，才能够不断地开阔起来。资本主义的这些逐步发展着的调适方式，其克服危机的办法和防止危机的手段，除了纯粹消极地消灭生产力本身之外，19 世纪中后期世界市场还没有开发和利用完毕，并且除了《共产党宣言》已经认识到的上述这两方面，还在于生产投资对于市场容量的积极作用（特别是欧洲大陆当时尚处于工业化的起步追赶时期），再加上金矿开发等偶然因素（马克思恩格斯曾对此耿耿于怀），资本主义仍然具有生长性。只有当我们按照马克思主义的基本问题范式，坚持从现代大工业反对现代资本主义的角度看问题，既揭示大工业经由分配和市场交换的中介而突破资本主义的容量，又充分科学地考察资本主义对在分配和流通上所作的改良努力，包括马克思恩格斯已经分析的和其身后新发展的，只有这样。我们才可算得上是坚持了马克思主义的理论立场，是从马克思主义出发批判了资本主义的“现代”。

（作者单位：上海财经大学人文学院）

卢卡奇对商品形式占支配地位的社会中人的存在方式的批判①

陈学明

摘要：纵观进入市场经济时代以后当今人类的存在状态，会越发感到卢卡奇在90多年前写的被称为“西方马克思主义”的“圣经”的《历史与阶级意识》一书，对在商品形式占支配地位的社会中人的存在方式的揭示的深刻性和尖锐性。卢卡奇的这一论述的现实意义就在于能使我们看清当今人的那种存在方式的实质与危害。尽管我们知道人类不可能也不应该因为市场经济使人生活在这样一种存在状态之中，存在着这样的负面效应，而放弃市场经济这种资源配置的最佳方式，“告别”市场这只给人类带来无穷财富的“看不见的手”，但是，人类也不应当对与市场经济如影随形的这种人的存在方式熟视无睹。人类必须在维持市场经济机制的同时，切实改变目前的这种存在方式。如果这样去认识，那么卢卡奇对在商品形式占支配地位的社会中人的存在方式的揭示的意义就会清清楚楚地呈现在我们面前。

关键词：卢卡奇　《历史与阶级意识》　商品形式的普遍性　人的存在方式　物化　劳动的抽象　合理化　原子化　可计算原则　物化意识　去物化　无产阶级立场

国内学术界对“西方马克思主义”已经做出了长达30多年的研究，无

① 本文是教育部哲学社会科学重点研究基地重大项目“西方马克思主义理论家对人的存在方式的研究”（项目批准号：11JJD710001）的中期成果。

疑，“西方马克思主义”已成了我国的一门“显学”。但十分遗憾，纵观我国学术界对“西方马克思主义”的连篇累牍的研究，很少有人把注意力集中于“西方马克思主义”关于人的存在方式的理论，或者说，很少有人从人的存在方式的角度对“西方马克思主义”加以探讨。而实际上，在整个“西方马克思主义”理论体系中，最具创意的恰恰就是其关于人的存在方式的理论，更值得指出的是，这一理论随着时代的演变，随着人类日益面临严重的存在危机，越来越显示出不可估量的现实意义。

卢卡奇是“西方马克思主义”的开创者，他的《历史与阶级意识》一书被奉为“西方马克思主义”的“圣经”。他的这一著作，开创了“西方马克思主义”思潮，同时也为以后的“西方马克思主义”代表人物对人的存在方式的研究奠定了基础。我们这里就以这一著作为主要依据，着重剖析卢卡奇对商品形式占支配地位的社会中，即在一切都成为商品的条件下人的存在方式的批判。

一

《历史与阶级意识》是一部论文集，收集于其中的每一篇论文都涉及对人的存在方式的研究，但对人的存在方式做出真正全面论述的是书中篇幅最长的那篇论文，即《物化和无产阶级意识》。那篇论文的一开头，卢卡奇引用了马克思在《〈黑格尔法哲学批判〉导言》中下述名言作为“题记”：“所谓彻底，就是抓住事物的根本。但人的根本就是人本身。”① 通读整篇论文可以知晓，卢卡奇在这里之所以要把马克思的这段名言首先鲜明地呈现在作者面前，是有深刻用意的。卢卡奇除了要表明研究人本身，特别是研究人的存在状态，就是抓住了这个世界最根本的问题之外，还要进一步说明，而要真正认识当今人究竟处于什么样的存在状态，必须紧紧地把握当今商品范畴已成为整个社会的普遍范畴，商品的光芒已照射到社会的每个角落这一社会存

① 《马克思恩格斯文集》第1卷，人民出版社2009年版，第11页。

在的“根本”。他这样说道，“在人类的这一发展阶段上”，“没有一个问题不最终追溯到商品这个问题，没有一个问题的解答不能在商品结构之谜的解答中找到”。在这种情况下，只有“在商品关系的结构中”才能“发现资本主义社会一切对象性形式和与此相适应的一切主体性形式的原形”。① 他这里所说的“主体性形式的原形”指的就是人的存在状态。他所强调的是，只在把人置于当今社会的“商品关系的结构中”才能把人的存在状态揭示出来。

卢卡奇根据马克思关于资本主义的理论，特别是马克思在《资本论》中对商品拜物教的分析，强调资本主义社会的主要特征就是“商品交换及其结构性后果”对“整个外部的和内部的社会生活”产生“决定性的影响”，“商品交换”完全构成“社会进行新陈代谢”的“支配形式”。在这样一个社会中，生产本身是为了交换价值而不是为了使用价值，即生产的目的不在于满足人的需要，而在于使一些人拥有更多的钱。在这一基础上，商品形式渗透到社会生活的所有方面，并按照自己的形象，即“商品的形象”来改造这些方面，使社会生活的所有方面都商品化，都进入交换领域。

卢卡奇还根据马克思关于资本主义的理论，特别是马克思在《资本论》中对商品拜物教的分析，进一步强调，“商品形式向整个社会的真正统治形式”的这种转化，“只有在资本主义社会中才出现”。② 在前资本主义社会中，尽管也有商品交换，但由于这种商品交换没有成为“普遍范畴”，从而它对社会生活的影响也非常有限。他这样说道：“一个商品形式占支配地位、对所有生活形式都有决定性影响的社会和一个商品形式只是短暂出现的社会之间的区别是一种质的区别。”“商品拜物教问题是我们这个时代，即现代资本主义的一个特有的问题。”③ 在卢卡奇看来，资本主义社会与前资本主义社会之所以具有这种质的区别，关键还在于生产的目的的不同。他引用马克思在《资本论》第 3 卷中的一段话来说明这一点：“产品进行交换的数量比例，起初完全是偶然的。它们之所以取得商品形式，是因为它们是可以交换的东西，也就是说，是同一个第三者的表现。继续不断的交换和比较经常的为交

① 卢卡奇：《历史与阶级意识》，商务印书馆 1992 年版，第 143 页。

② 卢卡奇：《历史与阶级意识》，商务印书馆 1992 年版，第 146 页。

③ 卢卡奇：《历史与阶级意识》，商务印书馆 1992 年版，第 144 页。

换而进行的生产再生产，日益消除这种偶然性。但是，这首先不是为了生产者和消费者，而是为了二者之间的中介人，即把货币价格加以比较并把差额装入腰包的商人。”① 在卢卡奇看来，全部问题就源自生产不是为了消费者也不是为了生产者，而是为了使一些人的腰包装得更满。

一旦是为了“使一些人的腰包装得更满”而进行生产，就会“对所有生活形式”产生决定性的影响。当然这种影响主要表现在使人的存在状态发生了根本性的变化。那么人的存在状态究竟发生了什么变化呢？处于商品形式占支配地位之下的人的存在状态究竟是怎样的呢？这正是卢卡奇所倾心关注和着重研究的。

卢卡奇用“物化”（reification）这一概念来说明商品形式成为最基本的社会形式后的人的存在状态。对“物化”的具体含义，在他看来，马克思在《资本论》第1卷中已表述得十分清楚。他主要是指马克思下述一段话：“可见，商品形式的奥秘不过在于：商品形式在人们面前把人们本身劳动的社会性质反映成劳动产品本身的物的性质，反映成这些物的天然属性，从而把生产者同总劳动的社会关系反映成存在于生产者之外的物与物之间的社会关系。由于这种转换，劳动产品成了商品，成了可感觉而又超感觉的物或社会的物。……这只是人们自己的一定的社会关系，但它在人们面前采取了物与物的关系的虚幻形式。”② 按照卢卡奇的解释，马克思在这里所描述的“物化”最贴切地说明了生活在资本主义社会中的人的存在状态。这里最关键的是“人与人之间的关系获得物的性质，并从而获得一种‘幽灵般的对象性’，这种对象性以其严格的、仿佛十全十美和合理的自律性掩盖着它的基本本质，即人与人之间的关系的所有痕迹”③。这就是说，所谓“物化”，最基本的含义就是人与人之间的关系变成了一种物与物的关系，这种物与物的关系获得了“幽灵般的对象性”，具有“严格的、仿佛十全十美和合理的自律性”，而正是这一“幽灵般的对象性”和“严格的、仿佛十全十美和合理的自律性”，把人与人之间的本来的属性掩盖掉了。这就是说，在资本主义社

① 《马克思恩格斯全集》第25卷，人民出版社1974年版，第368页。

② 《马克思恩格斯全集》第23卷，人民出版社1972年版，第88—89页。

③ 卢卡奇：《历史与阶级意识》，商务印书馆1992年版，第143—144页。

会中人的最基本的存在状态是仅仅作为一种“物”而存在着，人与他人之间的关联也就是一种“物”与另一种“物”之间的关系。

卢卡奇反复强调的是，“商品只有在成为整个社会的普遍范畴时”，商品的那种本质才会暴露无遗，而与此同时，在“商品关系”的基点上所形成的人的“物化”的存在状态“才对社会的客观发展和人对社会的态度有决定性的意义”，当然也只有在“商品关系”的基点上，才会出现“人的意识屈从于这种物化所表现的形式”这种情形，而任何企图理解和反抗“物化”都会造成对资本主义社会来说的“灾难性后果”，并且也从而产生从“物化”这种存在状态下解放出来的强烈愿望。卢卡奇还提出，关键在于，人明明处于“物化”状态而还感觉不到“物化”，而随着商品形式越来越成为一种统治的形式，人的这种麻木性也越来越严重。在资本主义社会的早期，人们实际上还能意识到“经济关系的人的性质”，但在现代资本主义社会中，人们实际上已很难“看清这层物化的面纱”。他这样说道：“而商品形式向整个社会的真正统治形式的这种发展只有在现代资本主义中出现了。因此，毫不奇怪，在资本主义发展开始之时，经济关系的人的形式有时看得还相当清楚，但是，这一发展越继续进行，产生的形式越错综复杂和越间接，人们就越少而且越难于看清这层物化的面纱。”①

二

卢卡奇在论述“物化”这种人的存在状态时，着重剖析了人的劳动的“物化”。在他看来，普遍的商品关系对人的存在状态带来的最大的影响表现在劳动上。具体地说就是“人自己的活动，作为某种客观的东西，某种不依赖于人的东西，某种通过异于人的自律性来控制人的东西，同人相对立”。②劳动明明应当是人自己的活动，而现在却成了与自己相对立的东西，人自己

① 卢卡奇：《历史与阶级意识》，商务印书馆 1992 年版，第 146 页。

② 卢卡奇：《历史与阶级意识》，商务印书馆 1992 年版，第 147 页。

非但不能控制它，而且反而受其控制，这就是“劳动的物化”。人活在世上最基本的活动，亦即最基本的存在状态是劳动，现在劳动这种人最基本的活动、存在状态也不属于自身了，而是成了“通过异于人的自律性来控制人的东西”。卢卡奇对资本主义社会的批判，对在资本主义社会中人的存在状态的揭示之所以产生如此深远的影响，关键在于他紧紧抓住了人的劳动这种存在状态做出了尖锐和深刻的分析。

卢卡奇认为，在资本主义社会中人的劳动的“物化”，人的劳动这种存在状态的“非人化”，既表现在“客观的方面”，又见之于“主观的方面”。他所说的“客观的方面”就是：“产生出一个由现成的物以及物与物之间关系构成的世界（即商品及其在市场上的运动的世界），它的规律虽然逐渐被人们所认识，但是即使在这种情况下还是作为无法制服的、由自身发生作用的力量同人们相对立。因此，虽然个人能为自己的利益而利用这种规律的认识，但他也不可能通过自己的活动改变现实过程本身。”① 人通过自己的劳动创造了一个客观世界，这一客观世界由“物以及物与物之间的关系”构成，这一客观世界实际上就是一个不断地运动变化着的商品世界，显然这一客观世界是人的劳动的产物，但现在它却“作为无法制服的、由自身发生作用的力量同人们相对立”，人尽管可以为自身的利益利用这一客观世界的规律，但却无法对这一客观世界做出改变。人正与自身创造的客观世界相对立，这就是人在资本主义社会中表现在劳动上的第一个方面的真实的存在状态。他所说的“主观的方面”则是：“人的活动同人自身相对地被客观化，变成一种商品，这种商品服从社会的自然规律的异于人的客观性，它正如变为商品的任何消费品一样，必然不依赖于人而进行自己的活动。”② 卢卡奇在论述人的劳动的“物化”的“主观的方面”时，特地注明“在商品经济充分发展的地方”。③ 他的意思是说，一旦商品经济占了主导地位，那么不仅是人的劳动所创造的客观世界，而且连人自身的劳动本身也不属于劳动者了，具体地说，人自身的劳动变成了商品，它“如变为商品的任何消费品一样”，完全

① 卢卡奇：《历史与阶级意识》，商务印书馆 1992 年版，第 147 页。

② 卢卡奇：《历史与阶级意识》，商务印书馆 1992 年版，第 147—148 页。

③ 卢卡奇：《历史与阶级意识》，商务印书馆 1992 年版，第 147 页。

不受人所控制，而是反过来控制人。人正与自己的活动相对立，这则是人在资本主义社会中表现在劳动上的第二个方面的真实的存在状态。为了论述这“第二个方面的存在状态”，即表现在“主观方面的人的劳动的物化”，要比“第一个方面的存在状态”，即表现在“客观方面的人的劳动的物化”更具有根源性，他转引了马克思在《资本论》中下述一段话加以说明，“因此，资本主义时代的特点是，对工人本身来说，劳动力是归他所有的一种商品的形式……另一方面，正是从这时起，劳动产品的商品形式才普遍起来”。① 这就是说，资本主义社会的特征是，劳动力仅仅是作为一种商品形式归劳动者所有，由此劳动产品也就成了一种商品形式而“普遍起来”。无论是劳动力还是劳动产品，只要具有了商品形式，即作为一种商品而存在，那么实际上它们都已不属于劳动者了。当然，劳动力成为商品是劳动产品成为商品的前提和条件。

卢卡奇还进一步用“劳动的抽象”来概括人的劳动的“物化”，也就是说，在他看来，在资本主义社会中，人的劳动的“物化”用哲学的语言表述就是使“具体的劳动”变成“抽象的劳动”，“抽象劳动”构成了现实的原则。如果从人的存在状态的变化来看，那么这一变化就是劳动这种存在状态从具体的变为抽象的。与在论述劳动的“物化”时他从“客观的方面”和“主观的方面”分别加以说明相一致，他也从“客观的方面”和“主观的方面”分别剖析人类劳动的抽象。他说：“商品形式的普遍性在主观方面和客观方面都制约着在商品中对象化的人类劳动的抽象。”② 至于“商品形式的普遍性”“在客观方面”是如何制约着“人类劳动的抽象”的，他是这样论述的：“在客观方面，只是由于质上不同的对象——就它们自然首先获得自己作为商品的对象性这一方面而言——被理解为形式相同的，商品形式作为相同性的形式，即质上不同的对象的可交换性形式才是可能的。在这方面，质上不同的对象的形式相同性原则只能依据它们作为抽象的（即形式相同的）人类劳动的产物的本质来创立。”卢卡奇在这里说的是，借助于商品

① 《马克思恩格斯全集》第 23 卷，人民出版社 1972 年版，第 193 页注 41。

② 卢卡奇：《历史与阶级意识》，商务印书馆 1992 年版，第 148 页。

形式的普遍性，在性质上各不相同的对象按照形式相同的原则被转变为可相互交换的商品。这些在性质上各不相同的对象具有形式上的相同性，而之所以能够做到这一点，它们实际上是作为“抽象的、形式上相同的人类劳动的产物”而被制造出来的，也就是说，这一结果只能通过在主观方面把人的劳动变成形式相同的抽象劳动才能达到。这样，卢卡奇又从“在客观方面”制约着“人类劳动的抽象”进一步追溯到“主观方面”制约着“人类劳动的抽象”：“在主观方面，抽象人类劳动的这种形式相同性不仅是商品关系中各种不同对象所归结为的共同因素，而且成为支配商品实际生产过程的现实原则。……在这里只要确定，抽象的、相同的、可比较的劳动，即按照社会必要劳动时间可以越来越精确测量的劳动，同时作为资本主义生产的产物和前提的资本主义分工的劳动，只是在自己发展过程中产生的。因此，它只是在这种发展过程中才成为一个这样的社会范畴，这个社会范畴对这样形成的社会的客体和主体的对象性形式，对主体同自然界关系的对象性形式，对人相互之间在这种社会中可能有的关系的对象性形式，有决定性的影响。”① 卢卡奇在这里不仅指出了“商品形式的普遍性”“在主观方面”对人的劳动所带来的结果就是使这种劳动成为“抽象的、相同的、可比较的劳动”，成为“按照社会必要劳动时间可以越来越精确测量的劳动”，而且揭示了这种人类劳动的抽象性已经成为“现实原则”和“社会范畴”，即成为支配整个社会的生产和其他方面的普遍的、现实的原则。他在这里具体地指出了“人类劳动的抽象性”，即把人的具体劳动变为可以计算的抽象劳动所产生的以下三个方面的影响：形成了社会的客体与主体的对象性形式，即破坏了客体与主体之间的统一，而是使两者相对立；形成了主体与自然界关系的对象性形式，即自然界对人来说本来是伙伴，现在变成了对立物；形成了人相互之间关系的对象性形式，即人与人之间原本是和谐的，如今人与人之间成了一种对抗的关系。卢卡奇所分析的人类劳动抽象化所带来的这三个方面的消极影响具有极强的针对性。

① 卢卡奇：《历史与阶级意识》，商务印书馆 1992 年版，第 148—149 页。

三

卢卡奇认为，贯穿于人类劳动“物化”“抽象化”的是人的劳动越来越朝着“合理化”的方向发展。可以说，他抓住“合理化”展开论述，不仅对在资本主义条件下人类劳动的特征的分析，而且对资本主义条件下人的存在状态的分析，都引向了深入。“合理化”不仅是资本主义条件下人类劳动的主要特征，而且也是资本主义条件下人的存在状态的重要标志。他这样说道：“如果我们纵观劳动过程从手工业经过协作、手工工场到机器工业的发展所走过的道路，那么就可以看出合理化不断增加，工人的质的特性，即人的个体的特性越来越被消除。”① 在他看来，随着资本主义工业的发展，合理化也在不断增加，蕴含于整个资本主义发展过程的是合理化原则的日益强化，而伴随这一过程的则是劳动者的个性的不断消失。

对于合理化的具体内容他也从以下两个方面加以揭示：其一，“劳动过程越来越被分解为一些抽象合理的局部操作，以至于工人同作为整体的产品的联系被切断，他的工作也被简化为一种机械重复的专门职能。”② 卢卡奇在这里讲得十分清楚，劳动的合理化首先是“劳动过程的合理化”，而所谓“劳动过程的合理化”指的是人的劳动越来越“被分解为一些抽象合理的局部操作”，人在劳动中所从事的一些机械的、重复的动作，劳动者的劳动与作为整体的劳动产品不再具有直接的联系。其二，“在这种合理化中，而且也由于这种合理化，社会必要劳动时间，即合理计算的基础，最初是作为仅仅从经验上可以把握的、平均的劳动时间，后来是由于劳动过程的机械化和合理化越来越加强而作为可以按客观计算的劳动定额（它以现成的和独立的客观性同工人相对立），都被提出来了。”③ 卢卡奇所说的第二个方面的合理化是由第一个方面的合理化，即“劳动过程的合理化”带来的，

---

① 卢卡奇：《历史与阶级意识》，商务印书馆 1992 年版，第 149 页。

② 卢卡奇：《历史与阶级意识》，商务印书馆 1992 年版，第 149 页。

③ 卢卡奇：《历史与阶级意识》，商务印书馆 1992 年版，第 149 页。

它指的是社会必要劳动时间，“可以按客观计算的劳动定额”被提出来，对劳动定额进行合理的计算。劳动定额一旦进行这样的计算，那它就“以现成的和独立的客观性同工人相对立”。卢卡奇认为，严重的是，“这种合理的机械化一直推行到工人的‘灵魂’里：甚至他的心理特性也同他的整个人格相分离，同这种人格相对立地被客观化，以便能够被结合到合理的专门系统里去，并在这里归入计算的概念”①。一当这种合理性浸透到人的心理世界，人的心理世界也开始注重“算计”，也“被结合到合理的专门系统里去”，也已同“他的整个人格相分离”而“被客观化”，那确实如卢卡奇所说的问题变得十分严重。

卢卡奇认为，合理化原则就是“可计算性”。他指出：“对我们来说，最重要的是在这里起作用的原则：根据计算、即可计算性来加以调节的合理化原则。”② 如果要真正搞清楚“合理化”究竟给人类带来了什么，必须进一步追溯“可计算性”，即“一切依赖于计算”所造成的后果。他主要分析了以下两个方面的后果。

其一，劳动产品的被分割。“劳动过程的可计算性要求破坏产品本身的有机的、不合理的、始终由质所决定的统一。”③ 在他看来，关键在于，既然对所应达到的结果必须预先做出越来越精确的计算，那么只有通过“把任何一个整体最准确地分解为它的各个组成部分”，通过把注意力集中于研究那些“局部的规律”，才能实现所谓的“合理化”。与对整个产品进行有机生产的“生产方式”决裂，既是“可计算性”的前提，也是其必然结果。“没有专门化，合理化是不可思议的。”④ 在这种情况下，“统一的产品不再是劳动过程的对象”，即作为劳动过程的对象和产物的劳动产品，必然被割裂而不具有统一性。劳动过程已变成为合理化的“局部系统的客观组合”，而这种“局部系统的统一性”则纯粹是由计算所决定的，从而局部系统之间即使存在着某种联系，但这种联系显然是偶然的而不具有必然性。卢卡奇的基本判

① 卢卡奇：《历史与阶级意识》，商务印书馆 1992 年版，第 149 页。

② 卢卡奇：《历史与阶级意识》，商务印书馆 1992 年版，第 149 页。

③ 卢卡奇：《历史与阶级意识》，商务印书馆 1992 年版，第 149 页。

④ 卢卡奇：《历史与阶级意识》，商务印书馆 1992 年版，第 150 页。

断是：劳动过程的可计算性必然导致破坏劳动产品的有机统一性。他的原话是这样的：“对劳动过程的合理—计算的分析，消除了相互联系起来的和在产品中结合成统一体的各种局部操作的有机必然性。”①

其二，劳动主体的被分割。“生产的客体被分成许多部分这种情况，必然意味着它的主体也被分成许多部分。由于劳动过程的合理化，工人的人的性质和特点与这些抽象的局部规律按照预先合理的估计起作用相对立，越来越表现为只是错误的源泉。”② 对劳动过程进行计算，实际上是对劳动者的劳动进行计算，这实质上也是对作为人的“劳动者”进行计算。而这样一“计算”，劳动者作为人的性质与特点被割裂，对劳动者的劳动的这种计算显然是与劳动者的那些作为人的性质与特点是相对立的。在卢卡奇看来，这正是造成在商品形式占支配地位的社会一切错误和罪恶的根源之所在。其直接后果是：“人无论在客观上还是在他对劳动过程的态度上都不表现为是这个过程的真正的主人，而是作为机械化的一部分被结合到某一机械系统里去。他发现这一机械系统是现成的、完全不依赖于他而运行的，他不管愿意与否必然必须服从于它的规律。”③ 卢卡奇的这段话告诉人们，对劳动者的劳动进行计算所带来的后果就是使劳动者不再成为劳动过程的主人，劳动者仅仅作为一种劳动工具在运作，仅仅作为“机械化的一部分”被纳入进“某一机械系统里去”，这一“机械系统”完全独立于劳动者，不管劳动者是否愿意，劳动者除了服从它是没有其他选择的。按照卢卡奇的分析，这里最关键的是，劳动者被实在地抽象为纯粹的量。

在“根据计算、即可计算性来加以调节的合理化原则”所造成的这两个方面的后果中，卢卡奇特别关注第二个方面的后果，即劳动者本身的被割裂。他说，伴随那种“科学—机械地被分割开来的和专门化的劳动”的是，“劳动主体必然相应地被合理地分割开来”。④ 他特别强调这种“分割”的“合理性”，即从“可计算性”来看完全是“合理”的。对此，他又从两个方

① 卢卡奇：《历史与阶级意识》，商务印书馆 1992 年版，第 150 页。

② 卢卡奇：《历史与阶级意识》，商务印书馆 1992 年版，第 150 页。

③ 卢卡奇：《历史与阶级意识》，商务印书馆 1992 年版，第 150—151 页。

④ 卢卡奇：《历史与阶级意识》，商务印书馆 1992 年版，第 152 页。

面加以说明：其一，劳动者的“机械化的局部劳动，即他们的劳动力同其整个人格相对立的客观化变成持续的和难以克服的日常现实”，“以至于人格在这里也只能作为旁观者，无所作为地看着他自己的现存孤立的分子，被加到异己的系统中去”[①]。卢卡奇在这里说的是，在“可计算性来加以调节的合理化原则”的支配下，劳动者的劳动力同其自己的整个人格相对立这一点已经作为“常态”被“客观化”了，在这种情况下，劳动者的“人格”只能眼睁睁地看着自己作为“现存孤立的分子”被一体化到“异己的系统中去”。其二，“生产过程被机械化地分成各个部分”，必然“切断了那些在生产是‘有机’时把劳动的各种个别主体结合成一个共同体的联系”[②]。卢卡奇在这里指出，生产本来是一个“有机”的过程，而当生产是“有机”时，参与生产的各种个别主体必然会“结合成一个共同体”，而如今生产已不再是“有机”的了，生产过程已被“机械化”地分割开来了，这样也就必然“切断”了原先把各种个别主体借助生产“结合成一个共同体”的联系。卢卡奇强调指出：在这一方面，“生产的机械化”把劳动者“变成孤立的原子”，“他们不再直接—有机地通过他们的劳动成果属于一个整体，相反，他们的联系越来越仅仅由他们所结合进去的机械过程的抽象规律来中介”。[③]

四

卢卡奇用“孤立化”“原子化”来概括“根据计算、即可计算性来加以调节的合理化原则”对劳动者所带来的割裂。“孤立化”“原子化”是卢卡奇所描述的在商品形式所支配的社会中人们的基本的存在状态。

在阐述“孤立化”“原子化”究竟是一种什么样的存在状态的过程中，卢卡奇深刻地提出了“把时间降到空间的水平上”的著名命题。他说：“随着劳动过程越来越合理化和机械化，工人的活动越来越多地失去自己的主

① 卢卡奇：《历史与阶级意识》，商务印书馆 1992 年版，第 152 页。
② 卢卡奇：《历史与阶级意识》，商务印书馆 1992 年版，第 152 页。
③ 卢卡奇：《历史与阶级意识》，商务印书馆 1992 年版，第 152 页。

动性，变成了一种直观的态度，从而越来越失去意志。”[①] 他所说的“直观的态度”首先是指“把空间和时间看成是共同的东西，把时间降到空间的水平上”[②]。为了说明“把时间降到空间的水平上”这种“直观的态度”的具体含义，他特地引述了马克思在《哲学的贫困》一书中的相关论述。马克思说，“由于人隶属于机器”，形成了这样一种局面：“劳动把人置于次要地位；钟摆成了两个工人相对活动的精确的尺度，就象它是两个机车的速度的尺度一样。所以不应该说，某人的一个工时和另一个人的工时是等值的，更确切的说法是，某人在这一小时中和那个人在同一小时中是等值的。时间就是一切，人不算什么；人至多不过是时间的体现。现在不用再谈质量了。只有数量决定一切：时对时，天对天……”[③] 按照马克思的论述，在这样一种境况下，“时间就失去了它的质的、可变的、流动的性质”，“它凝固成一个精确划定界限的、在量上可测定的、由在量上可测定的一些‘物’充满的连续体”，亦即“凝固成一个空间”[④]。而一当“把时间降到空间的水平上”，劳动者必然被抽象为他身上所装载着的一定的劳动时间。除此之外，什么也不是。劳动主体“在这种抽象的、变成物理空间的时间里”，必然“相应地被合理地分割开来”，即被合理地“孤立化”“原子化”[⑤]。劳动主体被抽象化、量化的过程也就是被“孤立化”“原子化”的过程。

卢卡奇强调，“孤立化”“原子化”成为人的最基本的存在方式，是商品形式占支配地位的资本主义社会所特有的。他认为，“这样产生的孤立化、原子化”“只是一种表面现象”，它是资本主义商品形式占支配地位的资本主义生产方式的反映。[⑥] “个人的原子化只是以下事实在意识上的反映：资本主义生产的‘自然规律’遍及社会生活的所有表现；在人类历史上第一次使整个社会（至少按照趋势）隶属于一个统一的经济过程；社会所有成员的命

① 卢卡奇：《历史与阶级意识》，商务印书馆 1992 年版，第 151 页。
② 卢卡奇：《历史与阶级意识》，商务印书馆 1992 年版，第 151 页。
③ 《马克思恩格斯全集》第 4 卷，人民出版社 1958 年版，第 96—97 页。
④ 卢卡奇：《历史与阶级意识》，商务印书馆 1992 年版，第 151 页。
⑤ 卢卡奇：《历史与阶级意识》，商务印书馆 1992 年版，第 151—152 页。
⑥ 卢卡奇：《历史与阶级意识》，商务印书馆 1992 年版，第 153 页。

运都由一些统一的规律来决定。”[①] 他的意思是说，当整个社会都受商品经济所控制，一切都成为商品，社会的所有成员的命运也受制于这种商品经济之时，人就会呈“原子化”状态。他在这里反复强调的是，人的呈“原子化”状态看上去是一种“表面现象”，但实际上是“一种具有必然性的表面现象”。“这种表面现象是一种必然的表面现象，也就是说，个人的实践中和思想上同社会的直接接触，生活的直接的生产和再生产——在这方面，对于个人来说，所有‘物’的商品结构和它们的‘自然规律性’，却是某种现成碰到的东西，某种不可取消的已有之物——只能以孤立的商品所有者之间合理的和孤立的交换行动这种形式来进行。”[②] 这说的是，在商品经济占统治地位的情况下，个人无论在“实践中”还是在“思想上”同社会的任何接触，个人生活的“直接的生产和再生产”本身，都不可避免地趋向于“原子化”和“孤立化”。“一切都成为商品”，“一切必须以交换的形式进行”，这是任何人必须面对的，都以“某种不可取消的已有之物”让人们接受。在这种情况下，人只能把自己也当成某种“孤立的商品”，只能在各个“孤立的个体”之间从事交换，这就是他们不可选择的生存形式。“工人必须作为他的劳动力的‘所有者’把自己想象为商品”，“他的特殊地位在于，这种劳动力是他唯一的所有物。就他的命运而言，对于整个社会结构有典型意义的是，这种自我客体化，即人的功能变为商品这一事实，最确切地揭示了商品关系已经非人化和正在非人化的性质”[③]。在卢卡奇看来，人的存在状态呈“孤立化”“原子化”，实际上就是劳动者的“自我客体化”，亦即“人的功能变成商品”，而这一点充分表明，“商品关系”是一种“非人的关系”，即商品关系是同人的本性完全相对立的。

卢卡奇还指出，“孤立化”“原子化”看上去只是劳动者，工人的存在状态和命运，实际上是整个社会的存在状态和命运。“工人的命运成为整个社会的普遍命运；这种命运的普遍性的确是工厂劳动过程在这个方向上发展

① 卢卡奇：《历史与阶级意识》，商务印书馆 1992 年版，第 154 页。

② 卢卡奇：《历史与阶级意识》，商务印书馆 1992 年版，第 154 页。

③ 卢卡奇：《历史与阶级意识》，商务印书馆 1992 年版，第 154 页。

的前提。”① 卢卡奇在这里强调的是，整个社会的“孤立化”“原子化”甚至是劳动者的“孤立化”“原子化”的前提。在他看来，其理由十分简单：首先，“因为只有当‘自由的’工人产生了，他能够把他的劳动力作为‘属于’他的商品，作为他‘拥有’的物自由地放到市场上出卖时，劳动过程的合理化机械化才是可能的”②。这是说，只有在形成“自由的工人”的条件下，只有当工人可以把自己的劳动力当作自己所拥有的“物”放到市场上出卖之时，劳动过程才能实现合理化、机械化，即劳动者才能借助于劳动呈“孤立化”“原子化”；其次，“只有在整个社会生活按此方式细分为孤立的商品交换行动时，‘自由的’工人才能产生出来；同时，他的命运也必须成为整个社会的典型的命运”③。这是说，要形成“自由的工人”，整个社会生活必须划分为“孤立的商品”并纳入交换的体系。卢卡奇认为，关键在于不仅要明确，当“孤立化”“原子化”成为人的主要存在状态之时，就意味着原先的那种“人的关系的自然关系”已被“合理物化的关系”所取代，而且必须知晓正是所有的资本主义生产的前提和条件在促使实现了这种取代。他这样说道：“生产者同其生产资料的分离，所有自然生产单位的解体和破坏等等，现代资本主义产生的所在经济—社会前提，都在促使以合理物化的关系取代更明显展示人的关系的自然关系。”④ 在卢卡奇看来，认识“孤立化”“原子化”是整个资本主义社会的普遍存在状态和命运，即认识“合理机械化的和可计算性的原则必须遍及生活的全部表现形式”这一点特别重要，只有认识了这一点，才能充分理解商品经济占主导地位的资本主义社会的下述现象的本质和危害性：“满足需要的各种物品不再表现为某一共同体的有机生活过程的产品，而是一方面表现为抽象的类样品，另一方面表现为孤立的客体。”⑤

① 卢卡奇：《历史与阶级意识》，商务印书馆 1992 年版，第 153 页。
② 卢卡奇：《历史与阶级意识》，商务印书馆 1992 年版，第 153 页。
③ 卢卡奇：《历史与阶级意识》，商务印书馆 1992 年版，第 153 页。
④ 卢卡奇：《历史与阶级意识》，商务印书馆 1992 年版，第 153 页。
⑤ 卢卡奇：《历史与阶级意识》，商务印书馆 1992 年版，第 153 页。

五

在卢卡奇看来，最严重的是这种以“孤立化”“原子化”为主要标志的“物化”的人的生存方式还渗透进了人的意识，形成了人的“物化”意识。他说：“正像资本主义制度不断地在更高的阶段上从经济方面生产和再生产一样，在资本主义发展过程中，物化结构越来越深入地、注定地、决定性地浸入人的意识里。”① “分工像在实行泰罗制时侵入‘心灵领域’一样，这里也侵入了‘伦理’领域。但是，对于整个社会来说，这并没有削弱作为基本范畴的物化意识结构，而是加强了它。”② “分工中片面的专门化越来越畸形发展，从而破坏了人的人类本性。”③ 卢卡奇对“物化”的存在方式的批判是同“物化”意识的批判紧紧联系在一起的。

在资本主义社会中“物化”意识的形成标志着“物化”已严重到无以复加的程度。卢卡奇这样说道：“世界上的这种表面上彻底的合理化，渗进了人的肉体和心灵的最深处，在它自己的合理性具有形式特性时达到了自己的极限。”④ 这种机械化、合理化一旦进入到了“人的肉体和心灵的最深处”，在这一“最深处”也受机械化、合理化所控制了，那就说明这种机械化、合理化已“达到了自己的极限”。他还这样说道：“商品关系变为一种具有‘幽灵般的对象性’的物，这不会停止在满足需要的各种对象向商品的转化上。它在人的整个意识上留下它的印记：他的特性和能力不再同人的有机统一相联系，而是表现为人‘占有’和‘出卖’的一些‘物’，像外部世界的各种不同对象一样。根据自然规律，人们相互关系的任何形式，人使他的肉体和心灵的特性发挥出来的任何能力，越来越屈从于这种物化形式。”⑤ 卢卡奇在

① 卢卡奇：《历史与阶级意识》，商务印书馆 1992 年版，第 156 页。

② 卢卡奇：《历史与阶级意识》，商务印书馆 1992 年版，第 163 页。

③ 卢卡奇：《历史与阶级意识》，商务印书馆 1992 年版，第 162 页。

④ 卢卡奇：《历史与阶级意识》，商务印书馆 1992 年版，第 164 页。

⑤ 卢卡奇：《历史与阶级意识》，商务印书馆 1992 年版，第 164 页。

这里不但指出了，商品关系的“物化”必然导致人的意识的“物化”，即商品关系的“物化”必然要在人的意识上“留下它的印记”，而且揭示出人的意识一旦“物化”了，那么人的特性和能力都将成为“为人‘占有’和‘出卖’的一些‘物’”，都将“越来越屈从于这种物化形式”。

卢卡奇在论述“物化”意识时强调停留于“直接性”（immediacy）是其主要特征。他说：“这种合理的客体化首先掩盖了一切物的——质的和物质的——直接物性。当各种使用价值都毫无例外地表现为商品时，它们就获得一种新的客观性，即一种新的物性——它仅仅在它们偶然进行交换的时代才具有，它消灭了它们原来的、真正的物性。”① 在卢卡奇看来，合理化的过程就是使对象失去本真的“物性”的过程、掩盖一切对象的本真的“物性”的过程，与此同时，也是使对象获得一种新的“物性”，一种曲解对象、不能反映对象的本质属性的“物性”。而“物化”意识的根本特征就在于，它只能“直接地”停留于对象所新获得的“物性”，把这种曲解、表面化的对象的“物性”误认为是对象唯一的、本真的“物性”。“物化”意识的“直接性”就在于它不可能达到对象的深层的“物性”。而“物化”意识之所以只能停留于“直接性”，关键在于它缺乏“中介”，即面对着对象，它根本没有能力通过多重“中介”让对象的结构呈现出来，并借助于这个结构让对象与我们之间的关系呈现出来。没有了“中介”，“物化”意识除了获得一些“抽象的量的规定性”之外，什么也得不到。呈现在“物化”意识中的世界只是一个“永恒的、平面的”世界。卢卡奇还强调，“物化”意识停留于“直接性”，“清楚地表现出资本主义主体行为的直观性质”。“资本主义主体行为”实际上是围绕着“合理计算”展开的，而“合理计算”的本质“最终是以认识到和计算出一定事情的必然的有规律的过程为基础的”，显然，假如“人的行为仅限于对过程成功的可能性做出计算”，那么“经常于停留在这样一些‘规律’可能发生作用的概率计算上面”，而不企图深入到事物本身就变成是顺理成章的了。② 卢卡奇反复强调“事实”与“现实”这两个概念是有

① 卢卡奇：《历史与阶级意识》，商务印书馆 1992 年版，第 154 页。

② 卢卡奇：《历史与阶级意识》，商务印书馆 1992 年版，第 161 页。

本质区别的，平时人们所说的“事实”实际上只是事物的“现象”，而“现实”才是事物的“本质”。“物化”意识永远只能停留于“现象”而不能达到“本质”，也就是说，在“物化”意识那里，所有认识都只是关于“事实”的认识，而不是关于“现实”的认识。

卢卡奇认为，“物化”意识停留于“直接性”的过程也是丧失“总体性”的过程。行为主体丧失“总体性”，是意识“物化”的必然结果。“由于工作的专门化，任何整体景象都消失了”，[①] 也就是说，处于“专门化”工作状态下的人们，其脑海里是不可能具有“整体景象”的。卢卡奇把“总体性”视为马克思主义方法论的核心。他明确地提出：“不是经济动机在历史解释中的首要地位，而是总体的观点，使马克思主义同资产阶级科学有决定性的区别。总体范畴，整体对各个部分的全面的、决定性的统治地位，是马克思取自黑格尔并独创性地改造成为一门全新科学的基础的方法的本质。”[②] 在卢卡奇看来，具体的、总体的观点是马克思对于辩证法，对于思想史而言，最重要的贡献。与此同时，他又强调总体性是无产阶级的阶级意识的主要内容。他极端重视无产阶级的阶级意识在历史上的决定作用，而他们所说的无产阶级的阶级意识的主要内容就是把握总体性，亦即“保持对总体性的渴望”。在他看来，无产阶级阶级意识与资产阶级以及其他阶级的阶级意识的分水岭就是能否把握总体性。而只有无产阶级产生了总体性的阶级意识，并据此为其争取自身生存、发展的权利而改变着世界的时候，历史发展才真正从自为走向自觉。卢卡奇把“物化”意识作为总体意识的对立面加以抨击。他们认为，历史要求无产阶级把握总体性范畴，可实际上，无产阶级往往不具备这种意识。原因就在于无产阶级处于一个商品形式占支配的社会之中，就在于其基本的生活方式是“孤立化”“原子化”的。无产阶级一旦被这种“物化”意识占据头脑，就再也看不到社会的总体发展趋势，只能被局部的、眼前的利益牵着鼻子走。卢卡奇不但正确地分析了作为总体意识的对立面的“物化”意识的主要表现，而且还精辟地指出了这种“物化”意识的形成过程及

---

① 卢卡奇：《历史与阶级意识》，商务印书馆 1992 年版，第 168 页。

② 卢卡奇：《历史与阶级意识》，商务印书馆 1996 年版，第 76 页。

其危害性。

卢卡奇进一步指出，“物化”意识不仅渗透于包括无产阶级在内的资本主义社会中所有的人的头脑之中，而且还在理论上有多重体现。在他看来，几乎所有的资产阶级科学都是“同样陷入这种直接性之中的科学”，都“把现实的总体分割成了一些部门”，都“由于专门化而看不到整体了”。[①] 这些资产阶级科学看似在把握社会的整体，可实际上它们所能达到的只是关于这一社会的抽象的、直接的知识，根本不可能具有总体性的高度。正是资产阶级经济学“非常成功的完全的合理化，即把它运用于一种抽象的、尽可能数学化形式的规律系统，才形成理解这种危机的方法论上的局限性”。[②] 这就是说，资产阶级经济学在把握资本主义社会的整个经济运行过程的时候，在方法论上采取了抽象的办法，从而排除掉了内容，其结果因无力穿透内容而只能停留于对资本主义世界的直观上。资产阶级法学比起资产阶级经济学来，“它的看法的物化更为有意识一些”，因为它“只不过把法律看成一种形式上的计算体系，借助于此，一定行为的法律结果就可以尽可能精确地计算出来”。[③] 当然它不得不承认其无力把握内容，无力达到总体的高度。卢卡奇指出，当包括资产阶级经济学和法学在内的资产阶级的科学都不能把握资产阶级社会的“整体景象”之时，人们“希望等待能由一种综合性的科学，即由哲学来实现整体的联系”，但实践证明，人们对资产阶级哲学的这种期望是“多么的徒劳”。“要做到这一点，只有当哲学通过对问题的完全另外一种提法，通过专注于可认识事物、被认识事物的具体的、物质的总体来突破这种陷入支离破碎的形式主义限制时，才是可能的”，但显然，“资产阶级社会的哲学必然没有能力做到这一点”。[④] 他特地对此做出了解释：“这不是说，好像它没有对综合的渴望；也不是说，好像那个社会中最优秀的人物乐于接受敌视生活的存在机械论和与生活格格不入的科学形式主义。但是，在资产阶级社会的基础上，要使立场来一个根本性的变

---

① 卢卡奇：《历史与阶级意识》，商务印书馆 1992 年版，第 168 页。

② 卢卡奇：《历史与阶级意识》，商务印书馆 1992 年版，第 170 页。

③ 卢卡奇：《历史与阶级意识》，商务印书馆 1992 年版，第 172—173、174 页。

④ 卢卡奇：《历史与阶级意识》，商务印书馆 1992 年版，第 175 页。

化，是不可能的。”[①] 卢卡奇在这里再次强调，在商品形式占支配地位，即商品经济作为资产阶级社会的基础的情况下，要让哲学担负起认识社会的整体的使命是不可能的。

卢卡奇在论述“物化”意识如何丧失“总体景象”时强调，丧失“总体景象”的“物化”意识与人的“孤立化”“原子化”的生存方式是互为因果、相辅相成的。一方面，商品形式的占支配地位，以及相应的人的生活方式的“孤立化”“原子化”滋生了“物化”意识，使人的意识丧失“总体景象”，使人不再具有“对总体的渴望”；另一方面，这种停留于“直接性”丧失“总体景象”的“物化”意识，也进一步强化了这种“孤立化”“原子化”的人的存在方式。

六

卢卡奇的《历史与阶级意识》一书包含着极其丰富的内容，我们在这里之所以特地在该书如此眼花缭乱、无所不至的内容中专门摘取他关于“物化”状态的若干论述，并以“人的存在状态批判”为题，单独加以剖析，是因为在我们看来，他的这些论述太具有现实意义了。

卢卡奇所说的“商品形式占支配地位的社会”实际上就是实施市场经济的社会。从20世纪的后半叶起，全世界在“别无选择”论的鼓噪下，沿着不同的路径都走向了市场经济。西方原先有两种经济模式，即“盎格鲁—撒克逊资本主义”和“莱茵资本主义”，前者是“完全的市场资本主义”，后者比较而言市场化并不那么彻底，在相当长一段时期内，前者呈“压倒”“降服”后者之势。而在东方，不消说改旗易帜的那些国家和地区完全倒向了市场经济，就是那些仍然以社会主义自称的国家和地区也大多相继选择了市场经济模式，尽管它们在市场经济前加上了“社会主义”这一限定词。卢卡奇在差不多一个世纪之前所说的商品范畴成为整个社会的普遍范

① 卢卡奇：《历史与阶级意识》，商务印书馆1992年版，第175—176页。

畴、社会生活的所有方面都进入交换领域，在当今的世界真的完全兑现了。

问题在于，让商品形式占支配地位对人类来说意味着什么？究竟给人类带来了什么？无疑，市场经济作为一种配置资源的最佳方式，它确实给人类带来了巨大的经济效益，20 世纪下半叶起，生活在地球的各个地方的国家都不约而同地选择市场经济这种经济模式，具有必然性。大家越来越认识到，市场经济是一种中性的机制，资本主义可以利用，社会主义也可以利用，当今人类社会要发展自己，必须利用这种机制。可是，正当人们越来越认可市场经济，并陶醉在由市场这只“看不见的手”所带来的经济繁荣之时，实际上市场经济也正把人们引入一种新的生活状态之中。

纵观进入市场经济时代以后当今人类的存在状态，会越发感到卢卡奇当年对在商品形式占支配地位的社会中人的存在方式的揭示的深刻性和尖锐性。卢卡奇的这一论述的现实意义就在于能使我们看清当今人的那种存在方式的实质与危害。尽管我们知道人类不可能也不应该因为市场经济使人生活在这样一种存在状态之中，存在着这样的负面效应，而放弃市场经济这种资源配置的最佳方式，“告别”市场这只给人类带来无穷财富的“看不见的手”，但是，人类也不应当对与市场经济如影随形的这种人的存在方式熟视无睹，不应当为了财富的增加而就这样活下去。人类必须在维持市场经济机制的同时，切实改变目前的这种存在方式。如果这样去认识，那么卢卡奇对在商品形式占支配地位的社会中人的存在方式的揭示的意义就会清清楚楚地呈现在我们面前。

卢卡奇当年所说的一切，可以说今天就在我们身边发生着。他用“物化”来表述商品形式占支配地位的社会中的人的存在状态，他说，人与人之间的关系变成了一种物与物的关系，这种物与物的关系获得了“幽灵般的对象性”，当今人际关系不就是这样一种冷冰冰的物与物之间的关系吗？他把“物化”主要归结为人的劳动的“物化”，他说，不但劳动所创造的商品世界正“作为无法制服的、由自身发生作用的力量同人们相对立”，而且人的活动本身也“同人自身相对地被客观化，变成一种商品”，这也不正是今天人们劳动的真实状态吗？他又把劳动的“物化”与“抽象性”联系在一起，他说，人的具体劳动正变为可以计算的抽象劳动，人类劳动的抽象性已经成为“现实原则”和“社会范畴”，在当今不也正是既可从“客观方面”又可从“主观方面”看到这种“抽象性”的负面作用吗？他又把劳动的“物化”追溯到“合理性原则”和“可计算性原则”，他说，“用可计算性来加以调节的合理化原则”的支配下，劳动者只能眼睁睁地看着自己作为“现存孤立的分子”被一体化到“异己的系统中去”，当今人们不也是把“合理性”和“可计算性”奉为至高无上，以致人本身也成了处处“被计算”和“加以合理化的”对象了吗？他进而把“孤立化”“原子化”概括为在商品形式所支配的社会中人们的基本的存在状态，他说，人的存在状态呈“孤立化”“原子化”，实际上就是劳动者的“自我客体化”，亦即“人的功能变成商品”，而且正成为整个社会的存在状态，走向“孤立化”和“原子化”不也正是今天人类的普遍命运吗？卢卡奇对商品形式占支配地位的社会中人的存在方式的揭示，是对我们的一种警示，它提醒我们：我们实际上也生活在这样的状态之下，而这种存在状态是一种“非人”的生活方式。

卢卡奇对在商品形式占支配地位的社会中人的“物化”的存在方式的揭露与批判，是同对这一社会中人的“物化”的意识的揭露与批判紧紧联系在一起的。他认为最严重的是“物化”的人的生存方式还渗透进了人的意识，形成了人的“物化”意识，“物化”意识使人的思维停留于“直接性”上，而“物化”意识停留于“直接性”的过程也是丧失“总体性”的过程，即使人失去了全面地、总体地认识问题的能力。在一定意义上，卢卡奇在《历史与阶级意识》一书中对当代资本主义的批判重心放在对“物化”意识的批判上。对“物化”的意识的批判是该书批判的主线，而对“物化”的人的存在方式的批判则是该书批判的辅线。从认识在商品形式占支配地位的社会的人的存在方式的角度看，卢卡奇对在这一社会中人的“物化”意识的批判的启发意义在于，它告诉人们为何人明明生活于处处被“算计”、被“合理化”，日益走向“孤立化”“原子化”的“非人”状态，明明本来应是实现自身的“具体劳动”却越来越变成“抽象劳动”，无论是劳动的产品还是劳动的过程都反过来对抗自身，明明本来应是活生生的人与人之间的关系却变成了物与物之间的关系，并且这种关系获得了一种“幽灵般的对象性”，却无法认清自己的这种真实处境，甚至还把痛苦的“非人”的生活当作幸福的生活来接受。在卢卡奇看来，关键就在于人的意识也被“物化”了。随着商品形式逐渐占支配地位，一方面人的存在方式越来越“物化”了，另一方面人的意识也日益“物化”。一旦人的意识也“物化”了，那人“越来越少而且难于”认识到自己究竟处于什么样的存在状态，自己究竟过的是一种什么样的生活。纵观当今社会，显然也存在着明明处于异化的状态之下却感觉不到异化的存在，把异化的生活当作幸福的生活来接受的情况，这一点与卢卡奇的时代相比，甚至有过之而无不及。卢卡奇关于商品形式占支配地位的社会中人的存在方式的理论的现实意义，不仅在于有助于人们对自己的存在状态产生“警觉”，认清这种存在状态的实质，而且还能够使人们知道何以自己长期对这种存在方式麻木不仁，从认识当下人的“物化”的存在方式进一步去觉察当下人的“物化”的意识。

当然，卢卡奇在《历史与阶级意识》一书中不仅揭露和批判了人的“物化”的存在方式和人的“物化”的意识，而且还探讨了如何“去物化”（de-reification）的问题。他对“去物化”的论述最引人注目之处是提出了“无产阶级立场”的问题。他论述“物化”的长篇论文《物化和无产阶级意识》的第三节的标题定为“无产阶级的立场”这是意味深长的。他认为，所有的资产阶级的社会科学和自然科学由于都渗透着“物化”的意识，或者说它们本身就都属于“物化”意识，从而不能指望依靠它们来为“去物化”指点迷津，他通过对“资产阶级思想二律背反”的揭示，来说明资产阶级的“科学”面对“物化”是无能为力的。他把希望寄托在“无产阶级立场”上。寄托于“无产阶级立场”不等于寄托于“无产阶级”。正如有学者所指出的，这就是卢卡奇与马克思的不同之处，对于马克思来说，“无产阶级”这一主体本身就够了，或者说，无产阶级在生产过程中所处的阶级地位就够了；然而，对于卢卡奇而言，却必须在“无产阶级”之后加上“立场”二字。无产阶级只有站在无产阶级的立场上，它才真正是无产阶级。立场与阶级不可分离，并且，它不是阶级的补语：立场构成阶级的本质部分。① 在他看来，在

① 周凡执行主编：《新马克思主义评论》第 1 辑，中央编译出版社 2012 年版，第 27 页。

“无产阶级的意识暂时还屈从于物化”① 的情况下，仅仅因为这个人属于无产阶级的阵营，就认为他一定能洞见“物化”的存在方式并为改变这种存在方式而斗争，这是不现实的。而只有真正具有无产阶级立场的人，才能担当起这样的历史使命。这种立场的确立，靠的并不是某种外在的必然性，这需要经历磨难和痛苦。当然，在他看来，要真正认识和改变这种“物化”存在方式，靠少数人具有无产阶级的立场还是不够的，必须有待于整个阶级的觉醒。他说：“随着无产阶级开始意识到自己的阶级立场，这一过程也就开始了。”② 他还强调说，关键在于，具有无产阶级立场的人不但能够认清那种“物化”的存在方式的实质，而且还会采取行动积极地去改变这种存在方式，他这样说道：“因为连无产阶级本身也只有当它采取真正实践的态度时，它才能克服物化。”③ 卢卡奇把认识和改变那种“物化”的存在方式与“无产阶级立场”联系在一起，把持有“无产阶级立场”视为是认识和改变那种“物化”的存在方式的前提，对当今的人们特别具有针对性。当今人们避开“立场”来谈论问题，包括如人的存在方式这样的与人自身密切相关的问题已成为时尚。实际上，正如卢卡奇所说的，站在什么立场上去认识才是最重要的。任何人要真正认识“物化”的存在方式，并想对此有所作为，就要如卢卡奇所说的那样，首先应当端正自己的立场，看看自己是不是真正站在无产阶级立场上。

（作者单位：复旦大学哲学学院）

---

① 卢卡奇：《历史与阶级意识》，商务印书馆 1992 年版，第 164 页。

② 卢卡奇：《历史与阶级意识》，商务印书馆 1992 年版，第 279 页。

③ 卢卡奇：《历史与阶级意识》，商务印书馆 1992 年版，第 301 页。

技术、人性与政治
——阿伦特论人的存在方式

陈高华　石国辉

摘要：《人的境况》是阿伦特最具理论性的著作，她在阐明一种基于行动的政治哲学的同时，也展现出一种对人的理解。她认为人既非某种类本质的存在，也非一种自主的存在，而是有着被给予的境况性存在。为此，阿伦特明确区分了"人的境况"与"人的本性"，并且以"人的境况问题"取代"人的本性问题"，从而与传统人性论划清了界限。在思考人的境况时，阿伦特凸显了技术和政治两个维度，认为政治性构成了人之为人的核心，而现代技术以及技术原则在世界中的支配地位，则对人的原初境况构成了威胁，从而对人之为人构成威胁。

关键词：阿伦特　人的境况　技术　人性　政治

引　言

历史就是一部故事书。史书就是对于重大事件的记录和书写。这是阿伦特一向坚守的史学观点。阿伦特的这种史学观点的要义在于，史书不应该成为对历史上发生过的任意史实的芜杂堆陈，而理应注重对重大历史事件的意义阐发。换言之，"历史的主题就是""超乎寻常的事件"。[1] 阿伦特因此

① Hannah Arendt, *Between Past and Future: Eight Exercises in Political Thought*, Penguin Books, 1968, p.43.

主张，当我们面对历史时，要善于抓取和捕捉到意义重大的事件，并通过独到的书写，释放出其特有的世界意义。在这个意义上，阿伦特堪称一位伟大的史家。当她在《人的境况》中思考人类过往的历史，尤其是人类过去数百年的历史的时候，她敏锐地抓取到了三个重大事件，即望远镜的发明、人造卫星的升天和自动化的发明。这三个事件，都是技术事件，都是技术史上标志性的和里程碑的事件。但是它们作为技术事件，具有的却不只是技术意义，因为“它们已经改变和重构了我们所生活的世界”。换句话说，它们在事实上对人之境况构成了冲击和改写，并因之而对世界进程造成了决定性的影响。①

阿伦特对人之境况的思考具有深切的政治关怀。在指出技术对人之原初境况的冲击和改写的同时，阿伦特尤其关注现代技术的发展所具有的政治意义。阿伦特注意到：“现代科学世界观的真理，虽然可以用数学公式来表示并在技术上得到证明，但真理无法再把自身表达为普遍的意识或思想。”② 换句话说，科学世界观的真理如今已经成了一种脱离了生活世界的特殊语言，人们已经无法对之进行公共性的讨论。这种“真理”正在将人的思考置入到某种既定的轨道上，让我们成为只能“知道—如何”，却无法追问意义的无思想的生物。在这种处境下，我们不仅成了作为技术之载体的机器的奴隶，而且成了我们的“知道—如何”的奴隶。③ 这种处境在事实上让言谈失去了力量，因为它将我们置入科学—真理和技术—机器的专制统治之下。而在阿伦特看来，“凡言谈的重要性遭遇危机之处，事情就在本质上变成了政治的”④。

《人的境况》实际上可以看作是一部思考人的存在方式——人的自然的存在方式和人的技术化的存在方式——的著作。在这部著作中，政治和技术构成了阿伦特思考人之境况，思考人的存在方式的两个基本的维度。而且，这样的一种思考传达出了阿伦特作为一位政治哲人的独特的人性观。因此，本文以“技术、人性和政治”为题，来读解阿伦特关于人的存在方式的观点。这种读

---

① Hannah Arendt，*Between Past and Future：Eight Exercises in Political Thought*，Penguin Books，1968，pp.42-43.

② Hannah Arendt，*The Human Condition*，Chicago：The University of Chicago Press，1958，p.3.

③ Hannah Arendt，*The Human Condition*，Chicago：The University of Chicago Press，1958，p.3.

④ Hannah Arendt，*The Human Condition*，Chicago：The University of Chicago Press，1958，p.3.

解首先致力于澄清阿伦特对人之原初性的和自然性的存在方式的观点，进而触及现代技术对这种原初性的存在方式的改写和破坏，然后进展到对技术发展的政治意义上来。最后，我们尝试对阿伦特的一系列观点做一评价。

一、人之本性与人之境况

传统的西方政治哲学往往以某种特定的人性论或曰人性假说为其基础。因此，比起宇宙之自然（本性），西方传统政治哲学似乎更为关注人之自然（本性）。而这种思考人之自然（本性）的学说即是人性论。传统的人性论要么认为人与其他的存在物一样，有着其确定的本性或本质，要么认为人作为宇宙中的一个特殊的存在，它是一个自由的存在，并不具有和其他存在物类似的类本质。这两者可以称为人性论上的绝对主义和相对主义。阿伦特拒绝了这样的两种片面化的极端立场，她试图另辟蹊径对之人之为人作出思考。而这种努力直接地和突出地表现在她对人之境况与人之本性的区别上。

在《人的境况》的第一节中，阿伦特明确地宣称“人的境况不等于人的本性”，而且，“与人的境况相应的所有的人类活动和能力的总和，都不构成任何类似于人的本性的东西”。因为“没有什么让我们有资格确信，人与其他存在物一样，有一种本性或者本质”。如果说我们确有一种本性或本质的话，那么也只有上帝才能知道它或定义它。阿伦特以此明确地拒斥了所有认为人具有某种确定的本性或本质的说法，而且认为这样的一种对人之确定性本质的寻求在根本上就是错误的。然而，在这么做的时候，阿伦特同样反对视人为一种自由存在的观点。用阿伦特的话说，“即使他们（指人类——引者注）的处境在相当大的程度上是自己造的”，“但他们依然是处境性的存在者”，[①] 而说人是处境性的存在者，也就是说人其实是一个受限制的存在者。而且正是这样的一种处境和限制，让不具有类存在的人作为人而显现出

① Hannah Arendt, *The Human Condition*, Chicago: The University of Chicago Press, 1958, p.10.

来。因此，对于阿伦特而言，构成政治哲学的真正起点的，不应是对人之本性的考察，而应该是对人之境况的考察。

阿伦特认为，“人的处境包括的不仅是给予人生命的那些处境”，而且包括人自己造成的那些处境，因为任何的东西一经人的接触，便成了人的处境。而这些给予性的处境和造成性的处境共同地规定着人之为人的边界，并且为每一代人的生存和发展构筑了历史性的场景。阿伦特特别强调人的原初性处境[①]对人的重要性，并且对现代技术给人的自然性处境造成的破坏深感忧虑。因为阿伦特深知：“人存在的境况——生命本身，诞生性和有死性，世界性，复数性以及地球”，“这些境况从来都不能绝对地限制我们。”而我们一旦突破了这些境况构筑的边界，人之为人或许将面临灭顶之灾。

因此，阿伦特政治哲学思考的一个根本性的努力，就是要首先探求人之为人的原初性境况。这种境况的原初性，首先指的不是在时间和历史上的原始性，而是对于人之为人的根本性。在进行这种探求时，阿伦特特别地求助了古典思想中哲学家们对“沉思生活”和“积极生活”的区分，并在此基础上作出了特别的发挥（比如说，她对于劳动和工作的区分）。阿伦特将《人的境况》的主题确立为对人的积极生活的探讨。但是，她针对“沉思生活”的思考作为展开这种讨论的背景却是不可忽略的。按照阿伦特的理解，人的生活实际上可以区分出劳动、工作、行动、哲学思考和宗教信仰这五种基本活动。这五种活动中的前三种可以统称为“积极生活”。它们分别相应于人之境况的生命性、世界性和复数性。而这五种活动中的后两种则其实可以统称为“精神生活”。它们相应于人之境况的有死性。而且从历史上看，这五种活动都以地球自然为其背景——在前现代的传统哲学中，地球始终是人思考一切问题的事实上的最大背景，而人的实践活动也都被限定在地

① 在本文中，笔者将阿伦特语境中的“人的境况”区分为人的自然性处境、人的原初性处境、人的给予性处境和人的造成性处境。在这里，人的自然性处境主要区别于技术带给人的造成性处境，指的是人类自产生以后未经技术化的生存处境。在这个意义上，人的原初性处境与人的自然性处境同义。但是，人的原初性处境区别于人的自然性处境之处，在于后者首先有一个时间在先的历史维度，而人的原初性处境则更突出质的维度，更为强调人的境况的未经异化状态。人的给予性处境则既指人之为人被给定的处境，又指每一代人和每一个人被给定的处境。而人的造成性处境则是指人自身通过行动造成的处境。

球之上。

但是，在人之存在的诸多境况中，阿伦特无疑最为重视的是人的复数性境况。虽然阿伦特认为人类活动中的每一种基本活动都有其特别的和不可替代的作用，然而，只有与人的复数性境况相应的行动，才是最能够彰显人之为人的活动。① 按照阿伦特的观点，人的复数性具有两方面的含义：一方面，它指的是人的“独一性”，即每一个诞生在这个世界上的人都是一个独一无二的个体，都具有开端启新的能力，都是一个新的开端；另一方面，它指的是“众多性”，即人只能是众多的人之中的一个，每一个人的出生都是出生在人们中间，人作为人也在根本上无法离开他人而存在。复数性的这两方面含义是相辅相成的。② 具体说来，一个公共世界是由众多的人共同塑造和支撑起来的，而只有当每一个人都是一个独一无二的个体的时候，众多才成为名副其实的众多，而不再是千人一面、千篇一律。阿伦特实际上认为，人之为人诞生于人们中间，而且只能生活在人们中间，并在人们中间自由地去追求自己的卓越，唯有如此，一个人才真正配得上人之为人的尊严。相反，如果一个人生活在这个世界上，只是为了谋生而劳作，那么他实际上就一直生活在私人领域的黯淡无光之中，他（她）就没有真正地作为人而生活过。同样，如果一个人为了沉思生活而离群索居的话，那么他的生活也就在事实上偏离了人之为人的原初处境。

二、现代技术对人之原初性境况的改写

“改变世界的不是观念而是事件”③，这是阿伦特在观察世界历史时获得的一个重要的洞见。在阿伦特看来，只是观念的改变并不足以撼动原有的世界秩序，而只有当显示着某种观念的事件发生时，某一观念才会通过这一事

① Hannah Arendt, *The Human Condition*, Chicago: The University of Chicago Press, 1958, p.7.

② 陈伟：《阿伦特与西方政治哲学传统的超越》，《党政研究》2015 年第 1 期。

③ Hannah Arendt, *The Human Condition*, Chicago: The University of Chicago Press, 1958, p.272.

件展现出其现实性的力量。因此，相较于观念，事件才是改变世界的决定性的因素。阿伦特将这一观念运用到她对世界历史的观察上，得出的一个重要结论是："现代具有决定性意义的事件的始作俑者，是伽利略而非笛卡尔。"进而言之，真正宣告了现代世界之到来的，是伽利略对望远镜的发明这一"事件"，而非笛卡尔的"我思故我在"的哲学"观念"。

按照阿伦特的理解，望远镜的发明使得人类第一次获得了超出地球来观察地球的阿基米德点，并因此而改变了人作为地球生命自古以来的经验方式。这一发明，一方面在观念上引发了以"我思故我在"为其开端的主体性的和主观化的哲学，并因而开启了人们逃离世界遁回自我的现代性进程；另一方面，在实践上为人们摆脱地球自然的限制提供了一个经验基础，并因之而开启了现代人逃离地球进入宇宙的进程。而按照阿伦特的观点，逃离地球进入宇宙和逃离世界返回自我正是现代性的世界异化的两个基本方面。而这样的两种逃离其实都是对于人之原初性境况的冲破和改写。而且正是在此意义上，阿伦特视伽利略为开创现代世界的关键人物。

"世界异化"是阿伦特用来表达人之原初性境况遭到改写的专门术语。这一术语中的"世界"一词，一方面表示"地球自然"，即自古以来人类生活于其中的地球世界，另一方面则表示通过人的复数性建立起来的作为场域的公共世界，此外还可以表示包括公共领域与私人领域在内的日常世界。① 而现代性的"世界异化"主要指的是在前两种意义上的"世界"的"异化"。②

① 在阿伦特的语境中，"世界"（world）一词至少有三种含义：(1) 指我们日常理解的整个地球范围；(2) 指我们日常的生活世界，它既包括私人领域，也包括公共领域；(3) 指区别于私人领域的公共领域。本文依据语境运用这三种不同的含义。可参阅《存在与时间》（海德格尔著，陈嘉映译，生活·读书·新知三联书店 1987 年版）第 76—77 页解析"世界"概念的部分。阿伦特的"世界"概念与之联系紧密且有重要区别。

② 特别地参看汉娜·阿伦特著，王寅丽译：《人的境况》，上海世纪出版社 2009 年版，第 5 页。在《人的境况》一书中，阿伦特突出思考的是"现代性的世界异化"，即人逃离地球进入宇宙和逃离世界返回自我的双重过程。但是，就阿伦特的"现代性"的"世界异化"这一表述，以及其思想整体而言，"世界异化"显然不只是"现代性"的世界异化，而且有其更广泛的含义。依据我们之前对阿伦特的三种世界概念的区分，"世界异化"除了地球世界的异化和公共世界的异化外，还有一种重要的含义，就是作为公私两个领域共筑而成的那个世界的异化。后一种世界异化既包括公共领域的异化，也包括私人领域的异化。

阿伦特将这样的一种“世界异化”理解为现代性的典型特征。[①] 在对世界异化的思考中，阿伦特特别注重技术因素，因为从阿伦特在《人的境况》中的表述来看，在现代世界形成过程中起着根本性作用的事件，无论是望远镜的发明、人造卫星的升天，还是自动化的发明，都是技术事件。这些技术事件在形塑现代世界方面，非但较之各种思想观念更具现实性的力量，而且较之各种政治事件更具根本性。因此，要想理解阿伦特的“世界异化”学说，就必须落实到技术对人之原初性境况的改写上来。

望远镜的发明这一技术事件对人之原初境况的冲击和改写，直接地表现在它对感性世界的摧毁上面。因为望远镜的发明，既颠覆了以往人们以地球为基点和背景的哲学和科学观念，又颠覆了人们的视觉经验和生活常识。这个事件给人以强烈的印象：我们所面对的这个感性的世界其实是一个虚幻不实的世界，而且我们对它并不具有真知识。因此，为了获得真知识，为了在漂浮不定的感性世界中找到一块坚定的陆地，我们就需要首先找到那个牢固的阿基米德点。笛卡尔通过哲学反思在人的意识中去寻找这个阿基米德点，并以此开创了主体性和主观化的哲学。而一旦这样的一种哲学观念开始弥漫入生活世界，人们之间的共同感也开始随之丧失，而公共世界也就因之而开始崩塌。然而，与哲学家笛卡尔不同，科学家们反其道而行之，他们到宇宙中去寻找这个阿基米德点，其表现就是要用以宇宙为其视野的“普遍科学”去取代以地球为其视野的“自然科学”。但是，随着爱因斯坦相对论的提出，这个寻找阿基米德点的努力最终失败了，而人们生活于其中的地球自然也因之遭到了摧毁。而人造卫星的升天之所以让阿伦特颇感震动，正是因为这一事件在实践上将人类摆脱地球自然的进程推进到了一个新的和实质性的阶段。

地球性和复数性堪称人之境况的两个根本方面。人作为地球生命，它的生存，它的生命活动至今受到地球自然的限制。人至今还是生活在地球环境中的有死者。但是，现代人似乎并不自安于这种状况。他们一方面通过自然科学和航天技术去突破地球自然的限制，另一方面则试图通过生物科技来破解生命的奥秘，以克服人的有死性和掌握人的生命过程。然而，相对于现

① 塞瑞娜·潘琳：《阿伦特与现代性挑战》，张云龙译，江苏人民出版社2012年版，第3页。

代技术对地球（自然）性的破坏，阿伦特似乎更为关注现代技术对人的复数性的破坏，亦即现代世界对公共世界的破坏。之所以如此，这一则是由于后者的后果相较于前者似乎来得更为紧迫，再则是由于后者直接地就是我们置身其中的政治问题。而在阿伦特看来，对人的复数性造成直接伤害的现代科技正是自动化的发明。

就经济方面而言，自动化的发明标志着人类的生产力，即人类改造自然的能力达到了一个新水平。而按照阿伦特在积极生活内部对劳动和工作的区分，生产力的进步既是人的劳动能力，即谋生能力和维生能力的进步，也是人的工作能力，即创造世界中的物性因素的能力的进步。因此，自动化的发明似乎理应使得人们通过更为轻松的劳动，就可以实现谋生，并因之而将人从劳动中解放出来成为一个自由人。与之同时，人们也似乎理应有能力建立起一个更为稳固和持久的物性世界。然而，令人感到吊诡的是：自动化的发明非但没有实现人的解放，没有使人从劳动中解放出来成为一个自由人，反而使人成为只知道生产和消费的劳动动物，而整个社会也在日益成为一个无劳动的劳动者社会。换句话说，自动化在实现劳动解放，即将人从繁重的劳动中解放出来的同时，并没有实现人的解放，并没有让人从一个劳动动物转变为一个自由人。而且与之相应，自动化的发明非但没有通过人的工作能力的增长，建造出一个更为稳固持久的物性世界，反倒是让这个世界更为迅速地生成和更为迅速地毁灭，使得这个世界变成了一个易朽（易于朽坏）和速朽（迅速朽坏）的世界。因此，在阿伦特看来，自动化的发明无疑是对于人的世界性的一个重大的损坏。①

而且，阿伦特对现代世界的进一步考察表明：现代世界实际上是一个技艺人的世界和生命作为至善的世界。进而言之，技艺人的统治和生命作为至善乃是现代世界的两个基本原则。阿伦特认为，这样的两个原则的确立，既是对前现代社会中沉思生活高于积极生活这一原则的倒转，也是对前现代社会中行动高于劳动和工作这一原则的倒转。而且正是在此种意义上，这两个

① 任小鹏：《论阿伦特对现代性的政治哲学反思》，《山西高等学校社会科学学报》2012 年第 12 期。

原则构成了现代世界的基础。而在这样的一个世界中，劳动和工作成为得到公共性赞美的活动。与之同时，沉思活动被贬斥为毫无用处和毫无意义的活动。而政治活动则被要求用来为劳动和工作服务。而且随着工作和劳动这两项活动之地位的上升，劳动所遵从的生产—消费的必然性逻辑，以及工作所遵从的手段—目的的工具性逻辑，就成为现代社会的支配性逻辑。除此之外，阿伦特对现代世界的进一步考察还表明：在技艺人的统治和生命作为至善这两个原则中，后者更具根本性的地位。因为现代世界中对于劳动的公开赞美其实正是生命作为至善这一原则的显性表现，而生命作为至善既是中世纪基督教思想发展的结果，也是现代政治哲学坚守的一个基本信条。而这一原则的根本性的支配地位使得技艺人的手段—目的的工具性逻辑最终臣服于劳动者的生产—消费的必然性逻辑，使得一切技艺和技术都成为满足生产和消费的工具。而且，正是因为如此，技艺人建筑起来的物性的世界才成为了一个易朽和速朽的世界，并且在这样的一个世界里，手段—目的逻辑几乎成为唯一的思考逻辑。

三、技术原则统治下的政治世界

按照阿伦特的理解，现代技术遵从的“手段—目的”逻辑，就像一位主宰之神，已经侵入到了现代生活的方方面面。而这种逻辑在劳动和工作领域中的支配地位及其危害我们之前已经有所提及。这种危害，简而言之，主要地和首要地就是对物性世界的损害。除此之外，现代技术原则对于人的精神世界和作为场域的政治世界的损害同样令人担忧。这种技术的统治原则，一方面，在精神上将一切思想都知识化，使得哲学和科学都变得只知道“如何”，而不能追问“为何”，让人们在思想上沦为千篇一律，并因之而丧失了个性；另一方面，它则试图在实践上，以制造代替行动，让政治不再是自由人之间的平等政治（即摆脱了生存必然性的人基于平等的政治）和平等者之间的自由政治（即平等的政治个体追求自由与卓越的政治），而是成为统治者对被统治者的统治。前一种趋向正在使言谈丧失力量，后一种趋向则正在使行动丧失力量。

在对劳动、工作和行动的区分中，阿伦特提出了行动区别于其他两种积极活动的特征，即行动具有一个明确的开端，却没有一个明确的终点。出于行动的这种特征，政治生活中往往面临行动造成的三种困难，即行动结果的不可预见性，行动结果的不可逆性和行动者的匿名性。这即是说，行动的进程一旦开启，这一过程就陷入到巨大的不确定性和风险之中。而且如果一旦行动引起的连锁反应造成了危害性的后果，我们又很难确定究竟应该由谁来为之承担责任。① 因此，按照阿伦特的理解，“对行动的三重困难的不满，几乎和有文字记载的历史同样悠久。因而总存在着一种诱惑，就是找到一种替代品，让人类事务摆脱在行为人的复数性境况下行动固有的任意性和道德上的无责任。”② 这种诱惑的结果就是自古至今始终有人尝试以制作代替行动。

阿伦特认为，这种以制作代替行动的诱惑，无论是对于思想者还是行动者都具有巨大的诱惑。行动者以制作代替行动的努力产生了历史上无数的专制统治（一人的、多人的或集体的）。而思想者以制作代替行动的努力则产生了诸多的反民主制的论证。而在阿伦特看来，这种对行动的不满，追根溯源是对人的复数性境况的不满。对这些反民主制者来说，“行动的全部灾难都出自复数性的人类境况”③。而在阿伦特看来，“试图取消这种复数性就等同于试图取消公共领域本身”④，对公共领域的取消也就是对作为场域的公共世界和政治世界的取消。

对于政治，阿伦特有其独特的理解。阿伦特认为，本真的政治只能是自由人之间的平等政治和平等人之间的自由政治。⑤ 因此，政治活动的进行

---

① Hannah Arendt，*The Human Condition*，Chicago：The University of Chicago Press，1958，p.221.

② Hannah Arendt，*The Human Condition*，Chicago：The University of Chicago Press，1958，p.221.

③ Hannah Arendt，*The Human Condition*，Chicago：The University of Chicago Press，1958，p.221.

④ Hannah Arendt，*The Human Condition*，Chicago：The University of Chicago Press，1958，p.221.

⑤ 陈伟：《汉娜·阿伦特的“政治”概念剖析》，《南京社会科学》2006 年第 9 期。

有赖于一个基于人之复数性的世界性场域，亦即一个公共空间。而在阿伦特看来，那种以制作代替行动的做法，即取消人的复数性和世界性的做法，亦即一种反政治的行为。这种做法的信奉者将政治理解为一种统治关系，实际上就是将技术原则贯彻到政治领域，就是让技术原则成为政治世界的主宰。①

以制作来代替行动，借此“从人类事务的脆弱状态逃避到安定有序的稳固状态”②，这是以技术手段来逃避政治的典型做法。阿伦特认为，这一做法的全部内涵在柏拉图的政治哲学中第一次得到了系统的展露。在此意义上，阿伦特视柏拉图为西方传统政治哲学的奠基人和开创者。正如阿伦特指出的：“哲学家先是在政治面前转身离去，随后，他们又转过身来，把他们自己的价值标准强加于人间事务，这就是政治哲学传统的开端。”③ 而这样的一种针对政治的“远去”与“复归”，其实是对于本真政治的一种歪曲，实际上就是用制作来取代行动。阿伦特进一步指出，柏拉图在政治哲学中的这种以制作代替行动的尝试建立在两个基础性的错误观念之上。这第一个错误观念就是他对于政治活动中“去开始”和“去行动”的强行区分。柏拉图将“去开始”和“去行动”区分为两种完全不同的活动，使得政治事业的开创者成了政治活动的统治者，使得政治事业的开创者成了只须知而无须行，只须命令而不须行动的“统治者”。④ 用阿伦特的话说，“柏拉图第一次引入了知而不行的和行而不知的人之间的区分，以至于知道如何做和实际地做成了完全不同的两回事。”⑤ 而“知与行的分离使政治于统治和被统治的关系”⑥。除

① 谢仁生：《技术与政治：阿伦特对西方政治哲学传统的批判》，《广西社会科学》2015 年第 1 期。

② Hannah Arendt, *The Human Condition*, Chicago: The University of Chicago Press, 1958, p.222.

③ 贺照田主编：《西方现代性的曲折与展开》，吉林出版社 2002 年版，第 397 页。

④ Hannah Arendt, *The Human Condition*, Chicago: The University of Chicago Press, 1958, p.223.

⑤ Hannah Arendt, *The Human Condition*, Chicago: The University of Chicago Press, 1958, p.223.

⑥ 王寅丽：《“积极生活”与“沉思生活”——阿伦特对传统政治哲学的批判》，《华东师范大学学报（哲学社会科学版）》2006 年第 7 期。

此之外，柏拉图针对政治的另外一个错误观念是他对公共领域和私人领域的区分。具体而言，就是柏拉图在事实上将仅仅适用于私人领域的主奴关系和家长统治原则错误地推广到了公共领域。而这样的两个错误观念最终产生出了柏拉图的“哲学王”的观念。在柏拉图的理想国中，“哲学王”即是那个知而不行的命令者和统治者，即是如同奴隶主和家长一般的绝对权威。而在阿伦特看来，作为柏拉图哲学王学说和洞穴之喻的经验基础的其实是一种工匠经验。因为工匠在进行制作时，就是要首先在头脑中形成一个制作品的模型，然后作为整个制作活动的开创者将这个制作品按照自己的意愿制作出来。

阿伦特认为，柏拉图的这种技术化的政治哲学在事实上形塑了整个西方政治哲学传统。这种政治哲学通过技术观念来理解政治，并且主张用技术手段来从事政治。在这种观念支配下的政治活动中，行动成了某个人或者某些人的特权，他（他们）作为统治者将其他人拒斥到政治之外。而且这些人按照“手段—目的”的技术逻辑来推进政治事业，行动因此成了制作，政治成了政治家按照政治理念制作政治现实的制作活动。阿伦特注意到：“这样的思想迫使人们承认，一切手段只要有效，就是允许的，对追求某些被定为目标的东西来说就是正当的。”① 而“我们也许是意识到了这种思想的危险后果”的第一代人。②

结语：人应该如何存在?

《人的境况》是阿伦特的代表性作品。在这部作品中，阿伦特始终探问的问题就是人的存在方式问题。在探究这一问题时，阿伦特明确地拒斥了“人是什么”这一传统的发问方式，而是以“人的境况问题”取代了“人的

① Hannah Arendt, *The Human Condition*, Chicago: The University of Chicago Press, 1958, p.229.

② Hannah Arendt, *The Human Condition*, Chicago: The University of Chicago Press, 1958, p.229.

本性问题”。阿伦特否认了人有什么既成的本性或者本质，但她同时又不认为人是一个自由的存在，而是试图为人之为人寻找出其应有的界限。在这么做时，阿伦特采取了“人的境况如何”这一新的发问方式。而且在探究人的境况时，阿伦特似乎一直都在努力区分出“人的原初境况”，“人的可能境况”和“人的现实境况”。在这三者中，阿伦特实际上将“人的原初境况”领会为“人应该如何存在”的一个标尺。阿伦特虽然深知即便是那些原初性的境况也并不能构成对人的绝对限制，但是她却深信：如果人类对此进行突破，终将意味着人之为人的灾难，甚至是灭顶之灾。

在描述人类的原初性境况时，阿伦特重新激活了古希腊—罗马政治思想中的那些原初经验。阿伦特承袭了亚里士多德“人是政治的动物”和“人是会说话的动物”这两个经典观念。但是，在这么做时，她明确反对将亚里士多德的这两个说法作为对人的定义来看待，而是将其视为对人之境况的一个现象学描述。① 阿伦特借此认为，政治应该是自由人之间通过行动和言谈展开的活动，而不应如现代人理解的那样是借助于用暴力建立起来的政权进行管理和统治的活动。而人之为人在最高的意义上应该是自由人，即摆脱了生存必然性的政治人。因此，人之为人理应是一个世界性的存在，理应生活在人们中间。阿伦特引用古罗马的政治经验说：“活着”就等于“活在人们中间”。② 因此，人作为劳动动物的谋生活动，人作为技艺人的制作活动，乃至于人作为思想者的沉思者活动，都不足以标识出人之为人的核心特征，虽然它们各有其不可替代的地位。阿伦特的如此观点表明，她对于人的原初境况的界定似乎有着一种自然性和日常性的取向。或许正因为如此，她才特意地将地球、复数性、生命本身、诞生性和有死性等作为人之原初境况而予以守护。

但是阿伦特深知：要想守护住人的原初境况，让人作为政治人保持其政治性并不容易。在古典时代沉思生活和宗教信仰对政治生活的贬低，现代社会中劳动和工作地位的上升，都对政治世界的存在和良性运转构成了实质性

① 王寅丽：《阿伦特对亚里士多德政治概念的重释》，《哲学分析》2010 年第 3 期。

② Hannah Arendt, *The Human Condition*, Chicago: The University of Chicago Press, 1958, p.7.

的损害。[①] 而且按照阿伦特的理解，在这其间起着关键作用的一个因素就是技术因素。虽然对于何为技术，何为现代技术，阿伦特始终不曾做出一个明确的定义，但是就阿伦特的思想整体而言，她实际上将技术的本质理解为对于自然（人的自然和宇宙之自然）的一种强力摆置。[②] 在这点上，她与海德格尔是一致的：他们都“明确地指出了科学—技术的发展被引向人对世界的不可逆转的异化的现代性关联这一事实”[③]。阿伦特认为传统政治哲学中以制作取代行动的尝试，实际上就是用技术原则来统治政治世界。而现代社会一方面遭受着这种政治观念对作为场域的政治世界的损害，另一方面则遭受着现代科技对物性的世界的摧毁。与之同时，普遍科学和生命科学则借助航天科技和生物科技来对作为人的原初境况的地球自然和生命自然进行突破。阿伦特对技术原则和现代科技对人之原初境况的突破深感忧虑。而她对人之原初境况的描述，对人应该如何存在的思考无疑为我们这个时代的破坏活动敲响了警钟。

（作者单位：大连理工大学人文学院）

① 赵萍丽：《“行动”与积极生活——读阿伦特的〈人的条件〉》，《中共浙江省委党校学报》2006 年第 3 期。

② 海德格尔：《演讲与论文集》，孙周兴译，生活 · 读书 · 新知三联书店 2011 年版，第 3—37 页。

③ 格鲁嫩贝格：《阿伦特与海德格尔》，陈春文译，商务印书馆 2010 年版，第 376 页。

政治霸权的逻辑及其普遍性的困境

——简析后马克思主义视域中的普遍性与本质主义之争

孔明安

摘要：21世纪初后马克思主义学者巴特勒、齐泽克与拉克劳三人围绕着“霸权逻辑与现代康德主义”的争论把近代哲学的普遍性与特殊性、偶然性与必然性等问题推到了现代哲学的前沿，并成为现代政治哲学难以规避的棘手问题。他们之间所展开的对话和争论折射了现代政治运作中所蕴含的普遍性与特殊性、必然性与偶然性之间的张力。巴特勒和齐泽克认为，拉克劳有关霸权逻辑的“空能指”概念无非是康德主义的先天形式加经验内容的现代变种。拉克劳对此给予坚决的回击，并认为其政治霸权概念是一种具体的抽象，而非政治哲学中的康德主义的二元论。相反，巴特勒思想中还残存着诸多黑格尔的本质主义的成分，其“文化翻译”和“述行”等概念不但与其政治霸权的概念不冲突，反而更说明了其霸权逻辑的普遍性和有效性。西方左派的这一争论将有助于深化当前马克思主义哲学的普遍性和特殊性问题的探讨。

关键词：巴特勒　拉克劳　霸权逻辑　现代康德主义　具体的抽象　文化翻译

偶然性与普遍性不但构成了近代哲学的基本范畴，它同样成为现代政治哲学难以越过的门槛。那么，我们要问的是，偶然性与普遍性这一古典的哲学范畴究竟是如何与现代政治哲学关联起来呢？这里我们试图从21世纪之初后马克思主义学者之间的一场争论来介入这一问题。众所周知，后马克思主义是20世纪后期在西方兴起的西方左翼思潮，其著名代表人物有拉克劳、墨菲、齐泽克和巴特勒等。总的来说，他们的观点相近，立场相同。但如果深入研究，则会发觉在他们各自的立场和观点中存在着某种细微的差异与分野。而21世纪之初发生的一场围绕着“霸权逻辑与现代康德主义”的争论则把普遍性与特殊性、偶然性与必然性等传统哲学的问题推到了现代哲学的前沿，并成为现代政治哲学难以规避的棘手问题。这一争论发生于2000年出版的《偶然性、霸权和普遍性——关于左派的当代对话》一书中，该书是巴特勒、齐泽克与拉克劳三位西方左翼学者之间的对话和争论。其中，每个人都从各自立场对其他另外两人的思想进行了反击和批评。双方唇枪舌剑，互不相让。其中所折射的一个主要问题涉及现代政治运作中所蕴含的普遍性与特殊性、必然性与偶然性的问题。限于篇幅，我们在此仅就拉克劳与巴特勒之间围绕着普遍主义与特殊主义的争论展开我们的论述。

一、霸权逻辑与现代康德主义的变种：巴特勒的批判

现代政治与康德哲学始终存在着密切的关系。这一点不但在罗尔斯的《正义论》中得到了充分的体现，它同样也在后马克思主义的政治哲学中得到了十足的反映。在《偶然性、霸权和普遍性》一书中，拉克劳、齐泽克和巴特勒围绕着现代政治建构中的普遍性与特殊性问题进行了论证。具体而言，巴特勒和齐泽克认为，拉克劳的政治哲学，也即其霸权策略，无非是康德主义在现代的变种，是一个彻头彻尾的新康德主义者，一个现代政治的二元论者。巴特勒和齐泽克之所以对拉克劳进行如此定位，其主要目的还是要将拉克劳所谓的社会主义定位在“修正主义”路线上，而非拉克劳自己所标榜的激进、民主的社会主义，更不是拉克劳标榜的后马克思主义。当然，给拉克劳戴一顶“现代修正主义”的帽子并不难，但要给出充足的理由则具有相当的难度，特别是从哲学的立场给其定位绝非轻而易举之事。

众所周知，J. 巴特勒（J.Butler）是当代西方一位后现代主义者，她以研究女权主义和伸张同性恋的权利而闻名。巴特勒的观点突出地体现在她

于2000年前后出版的《性别麻烦：女权主义与认同的颠覆》（以下简称《性别麻烦》）和《要紧的身体》等著作中。巴特勒的理论又被称为“酷儿”（queer）理论，“酷儿”意即“异常的、行为古怪的”，是一个被用来贬损男女同性恋的贬义词。巴特勒在上述著作中运用了一系列的相关概念，如“述行”（performative）、“文化翻译”（culture translation）等概念来阐释其“酷儿”理论。表面上，巴特勒的理论似乎仅仅着眼于女权主义和同性恋问题，与现代政治哲学蕴含的普遍性和特殊性问题关联不大，然而，细加分析，巴特勒在对传统的异性婚姻体制批判分析，以及伸张同性恋婚姻权利的过程中，她运用的是福柯的社会批判理论和拉康的精神分析学说，并自觉或不自觉地将社会规范的压制与主体的反抗密切地关联起来，由此引申出其性别问题上的“述行”概念和“文化翻译”等概念。从而使“述行”和“文化翻译”等概念与拉克劳和齐泽克的政治哲学发生了对接并交锋。所以，共同的问题域和相似的哲学背景将巴特勒、拉克劳和齐泽克三人聚集到政治哲学有关偶然性、霸权与普遍性问题的大旗之下，并引发了他们之间有关霸权（领导权）问题的激烈争论。巴特勒在《竞争的普遍性》中谈到，在她与齐泽克和拉克劳三人商定撰写《偶然性、霸权与普遍性》一书之前，每个人并不知道其他另外两人所写文章的主题及其核心观点，每个人都按照自己的意向先动笔写作。然而，等到文章出来后，她吃惊地发现她与齐泽克的第一篇文章《是阶级斗争还是后现代主义？是的，请!》中的观点极其相似，二人都是从形式主义的视角，从先天形式与具体内容的混合的视角来分析和批判拉克劳霸权理论的二元论特征。她说：“我和齐泽克在下述这点上是一致的，我们都用不同的方法关注，某些内容是如何从特定的普遍性观点中被排除出去的，这一排除自身如何回应虚空和形式风格上的普遍性的生产的。我认为，我们都是从黑格尔那里引出这一点的，而且需要理解，这一特定的排除机制是如何在普遍性层次上，好像导致了形式主义的效果。事实上，迄今为止，我们的努力已经形成了一出无意的形式主义喜剧，其中我和齐泽克相互指责，而拉克劳则对这个术语进行了精神性的捍卫。”①

---

① Butler，Laclau and Zizek，*Contingency*，*Hegemony*，*Universality*，Verso，2000，p.137.

按照巴特勒的上述观点，她与齐泽克对拉克劳的批判如出一辙。即拉克劳的霸权逻辑是一种康德的先天形式与经验内容的混合物，而非辩证的有机关联。巴特勒批判的立足点来自黑格尔的辩证法。这一点在巴特勒的第一篇文章《重新筹划普遍：霸权以及形式主义的界限》中表露无遗。巴特勒指出，拉克劳的霸权逻辑预设了某种先天的先验形式，也即其霸权逻辑的“空能指”，并由此导致政治霸权的非历史性，以及霸权的先验形式优先于政治建构的具体内容，并使拉克劳自己的霸权逻辑分裂为空洞的能指和偶然性政治内容相结合的二元论。巴特勒说：“如果我们把普遍性视为一个‘空的’位置，一个由特定内容‘填充’的位置，并且我们进一步把政治意义理解为填充那个空位的内容，那么我们便假定了政治相对于语言的外在性，而语言似乎消解了拉克劳支持的政治述行性（performativity）概念。为什么我们应当把普遍性理解为一个空‘位’，它等待着先前和随后事件中出现的内容？仅仅因为它否认或压制了它借以出现的内容，它才是空的吗？而且在它出现的形式结构中，否认的痕迹又在哪里呢？”①

显然，在巴特勒看来，拉克劳的霸权理论中所蕴含的普遍性并无具体性的内容，而仅仅是一个“虚空”的形式，一个由特定的具体内容来填充的“空位”。如巴特勒所言，她的这一理解不仅局限于她自己，而且齐泽克也持这一立场和观点。为了深化这一争论的理解，我们且看齐泽克是如何批判拉克劳霸权概念的普遍性的。齐泽克说：“我再一次强调，拉克劳理论大厦最关键的部分是典型式的康德的相互依存，即霸权逻辑‘永恒’存在的先天（a priori），与从‘本质主义的’的传统马克思主义的阶级政治向全面主张争取霸权斗争的偶然性的逐渐转向的这一历史叙事之间的相互依存——就如康德的某种先验先天（transcendental a priori）与他的人类学—政治的进化叙事相互依存一样，那种叙事认为人类学向启蒙成熟逐渐进步。这种进化叙事的作用正好解决了上述（霸权逻辑的）形式普遍性框架的含糊性——并含蓄地回答了下述问题：这种框架究竟是一种（政治的）非历史的普遍性的（形式）结构，抑或只是西方晚期资本主义特定的意识形态—政治丛结的形式结

① Butler，Laclau and Zizek，*Contingency*，*Hegemony*，*Universality*，Verso，2000，p. 34.

构？这个进化叙事基于这两个选择之间，它说明了普遍构架是如何‘被本身假定’的、它如何才成为意识形态—政治的生活的明确的构造原则。”①

齐泽克这段话虽然比较晦涩，但它与巴特勒的意思基本相同。它指出了拉克劳后马克思主义偶然性逻辑的本质无非是康德的先天形式与后天经验内容的混合物在现代政治中的翻版，是康德的先验逻辑与其人类学—政治的进化思想的翻版；一句话，即拉克劳提出的建基于偶然性逻辑之上的霸权逻辑无非是康德纯粹理性批判中“先天综合判断”命题的政治学的复制品，也即永恒存在的霸权逻辑的先天形式与偶然性逻辑基础上的争取霸权斗争的内容的结合。具体而言，它表现为霸权的形式普遍性与拉克劳所谓的后马克思主义的“多元激进政治”的经验内容的结合。在此，拉克劳不过是把传统马克思的阶级斗争理论替换为“多元激进”的民主争霸，一种后现代的政治斗争逻辑。因此，霸权逻辑表现为某种非历史性的普遍形式，而霸权斗争则表现为经验内容，具体而言，它体现为争取生态、女权和边缘人群的权利的斗争。

基于上述的定位，巴特勒和齐泽克都认为，拉克劳的理论无非是一种自我设定的普遍的形式结构，即在现有资本主义的政治民主框架内进行的对抗游戏，而游戏的内容则是意识形态—政治的生活。齐泽克说道：“难道这种解决方案不包括如下这种作为‘范导理念’（regulative Idea）的康德逻辑，它致力于不可能的完满性的无限方法？难道它不包括这样的顺从 / 犬儒主义的姿态，即‘虽然我们知道自己将失败，但我们还应该坚持探求’——也即某个代理者（agent）知道，其所追求的全部目标是不可能的，其最终的努力必然失败，但他仍然把对这个全部幽灵的需求作为一个必然诱惑接受下来，给它提供能量以解决部分难题。”②

在此，齐泽克的批判的目的一目了然，即无论如何进行对抗和争取霸权的斗争，无论霸权的偶然性逻辑如何运作，拉克劳以霸权的偶然性逻辑为基础的意识形态斗争终究难以逃脱资本主义社会的先天形式结构。它既是无

① Butler，Laclau and Zizek，*Contingency*，*Hegemony*，*Universality*，Verso，2000，p. 107.

② Butler，Laclau and Zizek，*Contingency*，*Hegemony*，*Universality*，Verso，2000，p. 93.

力的反抗，也是犬儒主义的徒劳游戏，即明知道争取霸权斗争的结果会失败，但他仍会做无谓的自欺欺人、喋喋不休式的反复论证，给人们提供一个“画饼充饥”式的诱惑图景。具体而言，它就是拉克劳建立在“偶然性逻辑”基础上的“空能指”概念的运作。这种“空能指”表现为霸权的“普遍性”的形式，并使拉克劳的后马克思主义具有了普遍主义与经验主义相混合的色彩。正是在“空能指”的先天形式的框架下，政治主体展开了具有实质性内容的争取霸权的斗争和链接。当然，偶然性只能是针对着具体的内容和目标而言的。换句话说，究竟是哪一个群体获党派能取得政治领导权，或政治霸权斗争的胜利，其结果是不确定的，它并不遵守传统的历史决定论，也不是如马克思在《共产党宣言》中所宣称的“资产阶级必然灭亡，无产阶级必然胜利”这种乐观的预言和自信。毫无疑问，现代西方左翼争取霸权的目标和内容都带有强烈的政治意识形态色彩，是为了夺取领导权而进行的政治斗争，然而，它却受制于置身其中的先天的形式结构原则，也即“空能指”的形式决定。如此，一种非历史的、普遍性的先天的形式结构就与历史的、偶然性的霸权斗争的内容奇妙地结合在了一起。至此，我们要问的是，巴特勒和齐泽克对拉克劳政治霸权逻辑包含了康德主义的“二元论”的质疑是否成立？拉克劳是否认可巴特勒和齐泽克的批判性立场？这一点我们后面再详谈。

二、具体的抽象：拉克劳的回应

针对齐泽克和巴特勒的批判，拉克劳给予了坚决的回击。首先，拉克劳根本就不承认其霸权（领导权）理论是某种类似于康德的先天形式与后天政治经验材料的混合。拉克劳直接将巴特勒的论证称之为“巴特勒的论证诡计”。具体而言，拉克劳指出，巴特勒的无端的批评包括三个方面。

首先，是巴特勒对霸权概念内含的歪曲。拉克劳发问道：“巴特勒在什么地方发现我曾经在自己的著作中提倡非历史的先验的结构规定理论？在这点上，找不到任何答案。霸权理论是一个关于在社会和文化特定语境中出现的普遍性结果的理论……就此，我不得不补充如下，人们发现很难不把巴特勒的武器掉转枪口朝向她自己，并且问这样一个狡猾的问题：述行行为是不是一个空的位置，将要在不同的语境中用各种各样的方式填充?”①

这里的关键还在于对霸权形成中的“空能指”概念的理解，也即拉克劳“空能指”概念的特征。对此，拉克劳早在1985年出版的《霸权与社会主义的策略》，以及在《偶然性、霸权与普遍性》中都一再强调，他所谓的霸权中的“对抗”既是先验的也是经验的。正因为此，作为霸权构成的核心概念“空能指”也并非纯粹的先天形式，而是来自“具体的抽象”。之所以把它称为空能指，是因为“没有任何必然的东西附着内容，他们仅仅命名一种历史有限性经验的肯定对立面：作为一种广泛的不公正感觉的对立面的‘正义’；当人们面对普遍的社会混乱时，就是‘秩序’；在反社会的利己主义盛行的环境中，就是‘团结’，等等。当这些概念引起既存系统的不可能的完满性时，在不同的时候，它们能认同于各种不同以及对立集团的社会或政治目标。因此我们表明：(a) 限制是纯否定的（它指向社会自我构造的最终不可能性）；(b) 当社会力图达到一个最终将被否定的完满性时，它生成虚空的能指，该能指在话语上担当着这个缺席的完满性的名称；(c) 正因为它们是虚空的，这些名称本身依附于任何特定的社会和政治目标，此时霸权斗争发生了，并最终证明是偶然的或短暂的依附之物的出现”②。

上述一段话清晰地表明了拉克劳“空能指”概念的特征，即空能指并非如巴特勒和齐泽克所谓的“先天的范畴”，而是“生成性的”或建构性的。这一点应该是确定无疑的。换句话说，“空能指”概念是对特殊的差异性的否定的基础上而生成的“虚空”能指，如此就引入了“空能指”的第二个特征，即一旦空能指摆脱了与具体的特殊物的关联，那它就与完满性相关，甚至与完满性是相一致的。因此，空能指必然是完美性的。而且，正因为“虚空”的特征，所以，它就为各种不同的特殊内容进入“空能指”之中提供

① 巴特勒、拉克劳、齐泽克：《偶然性、霸权和普遍性》，江苏人民出版社2004年版，第198页。

② 巴特勒、拉克劳、齐泽克：《偶然性、霸权和普遍性》，江苏人民出版社2004年版，第194页。

了机遇，为霸权的运作提供了空间。这就是拉克劳力图重申的，也是他据此反驳齐泽克和巴特勒的根据。从这个角度看，齐泽克把拉克劳的“空能指”归之于“典型式的康德的相互依存，即霸权逻辑‘永恒’存在的先天(a priori)”，或如巴特勒将之归于“一个有待特定内容填充的‘空位’”，这样的说法的确是不准确的，或者说，它在一定程度上是对拉克劳“空能指”概念的歪曲。不仅如此，拉克劳还反唇相讥。他指出，如果巴特勒将他的具体的抽象基础上的“空能指”指认为康德式的二元论，那么巴特勒自己的“述行行为”也难逃康德的二元论的嫌疑。巴特勒有关述行行为的论述在好几个地方与他的霸权理论是非常类似的，如果这样，那么，“人们发现很难不把巴特勒的武器掉转枪口朝向它自己并且问这样一个狡猾的问题：述行行为是不是一个空的位置，将在要在不同的语境中用各种各样的方式填充？或者说，它是不是语境依赖，因此存在着并包含述行行动的社会?”①

其次，拉克劳认为巴特勒遗漏了其霸权概念的部分核心内容，也即霸权的“具体的抽象”。拉克劳将自己所谓的“空能指”的生成过程称为具体的抽象。他说：“我们称之为虚空能指逻辑的东西属于这种类型的具体的抽象或世界。真正的问题并非如巴特勒所想的那样，是否在一个非时间的、前社会的地方存在着所有社会将填补的‘虚空’这个抽象的范畴，而是否具体的社会脱离了内在于它具体性的运动，往往会产生在倾向上是虚空的能指。”② 拉克劳在此举了两个例子来说明“空能指”从特殊的具体到一般的抽象过程，其一是商品社会中的商品从具体使用价值到作为一般等价物的商品的抽象，其中，商品的这一抽象并不是如齐泽克或巴特勒所谓的“先天形式”，而是在具体的使用价值基础上而产生的一般抽象，此即“空能指”的产生过程。另一个典型的例子就是“人权”概念的产生过程。众所周知，“人权”是一个典型的“空能指”概念，它的产生也是建立在各种不同的人

---

① 巴特勒、拉克劳、齐泽克：《偶然性、霸权和普遍性》，江苏人民出版社 2004 年版，第 198 页。

② 巴特勒、拉克劳、齐泽克：《偶然性、霸权和普遍性》，江苏人民出版社 2004 年版，第 201 页。

的权利，正如种族、性别、地位等不同类型的人的特殊权利基础上的，是在其之上抽象出来的具有普遍性的“空能指”概念。当然，类似的例子还有很多，拉克劳还列举了索雷尔意义上的神话，第二次世界大战时期带领意大利人民反对纳粹占领的“加里波第主义”和“马志尼主义”，等等，所有这些都是抽象的“空能指”概念，它既是完满性的，也是匮乏性的，即集完满性和匮乏性于一身。当然，诸如我们经常提及的“自由、正义和民主”等概念，更是“空能指”概念的体现。拉克劳将这样的空能指称为“具体的抽象”或“具体的普遍”，它与齐泽克和巴特勒提及的“抽象”并不完全等同。拉克劳指出，在其所谓的“具体的普遍”中，“抽象与具体是相互污染的，因为：(a) 能指将依赖于各自的社会和历史语境来实现空的普遍的代表这个功能；(b) 这种虚空过程发生的程度同样具有语境依赖；(c) 虚空能指的逻辑具有自身的谱系——尽管它的形式可能性能够被抽象地规定，但历史的实现却依赖于不能从那种可能性推导出来的条件”①。

至此，拉克劳的意思已经很清楚了，他认为，巴特勒和齐泽克根本就没有注意他所谓的“空能指”概念是某种“具体的抽象”或“具体的普遍”，而武断地将之归于康德式的先天范畴与后天偶然性的政治内容的结合，他们完全忽略了“空能指”概念的历史生成过程，从而陷入了黑格尔式的抽象静止的“具体与抽象”的辩证关系论中，也即抽象即具体，或普遍即特殊。殊不知，从具体到抽象，或从特殊到普遍是一个历史生成的过程；霸权逻辑正是由此而衍生出来的链接实践。在从特殊的差异到抽象的普遍的生成过程中，必然产生普遍性与特殊性之间的张力或鸿沟，而非如黑格尔所谓的普遍性与特殊性之间的辩证关系：你中有我，我中有你。虽然就具体与抽象，或普遍与特殊的关系而言，巴特勒与齐泽克也承认普遍性与特殊性之间是相互污染的，但他们对普遍性的理解并非是某种虚空的普遍性的具体生成过程，而是只承认特殊性或具体性的存在，根本否认普遍性的存在。他们甚至不承认某种“虚空的”普遍性概念的存在，这是他与巴特勒与齐泽克产生分歧的

① 巴特勒、拉克劳、齐泽克：《偶然性、霸权和普遍性》，江苏人民出版社 2004 年版，第 201 页。

根本原因。当然，在这一点上，齐泽克对普遍性的否定更为激烈，他甚至直接秉承黑格尔的辩证法，提出了“普遍即特殊”，“实体即主体”观点。而就巴特勒而论，她也否定“普遍性”的存在，只不过没有齐泽克那么激进罢了。

最后，拉克劳认为，他最不能容忍的是，巴特勒还部分误解了自己政治霸权理论的有关概念。拉克劳说：“巴特勒对我的方法的概述最令人困惑的方面之一便是，她没有提到非常接近于她的‘翻译’概念的我的一个术语‘等价’。她甚至把我的‘差异’概念与‘排他性’或‘对抗性’相等同，这明显是不正确的，因为在我的理解中，当对政治空间的全部对抗性重组与等价范畴相关联时，‘差异’意味着积极的（positive）同一性。我已经试图在社会建构的逻辑中区分如下两种运作：差异逻辑和等价逻辑，前者在社会谱系中规定了特殊的位置；后者在对其他无限多的特殊性替代的基础上使某种特殊性‘普遍化’。”① 拉克劳在此想表达的是，巴特勒忽略了他的一个重要概念“等价”或“等同”（equivalency）概念，甚至将拉克劳的“差异”（difference）概念与排他性（exclusion）和对抗（antagonism）相混淆。这些概念都是理解拉克劳霸权逻辑的重要概念，一旦误解它们，则必然导致对其作为普遍性代表的“空能指”概念的误解。的确，拉克劳的“空能指”完全是建立在“等价”逻辑基础上的抽象；而拉克劳的政治霸权则是建立在对抗的基础上，是建立在同一逻辑和差异逻辑的基础上。这一点拉克劳和墨菲在1985年出版的《霸权与社会主义的策略》中已经做了详细的规定。按照拉克劳上述所言，差异概念不能被等同于差异逻辑；当然，更不能将差异概念与“排他性”或“对抗性”相等同；同样，“等价”逻辑也不能被视为“同一”逻辑。综观巴特勒在此方面对拉克劳的批判，她的确有此方面的“误解”嫌疑。如果这样，那我们不得不说，巴特勒在某些重要方面的确曲解了拉克劳。

---

① Butler，Laclau and Zizek，*Contingency*，*Hegemony*，*Universality*，Verso，2000，pp.193-194.

三、二元论与本质主义的嫌疑：拉克劳的批驳

拉克劳采取“以其人之道还治其人之身”的方法来批驳巴特勒，他不但不承认自己的“空能指”概念是康德式的“二元论”，反而认为巴特勒的观点中存在着自相矛盾，甚至二元论的倾向。具体而言，拉克劳认为，巴特勒在其所提出的结构限制与她未加定义的“文化”和“社会”范畴或语境依赖之间存在着一组二元的对立。一方面，巴特勒对文化和社会及其所依赖的语境从不加以规定；另一方面，巴特勒又强调先天的社会规范或结构对主体的制约和束缚。拉克劳反问道：“巴特勒从未清楚地问自己，她的整篇文章为之疾呼的那个问题（语境依赖性的条件和历史性本身）是什么？……要么它不得不断言历史性本身是一个偶然的历史建构——因此存在着不是历史的从而完全被超验地规定的社会（因此，巴特勒的整个计划都将自相矛盾）。要么她不得不提供各种历史性本身的本体论，为此，她不得不把超验结构的维度再度引入她的分析中。实际上她忍不住选择了后者。”①

要理解拉克劳的上述反驳观点，我们还必须对巴特勒早期有关性别的建构及其“述行”（performative）概念有所理解。众所周知，巴特勒是以性别研究而闻名。秉承福柯激进的批判性思维和德里达的解构主义方法，以及拉康的精神分析的理论，特别是拉康所谓的“不存在性关系”等论调，巴特勒在20世纪末形成了性别研究的独特观点，并与女权主义的性别观逐渐区分开来。它集中体现在巴特勒于1999年出版的《性别麻烦》一书中。巴特勒在此提出了性别的“述行”概念。认为性别不是自然的、本质性的，而是建构性的。我们知道，后现代主义的女权主义是以反对男子沙文主义，伸张和维护女性的平等权利或权力而独成一派的。但不可否认的是，女权主义对女权的维护是建立在男女性别的二分，特别是建立在男女异性婚姻权利的基

① 巴特勒、拉克劳、齐泽克：《偶然性、霸权和普遍性》，江苏人民出版社2004年版，第193页。

础上。如此，女权主义势必忽略或漠视那些未进入婚姻殿堂或不愿进入异性恋婚姻门槛的那部分人的权利。就此而言，巴特勒有关性别的研究自然是与男女性别二分基础上的女权主义观相对立的。既然如此，拉克劳为什么还指责巴特勒的思想中存在着二元论的倾向呢?

首先，我们必须对拉克劳所指涉巴特勒的“结构限制”与“语境依赖”加以分析。拉克劳这里所谓的“结构限制”主要指的是巴特勒有关男女性别趋向上所遭受到的社会规范的“结构制约”或社会束缚，它既是男女性别认同的基础，同时也构成了男女性别区分的必要前提。在《性别麻烦》中，巴特勒质疑男女性别和性欲的自然性、稳定的不变性。巴特勒追问道：“性究竟是什么？它是自然的、解剖的、染色体的，还是荷尔蒙的？女性主义批评家该怎样评估那些打算为我们提供事实的科学话语？性是否拥有某种历史？是否每种性都拥有不同的历史，或各种不同的历史？是否存在一种能讲述性的二元性是如何形成的历史叙事？是否存在着这样的谱系，它揭示了性的二元选择就是各种不同的建构？那些看上去自然的性事实难道不是由各种各样的科学话语为了服务其他政治和社会利益而推论出来的吗?”① 巴特勒在此所质疑的是传统社会的男女二元划分的性别结构。她认为，性别主要是一种文化和社会建构，传统的性别二元划分其实是一种社会规范对主体“强加的”现实；囿于传统社会的男女二元结构，主体不得不受制于传统的社会规范或制度的束缚。巴特勒的这一观点显然是受到了福柯《规范与惩戒》和《性史》中有关规范论的影响。如果说性别及其形成来自社会建构，而非自然的属性，那么，巴特勒由此引申出“述行”概念，进而引申出述行概念的“语境依赖”就是很自然的了。因为既然性别是建构的，那么，男女二分的性别划分就不是必然的，所以反对传统的男女二分的性别社会，倡导某种新的性别文化，如“同性恋”的社会或文化环境，也就具备一定程度的可能性。这就为巴特勒提出的“文化转换”或“文化翻译”（cultural translation）提供了某种基础。因为从对男女二分的传统性别文化的批判转换到另类的“新文化”

① Judith Butler, *Gender Trouble: Feminism and the Subversion of Identity*, New York, Routledge, 1999, p.10.

的“语境依赖”，并不是一蹴而就的，而是必须通过“文化翻译”“转换”(translation) 才能实现；或者说，必须经过社会或文化的某种“培育”才具备可能性。在此“述行”和“文化转换”就成为新的社会或文化“语境依赖”必不可少的步骤和条件。因此，从这个角度看，从倡导某种新文化氛围的形成环境看，巴特勒的理论离不开“语境依赖”这一概念。与性别的社会建构相类似，性别的述行也是悖论性的。性别的认同过程既包含了对社会规范和规则的妥协、退让和服从，也包含了对社会规范的抵制，甚至对抗。显然，在巴特勒看来，性别形成的过程，既是规范的具体化过程，是一种具有强制的、胁迫性的述行实践，同时这一述行过程并非是全部规定好的、完美无缺的。在社会规范与主体之间，既存在着社会规范对主体的质询，也存在着主体对社会规范的拒绝和反抗。从巴特勒的分析方法看，在性别的述行及其规范和语境依赖诸关系之间，巴特勒娴熟地运用黑格尔的辩证法，将性别的社会建构与“文化翻译”或“文化转换”等概念密切地关联起来。这既是巴特勒对黑格尔辩证法的积极运用，也是其性别建构论招致批判的主要缘由。因为在性别问题上，他最终将性别的社会规范约束与性别的自主解放通过辩证的方法奇妙地结合在了一起。难怪巴特勒在批判拉克劳的“霸权”带有康德式的嫌疑后，拉克劳反唇相讥，批判巴特勒的理论自身就有二元论的嫌疑，认为她的理论处于结构限制与她未加定义的“文化”和“社会”范畴或语境依赖之间的二元对立中。正由于此，拉克劳认为巴特勒漠视了他有关霸权的“具体的抽象”的普遍性，反而陷于结构决定与文化和社会的“语境依赖”之间的二元论上。他说：“介于抽象形式主义与‘社会’之间的巴特勒的排他性二元论使他忽视了某种事情，无论如何，这些事情对于理解社会自身构造和运行具有基本的重要性：具体运动自身借以构造抽象的过程（即一种‘抽象’不仅仅是一种先于具体或从中分离出来的形式维度，而且是具体自身所趋向的某种事物。如果你喜欢，可以叫它具体的抽象）。并且正是在这种具体的抽象中，而不是在任何先验的形式主义领域中，我发现普遍的所在地。”①

① 巴特勒、拉克劳、齐泽克：《偶然性、霸权和普遍性》，江苏人民出版社 2004 年版，第 200 页。

其次，拉克劳认为，巴特勒有关普遍性的观点存在着黑格尔本质主义的嫌疑。如上所述，巴特勒并不承认拉克劳所谓的“空能指”的存在及其虚空的特性，这是导致巴特勒与拉克劳在普遍性问题上产生分歧的根本原因。因为只要承认“空能指”的虚空特性，就从逻辑上引发对“空能指”的具体经验的填补问题，引发拉克劳所谓的“霸权”逻辑及其实践，这一点无论如何是巴特勒无法认可的。巴特勒说：“当普遍性正好被表示其污染的那部分人所掌握时，没有什么方法能够预言在这样的情形中会发生什么，但是，把普遍净化为一种新的形式主义将只是重新启动了辩证法，生成了它的分裂的和幽灵般的条件。”① 显然，巴特勒在此反对形式的普遍性，也即“空洞普遍性”，也就是她所谓的“形式主义的普遍性”；当然，巴特勒更不看好作为“空能指”的普遍性被填充后的情形，所以她才说谁也难以预言填充的结果。她认为，普遍性是不可能单独存在的，普遍性离不开特殊性；如果仅仅着眼于纯粹形式的普遍性，那么，必将导致普遍的“分裂的和幽灵般的环境”。如此，巴特勒和齐泽克将拉克劳的“空能指”基础上的霸权理论归结为现代康德主义的变种也就没有什么奇怪的了。正由于此，巴特勒说：“呈现出来的是一种政治主张……既不是排他性的普遍性，也不是排他性的特殊性：事实上，在那里，存在于某种普遍性的文化阐释所固有的特殊利益被揭示了，并且没有一个普遍性能够免受特殊语境的污染，它从这种语境中诞生，也在其中漫游。”② 就此而言，在对“空能指”的普遍性的否定上，巴特勒与齐泽克是完全一致的。对拉克劳的空洞的普遍性的否定必然导致对“特殊性”的肯定。但必须清楚的是，这样的“特殊性”并非一般的特殊性，而是一种“普遍的”特殊性，是一种“固有的特色利益”，这其实就是齐泽克那种“具体的普遍性”。③ 它与拉克劳所谓的“具体的抽象”或外在建构的普遍性是

① 巴特勒、拉克劳、齐泽克：《偶然性、霸权和普遍性》，江苏人民出版社 2004 年版，第 34 页。

② 巴特勒、拉克劳、齐泽克：《偶然性、霸权和普遍性》，江苏人民出版社 2004 年版，第 33 页。

③ 有关“具体的普遍性”概念见笔者《普遍性问题与后现代政治学的困境》，《哲学研究》2012 年第 7 期。

完全相反的，它是建立在黑格尔“否定性”概念的基础上的普遍性。拉克劳将此种这种普遍性称为黑格尔的本质主义在现代政治中的变种。

最后，拉克劳认为，巴特勒的普遍性虽然是建立在黑格尔的“否定性”概念的基础上，但它并不如齐泽克那样的坚定。相反，巴特勒经常游走于“外在建构”的普遍性与“内在的否定”之间，这就导致了他在某些观点上与巴特勒并无明显的巨大分歧，相反还非常接近或极为相似。具体而言，它就体现在拉克劳的“等价”概念与巴特勒的“文化翻译”概念上。换言之，如果他们二人之间有差异，那也是巴特勒误读了其霸权逻辑并忽视了其霸权理论的核心内容，也即“具体的抽象”的历史生成过程。拉克劳说：“我认为，如果巴特勒没有注意到我称之为具体抽象或具体普遍的那种东西，那是因为她的论证所依赖的黑格尔方法在思考结合具体和抽象这个问题所造成的。它不是污染而是和解……然而，说巴特勒没有重视‘具体的抽象’这个问题，这种观点并不完全正确。在某种意义上，这个问题出现在她话语里她称之为‘文化翻译’的东西之中……无论我们的理论基础具有何种差异，实际上在最后，我们的政治立场相差并非如此之大。”① 也就是说，拉克劳认为，巴特勒所谓的“文化翻译”或“文化转换”与她的“具体的抽象”概念的普遍性特点非常类似。因为巴特勒的“文化翻译”是一个具有地域性和普遍性的概念，就“翻译”概念而言，它既不是一对一的直译，也不是脱离原文的任意解释或阐释，而是基于原文基础上的重新理解。因此，一方面，翻译过程必然涉及翻译者对原文的增补和解释，必然涉及翻译者的主观意向和背景知识；另一方面，翻译的目的旨在通过翻译者的个人增补和阐释，从而使原文获得某种普遍性，以达到共同理解的目的。从这个角度讲，翻译同样是一个从具体到一般，从特殊到普遍性的过程。这一过程与拉克劳从差异走向等价基础上的“空能指”的生产过程极其相似。正因为此，拉克劳说：“我认为巴特勒称之为的‘翻译’与我称之为‘等价’的东西的内在结构事实上非常接近。对她来说，翻译意味着通过增补一些东西而使某种内容非本

① 巴特勒、拉克劳、齐泽克：《偶然性、霸权和普遍性》，江苏人民出版社 2004 年版，第 202 页。

土化，这些增补的东西外在于阐明的原始语境，它通过增加透明的位置使自身普遍化，从这种增补行动中内容引出他自己的意义……等价并不意味着同一性……但这也需要等价运动无论以哪种方式总是在那里产生自己的结果，即普遍性。我准备赋予普遍性的唯一地位是，它是等价操作的沉淀物，这意味着‘普遍’绝不是一个独立的实体，而只是对应于一个总是有限的并且可以改变的特殊之间关系的‘名称’系列。如果我更喜欢‘等价、’而非‘翻译’，那是因为后者保留了术语之间相互的总体替代之可能性的目的论的微妙性……无论翻译还是等价，我认为我和巴特勒都指向在知识和政治上都相似的某种东西。”① 如此，拉克劳不但回击了巴特勒的批判，而且化解了他与巴特勒之间的争论，而将矛头指向与之有着巨大理论分歧的激进的左翼学者齐泽克。至于拉克劳与齐泽克的详细论争，以拉克劳对齐泽克的回应，我们只能另文详论了。

结　语

偶然性与必然性、普遍性与特殊性是近代哲学德国哲学，特别是黑格尔的思辨辩证法所关注的核心问题。黑格尔却将这一问题置于其“绝对精神”的唯心主义羽翼之下，马克思颠倒了黑格尔思辨的唯心主义，并在唯物主义的基础上凸显了偶然性与必然性、普遍性与特殊性的辩证关系。综观巴特勒与拉克劳围绕着偶然性、霸权与普遍性的争论，从他们眼花缭乱、唇枪舌剑的争论中，我们既可以窥察他们在西方左翼旗帜下的有关普遍性概念理解上的细微差异及其不同，甚至包括对争论双方观点的部分误解，同时也可以体悟他们二人在方法上的共通和相似之处。无论拉克劳的“霸权”逻辑有无“二元论”的嫌疑，抑或巴特勒的述行理论是否得以逃脱结构决定与语境依赖的困境，他们围绕着霸权的普遍性而展开的争论，无疑大大深化了传统

① Butler，Laclau and Zizek，*Contingency*，*Hegemony*，*Universality*，Verso，2000，pp.204-205.

西方哲学有关普遍性与特殊性、必然性与偶然性问题的研究，甚至也启发了我们对马克思所论及的普遍性与特殊性的重新思考，并使我们看到了后现代政治生活中所存在的普遍性与特殊性之间那种难以弥合的裂缝及其张力，由此折射出普遍性和特殊性在后现代政治哲学中无可替代的重要地位。正因为此，我们说，后马克思主义围绕着“普遍性与特殊性”的争论将成为现代政治哲学不可规避的哲学问题，这是我们在后马克思主义和后现代主义研究中必须重视的一个理论问题。

（作者单位：中共中央编译局国外马克思主义研究中心）

现代“城市生活危机”的哲学沉思

任　政①

摘要：“城市生活危机”的研究与破解需要多个学科和多重理论维度。通过哲学追问与呈现，认为城市本质上是一个生活场所，一个生存空间。因而，“城市生活危机”的根源就是人与城市，人与人之间关系的全面异化。以此为基础展开对“城市生活危机”的政治经济学批判、价值批判与日常生活批判等三重批判，揭示“城市生活危机”的根源是资本的扩张、消费异化与城市自我的异化。由此可见，未来我们摆脱“城市生活危机”的根本出路在于规范资本运作，引导城市发展；回归生活，赋予生活意义；创造新的人类生活形式及其文明形态等。

关键词：城市生活危机　城市本质　哲学沉思

城市是人类文明的中心，是人类改造自然的结晶，更是人类生存与发展的主要场所。城市关乎人类未来发展与走向。然而，当前“城市生活危机”处于高发时期，而且呈现不断蔓延的趋势，其外在表现是大部分城市都患上了各式各样的“城市病”，如人口膨胀、交通堵塞、环境污染、生态破坏、资源短缺、城市贫困、住房紧张、贫富两极分化、公共卫生恶化、就业困难等问题，而其内在却是生活异化、城市意义的抽空、精神失落、人类家园丧失等的全面生活危机问题。那么，如何看待“城市生活危机”，“城市生

① 任政，上海社会科学院哲学研究所助理研究员，哲学博士，主要研究方向为马克思主义哲学与新马克思主义空间批判理论。

活危机”根源何在，我们只有立足于城市的本质，进行危机剖析，才能真正了解“城市生活危机”，找准“城市生活危机”的根源，进而才能走出“城市生活危机”。哲学的反思与批判无疑是揭示“城市生活危机”根源的重要理论维度。

一、城市本质的哲学追问与呈现

如何认识城市，城市的本质究竟是什么，长期以来人们众说纷纭，莫衷一是。凯文·林奇通过意象来把握城市，他认为，“城市可以被看作是一个故事、一个反映人群关系的图示、一个整体分散并存的空间、一个物质作用的领域、一个相关决策的系列或者一个充满矛盾的领域。”① 巴顿则从经济市场的角度来看待城市，他认为：“城市是一个坐落在有限空间地区内的各种经济市场——住房、劳动力、土地、运输等等——相互交织在一起的网络系统”②。而科特金则从秩序的维度来界定城市，他认为，“城市也代表着人类不再依赖自然界的恩赐，而是另起炉灶，试图构建一个新的、可操控的秩序。”③ 安东尼·奥罗姆等人立足于地点来定义城市，他们认为，“城市代表地点——空间内我们定居下来并能说明我们身份的具体位置。”④ 可见，不同的人对城市本质有不同的把握方式与解读。城市的本质究竟是什么，人们很难有定论。因此，芒福德指出，“人类用了 5000 多年的时间，才对城市的本质和演变过程获得了一个局部的认识，也许要用更长的时间才能完全弄清楚它那些尚未被认识的潜在特性。”⑤ 吴良镛院士也指出，“城市好比‘大象’，大家都在摸，都摸到了某些局部，但至今还没有人能够完整地说出城市的本质。”⑥ “不识

① [美] 凯文·林奇：《城市形态》，华夏出版社 2001 年版，第 27 页。
② [英] K. J. 巴顿：《城市经济学：理论和政策》，商务印书馆 1984 年版，第 14 页。
③ [美] 科特金：《全球城市史》，社会科学文献出版社 2010 年版，第 11 页。
④ [美] 安东尼·奥罗姆等：《城市的世界》，上海人民出版社 2006 年版，第 5 页。
⑤ [美] 芒福德：《城市发展史》，中国建筑工业出版社 2005 年版，第 2、3 页。
⑥ 吴良镛：《多学科综合发展》，《北京城市学院学报》2007 年第 5 期。

城市真面目，只缘身在此城中”。人们对于城市本质的把握与解读仍然还处在认识过程之中。城市本质是历史生成的，而且处于不断打开的状态。但是，人们对城市本质的把握往往是脱离了人自身角度去看待城市，脱离了人的本质属性及其现实生活过程来定义城市。正如马克思所言：“只是从客体的或者直观的形式去理解，而不是把它们当做感性的人的活动，当做实践去理解，不是从主体方面去理解。”① 这样，城市成为外在于人和人的实践活动的客观场所，抽象的空间。城市被蒙上了多层的面纱，城市的本性被遮蔽，城市被神秘化、神圣化。

马克思既反对抽象的形而上学的思维方式也反对不经批判的实证主义的思维方法。相反，马克思从现实生活出发将思辨的问题转向现实生活的问题，又通过对现实生活世界问题的反思与批判来解答问题。这构成了马克思面向现实生活世界的实践的、批判反思的思维方式。马克思恩格斯指出：“在思辨终止的地方，在现实生活面前，正是描述人们实践活动和实际发展过程的真正的实证科学开始的地方”②，而且，他们认为“只要这样按照事物的真实面目及其产生情况来理解事物，任何深奥的哲学问题……都可以十分简单地归结为某种经验的事实”③。从马克思主义哲学方法论视域来看，城市本质的把握既不能从城市本身来理解，也不能从城市理论发展的一般状况来理解，而只能从现实生活世界来理解。城市的本性归根到底都应该从现实生活世界来解释，只有将其放置在现实生活世界及其发展过程中进行考察才有可能。否则，离开了现实生活世界，城市就神秘化，无法理解，更说不清楚。因此，马克思主义哲学方法论为我们对城市本质的把握具有基础的理论视域与方法论意义。城市的本质可以通过面向现实生活世界的实践的、批判反思的方法完全打开。

同样，现象学也倡导面向生活世界的思考，胡塞尔认为，“只有当我们深入探索生活世界和作为它主体的人，只有当我们按照它最内在的动力进一

---

① 《马克思恩格斯文集》第 1 卷，人民出版社 2009 年版，第 499 页。
② 《马克思恩格斯选集》第 1 卷，人民出版社 1995 年版，第 73 页。
③ 《马克思恩格斯选集》第 1 卷，人民出版社 1995 年版，第 76 页。

步阐明它的历史发展时，这一领域的真面貌才向我们展示出来”①。现象学通过生活世界来把握事物的本质，主张回到事情本身，按着事物的本来面目来看待事物。通过现象学还原，排除价值判断和理论的成见偏见，以方法论的前置与自觉将事情本质真实地呈现出来。现象学在某种程度上也揭示出了空间的生存论意蕴。海德格尔曾经指出，“说到人和空间，这听来就好像人站在一边，而空间站在另一边似的。但实际上，空间决不是人的对立面。空间既不是一个外在的对象，也不是一种内在的体验。并不是有人，此外还有空间；因为当我说‘一个人’时，说出的这个词即联想到人的存在，一种以人的生存方式——即居住的存在，我所命名的‘人’就已经命名了寓于物的四元之中的那种逗留”②。同样，建筑现象学者舒尔茨对建筑空间的生存意义进行了深入探讨。他认为，建筑空间的研究“都忽视了一个基本问题，即忽视了它是以人的存在这一次元为限的空间。结果，今天的空间概念常常是过时的，甚至被看成是多余的”③。由此可见，现象学从生存空间的角度挖掘出了人与空间之间的相互作用关系，将空间与人的生存内在地联系在一起。但是，其挖掘仍然是一种形而上学的探讨，并没有深入探讨人的现实生活世界及其生活状况。

城市是一个生活场所，一个生存空间。城市跟人的生活世界相关联。回归日常生活是把握城市本质的必然途径。回归到日常生活世界中，祛除城市本质的抽象性、神秘性、神圣性。我们才能正确认识城市，理解城市、把握城市。这样，我们对城市本质的把握就转变为对人的日常生活世界的把握，对人的历史的把握。城市的本质就是人与城市、人与社会之间的一种关系。城市的本质是人在认识与改造城市中建构起来的，是人所赋予的。帕克也指出：“城市决非简单的物质现象，决非简单的人工构筑物。城市已同其居民们的各种重要活动密切地联系在一起，它是自然的产物，而尤其是人类

① ［德］胡塞尔：《欧洲科学危机和超验现象学》，上海译文出版社 2005 年版，第 70 页。

② ［德］海德格尔：《海德格尔选集》，上海三联书店 1996 年版，第 1199 页。

③ ［挪威］诺伯格·舒尔茨：《存在·空间·建筑》，尹培桐译，中国建筑工业出版社 1990 年版，第 4 页。

属性的产物。”[①] 进而言之，城市本质是人的本质的呈现与映照。城市是人的对象化产物，人的本质力量的体现。城市的复杂性源于人性的复杂性。对此，芒福德认为，“如果我们仅只研究集结在城墙范围以内的那些永久建筑物，那么我们就还根本没有涉及城市的本质题。……我们如果要鉴别城市，那就必须追溯其发展历史”[②]。他力图从城市的历史去揭示城市的本质，但是，城市发展史不能够脱离人类自身的历史。城市发展史与人类发展史、人类文明史、思想史是直接同一的。城市发展的历史就是人的历史。正因为人类社会的不断发展，城市才是生成的，并不断处于生成过程之中。只有从人类自身历史的角度才能科学地理解城市的历史。总之，城市是社会空间，认识城市需要回归人本身及其现实生活，并通过人与城市的关系来把握城市的本质。

二、“城市生活危机”三重批判与解读

面对“城市生活危机”，人们提出了不同的诊断方案：一些人认为，“城市生活危机”的根源在于城市规模盲目扩张，规划不合理，或者规划滞后于建设；一些人认为，“城市生活危机”的根源在于政府的“形象工程”“政绩工程”的滥觞；还有一些人认为，“城市生活危机”的根源在于城市发展太快，基础设施落后，制度不健全，城市管理体制不配套等问题。当然，这些都是导致“城市生活危机”的一些原因。但是，这些都是“城市生活危机”根源的表象，没有找到真正的危机根源，很难起到实效，更难以摆脱危机。既然城市的本质根源于人的本质，那么“城市生活危机”的根源就不能只从城市着眼，而必须从人的本质与现实生活层面出发去揭示“城市生活危机”的深层根源。“建筑的问题因此也必然是社会的问题。”[③] 从哲学的角度来看，“城市生活危机”的根源是人与城市，人与人关系的全面异化。

---

① ［美］帕克等：《城市社会学》，华夏出版社 1987 年版，第 1 页。

② ［美］芒福德：《城市发展史》，中国建筑工业出版社 2005 年版，第 3 页。

③ ［美］哈里斯：《建筑的伦理功能》，华夏出版社 2001 年版，第 12 页。

1. 资本的“创造性的破坏”：“城市生活危机”的政治经济学批判

资本推动了城市的巨大发展。近代以来城市的巨大发展就是资本的产物。但是，资本是一种“创造性的破坏”的活动。马克思曾经指出，“资本只有一种生活本能，这就是增殖自身，创造剩余价值”。[①]“资本作为财富一般形式——货币——的代表，是力图超越自己界限的一种无限制的和无止境的欲望”[②]。资本的本性与逻辑是追求剩余价值，实现利益的最大化，这与城市发展的性质必然冲突与矛盾。资本主导的城市发展具有巨大的弊端。放任资本扩张，城市发展服从于资本的需要，城市成为资本增殖的场所，资本谋取利润的工具。这必然造成深刻的城市生活危机：一方面，资本化必然导致城市无限扩展，由此导致了城市大拆大建，规划失控，无序扩张，导致资源的掠夺式开发，因而，出现了环境污染、生态破坏、资源短缺、生活异化、城市空间意义丧失；另一方面，资本化必然导致城市空间资源配置不均衡，城市发展成果难以共享，城市多元主体权利缺失，社会阶层分化加速，城市贫困，住房紧张，城市群体冲突与对抗等矛盾。恩格斯曾经指出，“资本主义的积累越迅速，工人的居住状况就越悲惨。随着财富的增长而实行的城市‘改良’是通过下列方法进行的：拆除建筑低劣地区的房屋，建造供银行和百货商店等所用的高楼大厦，为交易往来和豪华马车而加宽街道，修建铁轨马车路，等等；这种改良明目张胆地把贫农赶到越来越坏、越来越挤的角落里去。”[③] 因此，资本逻辑与城市发展逻辑、人的发展逻辑之间是根本背离的。资本无限地追求利润，不择手段地追求增殖，必然产生严重的城市生活危机。

2. 消费异化：“城市生活危机”的价值批判

“城市形态的产生与发展都来自于人的生命力量，来自于人的需要和欲望。”[④] 城市是人的欲望的聚集、需要的聚集。合理消费是城市发展的主要动

① 《马克思恩格斯文集》第 5 卷，人民出版社 2009 年版，第 269 页。

② 《马克思恩格斯文集》第 5 卷，人民出版社 2009 年版，第 757—758 页。

③ 《马克思恩格斯全集》第 30 卷，人民出版社 1995 年版，第 297 页。

④ 包亚明主编：《现代性与都市文化理论》，上海社会科学院出版社 2008 年版，第 193 页。

力。但是，过度的消费，异化的消费却是有极大危害的。当今，消费异化现象正充斥城市之中。消费异化导致享乐主义、拜金主义盛行，加剧了“城市病”。当今是一个消费社会，“在我们的周围，存在着一种由不断增长的物、服务和物质财富所构成的惊人的消费和丰盛现象。它构成了人类自然环境中的一种根本变化”。① “现代资本主义的崛起和市场经济的成长才解开了技术发展的锁链，释放了贪得无厌、物欲至上、自私自利这些力量。” ② 消费与异化的消费有着根本的区别。

一方面，在正常的消费之中，人是消费的主体，消费只是满足人的手段。而异化的消费，消费成为目的，人成为手段。“今天的人被那种买到更多、更好和更新的物品的可能性所迷惑。他对消费如饥似渴。因为消费成了目的本身，因为消费不再是为了使用或享受买来的消费物品，所以购买和消费的行为成了强迫性的和非理性的目的。” ③ 汽车、居住的房屋、个人的装饰品等物质性的东西成为个人身份与地位的象征。人的价值通过这些物品来体现。所以，个人越来越依赖这些东西。人被贬低为物，被物化。

另一方面，正常的消费是为了满足个人的需要，随着生产的发展可以满足的。而异化的消费满足的是人的欲求。异化的消费“所要满足的不是需要，而是欲求，欲求超过了生理本能，进入心理层次，因而它是无限的要求” ④。欲求是为了满足个人的欲望，虚荣心，一种欲求得到满足，另一种欲求随之而来。欲求只会不断提高，越来越高，无法满足的。“所谓欲求在本质上就是漫无限度和无法满足的” ⑤。房子越大越好、物质财富越多越好。因此，“在可预见的将来，就不会有能满足每个人无止境的消费欲望的经济” ⑥。欲求吞噬掉人类的理智，追求享受，追求时髦，追求档次。这种为满足欲求

① ［法］鲍德里亚：《消费社会》，南京大学出版社 2006 年版，第 56 页。

② ［法］鲍德里亚：《消费社会》，南京大学出版社 2006 年版，第 161 页。

③ ［美］弗洛姆：《健全的社会》，中国文联出版公司 1988 年版，第 135—136 页。

④ ［美］丹尼尔·贝尔：《资本主义文化矛盾》，生活·读书·新知三联书店 1989 年版，第 68 页。

⑤ ［美］丹尼尔·贝尔：《资本主义文化矛盾》，生活·读书·新知三联书店 1989 年版，第 280 页。

⑥ ［美］弗洛姆：《人的呼唤——弗洛姆人道主义文集》，上海三联书店 1991 年版，第 105 页。

而不顾后果的消费方式，必然导致城市交通拥挤、资源破坏、环境污染、住房紧张、精神空虚、价值丧失等一系列问题。人越来越奢侈、靡费、物欲横流，生活放纵，最终只能导致人类走向自我毁灭。

3. 城市自我异化：“城市生活危机”的日常生活批判

城市是人所创造的，是人的对象化产物，本质力量的体现。但是，城市自我异化导致人与城市的关系颠倒，城市的功能错位、价值迷失。具体表现在：

第一，城市的主体性丧失。城市是现实的人的生存和发展场所。对于城市来说，人是城市的主人。“城市的问题基本上是关心人的性质的”，“人是主人，（城市）物质上的安排就是为人服务的。”① 然而，异化是一种非人的力量统治一切、衡量一切。“人所创造的世界却成了人的主宰者。在它面前，人俯首帖耳。他竭尽全力地安抚它，巴结它。他用自己的双手创造的成果反过来成了他的上帝。”② 具体而言，人的主体性丧失。城市作为异己的力量，压迫人、主宰人、统治人。城市与人相对立，主体被遮蔽。城市成为外在于人的庞然大物，人感到盲从，无法驾驭。城市发展消解了人的存在，人在城市中退居次要地位。人们生活在城市中不是感到幸福，而是感到压抑、孤独和痛苦。

第二，城市“去生活化”，意义失落。亚里士多德指出：“城邦的长成出于人类‘生活’的发展，而其实际的存在却是为了‘优良的生活’。”③ 因此，易于生活，追求幸福生活，是城市的基本属性与功能。城市异化则导致人的生活危机、生存危机。城市发展重物质、轻精神，价值取向沦丧，精神丧失，意义抽空。胡塞尔认为，“任何的意义抽空将是导致整个现代世界和现代人类危机的根源”。城市意义的抽空必然导致城市生活危机。当前我国一些城市在发展过程中以盲目追求经济增长为主要目的，缺失生活意义的建构，城市“去生活化”态势严重，生活意义失落，生活变得无处安顿，精神

① ［芬兰］伊里尔·沙里宁：《城市：它的发展、衰败与未来》，中国建筑工业出版社 1986 年版，第 23 页。

② ［美］弗洛姆：《逃避自由》，工人出版社 1987 年版，第 159 页。

③ ［古希腊］亚里士多德：《政治学》，商务印书馆 1965 年版，第 6 页。

家园丧失，进而出现了城市发展异化现象和意义危机。城市变成了钢筋水泥的丛林和冷冰冰的建筑物世界。城市自我异化，最终导致人的全面异化。

三、“城市生活危机”的前景：拯救与出路

“城市生活危机”的根治不能“头痛医头，脚痛医脚”，我们必须在挖掘“城市生活危机”根源的基础上，全面治理，治标更要治本，以此才能彻底根除“城市生活危机”。

1. 规范资本运作，引导城市发展

规范资本运作是克服“城市生活危机”的根本路径。我们要辩证地、历史地对待资本，实现对待资本的理论自觉。首先要承认资本的历史意义与进步价值，肯定资本对于推进城市发展方面的巨大作用。因此，中国现在所处的历史阶段仍然无法超越资本。城市化离不开资本的推动。因此，我们要继续利用资本，发展社会主义城市。同时，对待资本，我们也不能对之放任自流，听之任之。开展资本批判，引导城市发展。“我们不能要求资本为人类生活提供目标、价值和意义，不能希望单纯发展资本逻辑来实现社会平等、政治公正、意义充实”①。因此，我们要限制资本，引导资本，驾驭资本，对其消极的方面进行批判、引导，规范其发展，以限制资本的扩张所导致的“城市病”。社会主义城市发展不应该是服务于资本逻辑，而是应该体现“以人为本”的理念，以满足广大人民群众的“日常生活”的需要为宗旨。

2. 回归生活，赋予生活意义

马克思指出，“人们为了能够‘创造历史’，必须能够生活。”② 城市是人

① 陈忠：《资本的逻辑本性及其发展伦理制约》，《哲学动态》2009 年第 4 期。

② 纪晓岚：《论城市的本质》，中国社会科学出版社 2002 年版，第 5 页。

为场所，是人的生存空间。海德格尔认为“人的存在基于栖居”，“人诗意地栖居于大地之上”，而城市的本质就应该是人类的栖居之地。城市首要的根本属性与任务就是生活。城市作为人类主要的生存和生活方式，必须回归生活。“人类创造城市只是手段，目的是使人更好地生存。”① “城市生活危机”的根除依赖于回归日常生活世界。通过回归生活来消除城市发展的异化和生活意义的失落。

城市不仅是生活的场所，而且也是生活意义创造的场所。城市应该不断赋予生活意义。诺伯舒兹提出，“建筑不仅仅关乎实际需要和经济因素，它还关系到存在的意义”，“建筑帮助人们，使人们的存在富有意义”。② 因此，他提出要塑造场所，追求场所精神。场所精神就是追求建筑的意义。城市发展的历程应该是人不断建构生活意义的过程。城市是生活意义创造的场所，也是生活意义创造的载体。因而，城市在创造物质财富的同时，更重要的是构建一个生活意义的精神家园，不断赋予生活意义。

3. 创造新的人类生活形式及其文明形态

“城市生活危机”与当前人类生活形式及其文明形态密切相关。城市集中体现着人的价值、欲望和愿望。进而言之，有什么样的人类就有什么样的城市。城市是人类发展的一面镜子，城市问题归根到底是人的生存与发展问题。城市生活危机是人的危机，生存发展的危机。面对城市生活危机，重要的不在于创造新的城市，而在于改造人类的生活方式及其文明形态。当前，人类的生活方式及其文明形态，无限索取，大大超过了环境的承受能力，必然导致人与城市关系的恶化，发展不科学、不协调、更不可持续。城市发展的未来在于改造人类自身，改造生活方式，乃至于改造生存方式，控制欲望，合理浪费。这样才能消除城市生活危机。“城市生活危机”如果没有创造新的人类生活形式及其文明形态，就难以根治。因此，人类必须反思自己的行为，自身变革，变革生活方式，变革人类文明形态，进而塑造出新的生

① ［挪］诺伯格·舒尔茨：《西方建筑的意义》，中国建筑工业出版社 2005 年版，第 7 页。
② 汪民安等主编：《城市文化读本》，北京大学出版社 2008 年版，第 16 页。

活方式，新人类，进入新的文明形态。列斐伏尔也提出，“必须努力开拓出城市社会新的人文主义、新的行为方式、发展新的人类”。为此，城市承担着创造新的人类生活形式，开启新的文明形态的历史重任。我们在推进城市发展的进程中，必须引领和建构新的人类生活形式，新的文明形态，引导生活目标的确立，促进生活方式、生活观念的转变。

（作者单位：上海社会科学院哲学研究所）

哈特和内格里后马克思主义正义思想的逻辑路径*

王　平

摘要：关于什么是正义及正义社会，应当有多重维度的解释，然而半个世纪以来，新自由主义关于正义及正义社会的解释俨然成为垄断性的唯一解释。迈克·哈特和安东尼·内格里等后马克思主义思想家针对新自由主义正义观的一体化，重新勾画了一种新的正义思想。哈特和内格里指出，新自由主义将私有财产（社会）等同于正义（社会）的逻辑解释路径是一种价值颠倒的虚无主义路径。这种虚无主义路径继续遮蔽资本主义演变成帝国这一极权形态的事实。而帝国的真实宰制逻辑呈现为以下三个转变：由以往的规训手段向今天的控制手段的转变；由以往的主权统治向今天的无人身（即无器官的身体）统治的转变；由以往的器物私有化向今天的生命私有化的转变。这些转变意味着私有财产社会本质上的非正义性。哈特和内格里延续马克思批判私有财产的路径，试图彻底将新自由主义的"私有财产权即正义"这一逻辑颠覆过来，循着"善即公共的所有"的思路提出了财富共享的共有理念。共有理念的提出意图破除私人和公共二元区分这一现代性逻辑，意图遏

* 本文为2015年度教育部人文社会科学研究专项任务（项目批准号：15JDSZK015）、2012年上海市哲学社会科学规划课题（项目编号：2012BKS002）、2013年上海市教委科研创新重点项目等的阶段性成果，同时受到教育部2015年全国高校优秀中青年思想政治理论课教师择优资助计划、上海市教委首届思政教师拔尖人才培养班计划、东华大学励志计划项目、中共中央编译局·东华大学国外马克思主义与中国问题研究中心、东华大学马克思主义理论学科研究基地等的资助。

止新自由主义的私有化意识形态及其虚无主义逻辑、意图超越传统政治学逻辑解释框架并设想一种后现代主义政治学。共有社会的理想既不是社群主义的观念也不是群氓主义的观念，更不是不切实际的理想主义乌托邦，它充满现实的关怀和考量，并为我们展现了一个更加民主和平等的存在空间。

关键词：后马克思主义　正义　迈克·哈特　安东尼·内格里

随着罗尔斯《正义论》的问世，人们掀起了一波研究正义问题的热潮，用加拿大学者威尔·金里卡的话来说，“正义”俨然成了20世纪70年代的行话①。尽管人们用了将近半个世纪的时间集中关注正义话题，也提出了多种关于正义的解释，但有一种解释却始终处于压倒其他解释的优势，这就是新自由主义关于正义的解释。以至于当人们去解释“何谓正义”时，不知不觉就陷入新自由主义的解释框架。当人们普遍认为资本主义及其私有化进程代表着正义的时候，哈特和内格里等人则发出了异质性的声音，这种声音在新自由主义一体化的态势下更加凸显出它熠熠生辉的思想光芒。由此，在当下的时代语境中研究哈特和内格里等后马克思主义思想家的正义思想，有着非常独特的价值和意义。

一、哈特和内格里正义观出台的逻辑线索

今夕是何夕？完全可以这样说，今天这个时代是新自由主义思潮占支配地位的时代，人们的思想已经不知不觉地被新自由主义所浸淫。反映在正义这个问题上，人们已经普遍接受新自由主义正义观的解释逻辑或解释框架。那么，新自由主义正义观的解释框架是什么？具体表现在以下逻辑推理之中：私有财产是个人辛勤劳动所得，因此，私有财产权是神圣不可侵犯的，也就是说私有权（或财产权）是正当合法（即正义）的，从而保护私有权（财产权）就意味着保护正义；而资本主义是赞成和保护私有权（财产权）

① 威尔·金里卡：《当代政治哲学》第二版序，上海三联书店2009年版，第3页。

的，因此资本主义理所当然是一个正义的社会；与之相反，马克思是反对私有权（或财产权）的，“因为他们认为私有财产权在本质上就是不正义的”①，因而马克思是反对正义的，从而“马克思究竟有没有正义思想”这一问题成了西方马克思主义学界争论的一个焦点问题。很多人甚至认为，“马克思不仅反对正义观念，而且反对作为正义观念基础的道德平等的理念”②；而共产主义社会是按照马克思的理念主张废除私有权（财产权）的社会，因而共产主义社会是非正义的极权主义社会。

将私有权（财产权）等同于正义，将资本主义等同于保护正义，从而展开对马克思主义及共产主义理念的攻击，这就是新自由主义正义思想的逻辑吊诡。然而，这种简单的逻辑吊诡却具有女妖塞壬歌声般的诱惑力，很多人正是受了这种蛊惑而丧失了独立思考的能力，从而盲目地跟在新自由主义背后鼓噪，开始了对马克思及其思想的污化。但是，正如学者威尔·金里卡所指出的那样，资本主义（自由市场）与正义、公民自由之间并没有必然的联系，充其量只有偶然的联系，“那些本质上无限制的资本主义国家有时却具有很差的人权纪录”。③ 所有认为资本主义与正义之间具有恒常联系的辩护都建立在不可靠的偶然性基础之上，都是一些择机而变的“工具性的捍卫”。④

威尔·金里卡的判断非常具有穿透力，也是难能可贵的。新自由主义势力在全球范围内占强势地位的态势下，很少有人敢对当代资本主义稍有微词，大多数人的心理其实与写作《历史的终结与最后的人》的弗兰西斯·福山一样，在他们的心目中，资本主义就是正义社会的完美典范，历史终归是要向资本主义社会方向而去的。在这个意义上，我们要感谢历史上那些真正的思想家，这些人不随波逐流、不曲意逢迎，始终以人类的终极未来为关注点，思考一些艰深的问题，对于资本主义的另一面给出了自己的判断。

资本主义是正义社会的典范吗？卢梭不这样认为，卢梭指出，资本主

① 威尔·金里卡：《当代政治哲学》，上海三联书店 2009 年版，第 305 页。
② 威尔·金里卡：《当代政治哲学》，上海三联书店 2009 年版，第 308 页。
③ 威尔·金里卡：《当代政治哲学》，上海三联书店 2009 年版，第 189 页。
④ 威尔·金里卡：《当代政治哲学》，上海三联书店 2009 年版，第 189 页。

义社会尽管在科学和艺术方面进步了，但在人类道德方面却越来越败坏了。卢梭的学生康德同样不这样认为，康德说："在各式各样的社会礼貌和仪表方面，我们是文明得甚至于到了过分的地步。但是要认为我们已经是道德化了，则这里面还缺少很多的东西。"①康德以为，在他所主张的世界联盟这一理想社会出现以前，"人性就得在表面幸福的欺骗假象之下忍受着种种最无情的灾难"。②先行于马克思的这些思想家在资本主义文明的早期就已经敏感地捕捉到了资本主义恶之本性。

像齐泽克、鲍德里亚、皮凯迪、哈特和内格里等这样一些后马克思主义思想家也始终是清醒的。他们没有落入新自由主义的逻辑吊诡中，而是跳出新自由主义的逻辑范式来审视资本主义、财产权、马克思的范畴等问题，从而对于正义及正义社会有着不同常人的理解。如果说今天大多数思想家对于资本主义的批判集体失声的话，那么，一些后马克思主义思想家却继承马克思的衣钵，同时吸收后现代主义的思想资源，将马克思对资本主义的制度批判和资本逻辑批判推向纵深。比如鲍德里亚主要从资本主义所制造的消费逻辑的角度揭示资本主义对人的控制或规训，"消费社会也是进行消费培训、进行面向消费的社会驯化的社会"。③这可以从以下几个方面来理解：1. 消费行为绝对不是个体的自由选择行为，因为消费者所进入的消费系统其实是一个被意识形态精心编码过的符码系统。2. 消费社会并不会真正考虑人的需要和欲望，而依然把个体当作生产力来对待，"消费者的需求和满足都是生产力"。④人成为被算计的对象，因而也被符号化。3. 消费社会通过激发人的物欲，并制造琳琅满目的商品来填充人的欲望，从而让人蜕变成官能性的人。⑤4. 消费社会通过商品等级的分类，以对人群进行分化，从而使得人团结起来进行革命的可能性消失。总之，消费社会表面繁荣背后，是不平等、剥削和控制的加剧，人们以为可以在消费品面前自由而平等地进行选

① 康德：《历史理性批判文集》，商务印书馆 1997 年版，第 15 页。
② 康德：《历史理性批判文集》，商务印书馆 1997 年版，第 15 页。
③ 鲍德里亚：《消费社会》，南京大学出版社 2004 年版，第 73 页。
④ 鲍德里亚：《消费社会》，南京大学出版社 2004 年版，第 74 页。
⑤ 鲍德里亚：《消费社会》，南京大学出版社 2004 年版，第 2 页。

择，“但这种平等完全是形式上的：看起来最具体，而事实上却很抽象”。①

另一个后马克思主义思想家齐泽克则从极权主义的向度揭示了资本主义的阴暗面。齐泽克认为，西方的自由民主貌似自由，允许你谈论一切，但其实规定你只能在它的框架下，即在承认自由民主制度是最好的制度下来谈论，因此这种自由其实是“禁止思想”，它封闭了人们对其他政治制度进行设想的可能性。从而，资本主义与原教旨主义、宗教极端主义等等东西是紧密联系在一起的，或者说，原教旨主义、宗教极端主义是资本主义内在逻辑的必然产物。所以，资本主义社会不仅不是人类社会的未来，反而是人类社会的穷途末路，今天的资本主义已经日薄西山、走到末世的临界点了，这通过生态危机、生物遗传学革命的后果、体系本身的不平衡、社会分化和排斥问题的爆炸性增长等四种危机即“末世四乘客”表现出来。②

如果说，卢梭和康德主要是从道德的维度批判资本主义的不正义。而受卢梭和康德等人影响的马克思则在这些思想家的思考基础上，将批判资本主义的维度推进到制度批判、资本逻辑批判的层面，正如哈特和内格里所指出的那样，“马克思致力于揭示资本的逻辑矛盾并朝向一种新的解决方式”。③哈特和内格里等后马克思主义思想家秉承马克思的批判精神，继续以资本的逻辑批判为线索，将批判的矛头深入到财产权批判的层次，从财产权批判的视角继续揭示资本主义的非正义性，他们的这些思想在其三部曲《帝国》《大众》《共有社会》中均有反映。与拉克劳和墨菲试图解构马克思主义的核心范畴不一样④，哈特和内格里明确指出，他们的工作是为了在新的时期推进和发展马克思主义。也与后马克思主义阵营中一些附和新自由主义的声音不一样，哈特和内格里认为在资本逻辑的笼罩下，正义堪忧，因为“民主的可能性晦暗不明”。⑤

---

① 鲍德里亚：《消费社会》，南京大学出版社 2004 年版，第 46 页。

② 亚历克斯·柯林尼克斯：《评齐泽克的激进左翼政治理论》，曾志浩译，《现代哲学》2008 年第 2 期。

③ Michael Hardt & Antonio Negri，*Multitude*，New York：The Penguin Press，2004，p.188.

④ 拉克劳、墨菲：《领导权与社会主义的策略》第二版序言，黑龙江人民出版社 2003 年版，第 3—4 页。

⑤ Michael Hardt & Antonio Negri，*Multitude*，New York：The Penguin Press，2004，p.xi.

二、帝国：资本极权性的当代形态及其宰制逻辑

波斯湾战争结束、科索沃战争开始之际，在深刻反思当代资本主义的现实之后，哈特和内格里写出了他们合作的第一部曲《帝国》。《帝国》写作的意图非常明显，就是要揭示资本主义极权性背后的非正义逻辑。在《帝国》中，哈特和内格里指出，在全球化的时代，一种新的全球权力控制形式——帝国已经出现了，“帝国正在我们的眼前出现。在过去的几十年中，当殖民制度已被舍弃，苏联对资本主义世界的市场的最终障碍坍塌，我们已经见证了经济和文化方面交流的不可抗拒、不可扭转的全球化。伴随着全球市场和生产的全球流水线的形成，全球化的秩序、一种新的规则的逻辑和结构，简单地说，一种新的主权形式正在出现。帝国是一个政治对象，它有效地控制着这些全球交流形式，它是统治世界的最高权力。”①

在哈特和内格里看来，今天的资本主义已经跃进到帝国阶段，帝国是一个无边、无形、无中心的霍布斯式的利维坦，但它的统治无处不在，帝国以网状的统治方式，将整个全球都笼罩在它的统治阴影之下。今天的帝国就像德勒兹所指认的“无器官的身体”，你无法从器物层面辨识它的存在，但帝国却如幽灵般萦绕在我们身边，因为帝国宰制社会的方式发生了以下趋势的转变：

第一，帝国统治实现了由以往的规训手段向今天的控制手段的转变。哈特和内格里指出，社会形态存在一个“从规训社会（disciplinary society）向控制社会（society of control）的历史过渡”②。规训这一概念是福柯提出来的，以此揭示社会中权力控制的无处不在。哈特和内格里在福柯的概念上进一步指出，整个资本主义原始积累阶段都处在规训社会这一权力范式之下。在规训社会中，各种规训机关，如监狱、工厂、收容所、医院、大学、学校

---

① 哈特、内格里：《帝国》序言，江苏人民出版社 2003 年版，第 2 页。

② 哈特、内格里：《帝国》，江苏人民出版社 2003 年版，第 23 页。

等等组成一个庞大而复杂的网络体系。这一庞大的社会控制体系通过采取接纳/排斥机制，预设正常行为并禁止反常行为，“产生、规范风俗、习惯及生产行为”。① 规训社会的控制尽管看起来非常高压，但毕竟只是一种外在的控制，还没有内化到人们的日常生活或个体意识之中。但是，在今天的控制社会中，控制机制发生了彻底的转变，对此，哈特和内格里精辟地指出，在控制社会中，“控制机制变得越来越‘民主’，越来越内存于社会领域之中，这种机制通过公民的大脑和身体传播，统治的社会融合与排斥行为因此也越来越内存于主体自身。现在，行驶权力的机器直接组织人的大脑（通过通信交往系统、信息网络等）和人的身体（通过社会福利系统、活动监控系统等），把人们驱入与生命感受和创造欲望无意识的间离（alienation）之中。故而，控制社会的特点可表述为规训的规范化手段的强化和普遍化。这种社会内在地激励我们的日常行为，但这种社会中，控制实现于灵活、多变的网络系统之中，从而使它的效力范围远超出由各种社会机构构成的架构严整的场所”②。也就是说，规训社会的宰制主体、宰制手段等都是可见的、有形的、有限的、外在的，而控制社会由于信息化、网络化、决策“民主化”等的普及，使得其宰制主体、宰制手段等变得不可见、内在化、无形和无限，这种变化使得宰制无处不在可是又不知其身在何方。

第二，帝国统治实现了由以往的主权统治向今天的无人身（即无器官的身体）统治的转变。正如哈特和内格里所说的那样，“帝国不仅管理着疆域和人口，而且创造了它赖以安身的世界；它不仅调整人类的相互交往，而且寻求直接统治人性。它的统治目标是整个社会生活”。③ 在哈特和内格里看来，在帝国时代，社会控制不是减弱了，而是强化了，这种控制借助各种现代媒介，既控制人的身体也控制人的意识，或者说通过重构人的身体和意识来实现控制。因为这种控制已经内化在我们的日常行为和意识中，所以我们在无痛无痒甚至自愿接受的状态下充当了这种控制的延伸工具。另外，哈特和内格里还指出，资本以一种无人身的统治形式在运作，“它施加它自身

① 哈特、内格里：《帝国》，江苏人民出版社 2003 年版，第 24 页。

② 哈特、内格里：《帝国》，江苏人民出版社 2003 年版，第 24 页。

③ Michael Hardt & Antonio Negri，*Empire*，Harvard University Press，2000，p.xv.

的律令，建构社会生活的经济律令，而且使得等级制和服从看起来是自然的必需的”①。而且，资本主义社会的基本控制要素因为标准化、程式化、科层化等模式的推广，使得这些控制要素过滤掉了暴力的色彩，俨然成了内在的“先天律令”在自然而然地发挥作用，“比如财产权力集中在少数人手里，必须出卖劳动力以维持自身生存的大多数，从资本的剥削循环中被排挤出来的全球人口的大多数，等等。甚至很难把这认作是暴力，因为它是如此的标准化、它的势力是如此非人身地布展。资本主义的剥削和控制基本不是依靠外在的主权，而是依靠不见的、内在化的律令。随着金融体制的充足发展，资本对社会生活可能性条件的决定变得越来越广阔和彻底。实际上，金融资本，由于它是如此抽象，看起来离多数老百姓的生活很远。但正是这种抽象赋予了资本主义以先天的普遍权力，而且这权力无所不及，即使人们没有意识到他们参与了金融市场，这是通过个人或国家借贷，通过操作大豆和计算机种类生产以及通过控制通货和利率的财政手段来实现的”②。

第三，帝国统治实现了由以往的器物私有化向今天的生命私有化的转变。在帝国的统治下，所有的土地、森林、空气、水资源等等这些自然财富通通变成私有财产，哈特和内格里依据马克思的异化劳动思想指出，“正如我们所看到的，一方面，资本家的私有财产权建立在生产者的个体劳动之上，另一方面，资本却不断地在引进更多集体的和合作的生产形式：由劳动者集体生产的财富成为资本家的私有财产。这一矛盾在无形的劳动和无形的财富王国里变得越来越尖锐。私有财产让我们变得愚蠢，通过让我们相信事物有价值就在于被人私有地拥有。经济学家也不厌其烦地告诉我们，一个物品除非私人拥有，否则不能得到保存并充分利用。然而，事实确实这样的，我们世界中的绝大多数却不是私有财产”③。更可怕的是，“所有人类的感受，包括认知、思考、感受、喜好，简言之，生命的一切，都被私有财

① Michael Hardt & Antonio Negri，*Commonwealth*，The Belknap Press of Harvard University Press，2009，p.7.

② Michael Hardt & Antonio Negri，*Commonwealth*，The Belknap Press of Harvard University Press，2009，p.7.

③ Michael Hardt & Antonio Negri，*Multitude*，New York：The Penguin Press，2004，p.188.

产腐蚀了”。[①] 在帝国统治的态势下，私有化进程不断加速并向深层次领域扩张。因此哈特和内格里指出，“除了传统的财产形式，如土地、工厂、铁路，新的事物，如基因信息、知识、植物、动物都在成为私有财产。这就是我们早先所说的对共有东西占有的例子。然而，我们在日常生活中无法交流和沟通，如果语言、谈话的方式、手势、冲突解决的方式、爱的方式、大多数的生活现实不再是共有的。科学也许走到了一个临界点，假如我们累积的知识、信息，我们学习的方式不再是共有的。社会生命依赖共有。也许将来有一天，我们回过头来看，会发现我们这个时代是如此之愚蠢，它让私有财产垄断如此多的财富形式，从而为创新制造障碍并摧毁生命”。[②] 从哈特和内格里的分析中，我们可以清晰地概括出私有化的演进历程：首先，是器物层面的私有化。也就是说大自然赋予给我们的所有自然资源的私有化，比如空气、水、矿产、土地、森林等的私有化；其次，是文化层面的私有化。即人类所创造出来的所有文化成果的私有化，包括信息、知识等等的私有化；再次，是人的感受层面的私有化。比如人类的语言、话语、感觉、感知、感情、喜好等的私有化；最后，是人的精神层面的私有化。比如我们的认知、思考、判断等的私有化。

总之，帝国时代并没有终结旧时代的痼疾，反而在扩大加深社会的不平等，在某种程度上它不仅不是社会的进步，反而是社会的倒退，因此哈特和内格里说，“尽管帝国在埋葬殖民主义和帝国主义的过程中确实发挥了一些作用，但同时它又建立起了它自己的以剥削为基础的权力关系，在许多方面新权力关系比已被摧毁的旧权力关系更野蛮。现代性辩证法的终结并未带来剥削辩证法的终结。今天，几乎人类的全部要么被吸纳入资本主义的剥削之网，要么屈服于它。今天，越来越多的财富控制在越来越少的人的手中，民众依旧生活在贫困与无能为力的极限边缘，贫富分化越来越走向极端。那些在帝国主义和殖民主义时代圈划好的、进行压迫和剥削的界线，在今天，

① Michael Hardt & Antonio Negri，*Multitude*，New York：The Penguin Press，2004，p.188.

② Michael Hardt & Antonio Negri，*Multitude*，New York：The Penguin Press，2004，pp.200-201.

在许多方面非但没有收缩，反而在爆炸性地膨胀”。[①] 哈特和内格里对当代资本主义非正义性的诊断绝不是空穴来风之举，法国思想家托马斯·皮凯迪新近出版的《二十一世纪资本论》再次佐证了哈特和内格里判断的准确性，他在该著第三部分《不平等的结构》中用了六章的篇幅以详尽的数据分析揭露了资本主义所制造的骇人的不平等事实。[②]

三、共有财富：实现社会正义的逻辑前提

人类有史以来，并没有财产观念也没有财产，更谈不上财产权，因为大自然的一切都是上天赋予给我们的共同财富（common wealth），财富是大家的，是共有的，可以由大家自由平等地享用。可是私有制出现后，尤其是资本主义社会产生后，这些共同的财富却逐步变成私人的财产（property），资本主义就是一个不断将世界私有化的过程，以至于像华勒斯坦所言，我们这个世界俨然成了一个财产共和国的世界。财富私有化的现象就是马克思所指出的异化现象之一，“异化是使得人类丧失本性的痼疾——其主要表现形式是财产”[③]。从逻辑上来讲，将共同财富的私有化应当是一种非正义的行为，因此，“马克思认为异化体现了资本主义文明的一切罪恶”[④]，“而我们这个时代巨大的社会隐患就是异化”[⑤]。资本主义显然是一个异化的世界，这种将共同财富异化为私有财产的社会显然是不正义的社会。

然而，经过新自由主义的逻辑演绎，不正义反而颠倒为正义，而正义却颠倒为不正义。这种是非不分、黑白颠倒的“辩证法”恰好反映了尼采所指出的现代社会的虚无主义本性，因为虚无主义意味着“对以往的最高

① 哈特、内格里：《帝国》，江苏人民出版社 2003 年版，第 49 页。

② Thomas Piketty, *Capital in the Twenty-First Century*, The Belknap Press of Harvard University Press, 2014, pp.169-382.

③ 伊曼努尔·华勒斯坦：《自由主义的终结》，社会科学文献出版社 2002 年版，第 227 页。

④ 伊曼努尔·华勒斯坦：《自由主义的终结》，社会科学文献出版社 2002 年版，第 227 页。

⑤ 伊曼努尔·华勒斯坦：《自由主义的终结》，社会科学文献出版社 2002 年版，第 227 页。

价值的废黜”。[①] 而价值失重的世界必然是一个轻飘飘的虚无主义世界，资本主义社会及其当代社会表现形态即帝国恰恰就是这样一个价值颠倒的虚无主义世界，因为在资本主义的视野中，只有利益是最高的价值诉求，为了利益的最大化，可以不惜牺牲道德、信仰甚至人的尊严和生命。在这样一个价值失重的虚无主义的世界中，必然会出现马克思所痛斥的这种非正常的异化现象，即“工人降低为商品，而且降低为最贱的商品”[②]，而异化现象的根源则内在于私有财产的本质当中，因而马克思要转向对私有财产的批判。

哈特和内格里则延续马克思的思路，试图彻底将新自由主义的“私有财产权即正义”这一逻辑颠覆过来，揭示资本主义的不公正集中表现在将一切转变为私有财产。哈特和内格里套用卢梭的话指出，公共资源的私人占有是最大的恶，“卢梭说想将自然的一块据为他或她自己的专有物，并将它转化成私有财产的超验形式的第一个人就是发明了邪恶的人”[③]，自然界的一切资源都是天赋的，本不属于任何人，任何人也无权独占它。可是资本主义出现之后，对自然资源的私人占有的进程却不断加速，“整个现代时期一直有一个将公共财产私有化的持续运动”，“资本主义运行的是一种私人占有公共物品的持续的循环圈：侵占公共财产”。[④] 资本主义以各种各样的名义将公共空间、公共资源、公共物品等都转换成私有财产，而且时常打着冠冕堂皇的保护私有财产权的旗号，这无疑是一种罪恶。新自由主义潮流无疑在助推这一罪恶，因为它主张将用公共基金、公共财产建立起来的公共救助机构、能源行业、通信服务业等等转化成私人经营，“市场机制和新自由主义便依靠这些私人侵占的第二、第三乃至 n 个自然存活下来。曾经被视为公众概念之基础的公共财产现被侵占为私人所用，却无人能管此事”[⑤]。

① 海德格尔：《海德格尔选集》，上海三联书店 1996 年版，第 776 页。
② 《马克思恩格斯全集》第 3 卷，人民出版社 2002 年版，第 266 页。
③ 哈特、内格里：《帝国》，江苏人民出版社 2003 年版，第 287 页。
④ 哈特、内格里：《帝国》，江苏人民出版社 2003 年版，第 285 页。
⑤ 哈特、内格里：《帝国》，江苏人民出版社 2003 年版，第 286 页。

在人们对新自由主义的一片赞颂声中，哈特和内格里却揭露了新自由主义的罪恶性，并告诉我们，这种社会并不会许诺我们光明，反而会把我们拖向深渊。那么未来美好社会在哪里？只能是私有社会的反面即公有社会或共有社会，因此哈特和内格里指出，“善即公共的所有”。[①] 正是带着这样的思路，哈特和内格里勾画出了“共有社会”（Commonwealth）的蓝图。哈特和内格里共有社会的提出意图非常明显，就是试图恢复马克思主义的共产主义理念，因为他们的共有社会概念和马克思的共产主义概念都分享着共同的（common）这一理念。今天所有的政治哲学理论都建立在私人（the private）与公共（the public）这一对概念的区分之上，而哈特和内格里认为这一对概念是新自由主义制造的概念，由于他们要彻底摆脱新自由主义的逻辑束缚，因而将这一对概念弃之一旁，直接追溯马克思的共产主义思想而提出共有（the common）这一概念。

首先，共有的概念趋向于取代固有的个体与社会、主体与客体、私人与公共之间的二元区分这一现代性概念及其逻辑。哈特和内格里指出，在法的领域，尤其是在英美传统中，共有的概念长期被私人和公共的概念所掩盖，实际上，现代法学的发展趋势尤其倾向于侵蚀共有的所有空间。“一方面，这些年来，我们目睹了大量私人权利或主体权利或个体权利被社会控制权力侵蚀的例子。比如在美国，妇女的流产权利和同性恋权利以私人的名义被讨论和支撑，但这些东西都在公共领域和政府的控制之外。反对流产和同性恋权利的力量其实在反对私有权及其本应提供的保护。而且，随着打击恐怖主义战争的开展，对私人领域的攻击呈几何级数增长。在美国和欧洲，政府的权力得到极度扩张，以至于可以对本国及外国民众可以实施监控。由于新技术系统，这种监控能力得到了极大提升，美国智力机构如埃施朗公司以及其他政府机构的秘密目的是监视全球的电子通信，包括电话、电子邮件、卫星通信。所有这一切都削弱了区分和保护私人领域的区别。实际上，在反恐怖主义和反侵略的逻辑中，因为安全是首要的立场，因此，事实上，‘私人的’已经荡然无存。安全是一个绝对的逻辑或扭曲，它把整个共有的领域

① 哈特、内格里：《帝国》，江苏人民出版社 2003 年版，第 287 页。

设想成控制的目标。"[①] 在哈特和内格里看来，私人和公共概念的区分充其量只是一个伪概念，其中充满着功利主义的算计，为了利益的权衡，随时可以践踏甚至牺牲真正私人的东西或公共的东西，故而，以公共安全或利益的名义践踏私人空间，或以保护私人权利侵占公共福利的事例大量存在。而哈特和内格里认为，拨开私人和公共这一虚假区分的迷雾，我们会发现一个被现代性二元区分遮蔽的全新领域，即共有的领域，共有领域才是最本真、最原初的事实，因为自然财富即非私人创造也非公共创造，而是自然赋予的。哈特和内格里指出，构建共有的政治目标掐断了私人和公共之间非此即彼的虚假选择，为政治学开辟了新的空间。

其次，共有概念是为了有效回击新自由主义的私有化意识形态及其虚无主义逻辑。哈特和内格里指出，遍布全球的新自由主义政策最近几十年不遗余力地将共有的东西私有化，将文化产品比如信息、理念以及各种物种都变成私有财产。哈特和内格里揭示，"另一方面，我们也见到了经济领域对公共的攻击。私有化是新自由主义意识形态的核心要素，它决定统治全球经济的主要势力的战略。被新自由主义私有化的'公共'通常只是财产和之前被国家控制的商业公司，从铁路到监狱到公园。我们也讨论过私有财产对之前属于共有的生活领域的极度扩张，通过专利、版权和其他法律手段。在这一逻辑的极端处，经济学家如此宣称，每一物品应该被私人拥有，目的是最大限度发挥它的生产效用。换句话说，在社会领域，这种倾向要把所有公共的和开放的东西置于政府的监视和控制之下；在经济领域，要把所有私人的和主体的东西变成财产的权利"[②]。私有化是新自由主义的全球统治战略，而为私有化合理性辩护的意识形态比如主流经济学则通常以"私有化即效用最大化""市场化即资源配置最大化"等逻辑模糊人们的视听，从而封闭人们设想共有社会的想象力及其可能性。在哈特和内格里看来，所有抬高和美化私有化的理论和逻辑都是别有用心的，都透露出一种价值颠倒的虚无主义本性，是某些权力阶层、某些利益集团以及某些理论学者等等为了中饱私囊而

① Michael Hardt & Antonio Negri, *Multitude*, New York: The Penguin Press, 2004, pp.202-203.

② Michael Hardt & Antonio Negri, *Multitude*, New York: The Penguin Press, 2004, p.203.

共谋的产物，因此他们指出，“我们认为，和其他人一样，这种私有化必须受到抵制。”① 当然，抵制私有化的方案不是通常所谓的公共方案，而恰恰是被私人和公共二元区分所长期掩盖的共有方案，“有一种标准观点认为，替代私有的唯一方案是公共，由国家或政府的其他权威来管理和调节，好像共有是不相关的或稀有的”②。

最后，共有概念是一个试图超越传统英美法学逻辑解释框架的后现代主义概念。哈特和内格里指出，今天我们所有关于私人和公共概念理解上的混乱都与现代法学尤其是英美法学理论传统的逻辑解释框架有关。按照这种逻辑解释框架，“‘私人的’既被理解成社会主体的权利和自由，也被理解成私有财产权利，这一理解模糊了两者之间的区别。这一混乱源于现代法学尤其是英美法学理论中的‘拥占性的个人主义’，它把主体的每个方面或特征，从它的爱好、欲望到精神都设想成为个体所拥有的‘财产’，将所有主体性的方面还原成经济的东西。‘私人的’这一概念可以囊括我们所有的‘拥有’，包括主体的和物质的。而‘公共的’概念同样模糊了国家控制和共同拥有和管理之间的重大区别”③。由此，哈特和内格里指出，我们有必要开始想象一种替代性的法学战略和框架：私人概念表达的是社会主体的单个性（而不是私有财产），而公共概念建立在共有之上（而不是国家控制），“人们也可以说这是一种后自由主义的和后社会主义的法学理论。传统的私人和公共的法学概念对于完成这一任务显然远远不够”④。哈特和内格里强调，基于单个性和共有性的当代法学理论的最好例子是“后体系理论”学派，它用高度技术的术语将法律体系描述成一个透明的、民主的、由多元子系统组成的自组织网络，每一子系统管理无数私人的（确切说是单个的）单元。他们认为，“这一法律和单元生产的分子式概念用我们的术语来讲，建立在

① Michael Hardt& Antonio Negri，*Commonwealth*，The Belknap Press of Harvard University Press，2009，Preface，p.viii.

② Michael Hardt& Antonio Negri，*Commonwealth*，The Belknap Press of Harvard University Press，2009，Preface，p.viii.

③ Michael Hardt & Antonio Negri，*Multitude*，New York：The Penguin Press，2004，p.203.

④ Michael Hardt & Antonio Negri，*Multitude*，New York：The Penguin Press，2004，p.204.

单个性之间持续的、自由的、开放的交流之上，通过它们的交流制造共有的单元。单个性的概念如果按照我们之前所讨论过的操演这一伦理学概念的意思也许可以得到更好的理解：单个性在社会交流中由共有所生产，但反过来它们由生产共有。单个性的权利建立在共有之上”。① 共有概念不是抹杀个体差异的同一性概念，而是始终尊重个体差异的认同概念；共有概念不是盲从权威的中心主义概念，而是承认个体决断力的包容性概念。也就是说，共有概念是一个融合了复杂性、异质性、多元性等等理念的后现代主义概念。

总而言之，哈特和内格里共有概念及共有社会的方案的提出，是为了在帝国时代有效抵制新自由主义私有化蔓延的替代性方案，这种方案既与预设一个凌驾于单个人之上的最高权力主体的社群主义有别，也与海德格尔笔下随波逐流、毫无主见的“庸人”理政的群氓主义有别。这一高度自治与自主的共有社会的提出是要抵制新自由主义一统天下、混淆视听的不正常状况，给人们勾画一个更加开明、公正和富有希望的社会。也许在很多人看来，这种新的社会在新自由主义逻辑下显得非常苍白无力，从而具有理想主义的成分。然而，哈特和内格里却不认为他们的理想是不切实际的乌托邦，他们不无清醒而乐观地指出，“战争、苦难、悲惨、剥削不断地在刻画我们全球化的世界。有太多理由去世外桃源寻找避难所，这一地方远离今天出现的帝国，也远离指导我们生活和奠基我们政治行动的超验或先验的原则和价值。然而，全球化的一个主要后果是一个共有世界的创造，无论好坏，这个世界是我们一起分享的世界，这个世界是没有‘世外’的世界。我们必须意识到，无论我们多么猛烈和犀利地批判它，但我们注定生活在这一世界，不仅受制于它的统治权力，而且被它的堕落所污染。抛弃所有让我们超然物外的政治纯洁的梦想和‘更高价值’。在这本书中，我们阐述了一种伦理目标，一种在帝国中和反抗帝国的民主政治行动伦理学。我们将考察大众的运动及实践以及他们将成为什么，目的在于发现一种可能性的全球民

① Michael Hardt & Antonio Negri，*Multitude*，New York：The Penguin Press，2004，p.204.

主的社会关系及其制度形式”[①]。哈特和内格里不无信心地指出，财富共享的大众的民主是可想象的和可能的，因为生活的辩证法告诉我们，帝国隐含着反帝国，新自由主义的鼎盛意味着全面衰退，最坏的时代预示着最好的时代。

（作者单位：东华大学人文学院）

① Michael Hardt& Antonio Negri，*Commonwealth*，The Belknap Press of Harvard University Press，2009，Preface，pp.vii-viii.

资本逻辑视域下的技术与正义*

王治东　曹　思

摘要： 资本逻辑视域下的技术与正义蕴含两个方面的核心问题：其一，技术是如何具有资本逻辑的，换言之，技术是如何变成资本的？其二，具有资本逻辑的技术是如何撬动正义的？在一定条件下，现代技术与资本具有某种共契性，技术的本性内在地包含着资本逻辑，技术与资本从分离到合谋就有着某种历史的必然性。尤其在大工业时代，现代技术成为资本的外化形式，二者同构性地具有双重属性。因此，现代技术与资本一样，既有正义的一面，也具有非正义的一面，正是在正义与非正义的博弈和张力中，才有了社会的不断发展和持续进步。按照马克思机器体系的思想，私人资本通过技术扩张不断扩大生产，使资本的私人性弱化，资本在不断去私人化过程中就具有了社会性，资本社会性的集聚会不断凸显社会公平而拨动社会正义。

关键词： 资本逻辑　技术本性　正义与非正义

当前关于技术的概念有百种之多，无论如何界定技术，都无法逾越两个问题：一是技术是如何产生的；二是技术进步的动力机制是什么。换句话说，今天技术发展速度之快、作用之大、应用之广、效率之高，其中的原因究竟何在呢？本文认为，技术与资本二者具有同构性，都具有资本逻辑。这种同构不是天然形成的，而是在历史发展过程中不断呈现的。技术内在地包

* 基金项目：本文为国家社会科学基金项目“资本逻辑视域下的技术正义研究”的阶段成果（课题号：15BZX034）。

含资本逻辑，因此，技术、资本与正义之间就构成了某种错综复杂的关系。下面本文试图对以上三者关系做一简单的分析。

一、内在共契：技术本性与资本逻辑

马克思在《资本论》中将资本总公式表述为G—W—G'，其中G' = G+ΔG。这一公式体现了资本不断追求剩余价值、不断追求增殖扩张的本质。资本逻辑就是资本寻求增殖的逻辑，毫无疑问，资本的本性是求利的，而且追求利益最大化。

技术本性与资本逻辑趋同，同样具有求利性。众所周知，利益有广义和狭义之分，狭义的利益单指物质利益。广义的利益实际上是指人生存和发展条件的综合，不仅包括物质利益也包括精神利益。早在甲骨文中就出现了"利"字，"利"是禾与刀的结合，是会意字。中国古代经济以农业为主，禾为主要农作物，从字面上诠释，以刀割禾，意为收获，以此获利。实现"利"一般有两个条件：一是必须以"刀"即工具做基础和条件，而工具必须锋利，引申为利器。二是必须有所收获，借助工具带来需要之物。因此，"利"既有人欲之需，又有获取之径。获取途径需要借助各种方式和方法，其中重要的途径之一就是技术。林德宏教授认为："人既然是一种动物，其存在就必然要消耗物质资源，就必然要追求效率。人与其他动物的区别在于：只有人能够理性地认识到资源的短缺，并自觉地力求用尽量少的精力与时间获得尽量多、尽量好的物质资源，尽量提高有限物质资源的使用效率。人类的成功在于发现与创造了一种极其高效的手段——技术。"[①] 人类历史的发展与进步就在于找到了技术作为自己谋取生存利益的工具。

技术是人类精神创造的产物，通过物化为生产力从而成为改变世界的物质力量，从这个意义上讲，技术是以最直观的形式展示人的创造性的存在。在一定程度上而言，人类生存与技术发展是因果互为的过程。柏格森认

① 林德宏：《物质精神二象性》，南京大学出版社 2008 年版，第 521 页。

为："意识是为了制造而制造，还是不知不觉地、甚至无意识地追求另外的东西？制造就是把形式给予物质，使物质服从，使物质变样，就是把物质变成工具，以便把物质占为己有。正是这种有益于人类的控制，比发明本身的具体结果更有力量。"① 在人追求利益过程中对技术发展形成正反馈机制，人的需求、欲望越强，技术发展速度也就越快。这也是当前技术发展速度越来越快、技术应用越来越广，技术作用越来越大的根源所在。因此，推进技术进步是符合人类社会发展需要的。也有学者认为，技术是作为经济生活的侍仆而存在的，"技术常常被发现处于经济力量的支配之中。在这样的情况下，劳动的经济价值逐渐贯彻为生产过程的唯一规范，因为这一标准是能提供最大利润的标准"②。通常人们关注技术创新都是与经济发展相联系的，对技术创新的研究也是从经济学角度居多。20 世纪初，美籍奥地利经济学家熊彼特（J.A.Schumpter）首次将"创新"视为经济增长的内生变量，认为"创新"就是把生产要素和生产条件的新组合引入生产体系，从而建立一种新的生产函数，其目的是为了获取潜在的利润。现代管理之父彼得·德鲁克（Peter Ferdinand Drucker）认为创新是赋予资源以新的创造财富能力的行为。而美国经济学家迈克尔·波特（Michael E.Porter），把创新纳入国家发展的驱动要素，使用了"创新驱动"这一概念。

让－弗朗索瓦·利奥塔（Jean-Francois · Lyotard）在《后现代状况》中认为："18 世纪末第一次工业革命来临时，人们发现了如下的互逆命题：没有财富就没有技术，但是没有技术也就没有财富……过去正是对财富的欲望大于对知识的欲望，强迫技术改变行为并且获得收益。技术与利润的'有机'结合先于技术与科学的有机结合。"③ 经济活动中的交换对技术的发展产生不可思议的影响。"被普遍性的趋势贯穿的种族的分化，就是技术本身分化的根源。趋势切实地实现于这种分化之中，也就是说，趋势在分化中通过

---

① ［法］亨利·柏格森：《创造进化论》，姜志辉译，商务印书馆 2004 年版，第 153 页。

② ［荷兰］E. 舒尔曼：《科技时代与人类未来——在哲学深层的挑战》，李小兵等译，东方出版社 1995 年版，第 358 页。

③ ［法］让－弗朗索瓦·利奥塔：《后现代状况》，车槿山译，生活·读书·新知三联书店 1997 年版，第 93—94 页。

最优技术形式的选择得以完成。”① 与科学相比，技术体现了功利的本性，因为科学往往诉诸于理性的追求和逻辑的魅力。“一旦经济主义主宰了技术，利润取得了核心的意义，商品的生产就不再受到消费者的当前需要的支配。相反，需要是为了商业性的原因而通过广告创造出来。技术的产品甚至不经过人们的追求而强加于人们。”② 技术只有以功利为目的，追求产品化，占领市场，才能不断进步。在这个意义上讲，没有功利的追逐就没有技术，当然，没有技术也就没有社会的进步。

在马克思看来，如果抛开人劳动异化的形式，“不论是生产本身中人的活动的交换，还是人的产品的交换，其意义都相当于类活动和类精神——它们的真实的、有意识的、真正的存在是社会的活动和社会的享受。因为人的本质是人的真正的社会联系，所以人在积极实现自己本质的过程中创造、生产人的社会联系、社会本质，而社会本质不是一种同单个人相对立的抽象的一般的力量，而是每一个单个人的本质，是他自己的活动，他自己的生活，他自己的享受，他自己的财富。因此上面提到的真正的社会联系不是由反思产生的，它是由于有了个人的需要和利己主义才出现的，也就是个人在积极实现其存在时的直接产物。”③ 马克思在其资本理论中不断强调资本的商品性与增殖性，有学者总结马克思资本理论的逻辑在于“(1) 资本是一种生产资料需求。近代资本的第一个前提是私有制，其本质是劳动者生活资料需求和生产资料归属问题。(2) 资本是一种财富或权利，劳动者变为无产者的本质是社会财富分配给少数有产者。财富分配是资本出现的另一原因。(3) 资本是生产要素与财富的具体结合。近代资本的核心问题是生产力因素与社会财富私有化，资本主义资本是生产力因素和财富的一种特殊结合”④ 这种总结是非常精辟的，揭示了资本的真实本性。

---

① [法] 贝尔纳·斯蒂格勒：《技术与时间——爱比米修斯的过失》，裴程译，译林出版社2000年版，第60—61页。

② [荷兰] E. 舒尔曼：《科技时代与人类未来——在哲学深层的挑战》，李小兵等译，东方出版社1995年版，第359页。

③ 《马克思恩格斯全集》第42卷，人民出版社1979年版，第24页。

④ 罗福凯：《论技术资本：社会经济的第四种资本》，《山东大学学报》(哲学社会科学版) 2014年第1期。

综上所述，完全可以明确地揭示技术与资本之间的内在的共契性，技术本性与资本逻辑是同构的，二者殊途同归于增殖和求利的市场行为之中，在相互支撑与共谋过程中实现其共契。

二、历史驱动：技术走向资本逻辑的历程

尽管技术与资本在逻辑上具有内在一致性和同构性，但二者并不是天然地结合的，而是有一个历史发展的过程，其中体现了技术的资本化和资本的技术化的内在需求。但技术是如何具有资本逻辑的呢？这是支撑本文观点的核心所在，必须进行详细论证。技术转为资本形式的前提是，技术首先要成为“技术资本”。“技术资本的产生，起因于生产和经营对技术的需求，形成于市场交易和新的经济活动。”① 一般而言，技术要想成为技术资本，一般要经历三个步骤：一是要通过生产劳动成为现实生产力；二是要通过财产权确认其归属；三是要进入流通领域实现价值增殖，尤其是第三步最为关键。因为“市场经济中的人力、货币、劳动对象和工具等各种生产要素，只有进入市场交易过程，通过购买，将货币、人力和机器再投入到生产而变为资本，才能创造价值。所以，技术转变为现实生产力的过程，实际是技术生成资本的过程”②。技术从马克思而言的“自然的肢体”延伸的工具属性到具有价值增殖意义的资本属性，这个历程体现为三个阶段。

1. 分离阶段：表现为“技术与资本”形式

在人类文明发展过程中，最重要的一步是原始农业的出现，因为原始农业的出现促使了工具需求的产生。在农耕文明时期，技术的对象是农作物、猎物和水产品等自然之物，技术进步体现在工具的发展方面，技术产品

---

① 罗福凯：《论技术资本：社会经济的第四种资本》，《山东大学学报》（哲学社会科学版）2014 年第 1 期。

② 罗福凯：《论技术资本：社会经济的第四种资本》，《山东大学学报》（哲学社会科学版）2014 年第 1 期。

多是被消耗掉的生活必需品，在这个过程中，不断凸显的是工具的功能而淡化了技术产品的形式。“在手工劳动中，原始技术同劳动者不可分离。采集、狩猎、农业和手工业劳动都是手工劳动。劳动器官是手，工具是手的补充。手工劳动的技术，是最原始的技术，表现为劳动者的技能，即手控制手工工具的能力。这种原始技术本质上是人的体能。人的体能有两种功能：一是改变物体状态的能力，即体力。二是控制物体的能力，在手工劳动中就表现为控制手工工具的能力，这就是最早的技术——体技或手技。”① 这个时期的工具技术体现了对人的依赖。

人类是从游牧文明走向定居文明的，并在农业发展的基础上建立起国家，可以说，农耕技术是人类历史对自然的首次利用与实践。相当长的一段时期，土地是主要的生产生活资料，人类技术的发展着眼于如何在一定的土地上收获更多的农产品，农民根据自身长期对土地耕作的主观体验来经营生产生活资料。在这种情况下，技术更多体现为一种经验知识、意会知识和地方知识，这样的知识是靠主观感受获得和传承的，不可被编码。严格地讲，农耕文明这种自给自足的经济形式是不利于资本增殖的，因为资本增殖的前提是，资本一定要进入流通领域，在这个意义上，资本增殖开始于工场手工业时代，因为工场手工业生产产品的目的是为了进入流通领域而获取利润。由此，在农业社会，技术与资本实际上仍是分离的，拥有生产技术者与土地拥有者不一定同一，这种不同一使技术和资本即使在本性上具有共契性，但因职业分工而造成技术与资本的分离。从另一个角度讲，在这段时期内，人类技术的发展也是比较缓慢的，生产力的发展也是如此。二者体现为外在化的关系，表现形式是“技术与资本”形式。

2. 结合阶段：表现为“技术—资本”形式

由于科技发展推动航海业的进步，新兴的资产阶级通过新航路的开辟打开世界市场，标志科技与商业活动开始结盟，商业贸易开始对技术有了特定的需求，技术不断有效地参与一系列现实问题的解决。从 16 世纪重商主

---

① 林德宏：《科技哲学十五讲》，北京大学出版社 2004 年版，第 235 页。

义开始，技术与资本的关系愈发密切，尽管农业仍然占据经济主体地位，但手工业和商业的发展使社会流动性提高，从这个时期起，资本开始分化，土地不再是唯一资本形式，专业分工程度的提高使劳动力开始成为一种新的资本形式，并与机器结合进入生产力发展过程，开始创造剩余价值。“近代技术的特点，是机器取代了手工工具。手工技能的作用是通过人实现的，近代技术的作用则是通过物（机器）实现的。近代机器一般由三部分组成：动力机、传动机和工作机。”① 马克思在《机器。自然力和科学的应用》一文中将协作、分工和机器列为资本主义劳动生产力提高的三个阶段。马克思深入探讨了资本主义应用机器的前提和后果，指出机器的发展是使生产方式和生产关系革命化的因素之一。机器是简单工具的组合，马克思在概括英国工业生产的状况时说：“在机器中从一开始就出现这些工具的组合，这些工具同时由同一个机械来推动，而一个人同时只能推动一个工具，只有技艺特别高超时才能推动两个工具，因为他总共只有两只手两只脚。一台机器同时带动许多工具。例如，一台纺纱机同时带动几百个纱锭；一台粗梳机——几百个梳子；一台织袜机——一千多只针；一台锯木机——很多锯条；一台切碎机——几百把刀子等。同样，一台机械织机同时带动许多梭子。这是机器上工具组合的第一种形式。”②

到了产业革命时期，马克思的“作为剩余价值的”资本和劳动力资本开始取代土地资本成为主要的资本形式，与此同时，实现了生产技术与生产资本的结合。近代工业社会，以大机器生产为代表的技术成了一种可复制、可编码的知识，技术与资本开始合谋，资本借助技术愈加资本化，技术借助资本开始普及化。二者形成一体化的“技术—资本”关系。

3. 交叠阶段：表现为“技术资本”形式。

现代技术，尤其是以信息技术为核心的技术形式，将技术与资本合二为一，形成合谋之势，二者呈现你中有我我中有你的交叠状态。海德格尔对

① 林德宏：《科技哲学十五讲》，北京大学出版社 2004 年版，第 235—236 页。

② 马克思：《机器。自然力和科学的应用》，人民出版社 1975 年版，第 90 页。

现代技术有深刻论述，海德格尔用“集置”一词来呈现技术本性。“集置意味着那种摆置的聚集者，这种摆置着人，也即促逼着人，使人以订造方式把现实当作持存物来解蔽。集置意味着那种解蔽方式，它在现代技术之本质中起着支配作用，而其本身不是什么技术因素。”① 技术是去蔽意义上，而非制造意义上的一种产生，即“将某物从遮蔽状态带入无遮蔽状态”②。在海德格尔看来，集置其本身不是什么技术因素，他是现实事物作为持存物而自行解蔽的方式，显示出现代技术的本质。换句话说，技术本质居于集置之中。技术的集置是一切存在者，包括人自身，都无法逃避的基本规律，是命运。海德格尔从存在论原理出发，阐述了他独特的技术思想，揭示了技术通过物质化、效用化、对象化等方式完成了对世界的集置，是人类的必然境遇。

从资本逻辑来看，现代技术把人推向“集置”的过程，是现代技术利润取向的必然。资本蕴含的求利性，它必然要实现资本生产方式的全球化，以扑向任何一个可以赚取高额利润的角落。“一旦资本生成为社会关系的本质，包括技术在内的一切，都必然转化为资本。技术转化为资本，就是技术被‘抛入’到资本的社会关系里去，在资本关系的总体性‘蒸馏’中，生成为资本‘结晶’，从而表现为资本的属性。”③ 因此，进入现代信息社会，技术与资本开始深度结合。一方面，技术日趋资本化。技术创新成果通过进入市场而转化为资本。另一方面，科学与技术一体化，因技术创新与科学创新一样需要设备和实验室等方面的投入，这些离不开资本的支撑。资本在技术渗透的过程中见利则现，技术沦为资本获利的工具，资本也支撑技术不断发展，二者深度结合，二元交叠，形成“技术资本”态势。

① ［德］马丁·海德格尔：《演讲与论文集》，孙周兴译，生活·读书·新知三联书店 2005 年版，第 19 页。

② ［德］马丁·海德格尔：《人，诗意地安居》，上海远东出版社 1995 年版，第 124—125 页。

③ 转引尚东涛：《技术的资本依赖》，《科学技术与辩证法》2007 年第 2 期。

三、合理同构：技术与资本的双重属性

基于以上分析可以看出，技术与资本走向同构与合谋，是由资本的本性决定的，也是由技术本性决定的，是二者历史发展的合力。资本成为一种有效的资源配置方式和技术成为一种集置，这是整个社会发展的一种必然趋势。既然技术与资本具有同构性，这就引出资本逻辑框架下，技术与正义的关系问题。

技术与资本在正义问题上有两种表达路径，一种是正义，另一种是非正义。两种路径悖论性地共同存在，而且二者是相互博弈的。这种状态也是由技术和资本本身属性决定的，因为技术和资本都具有双重属性和双重品格。技术有两种属性：即自然属性和社会属性；资本同样具有两种属性：既是生产要素又是生产关系。技术和资本的这两种属性对立而又统一。

技术是自然属性与社会属性的统一体，技术的自然属性体现为对自然规律的遵循。技术的物质性本身已经揭示了技术必须依赖天然自然所提供的物质、能量、材料等实现自身，因此，技术的发展必须符合自然规律。“人类所创造的和未来要创造的一切技术都和自然法则相一致的。”① 技术的社会性体现为对社会规律的遵循，社会规律区别于自然规律的一个特点在于，人的活动对于社会规律具有先在性。如果说自然规律的产生与作用的发挥同人的活动无关，社会规律则相反，社会规律必然存在于人的活动之中因为社会的主体是人。技术就是兼具自然属性与社会属性的一种特殊存在，这种特殊存在既要遵循自然规律又要遵循社会规律。

资本也具有双重品格，资本一方面从属于生产要素，另一方面属于生产关系。

在经济学中，生产要素指所有用于生产商品或提供服务的资源。当然，资本作为生产要素出现是经历了不同的时期，而且不同时期有不同的内涵。

---

① ［德］F. 拉普：《技术哲学导论》，辽宁科技出版社 1986 年版，第 102 页。

现代西方经济学一般认为生产要素包括劳动力、资本、土地和企业家才能四个方面。随着科学技术发展和各国知识产权制度的建立和完善，技术及信息也作为相对独立的要素投入生产环节之中，成为生产要素的一员。

资本也同时作为关系要素出现，属于生产关系。对于资本属于生产关系问题，马克思指出："现实财富倒不如说是表现在——这一点也由大工业所揭明——已耗费的劳动时间和劳动产品之间惊人的不成比例上，同样也表现在被贬低为单纯抽象物的劳动和由这种劳动看管的生产过程的威力之间在质上的不成比例上。劳动表现为不再像以前那样被包括在生产过程中，相反地，表现为人以生产过程的监督者和调节者的身份同生产过程本身发生关系。（关于机器体系所说的这些情况，同样适用于人们活动的结合和人们交往的发展。）"[①] 资本不是从来就有的，而是随着资本主义社会生产方式的产生以后才诞生的，它是资本主义社会诞生以来特有的现象。马克思强调，"资本也是一种社会生产关系。这是资产阶级的生产关系，是资产阶级社会的生产关系"[②]。当然，这种生产关系也是由生产力和技术状况决定的："随着生产力的获得，人们改变着自己的生产方式，随着生产方式即谋生方式的改变，人们也就改变自己的一切社会关系。手推磨产生的是封建主的社会，蒸汽磨产生的是工业资本家的社会。"[③] 资本不仅仅是机器、原料、储备等一系列死的东西，它还表现为资本获得的利润，是对增殖的一种渴望。资本是一种由剩余劳动堆叠形成的社会权力，它体现了资本家对工人的剥削关系。"生产力和社会关系——这二者是社会个人的发展的不同方面——对于资本来说仅仅表现为手段，仅仅是资本用来从它的有限的基础出发进行生产的手段。但是，实际上它们是炸毁这个基础的物质条件。"[④]

技术与资本都具有双重属性和双重品格，这双重属性和双重品格具有博弈性，当然也具有可统一性。资本的逻辑是求利的逻辑，技术内在追求利益和利益最大化的特点和资本追求增殖本性形成内在的共契，甚至可以说是

① 《马克思恩格斯全集》第 31 卷，人民出版社 1998 年版，第 100 页。
② 《马克思恩格斯选集》第 1 卷，人民出版社 1997 年版，第 354 页。
③ 《马克思恩格斯选集》第 1 卷，人民出版社 1995 年版，第 142 页。
④ 《马克思恩格斯全集》第 31 卷，人民出版社 1998 年版，第 101 页。

共谋。技术在资本逻辑下一往无前地发展，但恰恰由于技术获得空前的发展，将更多的个别劳动扬弃为社会劳动，将私人资本转化为社会资本。由此，资本逻辑在与技术合谋之后就可能走向自己的反面，从求利转向了追求正义。这是悖论式的发展，这在马克思关于机器体系论述中有所体现，下文将充分论证这种转化的机制何在。

四、未来取向：资本逻辑下的技术正义何以可能？

按照前面的论证，在资本逻辑的框架下，资本会不断绑架技术，循着追求利润和求利的路径不断前行，不断凸显技术的现代性特征，带来现代性问题，也带来技术正义问题。关于技术正义有多种分析路径，有人从技术政治学角度分析，也许是受莫顿科学四原则中无私利性和公有性原则的影响，认为技术是科学的应用，也应具有科学品格，以此来规约技术正义。但科学与技术完全是不同的事物，技术本性是求利的，技术政治学的路径似乎不适合技术与正义关系问题的研究。事实上，在笔者看来，技术与正义的关系问题应属于经济学范畴，不能逾越资本和资本的逻辑。正如卡尔·米切姆所言："如果马克思在1940年还活着的话，他不会再研究经济学或资本主义结构，而是研究技术。"① 对于这句话可以作这样的理解，因为技术更外化和直接地体现了资本逻辑。赵汀阳在为哈佛大学教授迈克尔·桑德尔《反对完美》一书撰写的导论中指出："金钱的神性在于它是不自然的，而且是超现实的，金钱的本质意味着'一切可能性'，不被局限于任何具体事物的现实性……类似地，技术是对自然所给定的秩序和结构的否定，它可以按照人类的欲求而'万能地'改变自然之所是（the nature as it is），把自然变成它所不是的样子（what it is not）。"② 同时他认为，"在一个不平等的社会里，技术

① ［美］卡尔·米切姆：《技术哲学概论》，殷登祥、曹南燕等译，天津科学技术出版社1999年版，第35页。

② ［美］迈克尔·桑德尔：《反对完美——科技与人性的正义之战》，中信出版社2013年版，第X页。

进步的受益者主要是强势群体（弱势群体无法支付技术费用），因此技术进步的一个可能的附带后果是扩大了强势群体和弱势群体的差距，而间接加深了政治问题。”① 因为这会带来社会的不公平，从而导致非正义。

资本来到世间，它追求剩余价值，“每个毛孔都滴着血和肮脏的东西”。因此，就其本性而言，天生带着恶，似乎离正义较远。技术蕴含着资本的逻辑，在资本主义体系下是以机器体系方式参与和从属于资本追逐剩余价值目标的。“加入资本的生产过程以后，劳动资料经历了各种不同的形态变化，它的最后的形态是机器，或者更确切些说，是自动的机器体系（即机器体系；自动的机器体系不过是最完善、最适当的机器体系形式，只有它才使机器成为体系），它是由自动机，由一种自行运转的动力推动的。这种自动机是由许多机器器官和智能器官组成的，因此，工人自己只是被当做自动的机器体系的有意识的肢体。”② 机器体系成为强化劳动的工具，工人成为机器的一部分。马克思认为，资本追求剩余价值的本性驱使其不断发展生产，从而改进技术。使作为固定资本的劳动资料以机器体系形式呈现，这是资本主义生产发展的必然趋势。因此，“随着大工业的发展，现实财富的创造较少地取决于劳动时间和已耗费的劳动量，较多地取决于劳动时间和已消耗的劳动量，较多地取决于在劳动时间内所运用的作用物的力量，而这种作用物自身——它们的巨大效率——又和生产它们所花费的直接劳动时间不成比例，而是取决于科学的一般水平和技术进步，或者说取决于这种科学在生产上的应用。”③ 资本通过掠夺和扩张实现价值增殖，这是资本的本性规定，这种扩张有两种表现形式，“一是空间的量的横向扩张，由此产生经济全球化；二是生产力的质的扩张，不断迫使经济系统进行科学技术创新。技术革命与全球化的交织，共同构成全球性的资本扩张”④。这也是殖民和掠夺的根源所在，经济危机、环境问题都可以在这里找到根源。

---

① ［美］迈克尔·桑德尔：《反对完美——科技与人性的正义之战》，中信出版社 2013 年版，第XVII页。

② 《马克思恩格斯全集》第 31 卷，人民出版社 1998 年版，第 90 页。

③ 《马克思恩格斯全集》第 31 卷，人民出版社 1998 年版，第 100 页。

④ 王欢：《从马克思的资本逻辑到鲍德里亚的符号逻辑》，《前言》2009 年第 10 期。

在海德格尔看来，现代的技术的揭示已不仅仅是让存在者自动显现出来，完全支配近现代技术的这种揭示乃是促逼，是对自然的掠夺、压迫。在技术的促逼活动中，自然界被迫显示、展现为不断地被开发、转化、贮存、分配等一系列环节，纳入一个密不透风、喘息不止的技术系统里。然而，这种促逼性的摆置活动，决不是纯粹由人们自由控制的行为，相反，它设置、摆弄人，亦即促逼人去以构设活动的方式把现实事物当作持存物即现成状态去蔽。马尔库塞将这种去蔽描述成公式，“资本主义进步的法则寓于这样一个公式：技术进步 = 社会财富的增长 = 奴役的加强。商品和服务在不断增加，牺牲是日常的开支，是通向美好生活道路上的‘不幸事故’，因此剥削是合情合理的”①。这鲜明地呈现了技术和资本合谋加深了恶与非正义的方面。

但从资本推动生产力发展和社会进步而言，资本又有正义因子，作为资本的机器体系还有文明面。对此，马克思在《1857—1858 年经济学手稿》中有详细的论述。

在马克思看来，“固定资本在生产过程内部作为机器来同劳动相对立的时候，而整个生产过程不是从属于工人的直接技巧，而是表现为科学在工艺上的应用的时候，只有到这个时候，资本才获得了充分的发展，或者说，资本才造成了与自己相适应的生产方式，可见，资本的趋势是赋予生产以科学的性质，而直接劳动则被贬低为只是生产过程的一个要素”②。

由此，马克思展望了大机器生产发展的美好前景，在未来更高级的社会中，机器体系创造的更先进的生产力不再为少数人利益服务，而是要惠及全社会。对此，马克思有如下论证：“在这个转变中，表现为生产和财富的宏大基石的，既不是人本身完成的直接劳动，也不是人从事劳动的时间，而是对人本身的一般生产力的占有，是人对自然界的了解和通过人作为社会体的存在来对自然界的统治，总之，是社会个人的发展。现今财富的基础是盗窃他人的劳动时间，这同新发展起来的由大工业本身创造的基础相比，显得

① ［美］马尔库塞：《工业社会和新左派》，任立译，商务印书馆 1982 年版，第 82 页。

② 《马克思恩格斯全集》第 31 卷，人民出版社 1998 年版，第 94 页。

太可怜了。一旦直接形式的劳动不再是财富的巨大源泉，劳动时间也就不再是，而且必然不再是财富的尺度。因而交换价值不再是使用价值的尺度。群众的剩余价值不再是一般财富发展的条件，同样，少数人的非劳动不再是人类头脑的一般能力发展条件。于是，以交换价值为基础的生产便会崩溃，直接的物质生产过程本身也就摆脱了贫困和对立的形式。个性得到自由发展，因此，并不是为了获得剩余劳动而缩减必要劳动时间，而是直接把社会必要劳动时间缩减到最低限度，那时，与此相适应，由于给所有的人腾出了时间和创造手段，个人会在艺术、科学等等方面得到发展。”①

进一步诠释马克思这段话，可以这样理解：在大工业发展过程中，任何自动化体系出现的生产力要以服从社会智力为前提，单个的劳动在它的直接存在中已被扬弃的个别劳动转化为社会劳动。全体社会成员能够在大机器体系下拥有更多的自由支配时间，个性将会充分而全面发展。而私人资本通过技术扩张不断扩大生产，使资本的私人性弱化，资本通过不断去私人化而走向社会化，趋向社会公平并不断走向正义。按照这个发展规律，可以说，社会化的大生产是克服资本私人占有的积极因素，也可以说，在技术高度发展的社会，正义不会走远。因为按照马克思的机器体系思想，最终正义将战胜非正义，人类会走向理想社会。

（作者单位：东华大学人文学院）

① 《马克思恩格斯全集》第31卷，人民出版社1998年版，第100—101页。

读弗洛姆正当时

——评弗洛姆的存在论思想

陈　悦

摘要：在当代西方众多哲学家中，弗洛姆关于人的生存方式理论是独具特色而且对当今的中国有重大的现实意义的。在他笔下所着力批判的重占有社会的现象在21世纪的中国正在程度不等地显现，人们从他理论的字里行间可以感到非常强烈的现实感。虽然，在20世纪80年代对于人的生存状态问题曾经有过一场激烈的讨论，但是，从今天的角度看，由于没有深刻地经历过这一现象，所以观点之间的争论尚未能触及国人之心灵。今天，当中国人重新阅读弗洛姆的书时，对他的思想的理解一定会产生某种心理共鸣，这反过来会坚定对中国特色社会主义理论的信心。

关键字：弗洛姆　人的生活方式　重生存

今天的世界，在物质文明和科学技术等诸方面，已经取得了举世瞩目的惊人成就。但是，与此相伴的则是失业、吸毒、酗酒、犯罪率的上升等一列社会问题的出现或加剧。面对着时代和社会发展中出现的种种问题，弗洛姆给出了自己独特的解决方案。他将马克思的“人的全面而自由的发展”的理想与弗洛伊德的精神分析理论进行了创造性的综合，形成了自己关于人的生存状态的理论体系。面对资本主义世界各种社会冲突和矛盾，弗洛姆从人的生存状态入手进行分析。他的理论视野中的主角始终是“孤立无援的现代人”，由于当代社会中异化现象日甚一日，人类不但在肉体上遭受着痛苦，而且随着当代资本主义社会统治方式的隐蔽化，通过媒介和意识形态对人进行控制，使得人的精神世界也被扭曲。而后者导致人类的性格发生畸变，精神被撕裂。正是看到了西方社会物质繁荣而人性却被扭曲这一现象，弗洛姆创造性地提出了关于健全社会的理论。他认为社会是否健康，不但要考察其经济发展和社会富裕程度，而且更重要的是这个社会能否满足人的精神需求，能否促进人的全面而可持续的发展。在弗洛姆的关于人的生存理论中，始终跳跃着时代的节奏，他孜孜以求地探索着人类从重占有的生存方式走向重存在的生存方式的解放道路。在全面建成小康社会的今天，中国要避免重走西方发达国家只重经济发展而忽视人的需求的老路，弗洛姆关于人的生存理论可以给予很大的帮助。

一、生存的含义

生存这一概念是弗洛姆科学地理解人生活方式的核心概念，而这一概念源自对马克思关于人的思想的理解。弗洛姆认为马克思主义之所以被称为新唯物主义，其创新之处就在于，它不同于以往唯物主义仅仅是关注于物质与意识何者第一性的问题。在马克思的视域中，哲学的首先问题是人的问题，即“人的现实的生存状态怎么样”。因此，空谈人的本质或者外部世界的存在是没有意义的，重要的是要关注世界对人的意义。而人的本质就是人的生存，而且这种生存本身已经加入了时间因素，是一种可能性和不确定性。因此，弗洛姆认为所谓人的本质就是一种潜能，是一种生成性的、动态的存在，而不是一种现成的、静态的存在。与其他物种相比人类的能力是有限的，为了弥补自身先天的不足人类需要在现实的实践活动中去改造自己、完善自己。

在对外部世界的理解上，以往的哲学通常关注于“存在是什么”，而这一问题实际上是一个知识论的问题。马克思所关心的则是“人是如何在历史中自己完成自己的”。马克思不再探究自然的存在，而是研究自然对于人的生存的意义。人与世界的联系是通过人的实践活动完成的，而实践本身是一个生存的概念而非知识或是本体论的概念。在实践中，主体所关心的不是如何去认识现存的世界，而是如何将一个可能的、潜在的世界变为现实。这个世界是与人的生存相关的价值世界，这样问题的重点也就不再是如何解释世界，而更重要的是如何改造外部世界。弗洛姆认为正是这一点使得马克思的哲学理论从本体论哲学蜕变为生存论哲学。恩格斯是这样总结马克思的这一伟大贡献的，“历史破天荒第一次被安置在它的真正基础上，一个明显而以前完全被人忽略的事实，即人们首先必须吃、喝、住、穿，就是说首先必须劳动，然后才能争取统治，从事政治、宗教和哲学等等，——这一很明显的事实在历史上应有的权威此时终于被承认了”①。对于人类而言，生存是第一位的，是永恒的，人类只有在满足衣、食、住、行等基本生理需求之后，才能展开别的追求。存在价值是人类追求的终极目标，也是规定人类各种行动的终极原因。人类生命的本质是存在。马克思将生存这一主题凸显出来，表明了他对以往哲学的一种超越，马克思将这一问题提高到人类一切活动的永恒前提，从而完成了生存论的革命性变革。

在继承了马克思的生存论思想之后，弗洛姆进一步区分了人类的生存方式的两种不同的类型，即占有（to have）或存在（to be）。人类在日常生活中，总是在这两种方式中取其一而为之，或者取向占有，或者取向生存。而“占有”和“存在”概念并非弗洛姆首创，而是他通过对马克思的《1844年经济学哲学手稿》中对资本主义的批判中引申而来的。在书中马克思认为：“私有制使我们变得如此愚蠢和片面，以致一个对象，只有当它为我们拥有的时候，也就是说，当它对我们说来作为资本而存在，或者它被我们直接占有，被我们吃、喝、穿、住等等的时候，总之，在它被我们使用的时候，才是我们的。一切肉体的和精神的感觉都被这一切感觉的单纯异化即占有这一感觉所代替。人的本质必须被归结为这种绝对的贫困，这样才能从自身生育出它的内在的丰富性。”② 在弗洛姆看来占有或存在这两种生存方式是马克思关于人的概念的核心概念。在马克思的理论体系中，人与物之间的占

① 恩格斯：《卡尔·马克思》，载《马克思恩格斯选集》第3卷，人民出版社1995年版，第335—336页。

② 马克思：《1844年经济学哲学手稿》，载《马克思恩格斯全集》第3卷，人民出版社1979年版，第124页。

有关系式在私有制条件下的产物，而且人只是将物当作资本，是获利的工具。本来人与物之间有着多重丰富的联系和感觉，而在私有制中所有的一切均化为纯粹的异化关系，即占有感。在表面看起来的丰富之下，只是人的本质的空虚。因而，弗洛姆认为在马克思的著作中无论是关于经济的范畴还是人类学历史的范畴，都始终围绕着人的这两种生存状态展开。

对于重占有和重存在这两种生存方式在马克思的原著中并没有非常具体地展开，而弗洛姆运用心理分析的方法对马克思所提出的基础概念进行进一步解读和引申，以找出重占有与重存在之间的差别。弗洛姆认为对于概念的理解和解释必须要以实践的经验为基础，这一点也是他的理论体系较之法兰克福学派其他学者更为贴近马克思原意的地方。因此，在解释重占有和重存在两种生存方式的区别时，他的出发点就是他在心理治疗的临床中对大量个体和群体病症的具体研究案例。通过对这些第一手的案例进行充分的分析之后，弗洛姆认为两种生存方式的差别是对于活物和死物的爱之间的差别，更进一步说这是两种截然不同的生存体验，而每个人的体验强弱之间的差别在于自身的性格以及两种不同社会性格对其的影响。从以上的解读中可以发现，对弗洛姆来说重占有或是重生存不仅仅表现为性格上的差异，更重要的是它反映了人类的存在模式和生命体验的区别。而在马克思的原著中主要强调经济领域的差别，就此而言弗洛姆是扩大了马克思的概念并进行了扩充。为证明自己这种扩充的合理性，弗洛姆进一步引用了马克思在《1844 年经济学哲学手稿》中的一段话，“你的生存越微不足道，你表现你的生命越少，那你占有的也就越多，你的生命异化的程度也就越大。国民经济学把从你那里夺取的那一部分生命和人性，全用货币和财富补偿给你。”① 弗洛姆认为马克思这里所说的“占有”，就是一种感觉，是对物的欲望以及自私自利的心理。马克思说的重占有是一种生存状态，而不是指占有财富本身。

在人类思想史上，许多关注人的生存状态的哲学家们，其理论的核心就是对于重占有还是重存在两种不同生存方式的抉择。马克思也不例外，在

① 马克思：《1844 年经济学哲学手稿》，载《马克思恩格斯全集》第 3 卷，人民出版社 1979 年版，第 135 页。

马克思的思想中，人过上奢侈的生活和人处于贫穷状态两者之间仅仅是一个已经占有物而另一个则没有，但是从本质上来说两者没有区别，都是一种占有，都是罪恶。人生存的真正目的应该是去充分实现人的存在而不是占有。从人的感觉角度来看，重占有还是重生存实质上是人对生活的两种根本不同形式的体验，是对人生存方式的终极的考量。为了维持人的生存的必备条件，人类需要通过占有一定数量的东西来满足自身需求，来获取基本满足。然而在弗洛姆所处的高度发达的资本主义社会中，有社会生产力的高度发展，财富急剧的增加，人类的欲望可以无限制地满足。但在，占有许多东西的同时，人却没有得到幸福，这在弗洛姆看来就成为重占有的生存方式。

而相对于占有这种生存方式，人类可以充分发挥自己的潜能过一种完全发挥自己能力的全新的生活，进入重存在状态。在马克思笔下是这样描述这种生活方式的，即人与周遭世界发生联系的前提是人就是人，人是价值判断的出发点，以此为基础，人与人、人与自然之间的关系就是一种充满活力和创造性的。人与人之间是在相互信任基础上的理性的爱，人与人交往时不是依靠僵化的言语而是依靠自己行动的力量。而人在处理与自然界的关系时，也是与自然融为一体，人的生活和意志与自然的特性是相一致的。弗洛姆据此认为存在是指一种人的生存方式，在这种方式中人不占有什么，也不希望去占有什么，他心中充满欢乐和创造性地去发挥自己的能力以及与世界融为一体。在这种生存状态下，人类与世界的联系是一种真实的状态。这种存在状态是一种无法用语言描述的内心体验。“重生存的生存方式的先决条件是：独立、自由和具有批判的理性。其主要特征就是积极主动地生存。”①当这种生存方式在社会中普遍出现，并成为人们主要生活模式的时候，一个真正意义上的社会主义社会就真正出现了。因而，对于“重占有”和“重存在”的界定不但是评估人类真实生存状态的终极抽象，而且是弗洛姆眼中理想社会的愿景。

① 弗洛姆：《占有还是生存》，关山译，生活·读书·新知三联书店 1988 年版，第 94 页。

二、两种对立的生存状态的基础及实质

重占有的生存方式的基础是什么？弗洛姆简洁明了地回答这一疑问，即“是建立在私有财产、利润和强权这三大支柱之上的”①。在这样的生活中人们对自己活动不免带上了极大的偏见。在重占有的社会中，人的神圣而不可剥夺的权利是在生活中不断地捞取、占有和获利。人的自我的塑造和构建必须依赖占有，没有占有物人就无法生活。财富成为证明拥有者力量的象征，至于财富是如何获得则不是一个重要的问题。财富与义务之间是没有任何关系的，财富的获取正当性无须进行道德的考量。只有在不触犯法律的前提下，人拥有无限而绝对的权利去获取和支配财富。

在分析重占有的生活方式之前，必须区分一下功能性的占有和纯粹的重占有方式。其实，无论是重占有的生活方式，还是重生存的生活方式，都必须以保证人的基本生存为条件，人要生存必须占有一定的生活资料，这是由人的自然属性所决定的。关于这一问题马克思早已清楚地说过了，“人们为了能够‘创造历史’，必须能够生活。但是为了生活，首先就需要吃喝住穿以及其他一些东西……”② 这些吃喝住穿等就是所谓的功能性的占有。功能性占有是扎根于人的生存状态之中的，因而可以称为是生存性占有。为了维持人类的生存的占有是不会与人类的本真生存有矛盾的。与生存发生对抗的是那种重占有的占有。

弗洛姆认为，占有观念实质上是源于私有制的。他说，“重占有的生存方式是从私有财产派生出来的。”③ 在这种生存方式中，人们唯一信奉的就是据物为己有，并且一旦占有就可以永远将其保存下去。这种生存方式最大的特点就在于对分享的排斥，主体一旦获得了占有物，则在使用过程中就无

① 弗洛姆：《占有还是生存》，关山译，生活·读书·新知三联书店 1988 年版，第 75 页。

② 马克思、恩格斯：《德意志意识形态》，载《马克思恩格斯选集》第 1 卷，人民出版社 1995 年版，第 79 页。

③ 弗洛姆：《占有还是生存》，关山译，生活·读书·新知三联书店 1988 年版，第 82 页。

须再付出自己的能动性和创造性。在这种方式中，占有的一切皆为死物，人与占有物之间的关系是僵化的。乍看起来似乎人拥有一切，但是实际上却是一无所有，因为我所有的，所占有的和所统治的对象都是生命过程中的暂时瞬间。“在重占有的生活方式中，我与我所拥有的东西之间没有活的关系。”① 人所有的和人本身都变成了物的关系。从另一个角度来看，人所拥有的物也占有了人自身。这是因为人的存在是以物的存在为依据的，要证明自己的实力必须尽可能多地占有。这种重占有的生存方式，导致了人的异化，主体和对象之间是没有任何生命力，更不要说创造性。

重占有能成为一种普遍的生活方式，与这个社会的基本规范是有密切的关系的。弗洛姆在综合马克思和弗洛伊德的观点后，对重占有的生活方式提出自己独到的简介。他认为，“有效的社会规范也影响到社会成员的性格。……他们的主要特征是，有要获取财产，保持它和让它增殖即赚取利润的意愿。”② 在这种主流的社会规范的引导下，人们会认为重占有是唯一生活方式的选择，这一点可以从方方面面体现出来。

在一个重占有的社会中，即便是一个一无所有的人也迷恋自己的占有物，因为他毕竟还拥有一些东西，虽然这些东西在常人看来不名一文。在占有的基础上，人们还要想尽一切办法使自己所占有的东西增殖，以便从中获取更多的利润。在一个父权制的社会中，一名男性即使他再穷，他也占有着女人、孩子和牲畜。男性只需要让女性生育后代就可以占有更多的人——孩子。因为社会中流行的观念是，“最大的享受大概不在于对物的占有上，而在于对生物的占有。”③ 男人占统治地位的世界在人类历史上延续了五至七千年，虽然到今天这种制度已经开始动摇和瓦解，但是在许多国家中还是广泛存在的。从表面上看，妇女儿童的被占有地位发生了改变，似乎已经被解放了。但是，实质上，由于全面发达的当今社会是建立在私有财产、利润和强权基础之上的，因此，重占有并没有消失而是扩大其范围。按照弗洛姆的观

---

① 弗洛姆：《占有还是生存》，关山译，生活·读书·新知三联书店 1988 年版，第 83 页。

② 弗洛姆：《占有还是生存》，关山译，生活·读书·新知三联书店 1988 年版，第 76 页。

③ 弗洛姆：《占有还是生存》，关山译，生活·读书·新知三联书店 1988 年版，第 76 页。

察，人们不但可以把有形的事物作为占有对象，如金钱、财富、艺术品等，而且可以将无形的东西纳入占有的范围，如友谊、爱情、健康。人们不仅对物采取占有的态度，而且对人、对情感、对思想也持这种方式。因此，整体上而言重占有的生活方式是无孔不入，渗透到了我们方方面面。人与人之间在交往过程中也存在占有感，如人们现在总是习惯说我的医生、我的老板、我的员工等等。人与自己的思想、情感甚至是自我的体验之间也出现了占有关系，本来是生动活泼的东西现在异化为僵死的关系。更有甚者，人的自我本身也成为重占有的生存中的一部分，人占有自己的肉体、姓名、地位、知识、想法等等。在重占有的状态下，人的自我意识的构建不是依靠人的自身潜力的发挥，不是通过人的富有创造性的劳动，而是通过建立在自我特征基础上的占有物来完成的。

除了占有的范围在扩充，人们的占有观和占有心态也在发生变化。这是弗洛姆对从19世纪以来西方社会观念进行研究的结果。他发现在第一次世界大战之前，人们为了能长期地拥有自己所占有的一切，总是将能获得的任何东西都长久保存起来。当时的流行观念是“东西越旧越好”。而经过第二次世界大战，特别是科学技术的迅速发展、经济的高速增长，为了巩固私有制，赚取更大的利润，社会观念也随之发生改变。人们购买商品是为了扔掉它，今天的口号是：消费，别留着。在这种思想指导下的消费是一种异化的行为，这种消费是非理性的行为。人是生活在物欲的世界中，人们不停地追求新款的汽车、时髦的衣服和新奇的电子设备。但是，在获得这些不错的东西后不久，马上就开始厌倦，因为更新的产品在向他们招手。因此，在当今社会中，占有的模式也发生了变化，从长期的占有变成了一种暂时的占有，即“购买——暂时占有和使用——扔掉（或尽可能地做一笔有利可图的买卖，换一种更好的型号）——买进新的，如此往复”①。

除了前面所提到的私有制、利润和强权，维护重占有生活的三大主要因素之外，弗洛姆认为为了使重占有成为人的一种本能反应，还有一些因素是起到了促进作用。首要的因素，弗洛姆认为是语言。整个重占有的社会通

① 弗洛姆：《占有还是生存》，关山译，生活·读书·新知三联书店1988年版，第78页。

过语言向人们灌输并强化重占有的价值理念。特别是通过对人的命名，人的姓名或是一个语言符号就成了活生生的人的等价物。它暗示着其所代表的人可以永存，而且是不会毁灭的。这样一来，生命的鲜活过程被抹杀了，生命成为僵死的实体。除了对人之外，对待其他的物的描述中也存在这一倾向，也具有欺骗性。但人在用名词叙述某个物的时候，似乎这些对象都是一成不变的实体，而实际上这些物不过是引起人们身体系统产生某种感觉的能量转变过程而已，是一个运动的结果。按照弗洛姆的说法，“社会教会了我们把身体上的感觉转变为知觉，从而能控制我们周围世界（和我们自己），以便在一定的文化环境中生存下去。”[①] 因此，人们的永久占有某物的想法是建立在一种幻想之上的，表面看来人们拥有一切，但实际上是一无所有，人所拥有的仅仅是生命过程中的一种体验罢了。

另一个重要的基础就是人类与生俱来的求生的本能，而在一个重占有的社会中，这一点被不断地突出和强化。不管人们生活的幸福还是不幸福，人们在内心深处都希望自己能肉身不死，但是，现实是人终有一死。因此，人们想尽一切办法来实现自己不死的愿望。如埃及法老建造金字塔，其目的就是能在死后保存他们的尸体永远不朽；在其他宗教中，如基督教和伊斯兰教中对天堂的描述实际上也是对人们不死幻想的满足。从 18 世纪开始，虽然宗教在逐步走向衰微，但是，替代宗教幻想的信仰开始出现。例如，历史和未来成了天堂的代名词，对荣誉、名声甚至恶名的追求都意味着永生不朽的含义。对于这些东西的追求是当代社会的一种风尚，对于那些相信彼岸世界的人来说，这种追求显然已经成为一种信仰。只要能扬名于世那么人就可以不朽，而由广告所制造的梦幻成为人们新的信仰。不仅如此，现在流行的观念认为假如自我等于我占有的物，那只要这些物不消失，那自我就不会消亡。同样，“只要我是资本的拥有者，那么继承法的机制就会使我的生存是永恒的。”[②] 古代的埃及人通过不朽的木乃伊来保证自己的永生，而当今的人们则通过遗嘱来使自己长存，虽然形式发生了转变，但实质都是通过占有来

① 弗洛姆：《占有还是生存》，关山译，生活 · 读书 · 新知三联书店 1988 年版，第 87—88 页。
② 弗洛姆：《占有还是生存》，关山译，生活 · 读书 · 新知三联书店 1988 年版，第 88 页。

取得生命的永恒。

第三个有利于重占有生存方式的因素是肛门性格。这是弗洛姆的生存理论的重要特色，即将弗洛伊德的精神分析的知识融入其哲学理论中来。弗洛伊德在对儿童的成长进行观察后，发现所有的孩子都存在一个纯粹消极感受期——肛门期。而这一时期的经历会导致肛门性格的形成。这种性格的典型特征是进行不断地存储，人为存储物品而生，存储的对象可以是财产，物品以及情感首饰和语言。弗洛伊德的这一观点实际上是对 19 世纪资产阶级社会的尖锐批判，这种性格特征成为那个时代人道德行为的规范而成为人的天性。实质上，弗洛伊德是希望通过对这种性格的描述对他所处的社会运转方式和这个社会的贪婪进行批判。而这种社会性格会影响社会中每一个成员的个人性格特征，成为决定人行为的潜在的力量。而这种社会性格特征也就成为重占有社会的最好的黏合剂。弗洛伊德得出的结论是，如果占有在个人成人后仍是性格的主导倾向的话，则这个人是病态的。如果肛门性格在整个社会中是占主导地位的话，那么这一社会就是病态社会。而弗洛姆所处的时代恰恰符合上述特征，因而也是一个不健全的社会。

那么，在弗洛姆看来，理想的生存方式——重存在的生存方式的基础又是什么？这个问题似乎比较困难。弗洛姆认为，在一个重占有的社会中，人们从来没有体验过重生存的生存方式，所以，对这种生活知之甚少。只有占有才能生存，而一无所有就意味着自我的消亡，这是重占有社会的主流观念，重生存则是很难对它下一个明确定义的。但是，弗洛姆并没气馁，他通过对两种生活方式进行对比的办法，来找出这个问题的答案。

重存在的实质是一种体验，而体验是无法用语言进行描述的。而重占有，因为他涉及了物，而物是具体的、有形的，因此是可以被描述的。而用语言来定义重生存这种生活状态，展现出来的只是每个独特自我的人格面具，而人格面具本身也是一种物，物是死气沉沉的，而人则是朝气蓬勃的。究其根本，人是没有办法去用语言衡量的，因为人的存在是由许多方面体验组成的，这每一方面就像每个人的指纹一样是独一无二的，试图全面将这些独特方面说出来是徒劳的。当人将“一种体验转变为思想和语言的时候，这种体验就烟消云散了，它变得僵死干瘪，成为单纯的思想”①。人的体验是丰富多彩的，而语言本身就像是个容器，人们可以用它去容纳自己的体验和经历，但是，被它所容纳的体验与体验本身已经截然不同，是两回事。

虽然，对于重存在不能用语言去明确定义，但是它的产生的条件和特征还是可以明确地指出来的。弗洛姆认为，要形成重存在的生活方式，其首要条件是人应具备独立的、自由的批判精神。处于这种生存状态的人的最大特征就是能够积极主动地生存。而这主动性是一种发自人内心的活动，是人在生存过程中富于创造性地运用自身的力量。这种主动性与外在的、忙忙碌碌的生存方式是有本质区别的。在主动性的活动中，人可以自我更新，自我成长，能充分地去爱，从而超越孤立的自我的桎梏，对生活充满兴趣，去不断地贡献自己的智慧和力量。在一个重占有的社会中，如何达到重生存的生活呢？弗洛姆认为，重存在的生存方式本身就是一个动态的过程，在这个过程中人们对各种层面的重占有形式的消除，那么一个全新的重存在的生存方式也就自然可以建立起来。人放弃自我中心和自私自利的想法，也就是放弃自己所占有的物，那么生存的本质也就自然而然地显现出来了。但是，在一个重占有为决定大多数人的价值取向的社会中，让人们放弃自己所占有的一切是何其困难。因为，人们的安全感、满足感、幸福感是建立在占有的基础上，一旦扔掉财富的拐杖之后人们会感到不安和失落。其实，这一切都是这个重占有社会灌输给人的错觉，真实的情况是一旦人们抛弃对一切外在的东西的占有之后，当人能够充分地发挥自己的固有的能力时，倒下的只是重占有的生存方式，站立起来的则是一个真正意义上的人。

重生存的生活方式重视积极活动（行为）的能力，对于这一点弗洛姆做了重点分析。重生存是与积极主动相一致，而消极被动则与之背道而驰。为了区分这二者，必须将主动与被动的含义梳理清楚。

在现代社会中，主动性意味着人通过自己的有目的行为，而这种行为的结果是引起被社会承认并有利于社会的变化。这样去定义主动从表面看来似乎非常合理，但是，弗洛姆从中看出了问题。在这种描述中人的感受被忽

---

① 弗洛姆：《占有还是生存》，关山译，生活·读书·新知三联书店1988年版，第94页。

视了，现代意义的主动只是注意到行为本身。从事这样的“主动”活动的人到底是出于自身对工作的兴趣，还是仅仅与其所从事活动的没有任何内在的关系的旁观者，抑或他们在活动中并没有得到满足感而只是因外压力不得已而为之等等这一切都是无所谓的。因而，弗洛姆认为非常有必要更深层次地探讨主动的含义。他认为，必须把真正的积极主动和忙碌加以区分，换句话说，必须要区分所谓异化的主动和没有异化的主动。在所谓忙碌，也就是异化的主动之中，人的体验只是行为的结果，而行为本身由于是外在的因而人并未感到自己是主体。而单就这个结果本身来说又是与行为主体的人相脱离、超乎于人之上的或与人相对立的“彼岸”的东西。自我是在内在或外在的力量的驱使下来进行活动，在行动中我无法体验自身的存在，而最终我能感受的活动结果又是与我相脱离的。弗洛姆使用他在临床中的强迫性神经官能症和被催眠状态下的病人为例，来证明这种假主动在重占有社会中的存在。而这种异化的主动，实际上是一种被动的变种而已。

与上述忙碌相对立的是非异化的主动，在这种活动中活动的原动力来自人自身，在整个活动过程中人可以清晰地体验到自我的主体性。这种的主动是一个创造、生产的过程，这个过程是自我力量与能力的表现过程，我、我的活动和我的活动结果联结为一体。这种活动的一个重要特点就是具有创造性。这里的所谓创造性并不是说要创造某种新的、具有独创意义的东西。那种意义的创造仅仅是少数人如艺术家和科学家才拥有的，是需要一些先天才能的。而弗洛姆所指的创造性是人所共有的，是人类活动的行为特质。也就是说它不注重行为结果，因为那是物，而注重的是行为者——人的内心体验、感受。弗洛姆用了一个日常生活中的例子来说明这一点。读者在阅读诗歌时只要能感受到作者用语言表达出来的思想情感，与之产生共鸣，那么虽然读者并没有创造任何新东西，但是他的阅读却是创造性的。因而，弗洛姆总结道，在阅读过程中，人能完全融入书的情景中去，读者通过书这个媒介能与作者之间进行沟通。阅读本身并不带有功利性，即通过阅读想产生某种艺术或者学术成果并不是阅读的目的。创造性意味着人的一种性格取向，弗洛姆认为每一个具有健康感情的人都具有这种性格取向。一个具有创造性的人可以将自己的全部身心融入活动中去，赋予他所接触到的一切以生命力。在给予别的人和物以生命的同时，自我的潜能也就得到了实现。“主动”和“被动”的含义完全不同。忙碌即表面上看起来的主动，实际上是“被动”，是没有任何创造性的。与之对立的主动，从表面上看可以是清闲的，但实质上它是真正具有创造性的。

弗洛姆认为，对于这一点的解释马克思在《1844年经济学哲学手稿》里讲得十分清楚。马克思认为所谓“自由的、有意识的活动”就是“人类的性格特征”，也就是说，“劳动就是人的活动，而人的活动就是生活”。劳动就是人类的生存方式，在劳动中人类发挥自己的创造性和活力，充分地展示自己的人性。在马克思看来，资本代表着过去，因为它是积累的产物，它是僵死的。因而，劳动与资本之间的斗争，就意味着生存与占有、人与物、现在与过去的斗争。马克思理论的归宿在于，资本主义制度下人的“自身活动”受到了障碍，而在一个新社会——社会主义社会中，人的的生活的各方面得到重建，人能通过劳动达到人性的复归。

除了主动性这一标志之外，更深层次地反映生存的特征在于人的性格结构、人的行为的真正动机。每个人的行为似乎可以反映人的生存，但是，弗洛姆认为这只是人的一个面具、一个侧面而已。真正的生存则在于人的内心之中，这是人所未察觉，也不能直观发现的部分。这一层次就是弗洛伊德所说的无意识领域。无意识领域是受到压抑的不合理的、幼稚的和个人的体验的综合。通常，在社会中认为一个正常的人其行为是建立在意识之上的。但是，“我们所意识到的那些动机、观念和信念是由错误的信息、偏见、非理性的热情、合理化和成见混合而成的，在这些成见当中有某些漂移不定的真理，从而使我们产生了一种（当然是错误的）可靠感，以为这种混合物是真实的。”① 但这实际上是错误的观念，真正被压抑的是对实际存在的知和对真实事物的知。而人们往往是按照未被压抑的意识去生活。真正人的生存恰恰是应该注重真相，而反对虚幻的假象。“任何扩大生存领域的努力都意味着我们对周围世界、他人以及我们自我的真实存在有了更多的了解。”② 只有

① 弗洛姆：《占有还是生存》，关山译，生活·读书·新知三联书店1988年版，第164页。

② 弗洛姆：《占有还是生存》，关山译，生活·读书·新知三联书店1988年版，第165页。

透过表面把握了人的真实状况，才能达到真正意义上的生存。

弗洛姆所处的时代是资本主义高度发达，重占有生活方式现象深入到社会的方方面面。在这样一个社会中，主导的思想是重占有的生活是必然的、无法变革的，而且人性本身就是懒惰和被动，若没有物质上的刺激，整个社会将没法前进。但是，弗洛姆认为事实恰恰相反，在每个人的本性中都具有重占有或重存在的因素，对于这两种生存方式人都有可能去实践。但是，由于当代社会的基本特征，才使得重占有在人性中成为主导。人在内心深处是渴望与他人结合为一体的，而这种要求就是深植于人的生存条件之中，是人的行为的强大动力。当人类脱离自然界获得理性时，在人的内心深处也出现了一种孤独感。为了消除这种孤独感人们渴望与他人结为一体，而这种内心的冲动也就成为人行动的强大动力。与外界结合的形式可以是多样的，例如劳动中联合、偶像崇拜、民族认同等等。一个社会要能够前进和发展，就必须要促进人的某种联合和团结。由于在每个人的人性中都有两种可能性，一种是占有倾向，它源于人要活下去的生物要求，另一种是存在的倾向，它源于人以奉献、分享和牺牲为乐，源于人的特定的生存条件，所以，对两种生存方式进行抉择的可能性都是存在的。就是在一个重占有为主导的社会中，由于社会结构和价值规范有利于重占有倾向，那么人们便去追求财富、金钱和地位等。从而重占有的生活方式也就成为社会的主流。相反，若是社会结构和价值观等是促进人重生存和共同分享一切，那么人的重生存的潜能也就可以释放，重生存的生活也就可以建立起来。因此，弗洛姆认为，“我们的决定在很大程度上是受一个社会的社会经济结构制约的，社会让我们优先做出这一选择或那一选择。”① 因而，要建立重生存的生活方式其条件有二，即首先社会经济结构发生根本性变革，破除私有制，在此基础上，人类对自我的本性进行充分认识，在两者的相互作用下，一种全新的生存方式——重生存的生活方式才能真正建立起来。

① 弗洛姆：《占有还是生存》，关山译，生活·读书·新知三联书店 1988 年版，第 113 页。

三、弗洛姆生存理论的当代意义

诚如前文中所谈到的那样，弗洛姆关于人的生存方式理论对于当今中国有着非常大的现实参考意义。在他笔下所着力批判的重占有社会的现象在21世纪的中国正在程度不等地显现，人们从他理论的字里行间可以感到非常强烈的现实感。面对如此之危机，许多有识之士已经越来越深刻地认识到重占有的生活方式中所包含的弊端，他们认为人类现在所遭遇的次贷危机、金融危机、经济危机等和人的生活方式之间有着极其重要的联系。如果不彻底地改变人类的现有重占有生存方式而建立重存在的生存方式，中国将很难有希望，世界也很难有希望。因此，在当今创建何种和如何创建一种与片面的消费主义和发展主义指导下的重占有的生存方式截然不同的新型生存模式，弗洛姆的生存方式理论可以为人们提供有益的借鉴。

依从前文对于弗洛姆的重生存的生活方式理论分析，本文认为，要解决当代中国人生存方式存在的问题可以从以下几个方面入手。

第一，要对生产劳动有个全新的认识，即这不仅仅是人赖以生存的手段，更为重要的是人的全部能力的实现都是要在这一领域中完成。因此，可以说人之所以为人，根本一点是在生产领域中潜力的发挥和人性需要的满足。为了达到这一点，生产的目的必须发生改变，阻断生产与消费之间必然的联系，不是为满足人们不良的消费欲望而生产。不但如此，因为这样的变革可以消灭人类对自然过度利用而造成的生态危机，所以这种改革能够使得人与自然之间和谐相处。而从另一方面讲，由于生产是为了满足人的真实需求的，所以人与人之间的关系也可以得到改善，新型的人际关系可以得以重建。在整个生产过程中，所有的劳动者都能够以各种方式参与到生产活动的全过程，而以这种参与感为基础，人的主动性和创造性能够充分地被调动起来，人才能做到在劳动中满足自己的符合人性的需求。因为，生产过程不仅是个人生存方式中的一个极其重要的方面，而且也会从根本上影响人们生活的方方面面，所以这一领域的改革是具有决定意义的。

第二，在消费过程中必须改变越多、越新、越好的购物标准。消费品的数量的增加和款式的不断更新，和人的幸福生活之间是没有必然联系的。人类生存的真正含义是要求实现人的存在，而真正的存在与过多地占有外物是没有必然联系的。其实，只有当人类从对量的追求，变为质的提高时，实现人的真正意义上的存在也才能够成为人类生活的主题。另外，人的需求是全面的，不但有物质层面，而且还有精神和文化层面的需求。因此，社会不但要重视对物质生活的改善，更重要的是提高人们精神文化生活的档次。虽然，人只有在解决了生存困境的前提下，才有可能去追求精神生活的满足，但是，在整个社会发展的总体考虑中决不能忽视精神文化的重要性。对人的文化需求的满足，能起到愉悦身心，补偿人们在紧张的生产劳动中产生的疲劳，而且也能够激发人的主动性和创造性。只有在各个层面得到满足后，人们才能有充沛的精力更好地投入到创造性的生产劳动中去。

最后一点也是最为重要的一点，即生活在当下的中国人必须能认识到自己生活方式中存在很大的问题。如果没有这种自觉，那么任何解决的措施都无法落到实处。因为人是有思想的动物，人的一切行为都在一定理念的指导下产生，当人们处于重占有的意识包围之中时，人已经将这种病态的生活方式作为一种正常的现象而全盘接受下来，这一点其实比病态的生活方式本身还要可怕。因而，要解决当下中国面临的诸多问题，首先必须进行观念上的革命。社会一定要利用各种手段如教育、传媒等，去激发人们的批判精神，使人们能清醒地认识到问题的根源在何处。通过对整个社会性格的变革，来影响社会中每个个体的生活方式，而每个个体的改变反过来也会促进全社会的前进，只有在这种良性的互动中，中国社会在发展中遇到的问题才可能得到妥善的解决。

（作者单位：南昌大学社会学系）

人的存在方式的变化

李　霞

摘要：人的存在方式是生产方式和生活方式的统一，生产方式决定生活方式。当代社会由于生产方式和生活方式的变化，人的存在呈现几个特点：人与物的分化与统一，确定性与不确定的统一，现实性与可能性的统一，现实世界与虚拟世界的统一，回家与离家的统一。

关键词：存在方式　不确定性　现实性　可能性　虚拟世界

人的存在方式是人的生产方式和生活方式的综合，生活方式由生产方式决定，而人的精神状态、生活态度、价值观念对人的生活状态也有制约和影响作用。因此，物质生活条件决定了一个时代人的基本存在方式的条件，而每个人由于自己的生活态度和价值观念又有不同的存在状态。什么样的存在方式是人最好的存在方式，实际上和人应该怎样活着是一个问题，古今中外的哲学家都在思考这个问题。不同的思想家有不同的认识，有的认为要积极入世，有的认为要顺应自然，有的认为要各安其位，有的着眼于对社会的责任，有的着眼于自身的感受，关于人生的思考和人生的态度决定了人的生活状态和生活轨迹。关于人的存在状态，从生产方式的决定作用方面讲，马克思以宏观的历史视野作出了如下的概括："人的依赖关系（起初完全是自然发生的），是最初的社会形态，在这种形态下，人的生产能力只是在狭窄的范围内和孤立的地点上发展着。以物的依赖性为基础的人的独立性，是第二大形态，在这种形态下，才形成普遍的社会物质变换，全面的关系，多方面的需求以及全面的能力的体系。建立在个人全面发展和他们共同的社会生产能力成为他们的社会财富这一基础上的自由个性，是第三阶段。第二阶段为第三阶段创造条件。”① 在《德意志意识形态》中谈到，“个人怎样表现自己的生活，他们自己就是怎样。因此，他们是什么样的，这同他们的生产是一致的——既和他们生产什么一致，又和他们怎样生产一致。因而，个人是什么样的，这取决于他们进行生产的物质条件”②。按照马克思的判断，当代社会处于什么样的阶段呢？从总体上说，人的发展处于以物的依赖性为基础的人的独立性阶段，但是能力发展已经成为社会财富在部分人中间有了一定的条件，在走向自由个性的过程中。自由个性的实现不是一蹴而就的，在不同的领域和不同的人身上，自由个性的实现是逐步完成的。那么，当今社会，人的存在形式或者说存在状态有什么特点呢？

一、人与物的分化与统一

人在两种意义上和物是一致的，一种情况是人完全受制于物，在自然界的控制之下，大自然是人的主宰，人的行为完全是顺应自然的，这是自然经济状态下人和自然（物）的一种相处模式。这个时期，人虽然有自我意识，自我主张，但是，由于人改造自然界的能力非常有限，人只有顺应大自然才能获得生存的一席之地。这时人与自然的统一表现为人对自然的依附。人与物的统一在第二层意义上表现为，人在尊重自然规律的基础上认识自然和改造自然，与自然达成新的一致。这种新的一致是人在尊重自然的基础上通过改造自然达到人的目的。比如，人制造出很多自然无法造就出来而且永远不可能自然生长出来的东西，如房子、汽车、飞机、电视机、电脑、网络，等等。制造这些东西需要从大自然中获得原材料，生产这些东西的行为可能会破坏自然环境，如汽车燃油、尾气等排放物污染环境，这就造成与自然的不一致。但是如果我们将排放物进行了污染处理，排出的物质和水是无

① 《马克思恩格斯全集》第 46 卷（上），人民出版社 1979 年版，第 104 页。
② 《马克思恩格斯选集》第 1 卷，人民出版社 1995 年版，第 67—68 页。

害的甚至是可以重复利用的，那么就会在满足人类自身需要的基础上和自然达成新的一致。但是人的行为不一定是和自然一致的，这种不一致也表现为两种情况。一是人过度地利用自然、改造自然，造成自然环境的破坏、自然资源的枯竭，反过来威胁到人自身的生存。如人类在工业化过程中大量地挖掘矿藏、砍伐森林，排放废气、废水、废物导致自然环境的恶化。这是人为造成的人与自然的分化。这种分化看起来是人对自然的破坏，实际上是人对自己生存质量的破坏，因为人自身也是自然物，人生存的一切都是在自己制造的自然环境中。关于这种情况，恩格斯说过："我们不要过分陶醉于我们人类对自然界的胜利。对于每一次这样的胜利，自然界都对我们进行报复。"① 另一种人与自然的分化表现为人与人造物的分化。这种分化表现为人与人造物的关系发生了颠倒，本来人创造的一切都是为人本身，为了人更好地生活，但实际上，人反过来又被物控制，成为物的奴隶，人本身没有了自主权，这也就是物化。

关于这一点，卢卡奇等西方马克思主义者有过深刻的论述。卢卡奇在《关于社会存在的本体论》中谈到，事实上这种物化所反映的是主体和客体关系的颠倒，表现为：不是主体支配客体，人的世界支配物的世界，而是反过来由客体支配主体，物的世界控制人的世界。他认为，这种物化从一定意义上来说是一种意识形态力量。所谓物化意识指的是一种无批判的反射意识，处于这种状态下的意识对于其所反映的对象毫无批判能力。当今世界，物化突出地表现为消费的异化。首先，消费控制的显著特征之一就是制造"名誉消费"，把商品以及服务的品牌、档次视为消费者的等级、地位甚至人格尊严的标志。声誉消费已经远远地超越了人们生存和发展的直接需要，需要本身被赋予了强烈的意识形态色彩。其次，人的闲暇时间被纳入消费的模式之中。人的全部闲暇时间统统被纳入到一种精心设计的、迷人的消费模式之中。这样一来，人的有意义的生活和充足的闲暇时间之间的联系就被一刀斩断。在过去，人为了满足自己的局部性需要得不到任何闲暇时间；现如今，人获得了闲暇时间却仍然只能在局部性范围内满足自己的需要。因此，

① 《马克思恩格斯选集》第4卷，人民出版社1995年版，第383页。

当代物化的特征突出地表现为人失去“个性”“选择”和“自我”。物化是消费社会最自然的一种现象，自然到人们根本意识不到自己被物控制的状态，甚至感觉到这是一种享受。如，洗衣机、空调代表的是一种舒适的生活，如果我不使用洗衣机、空调，那么就被认为我没有舒适的生活，即便我的生活是舒适的。我必须具有那个阶层具有的一切东西，来证明我的阶层或阶级属性，我不是通过我自己来证实，而是通过我的物来证实。物成了符号，人在社会上的地位、荣誉都是通过各种各样的符号来证实的，而作为活生生的人什么也证实不了。“消费从以往的生活手段变成了一种时代潮流、一种生活方式，不仅渗透于社会生活的各个方面，而且成为一种普遍的心理享受和经常性的文化活动。消费不仅仅是甚至主要不是为了满足消费者生理上的物质性需要，而是为了满足其品位、虚荣、炫耀等心理需要。”① “在这种社会里，许多人不是为了生存而消费，而是为了消费而生存，消费俨然已成为时代的标志性符号。”② 消费达到的是对人的心理控制的效果。

这种人被物遮蔽的生存状态就是物化的状态。这样，在人与物的关系上，人在创造物并消耗物的过程中，逐渐忘记了人最初的目的。人具有丰富的生命，不但有物质性的需求，更有精神性的需求，人的生命的丰富性是人与其他物种的根本性区别之一。马克思说：“人双重存在着，主观上作为他自身而存在着，客观上又存在于自己生存的这些自然无机条件中。”③ 作为自身而存在使得人从自然界中提升出来。而物化的人忘记了自身的存在，或者说将自身的存在完全建立在对物的拥有上。这种将人物化的状态表现在人与人的关系上就是以物来衡量人，最后是见物不见人，真正人的价值被抛弃，人和人的关系变成了物和物的关系，或者说人自身变成了物。物在一定程度上可以反映人的生存状态，但是当人的生命全部以物来衡量的时候，这是人自己生命活动的异化。只有以人的目的和人的发展来衡量人，人才能回到人的状态，人与人才能和谐，在此基础上才能重新建立人与物的和谐。

① 陈新夏：《人的发展的新路向》，《马克思主义与现实》2010 年第 2 期。

② 陈新夏：《人的发展的新路向》，《马克思主义与现实》2010 年第 2 期。

③ 《马克思恩格斯全集》第 46 卷，人民出版社 1992 年版，第 441 页。

二、确定性与不确定性的统一

存在的确定性是指，无论人生活在什么样的状态下，人都有基本的物质需求，基本的行为模式，有基本的做人的价值原则，基本的价值判断标准，这些因素使人的存在状态具有一定的确定性。当然人的存在的确定性也不是固定不变的，但基本的价值内涵会支撑人的基本的生活状态。关于基本的物质需求，人要活着，吃喝住行都是必需的，人会为着衣食住行而不断地循环地进行活动，而且其他一切活动都是建立在对物质需求的活动之上的。关于基本的价值观念，例如，人对真善美的追求和赞美，应该是文明社会都有的价值观念。宗教中对人的要求是向善，如基督教认为人有原罪，必须不断做好事赎罪，宽恕和爱所有的人，将来才能进天堂。佛教讲轮回，善有善报，恶有恶报，六道轮回，办善事将来到极乐世界，作恶多端将来变恶鬼下地狱。不管宗教以什么内容来规范人们的行为，都是教人们向善。中国的儒家思想不是宗教，但是也是要求人们向善，儒家的核心思想就是“仁义”，“仁”就是爱人，“义”就是“宜”，该做什么就做什么，要求宽以待人，其道德理想讲求内圣外王，“仁者己欲立而立人，己欲达而达人”，即便做不了外王，也要独善其身，“己所不欲，勿施于人”，“吾日三省吾身。为人谋而不忠乎？与朋友交而不信乎？传不习乎？”（《论语·学而》）现代社会人们行为的规范有三个层次，最低的要求是法律约束，法不禁止即自由，不能碰触法律约束的底线；高一级的要求是道德规范，受良心谴责，或者怕影响个人名声，从而使人们比较自觉地约束自己的行为；最高的要求是内心信仰，它可以使人们完全自觉地规范自己的行为。任何社会，都是正向的价值和观念是社会的主流，如果负面的价值占主流的话，很快就会官逼民反，改朝换代。这些社会的价值要求保证了人的存在的确定性，也就是说，人有基本的衣食住行的物质需求，一个社会正面的价值占主流，对恒久的真善美的价值追求。

人的存在的不确定性是指，人的存在状态，包括物质生活条件，生产方式、生活方式、活动范围、交往方式等，随着生产条件的变化而不断变化。正像马克思、恩格斯在《共产党宣言》中所说，“生产的不断变革，一切社会状况不停的动荡，永远都不安定和变动，这就是资产阶级时代不同于过去一切时代的地方。一切固定的僵化的关系以及与之相适应的素被尊崇的观念和见解都被消除了，一切新形成的关系等不到固定下来就陈旧了。一切等级的固定的东西都烟消云散了，一切神圣的东西都被亵渎了”①。人的存在的不确定最根本的是指生产方式的变化导致的生活状态的变化。现代社会是一个流动的变动的社会，这一点是与传统社会的最大区别。传统社会中，人是在固定的地点（居住环境），固定的组织（家庭、村庄），固定的生活模式（日出而作，日落而息），固定的交往范围（家庭、亲戚、邻里），固定的规范要求（礼制社会），除了偶尔有人通过一定的方式如科举制度，可以跳出龙门，改变自己的生活轨迹和状态外，绝大多数人出生即决定命运，世世代代过着同样的日子，走过同样的人生轨迹。几乎所有的人都是在确定的社会秩序中有确定身份和确定生活状态的人。作为典型的日常生活的主体，也缺少改变的冲动和热情，日常生活就如均匀流逝的江水，波澜不惊，这是典型的乡土社会或日常生活世界的非历史特征。按费孝通的话说，“记忆都是多余的”，“秦皇汉武，没有关系”。② 而当代社会，大多数人通过自己的努力改变着自己的命运，从乡村走向了城市，从一国走向世界，改变着自己的生活轨迹，改变着自己的生活状态，改变着自己的交往范围，改变着自己的生活质量。现代社会，人的存在状态无时不在变化，所以人的不确定性增加。这种不确定性一是指，整个社会有多元的价值追求，社会是宽容的、多元的，并不是只有一种价值准则，并不是只有一种行为模式，也不是只有一种人生轨迹，所以，要成为一个什么样的人，是自己选择的，也是自己做出来的。只要没有触及做人的底线和法律的最低要求，你可以对自己有不同的要求，没有规则要求你一定是一个什么样的人。你可以有伟大的目标，为社会进步做出巨大的贡献，就像马克思、爱因斯坦；当然，你也可以做一个普通

① 《马克思恩格斯选集》第 1 卷，人民出版社 1995 年版，第 275 页。

② 费孝通：《乡土中国　生育制度》，北京大学出版社 1998 年版，第 22 页。

的平凡人，孝敬父母、夫妻恩爱、养育孩子。你可以将自己资产的99%用来做慈善，你也可以关起门来过自己的小日子，都是自己的选择，关键是自己的价值选择。社会有最低的做人要求，但没有最高的做人要求，所以对于自己要成为一个什么样的人，除了家庭教育、社会环境以及学校教育的因素外，只由自己的行为决定。某一个人最终要成为一个什么样的人，无论是道德人格上的追求，还是个人对社会的其他贡献，都是自己的行为造就的。人的不确定性还指的是，你最终会成为一个什么样的人，不到人生最后你无法确定，所谓盖棺才能定论。

三、现实性与可能性的统一

我们当下的生活和传统自然经济条件下的生活，有这样几个区别：一是生活方式的多元化。传统自然经济条件下，低下的生产力水平，几乎没有个人的生活空间，有的只是以家庭为单位的集体劳动。日出而作，日落而息，几乎所有的人是一个生活模式，劳动几乎是生活的全部。现代社会，分工的细致使得不同职业的人有不同的工作方式，不同的工作方式形成不同的生活方式，即便是工作方式相同，每个人都可以根据自己的爱好和追求选择不同的生活方式。有的人喜欢看书，有的人喜欢户外运动，有的人喜欢探索世界，有的人喜欢跟随内心，有的喜欢创新，有的人喜欢怀旧，等等，不一而足。二是生活范围、地点的开放性。传统社会人们的生活范围局限在狭小的范围内，而当代社会，人们的活动范围以“家”或者工作地点为核心，向外辐射，通过工作、交往、旅游，极大地拓宽了自己的活动范围，生活由此变得更加丰富。三是时间的尺度变得异常重要。传统社会是一成不变的生活，时间好像停滞了，而当代社会的变动性使得时间变得异常重要。时间意味着发展的机会，在一定的时间跨度范围内，沿着明确的目标，按计划努力实施，会感觉人和时间同步而行。如果没有规划，浑浑噩噩，时间就会悄悄地无痕地从身旁划过，这样的状态，只有年龄才是时间的标志，其他都与时间无关。我们的传统社会是以过去为定向的社会，这样的社会，经验是主要的行为依据，信而好古。当代社会是以现在为导向的社会，而它又内在地包含着未来，因为如果不包含未来的目标，现在很快就失去现实性，原地踏步意味着退步和落后。因此，这个变动不居的社会不仅以现实性为根据，也以可能性为根据。传统社会是现实性决定可能性，而现在是在一定程度上可能性决定现实性，不论对于人还是社会都是这样。因此，人们的生活具有了两个向度：现在和未来，人们的生活具有了两种状态：现实性和可能性。

关于未来的可能性有几种情况，一种是幻想，如对来世的期待，这是一种没有任何实现可能的不可能性。但是这种对莫须有的未来的期待有它的精神作用，心中的上帝可以成为冥冥中生命的导师，指导人的行为选择，实际上是人自己的价值选择。还有一种可能性是有现实的根据，但还不是现实性，经过努力有可能把可能变为现实的一种可能性。当然，这样的可能性程度有大有小，现实根据比较充分的，可能性程度就大，现实根据较少的，可能性程度就小。可能性表现为一个国家、一个单位或一个人为自己设定的目标和规划，经过努力，目标一步步实现的过程就是可能性逐渐变为现实性的过程。在新的现实性上产生新的可能性，新的可能性又变为新的现实性，就是在这样的循环往复中，逐渐达到人和社会的理想状态，当然这个过程是无止境的。因此，有目标的现实性就是有未来的现实性，这样的现实性是将可能性包含在现实性之中的，也可以说可能性就是现实性的一个组成部分。没有目标的现实性，就是没有规划的现实性，也是没有未来的现实性。只有将可能性包括进现实性之中，现实性才是有希望的现实性和有未来的现实性。因此，只有当可能性存在于现实性之中，人才是有希望也是有未来的人。有希望的未来可以激发人的潜能和动力，包含未来可能性的人生是有动力和活力的人生。

实然是人的现有的存在状态，应然是人应该有的状态。实然与应然与现实性与可能性是有区别的，可能性是因为目标和努力而包含在现在中的一种趋势，而不一定是应然状态，当然，人尽量要使自己的现有状态以应然的标准来衡量，达到应然的状态。人的实然状态从价值判断上来说有好的，也有不好的，有的实然也是应然，而有的实然则不是应然。这里最根本的是判断标准的问题，实际上就是一个时代的人应该以什么样的姿态活着的问题。

不同的时代有不同的活着的标准或者说是目标。在古代，传统社会应该的生活就是秩序的生活。在古希腊柏拉图的笔下，最理想的状态就是各安其位，正义就是各司其职。在《理想国》的《国家篇》中，柏拉图指出，理想的国家是正义的国家，正义的国家是各种人各司其职。有三种不同类型的人，由于他们各自天生的禀赋不同，要担任不同的职责。他们各自具有适合自己位置的不同的美德，统治者要具有智慧，卫士要勇敢，农夫和手艺人具备的美德是节制。① 对于个人来说，最好的人即追求善的人，追求正义和美德本身就是幸福的。正义和美德本身就是神对人的奖励和报酬。② 亚里士多德认为，幸福就是一种合乎德性的灵魂的现实活动。③ 这样的生活（合乎德性的生活）自身就是快乐的。我国古代思想家认为，和谐就是最理想的状态，人与自然的和谐，人与人的和谐，人内心的和谐。在社会领域，和谐是一种秩序，对于人的个人品质的要求是仁义礼智信，对于社会秩序的要求则是礼，各安其位，各行其是。可以说，在传统社会，应然就是按社会的要求活着，社会的要求肯定不是考虑每个人的利益，而是国家的秩序和安定。新中国成立以后，曾有一段时间，我国对社会道德建设有比较高的要求，“四有”新人，无私奉献等，社会一度风清气正。但是改革开放以来，放开经济体制束缚的同时也放开对人们的道德束缚，整个社会似乎没有了道德羁绊，毫不掩饰的自私自利、贪得无厌和欺诈的行为成为一种常态，助人为乐等美好的品质反而成为疑问，整个社会的目标似乎除了金钱没有其他追求。这种价值混乱的状况必然影响着人们的生存状态。资本统治的社会无法避免金钱的魔力，但是，经济的发展并不必然伴随着文明的倒退，社会的发展更加需要文明。在经济发展的基础上，人应该有更高的价值追求，社会应该确立一种行为判断的标准，这就是人的全面发展和社会的文明程度。以这样的标准判断自身的行为，人就会不断发展；以自身对社会文明的贡献作为价值标准，社会就会越来越文明。

---

① ［古希腊］柏拉图：《柏拉图全集》第二卷，王晓朝译，人民出版社 2003 年版，第 395 页。

② ［古希腊］柏拉图：《柏拉图全集》第二卷，王晓朝译，人民出版社 2003 年版，第 637 页。

③ ［古希腊］亚里士多德：《尼各马科伦理学》，苗力田译，中国人民大学出版社 2003 年版，第 19 页。

四、现实世界与虚拟世界的统一

虚拟世界在两种意义上存在，一是文字的世界，一是网络的世界。现实世界和虚拟世界的分离，是有了文字和网络之后才有的现象，特别是有网络之后，虚拟世界成为大众的了。在通信和信息不发达的时代，人们之间的交流、沟通和往来主要是现实中面对面的接触。最早的单纯的信息传递是靠信件，这种信息除了政务信息、军事信息就是情感信息，家人之间、爱人之间情况变化的告知、思念情感的传递，这种信息传递靠的是人与人之间的信任和真诚。更亲近的交流是面对面，无论是工作、日常生活还是休闲，这种面对面的交流，是更真实的相处，代表了情感的密度。网络的虚拟世界出现以后，人们的相处方式发生变化，人们可以不必真实地接触也可以在虚拟空间里真实地相处，虽然没有真实地在一起，但是在虚拟空间里真实地感觉到在一起了。对于人们的情感体验来说是真实的，就像真实地相处的情感体验，它同样耗费了人的时间。但是对于人的现实世界来说，虚拟世界是片面的，有时是虚假的，它和现实中的真实体验是有差别的。实际上虚拟世界的出现，改变的是人们对于时间和空间的体验，似乎相处没有了空间的羁绊，仅仅靠时间就累积了情感。但是，网络就像旅游的人对于旅行地的体验一样，仅仅是通过感觉体验到了一小部分。所不同的是，对于旅行地的体验是对真实物和人的体验，而在虚拟世界里，种种体验的感觉是真实出现的，但是这个物或者人可能是虚假的，那些大量的网络诈骗案例就是证明。即便人和物是真实的，但是，由于网络上信息的片面性和选择性而导致的想象空间和真实的现实有可能有相当大的距离，大量的“见光死”就是明证。只有网络上的人和物走到现实中，和现实相结合，它才成为现实，就像淘宝购物一样。

事实上，虚拟世界中，时间似乎被当作空间来理解和思考。就像空间上那些遥远的地方和时间上很久远的世界，在这两种情况下，别的世界都是在一定的距离之外。距离和时间都点燃想象，人们可以在想象中把不同的地方、过去的时代转译成虚拟的现在。但虚拟的地方并不是不存在，“它们作为并不虚妄的虚构在这里，作为想象的有效世界在这里”①。虚构如果包含着被认为实际、真实的事物的形象，它就不虚妄，就像小说、影视中描写的人和物。“想象的世界如果内在于存在、内在于生活、内在于‘此刻’及其之前和之后，它就是有效的。”② 我们存在的现有状态都是包含着历史的痕迹的，很多历史的东西在影响着我们，所以，历史一直是存在于现在之中的，或者存在于我们的记忆中，或者存在于我们的生活中。所以，当代人的网络生活作为占据了很多人生命时间的生活也是真实的生活，不过这种生活是在虚拟世界里。虚拟世界从印刷术时代就有，现在更有了电影、电视剧等形式，它们把虚拟世界变得像我们的世界一样真实。那些世界是从前的世界，或者是一个遥远的世界。我们有我们的世界，但我们以了解或者戏说的方式也拥有他们的世界，就像这个世界真实存在一样，我们会因为情节而有欢喜、有爱、有恨——不过是作为一个虚拟的世界，这样的世界作为一个虚拟的世界属于我们所拥有的真实的世界。这样，“我们所了解的世界和我们所拥有的世界之间的鸿沟由一条走廊连通了，这条走廊充满了书籍、叙事和描述”③。而现在更有网络，网络并不仅仅是文字，也有形象，不仅是静态的，也是动态的，不仅是即时的，也是历时的。它跨越了空间，在网络世界里，空间已经不再是障碍。但是，无论是虚构、想象还是历史，我们对于这些知识多半是在了解世界的层面上扩张，而不是在拥有世界的层面上。而且，即使人们“拥有”的虚拟世界也是有限的，是对有限信息的拥有，既然是有限信息，这种拥有就是不完全的，甚至有可能是虚假的。“此外，一个人越是想在一个虚拟空间里扩张他的世界，这个世界就越是变得不那么密实。”“广度和密度彼此矛盾。虚拟空间（地点和时间）的扩张并不总是使得‘拥有’一个世界的经验更加厚实。”④ 因为虚拟空间虽然占据了人的时间，但是它和人的身体有距离，只有与人的身体和生命相连的

① ［匈］阿格尼丝·赫勒：《现代性理论》，李瑞华译，商务印书馆 2005 年版，第 258 页。
② ［匈］阿格尼丝·赫勒：《现代性理论》，李瑞华译，商务印书馆 2005 年版，第 258 页。
③ ［匈］阿格尼丝·赫勒：《现代性理论》，李瑞华译，商务印书馆 2005 年版，第 259 页。
④ ［匈］阿格尼丝·赫勒：《现代性理论》，李瑞华译，商务印书馆 2005 年版，第 259 页。

空间才谈得上“拥有”。

五、回家与离家的统一

在传统社会，生活方式的一成不变使得时间的流逝并不明显，交往的距离也没有让人们感觉走出去的必要。一首歌中写道，“从前的日色变得慢，车马邮件都慢，一生只够爱一个人”。在当代，“同‘遥远的’过去的关系和同‘遥远的’地点的关系这两者之间的区别很快就表现出来。时间上的距离不断在增加，地点上的距离在不断缩小。历史想象开启了我们略有所知但并不拥有的过去……；技术文明则把遥远的地方变成了很近的地方”① (时间上) 不可跨越的鸿沟似乎（在空间上）可以跨越。虽然我们不可能回到遥远的过去，但是，我们可以跨越到遥远的地方，以前“父母在，不远游”，是因为遥远的距离使得远游有可能无法行应行之孝，而现在，远游不过是短暂时间的离别。

在不变的生活模式中，人们对家的概念是明确的、具体的，家是固定的、明确的，家是生活的核心，个人的生活就是以家为核心的一个圆。当今，都市化在现代人的生活方式中扮演着决定性的角色，都市化促成了家的经验的相对化。工作在变动，家在变动，每个人的生活圈子也因为工作和生活的变动而变动。对于现代男人和女人们，是否有一个特殊的地方，仍然可以称为他们的生活世界的中心？在传统上，我们把家所在的地方称为自身世界的中心，这个“家”是感情的寄托，亲情、爱情、责任之所在。“家”是放“心”的地方，只有愿意将“心”放下，放在某个地方，这个地方才可以被称为“家”。白居易有诗云，“我生本无乡，心安是归处”。苏轼也有诗，“此心安处是吾乡”。家离自己的身心近，如果某种东西离我的身心遥远，那它即便距离上是近的，仍然是遥远的。“我的‘亲密’的朋友可能很遥远，但我仍然可以和他共享一个世界；但是在大都市的一幢公寓里我的隔壁邻居

① ［匈］阿格尼丝·赫勒：《现代性理论》，李瑞华译，商务印书馆 2005 年版，第 260 页。

却可能完全是陌生人。”① 现代社会，家不再具有绝对的情感中心地位。很多人宁愿要大城市的一张床，也不要小城市的一间房，一间房代表着稳定，一张床代表着漂泊。为了自己的梦想，他们甘愿在外漂泊，所以在大城市里居住着成千上万的“漂”族，为的是能够伸手就抓到漂到眼前的机会。他们的目的是梦想的实现和事业的成功，大城市的这间房可能不是最重要的，因为他们工作的场所和工作的机会可能和这间房没有关系。而一旦获得了更好的发展，他们又到别的地方寻找机会，因此，“家”是不定的，对于漂泊流动的这些人来说，固定的“家”放不下他的心，无论是寻求事业的理想还是去需求内心价值的理想。

在传统社会里，家和陌生的地方是严格地、明确地区分开来的。人们离开家会很想念家，会思乡。思乡是一种忧郁的情感，为什么会思乡，因为家乡是安“心”的地方，家不在身边，心则不安，思乡代表的是情感归依之处。思乡成为古代诗歌的一个主要内容，如“两处春光同日尽，居人思客客思家。”（白居易《望驿台》）“想得家中夜深坐，还应说着远行人。”（白居易《邯郸冬至夜思家》）“乡心新岁切，天畔独潸然。”（刘长卿《新年作》）“风一更，雪一更，聒碎乡心梦不成，故园无此声。”（纳兰性德《长相思》）“故乡今夜思千里，霜鬓明朝又一年。”（高适《除夜作》）“独在异乡为异客，每逢佳节倍思亲。”（王维《九月九日忆山东兄弟》）举不胜举，家乡是外出的人们永远的情结。传统社会，这种思乡的情结是很自然的，因为家是快乐和情感之源。但是，在现代社会，“同生活中心点（在地点上）的这种情感关系，既有吸引力也有排斥力，是不断出现的现代生活的悖论经验之一，就像对自由的恐惧和对不自由的恐惧，独立的欲望和归属的欲望，个人主义和社群主义”②。现代人对家的情感处于矛盾之中，一方面，长久待在家里，时间的缓慢和生活状态的固定会让一个人感觉烦躁不安，对遥远的、不熟悉的、未经探索的外面的世界则充满向往，这个时候外面的世界对于他来说有快乐和幸福的希望。当然，在流动的、变动的外面待久了，内心也会变得不安，

① ［匈］阿格尼丝·赫勒：《现代性理论》，李瑞华译，商务印书馆 2005 年版，第 265 页。
② ［匈］阿格尼丝·赫勒：《现代性理论》，李瑞华译，商务印书馆 2005 年版，第 267 页。

渴望回到那个“确定性”的状态之下。“在这两种情形中，人们都感到一种缺乏，一种内在的空虚；失去了某种东西——失去了最重要的东西，生活变得空虚。”① 这种东西可以叫作内心的安定和幸福。如果快乐和希望在别处，对一个人来说，就是快乐之源的缺席，内心就会感觉空虚。如果快乐之源不在，一个人无论有多少看得见的收获，他也无法快乐。当幸福的根源在别处的时候，快乐是遥远的。所以，无论回家还是离家，其实人都是在寻找心安之处，寻找快乐之源。

我们都是生活在此的，任何东西，无论是时间上久远的过去还是遥远的未来，无论空间上距离多么遥远，它如果影响到我们，都是在此的，在此的东西对我们来说都是现在时。历史影响着我们现在的，都是我们要面对的，目标影响到我们现在的，都是我们要为之努力的。可能性之所以存在，是因为它在现实性中，如果没有理想，也就感觉不到现在的匮乏（没有理想，就看不到距离，就感觉不到理想不在的匮乏）。人们看到的、想象的都是与人的生活和发展有关的，不管是关于未来的，还是过去的。

（作者单位：德州学院思政部）

① ［匈］阿格尼丝·赫勒：《现代性理论》，李瑞华译，商务印书馆2005年版，第268页。

下 篇

中国梦与人类新文明[①]

陈学明

摘要：中国人民正在为实现中华民族伟大复兴的中国梦而奋斗。中国梦的实现意味着中华文化中王道精神与马克思主义的“真精神”的双重复兴，并在此基础上在中华民族这一古老的大地上形成了一种新的人的存在状态，在这一意义上中国梦的实现意味着一种新的人类文明的诞生。当今中国人民基于源远流长又与时俱进的“和谐”的价值理念，对于人与人之间、人与自然之间以及人内在的“身与心”之间的和谐的追求，将为中国梦抹上一层浓浓的新的文明的底色。中国梦的实现必然开创一种新的人类文明是由实现中国梦的道路必然与西方式的现代化道路不相同所决定的。中国人民对中国梦的自信不仅来自对自己所走的这一道路的独特性的认识，更来自对自己所走的这一道路的优越性的领悟。

关键词：中国梦　人类新文明　“五位一体”的建设纲领　新的存在方式　和平发展新路　原创性贡献

中国的国土占整个世界的 7.2%，而人口占整个世界的 20%。中国梦就是要通过自己的道路用占世界 7.2% 的国土让占世界 20% 的人过上好生活，这也就是说，中国梦要用与美国相当的疆域使 4 倍于美国人的中国人安居乐

---

① 本文是下述项目的研究成果：国家社会科学基金重大项目：“中国特色社会主义道路与人类文明发展研究”（项目批准号：11&ZD065）；教育部哲学社会科学重点研究基地重大项目：“西方马克思主义理论家对人的存在方式的研究”（项目批准号：11JJD710001）；上海市社会科学创新基地“复旦大学中国特色社会主义研究中心”相关项目。

业、富裕幸福。这当然是中国梦对人类文明的莫大的贡献。但这只是中国梦对人类文明的意义中很小的一部分。中国梦对人类文明的最大意义在于它将为人类文明走出困境开辟出一条新路，它的实现意味着在中国这一古老的大地上创造出了一种的新的人类文明形态。习近平总书记指出，我们要实现的中国梦，不仅造福中国人民，而且造福世界人民。他所说的“造福世界人民”当然包含着非常丰富的内容，但无疑其中最主要的是中国梦为“世界变得更为美好”提供了一幅新的文明图景，为人类社会向更高的文明形态演进创造了新的范式。

一

为什么说中国梦的实现意味着一种新的人类文明的诞生，这只要看一看中国梦的目标和内涵所在就一清二楚了。

中国人民正在为实现中华民族伟大复兴的中国梦而奋斗。那么，中国究竟进入一种什么样的状态才称得上是“复兴”了呢？如果把中华民族的伟大复兴等同于 GDP 翻几番，也就是说，如果认为一当中国的 GDP 翻几番，中华民族就复兴了，那这种“复兴”与一种新的人类文明风牛马不相及。纵观全部人类发展史，一种新的人类文明的形成，无论是农耕文明还是工业文明，物质财富的增加、生产力的提高是基础，但物质财富的增加、生产力的提高显然不是一种新的人类文明形成的全部标识。一种新的人类文明的形成是与一种新的文化精神的出现并占主导地位联系在一起的，与此相应，是与人的新的生产方式和生活方式联系在一起的，只有当人类在一种新文化精神的支配下进入了一种新的存在状态，才意味着一种新的人类文明形成了。中国梦以实现中华民族的伟大复兴为主要目标和基本内涵，而只有当中华民族的复兴超越了单纯的 GDP 的翻倍，即不仅仅是物质基础上的复兴，而是意味着中华文化中王道精神与马克思主义的“真精神”的双重复兴，并在此基础上在中华民族这一古老的大地上形成了一种新的人的存在状态，那中国梦的实现、中华民族的复兴就孕育了一种新的人类文明。

当习近平总书记提出中国梦时，他的意思十分明确，就是要实现国家富强、民族振兴、人民幸福。这三者的核心就是建成小康社会。显然，习总书记并没有单纯地从经济指标上为未来的小康社会制定蓝图，他所说的“小康社会”是个整体的概念，在这一概念中所包含的内容不仅仅是一些经济指标，而是还有社会、文化、精神、生态等的因素。他用“小康社会”来表达中国梦，是意味深长的。“小康社会”是一个中国化的概念，它来源于古代而被赋予现代内容，上承温饱社会，下启基本实现现代化。从古到今数千年来，“小康”“小康之家”“小康生活”等词在民间广为流传。在人民的心目中，“小康社会”就是“美好社会”，“小康生活”就是“幸福生活”。所以，事实上，一般民众衡量我们有没有建成“小康社会”，心中自有“一杆秤”，主要是看社会是否美好，生活是否幸福。由于“富裕”并不完全等同于“美好”和“幸福”，所以在一般老百姓看来，即使我们的社会已成了一个“富裕社会”，但并不意味着我们的社会就是一个“美好而幸福”的“小康社会”，而只有“美好而幸福”的社会才是广大人民群众所渴求的“小康社会”。如果这样来理解“小康社会”，那么中国一当达到“小康”状态，就意味着广大人民群众不仅仅过上一种富裕的日子，而且更是一种“美好而幸福”的生活，这显然是一种人的新的存在方式。如此说来，以“小康社会”为中国梦的目标，就是以一种以“美好而幸福”的生活为内涵的新的存在方式为目标。建成“小康社会”后的中国，不仅仅是“富强的中国”，同时也是“民主的中国”“和谐的中国”“幸福的中国”“美丽的中国”，这样的中国不正是代表了一种人类的新的文明吗？这充分证明中国梦不仅是“富裕梦”，而且也是“民主梦”“和谐梦”“幸福梦”“美丽梦”，这样的“梦”难道不也是一种新的“文明梦”吗？

尽管把中国梦作为当代中国的精神旗帜是中共十八大以后以习近平为总书记的新的中央领导集体的重大举措，但是中国梦对一种新的人类文明的追求的基本精神已贯穿在中共十八的政治报告之中。中共十八大将中国特色社会主义总体布局从经济、政治、文化、社会建设“四位一体”发展为包括生态文明建设的“五位一体”。事实上，中国梦与中国特色社会主义是用不同的话语表达同一个事业。中共十八大以后，以习近平同志为核心的新的中央领导集体在阐述中国梦时，一再重申中共十八大政治报告所提出的“五位一体”的中国特色社会主义的建设纲领。而正是这“五位一体”的建设纲领标志着我们所追求的中华新文明涵盖了物质文明、政治文明、精神文明、社会文明和生态文明。这说明我们的中华新文明，不仅仅在经济的层面上展现出产能的强大和物质财富的富裕，而且还充分体现于政治、精神、社会和生态等其他层面上。在政治的层面上展示出民主有序、政治清明，人民当家作主，政通人和；在精神的层面上展示出现代公民在知识素质、道德品质等方面大幅提升，人一方面能坦诚相待，另一方面又活得有尊严，文化越来越呈现出属人化、亲近化和大众化；在社会的层面上展示出社会组织的有序发展和功能优化，社会服务体系和社会保障体系日益完善，公共服务实现均等化；在生态层面上展示出人与自然的关系变敌对为和谐，社会已成为资源节约型社会和环境友好型社会，天更蓝了、地更绿了、水更清了、气更洁了。显然，实施这“五位一体”的建设纲领所带来的这“五大文明”的齐头并进，已远远超越了目前在世界上所主导的那种西方工业文明的模式。无疑，当今中国尚处于工业化中期阶段，即初步完成了从农耕文明向工业文明的过渡。但一旦我们按照这“五位一体”的建设纲领，实现了“五大文明”的齐头并进，那么在中国所出现的就不仅仅是工业文明完全“着地”的局面，而是中华文明“质的飞跃”，也就是说，这个时候的中华文明就不能仅仅用“工业文明”来加以表达，而是一种既超越农耕文明，又超越工业文明的新的文明。这种中华新文明使西方工业文明模式走下了神坛，它阻挡了当今人类文明变成清一色的西方特征。能否把这种新的文明称为“生态文明”尚待研究，我们姑且称之为“X 文明”吧！这种“X 文明”一定会在中国的大地上放射出灿烂的光芒！

二

现实无情地告诉人类：人类文明正处于历史的转折点上，如果人类不能应对所面临的挑战，不能破解所面临的难题，那么人类将随着文明的衰败而一起陨落不是没有可能的。当今人类文明所面临的挑战表现为“三大矛盾的加剧”：一是人与人之间越来越不平等，资本主义文明本来就建立在剥削和掠夺的基础之上，随着进入全球化时代以后这种剥削和掠夺的加剧，人与人之间的不平等也呈扩大趋势；二是人与自然之间的冲突越来越严重，人类的生态容量已快接近底线，工业化、现代化以牺牲生态为代价，引起了人与自然关系的失调，破坏了生态平衡，人类遭到了自然界严酷的报复，人类面临失去“家园”的危险；三是人的各种功能、需求之间越来越不平衡，人日益成为“单向度”的消费机器，人一味地把“占有”作为自己的人生的宗旨，而离开真正“属人”的存在状态渐行渐远。显然，当今文明的进步就取决于对这“三大矛盾”的破解。禁锢在工业文明的框子里显然是解决不了这“三大矛盾”的。人类正呼唤通过破解这“三大矛盾”创建一种新的文明。中国梦的实现是否具有世界历史意义，是否对人类文明的发展做出历史性的贡献，就看中国梦的实现对破解这“三大矛盾”是否有所作为。客观现实是，中国梦就是在正视和解决这“三大矛盾”中为自己开辟道路的。中国梦实现的过程也是破解这“三大矛盾”的过程，当然也就是为人类克服面临的难题，创建一种人类新文明的过程。当今中国人民基于源远流长又与时俱进的“和谐”的价值理念，对于人与人之间、人与自然之间以及人内在的“身与心”之间的和谐的追求，将为中国梦抹上一层浓浓的新的文明的底色。

中国特色社会主义道路的主要设计者邓小平在视察南方的谈话中对什么是社会主义的本质，作过经典的表述：“社会主义的本质，是解放生产力，发展生产力，消灭剥削，消除两极分化，最终达到共同富裕。”① 在邓小平看来，“解放与发展生产力”“消灭剥削，消除两极分化”“共同富裕”三者并不是并列的，而是一个层层推进的立体结构。对“消灭剥削，消除两极分化”来说，“解放与发展生产力”是手段和途径，而对“共同富裕”来说，“消灭剥削，消除两极分化”又只是手段和途径。显然共同富裕是个最终目标，它既是消灭剥削，消除两极分化的目标，更是解放和发展生产力的目标。自中国实现改革开放以来，中国领导人一直朝着共同富裕这一方向努力

---

① 《邓小平文选》第三卷，人民出版社 1993 年版，第 373 页。

着。中共十八大的政治报告重申“必须坚持走共同富裕的道路”，强调“共同富裕是中国特色社会主义的根本原则”。[①]“共同富裕”是中国特色社会主义的根本原则，当然也是中国梦的根本原则。刚刚召开的中共十八届三中全会对“全面深化改革的重大意义和指导思想”的深刻阐述，也就是对中国梦的根本原则的深刻阐述。这次全会明确提出要“改革收入分配制度，促进共同富裕”。[②]这次全会不仅向人们传递了中国将展开全面深化的改革，从而“让一切劳动、知识、技术、管理、资本的活力竞相迸发，让一切创造社会财富的源泉充分涌流”，与此同时，也向人们传递了中国将以更有力的措施促使实现共同富裕，致力于把全面深化改革的成果“更多更公平地惠及全体人民”。[③]

中共十七大一方面郑重提出了高举中国特色社会主义伟大旗帜，另一方面又旗帜鲜明地把建设生态文明作为一项战略任务摆在全党和全国人民面前。中共十八大更是把生态文明建设放在突出位置，提出要把生态文明建设“融入经济建设、政治建设、文化建设、社会建设的各方面和全过程”，向全党和全国人民展现了“建设美丽中国、实现中华民族永续发展”“走向社会主义生态文明新时代”的灿烂前景。[④]随着中国梦成为中国人民的“精神旗帜”，中国人民以更强烈的责任感和使命感探索人与自然和谐发展的文明新路。中共十八届三中全会向全体中国人民发出号召：“紧紧围绕建设美丽中国深化生态文明体制改革，加快建立生态文明制度，健全国土空间开发、资源节约利用、生态环境保护利用的体制机制，推动形成人与自然和谐发展现代化建设新格局。”[⑤]当我们在这次全会所通过的《决定》中读到“划定生态保护红线”[⑥]这样的词句时，会深切地感受到在当今世界，没有一个国家和

① 胡锦涛：《坚定不移沿着中国特色社会主义道路前进，为全面建成小康社会而奋斗——在中国共产党第十八次全国代表大会上的报告》，人民出版社2012年11月，第15页。

② 《中共中央关于全面深化改革若干重大问题的决定》，载《文汇报》2013年11月16日。

③ 《中共中央关于全面深化改革若干重大问题的决定》，载《文汇报》2013年11月16日。

④ 胡锦涛：《坚定不移沿着中国特色社会主义道路前进，为全面建成小康社会而奋斗——在中国共产党第十八次全国代表大会上的报告》，人民出版社2012年11月，第39—41页。

⑤ 《中共中央关于全面深化改革若干重大问题的决定》，载《文汇报》2013年11月16日。

⑥ 《中共中央关于全面深化改革若干重大问题的决定》，载《文汇报》2013年11月16日。

地区像我们中国那样对生态危机的严重性以及对生态文明建设重要性有如此深刻的认识，也没有理由怀疑中国梦的实现是与“美丽中国”的建设联系在一起的！

让我们简略地考察一下中国领导人是如何一步步地突破以消费为中心，使中国朝着促使人的全面发展的方向前进的。邓小平在提出以经济建设为中心的同时，还反复告诫人们要从经济、政治、文化三个方面全面建设社会主义，全面促进人的发展。江泽民在其著名的“七一”讲话中把努力促进社会和人的全面发展作为社会主义建设的本质要求提了出来。中共十八大宣布把“科学发展观”作为“党必须长期坚持的指导思想”，提出要在“促进人的全面发展上取得新成效”。① “科学发展观”的意义不仅在于促使经济而且在于推动人全面、协调、可持续的发展。习近平总书记更是把促进人的全面发展、让人民群众真正感受到生活的美好与幸福作为中国梦的重要内容，他在阐述中国梦时，总是强调树立坚定的理想信念，培育精神家园。他在全国宣传工作会议上所提出的“丰富人民精神世界，增强人民精神力量，满足人民精神需要”②，不能仅仅理解为这是对宣传工作所提出的要求，应当视为这也是对实现中国梦所提出的要求。西方工业文明使人的发展以“以物的依赖性为基础”，由于中国梦不仅是以满足人的低层次的需求为目标，更以满足人的高层次的需求为宗旨，由于中国梦的提出让人民产生了新的需求，激发人民以最完整的方式去实现自己，从而中国梦会突破以“以物的依赖性为基础”的人的发展模式，而是让人进入“自由而全面发展”的新境界。

三

一部人类文明史就是一部斗争史。自人类走出蒙昧和野蛮状态进入文明时代以来，先后经历了原始文明、封建文明、资本主义文明等文明形态，

① 胡锦涛：《坚定不移沿着中国特色社会主义道路前进，为全面建成小康社会而奋斗——在中国共产党第十八次全国代表大会上的报告》，人民出版社 2012 年 11 月，第 8—9 页。

② 参见《文汇报》2013 年 8 月 21 日。

比起以前的文明形态，资本主义文明即现代工业文明是文明的高级形态，但资本主义文明所蕴含的斗争与对抗也超过以往任何一种文明形态。进入21世纪以后资本主义“全球化”这部机器更是给世界留下了更大的灾难和沟壑，资本主义文明正借用“军事铁拳头”来支持市场这只“看不见的手”，“新帝国主义”的存在就意味着“无限战争”。正是在这样的背景下出现了亨廷顿的《文明的冲突》一书。该书提出冷战结束后世界还不会太平，人类文明仍然充满着冲突显然是正确的，尽管作者把这种冲突笼统地归结为“非西方文明的各民族与西方之间以及它们之间的冲突”这一点尚有争议。那么，人类文明难道就必然处于这种冲突、矛盾、危机的状态吗？人类文明的进步难道就必然在斗争和对抗中实现吗？中国梦的提出，能为人类文明开辟出和平发展的新路。从这一意义上也可以说，中国梦的实现将标志着人类新文明的形成。

习近平总书记提出中国梦后不久，就出访世界，从俄罗斯到非洲大地，都留下了这位中国这一巨轮新的“舵手”的身影。习近平总书记围绕着“中国梦”这一主题所做的精彩演讲，引起了全世界的关注。中国梦对世界意味着什么？习近平总书记回应了世界的关注，告诉全世界中国梦的内涵就是“顺应时代前进潮流，促进世界和平发展”，中国梦也是“和平梦”。和平与发展是时代的主题，也是中国人的逐梦之路。中国梦不会满足于“独善其身”，还要“兼济天下”。中国梦不是关门做自己的“小梦”，而是做“开放、包容、共赢、合作”的“大梦”。

把中国梦定位为“和平梦”，顺应了自实施改革开放以来中国所走过的道路。中国道路的设计者和领路人一再强调中国所走的道路是一条和平发展的道路。中国道路的总设计师邓小平在把握时代特征的基础上，明确地把和平与社会主义统一起来，努力“寻求一个和平的环境”进行社会主义现代化建设。他正式提出“主张和平的社会主义”的科学论断。中国第三代的领导核心江泽民同样以无比坚定的语气向全世界宣布中国永远不称霸，一如既往地为维护地区和世界和平做出不懈的努力。以胡锦涛为总书记的党中央领导集体在奉行和平外交政策方面也是坚守不移，这主要表现在他们鲜明地提出了中国“和平崛起”的战略。新当选中共中央总书记的习近平更是高高举起了和平主义的大旗，他在2013年博鳌亚洲论坛年会开幕式上这样说道："和平犹如空气和阳光，受益而不觉，失之则难存。没有和平，发展就无从谈起。国家无论大小、强弱、贫富，都应该做和平的推进者和促进者，不能这边搭台、那边拆台，而应该相互补台、好戏连台。国际社会应该倡导综合安全、共同安全、合作安全的理念，使我们的地球村成为共谋发展的大舞台，而不是相互角力的竞技场，更不能为一己之私把一个地区乃至世界搞乱。""我们将坚定维护亚洲和世界和平稳定。中国人民对战争和动荡带来的苦难有着刻骨铭心的记忆，对和平有着孜孜不倦的追求。中国将通过争取和平国际环境发展自己，又以自身发展维护和促进世界和平。"① 从邓小平、江泽民、胡锦涛到习近平中国所有主要领导人的这些言论，都清楚地表达了当今中国人民对和平的渴求，同时也都清楚地向全世界宣布中国的道路是一条和平发展的道路。纵观中国这些年所走过的道路，不难看出，中国人是这样想和这样讲的，也是这样做的。

一些人总把中国走和平发展的道路归结为受中国传统文化的影响，这并没有错。确实，中华民族历来是个热爱和平的民族，中华民族有着热爱和平的"文化基因"，中华文化信奉的是"和为贵""内圣外王"的思想价值观念，中国当今的和平主义发展道路无疑与中国的这种文化传统有着密切的联系。但是，即使这种联系属于"密切"的联系，中华文明的和平主义传统对当今中国的和平主义道路也仅仅是提供了可能性，要使这种可能性变成现实性还必须有现实的历史条件。换句话说，当今中国的和平主义道路并不是中华文明自然的产物，它并不是从中华文明固有的"文化基因"直接引申出来的，当今中国的和平主义发展道路是历史的结果。中国当今之所以走上和平主义的发展道路，除了取决于中国的文化传统之外，更依赖于中国的社会现实。

中国当今之所以信奉和平主义，说到底是由于我们所选择的道路是中国特色的社会主义道路，这是一条与西方的现代化道路截然有别的独特的道

① 《明者因时而变　知者随时而制——习近平在博鳌论坛2013年年会上的主旨演讲》，参见《文汇报》2013年4月8日。

路，正是这种独特性决定了它与和平主义有着本质性的联系。正因为中国的发展道路是不同于西方的，所以中国的整个现代建制不可能像西方那样建立在以所谓“原子个人”作为基本前提的，而是诉诸“集体的力量”，从而不可能像西方那样，人类文明以贪欲和扩张相伴随；也正因为中国的发展道路是不同于西方的，所以中国的文明并不是以资本为原则的文明，中国的发展需要利用资本，但中国在利用资本的同时还会限制和超越资本，中国人不会当资本的奴隶而是成为资本的主人，这样中国的发展并不是征服性和权力主义的，更不会走向霸权主义。总而言之，中国的发展道路绝对不会局限在现代资本主义文明的范式之中，而倒不如说是对这一范式的批判的脱离，这是一条不同于资本主义的社会主义道路，它有着自己的社会主义的价值目标和方向。正是这种超越了资本主义现代文明的“历史限度”的社会主义价值目标和方向，决定了中国的发展必然是一种和平的发展。

中国坚持走和平发展道路对人类文明的意义，越来越被人们所认识。著名的历史学家汤因比曾经一方面由“人类集体自杀之路”来指证西方文明的无出路状态，另一方面又把重建和平主义的希望寄托于中国，他这样说道：“恐怕可以说正是中国肩负着不止给半个世界而是给整个世界带来政治统一与和平的命运。”① 中国梦正在使汤因比当年的预见在当今的世界得以实现。

四

上面我们从各个角度论述了中国梦的前景是人类新文明的诞生。紧接着需要回答的一个问题是：中国梦是必然与人类新文明联系在一起的吗？换句话说，中国梦的实现走向一种新的人类文明是不是具有必然性？我们认为具有必然性。中国梦对人类文明的价值说到底就体现在这种必然性上。

① 参见汤因比、池田大佐：《展望二十一世纪》，国际文化出版公司 1985 年版，第 282—296 页。

关键在于，中国梦追求的是中华民族的复兴，而中国梦要实现这一目标必须走自己的路，不能照搬西方国家以及日本等东方国家走向现代工业文明的“复兴”之路。也就是说，中国必须开辟一条自己的在中华大地上实现现代化、实现民族复兴的道路，亦即我们平时所说的“中国特色的社会主义道路”。中国特色社会主义发展道路的可能性“来自它走西方资本主义道路的不可能性”。正因为中国实现中国梦的现代化道路必然是与西方式的现代化道路不同的，从而中国梦的前景也相异于西方现代化道路的前景，西方式的现代化道路带来了西方的工业文明，中国梦的现代化道路所开创的人类文明必然是与西方工业文明有别的一种人类新文明。这就是说，实现中国梦的现代化道路把中国引向一种新的人类文明的必然性，取决于这一道路与西方式的现代化道路不同的必然性。这样，为了实现中国梦，在当今中国人面前有两种选择：其一是跟在西方国家后面亦步亦趋，这样做的结果事实上是不可能达到使中国梦成真的目的，退一步说，即使在某种程度上使中国梦的某些成分得以实现，但在中国的文明前景充其量也只是西方式的工业文明；其二，用一种中国式的新型道路实现中国梦，实现中华民族的复兴，那么圆中国梦所带来的结果是在中国的大地上开创出了一种新型的人类文明。

如此说来，中国梦的实现必然开创一种新的人类文明是由实现中国梦的道路必然与西方式的现代化不相同所决定的。那么，为什么实现中国梦、实现中华民族的复兴的道路不应当也不可能重复西方式的走向现代工业文明的复兴之路呢？这是由于中国是在一种完全不同于西方社会的文化传统与社会背景下走上实现中国梦、实现中华民族的复兴的征途的。这就是说，中国文化传统和中国社会现实的特殊性决定了中国的走向现代化的复兴之路是区别于西方式的现代化道路的，而中国走向现代化的复兴之路的独特性又决定了中华民族复兴、中国梦实现的前景与西方式的现代化前景也不尽相同。在上面说及为什么中国梦的实现能为人类文明开创和平发展的新路时指出过一点。实际上，中国梦的实现为人类文明所带来的所有的正能量、正效应，所带来的所有构成一种新的人类文明的因素都是与中国道路的独特性，以及与此相应，与中国文化和中国社会现实的特殊性紧紧联系在一起的。

对中国的独特的文化传统和基本国情决定了中国必须走一条与西方不

同的发展道路这一点，没有比习近平总书记在全国宣传工作会议上的讲话阐述得更深刻更清楚的了。他强调指出，“独特的文化传统，独特的历史命运，独特的基本国情注定了我们必须要走适合自己特点的发展道路”。我们的道路、理论和制度有着自己鲜明特色和显著优势，不能照搬西方的洋办法，搬过来只会水土不服，注定要失败。他还说，这个结论，“是已经被历史证明了的事实，是已经被事实了的历史”。他提出当下的任务就是要“引导人们更加全面客观地认识当代中国、看待外部世界”。他认为，至关重要的是要“宣传阐述中国特色”，而“宣传阐述中国特色”就是要做到“四个讲清楚”：讲清楚每个国家和民族的历史传统、文化积淀、基本国情不同，其发展道路必然有着自己的特色；讲清楚中华文化积淀是中华民族最深沉的精神追求，是中华民族生生不息、发展壮大的丰厚滋养；讲清楚中华优秀传统文化是中华民族的突出优势，是我们最深厚的文化软实力；讲清楚中国特色社会主义植根于中华文化沃土、反映中国人民的意愿、适应中国和时代发展进步要求，有着深厚历史渊源和广泛现实基础。① 习近平总书记所说的“四个讲清楚”，既阐述了由于中国具有独特的文化传统和基本国情，所以中国必须走独特的发展道路；也指出了中国文化和中国国情的这种独特性究竟是什么；更说明了建立在这种文化传统和基本国情基础上的中国道路、理论和制度何以具有显著的优势，中国人民为什么有理由对自己的前途充满自信。

著名学者张维为在《中国震撼》一书中，不但论述了“中国以西方不认可的模式”的迅速崛起，给世界带来了相当的震撼，而且揭示了中国的崛起不是一个普通国家的崛起，而是一个五千年连绵不断的伟大文明的复兴，是一个“文明型国家”的崛起。在他看来，中国这一“文明型国家”确实具有独特性，它把“数千年古老文明与现代国家形态几乎完全重合”，而且在当今世界能够做到这一点的只有一个国家，那就是中国。他是这样描述中国这一“文明型国家”的特征的：“这种‘文明型国家’具有超强的历史和文化底蕴，不会跟着别人亦步亦趋，不会照搬西方或者其他模式，它只会沿着自己特有的轨迹和逻辑继续演变和发展；在崛起的道路上它也可能经历磕磕

① 参见《文汇报》2013 年 8 月 21 日。

碰碰，但其崛起的势头已不可阻挡，其崛起的方向已不可逆转；这种‘文明型国家’有能力汲取其他文明的一切长处而不失去自我，并对世界文明作出原创性的贡献，因为它本身是不断产生新坐标的内源性主体文明。”① 张维为先生断言，因为中国这一“文明型国家”的崛起包含着如此丰富的内容，所以“它给世界带来的可能是新一轮的‘千年未有之大变局’”。② 张维为先生的所有这些分析都是颇有见地的。他的基本思路是与习近平总书记相一致的。首先，他指出中国是一个“具有超强的历史和文化底蕴”的“文明型国家”；其次，他认为中国这一“文明型国家”“不会照搬西方或者其他模式”，“只会沿着自己特有的轨迹和逻辑继续演变和发展”；最后，他断言中国这一“文明型国家”“有能力汲取其他文明的一切长处而不失去自我，并对世界文明作出原创性的贡献”，中国这一“文明型国家”的崛起“给世界带来的可能是新一轮的‘千年未有之大变局’”。张维为先生在这里实际上把中国梦的实现、中华民族的复兴创造一种新的人类文明的必然性揭示出来了。我们要特别注意他关于“对世界文明作出原创性的贡献”，“本身是不断产生新坐标的内源性主体文明”的表述。中国梦的实现、中华民族的复兴所开创的人类文明是一种“不断产生新坐标”“作出原创性的贡献”的人类文明，那么这种人类文明不正是一种人类历史上从未有过的、当今人类正翘首以待的新文明又是什么呢？

（作者单位：复旦大学哲学学院）

① 张维为：《中国震撼——一个“文明型国家”的崛起》，上海人民出版社 2011 年版，第 2 页。

② 张维为：《中国震撼——一个“文明型国家”的崛起》，上海人民出版社 2011 年版，第 3 页。

对“有机马克思主义”哲学理念的质疑①

卜祥记　石建水

摘要：对有机马克思主义超越机械论世界观的理论努力及其建构生态文明的现实诉求，我深表敬意并完全赞同。然而，当有机马克思主义试图把怀特海过程哲学中的“动在”与“互在”理念输入马克思的哲学体系内，并据此为生态文明奠定哲学基础时，我认为在这里发生的却是一个双重误解：其一，它误解了马克思哲学革命的本质所在，把马克思的哲学降格为它已经本质超越了的自然唯物主义；其二，它误解了生态文明的哲学基础，把自然唯物主义意义上的普遍联系和永恒发展作为生态文明之合法性的根据。当马克思从感性活动或实践活动出发建构起实践唯物主义的理论体系时，他已经从根本上超越了一切旧哲学的“二元论”的“机械世界观”，也已经不再以自然唯物主义意义上的客观世界的“动在”和“互在”，而是以实践唯物主义或唯物史观意义上的人与自然界、人与人之间的“动在”和“互在”，即以人与自然界、人与人之间的感性对象性关系，为我们今天所倡导的生态文明建设奠定了坚实的理论基石。从怀特海的过程哲学出发去补充发展马克思主义，并以此为生态文明奠基，这不仅是舍近求远，而且严重降低了马克思的实践唯物主义世界观的理论水平。

关键词：有机马克思主义　生态文明　二元论　感性对象性关系　感性活动　实践唯物主义

① 本论文是“上海市社会科学创新研究基地（民族复兴中国梦）”的研究项目“唯物史观与生态文明研究”的中期成果。

按照小约翰·柯布（John B. Cobb，Jr.）先生的界定，所谓“有机马克思主义”，乃是一种“怀特海式的马克思主义”；它与柯布先生自己所坚持的“马克思主义的怀特海主义”的不同在于：前者立足于马克思主义的基本立场，试图用怀特海的哲学理念补充发展马克思主义，而后者则基于怀特海主义的基本立场，试图用马克思主义补充发展怀特海主义①。尽管存在着路向上的不同，但就其都强调怀特海与马克思的结合而言，却存在着内在的一致性；这种一致性集中表现在它们分享着一系列共同的哲学理念。在这个意义上，我们对“有机马克思主义”基本哲学理念的质疑所指向的有代表性观点，也就并不仅仅局限于“有机马克思主义”即“怀特海式的马克思主义”，还会涉及“马克思主义的怀特海主义”。

一、“有机马克思主义”究竟要让何种马克思主义出场

不论是有机马克思主义还是马克思主义的怀特海主义，他们都致力于对现代性的批判和对后现代的诉求；如果我们从人类文明样态的角度来解读这种批判和诉求，那么他们则表现为对工业文明的批判和对生态文明的诉求。一般而言，这种批判与诉求可以从技术性的或观念性的两个方面切入。但是，正如小约翰·柯布先生指出的那样，“我完全支持新技术所可能带来的任何收获。它们会给我们节约许多时间。但是对于我们所面临的许多问题——沙漠化、森林覆盖率的减少、冰川消融、水资源的污染和不断匮乏、

① B. 柯布：《论有机马克思主义》，《马克思主义与现实》2015 年第 1 期；按照柯布先生的这个界定，“有机马克思主义”是对一批中国学者所坚持的基本理论立场的指称。因此，杨志华先生的如下表述是有问题的——“有机马克思主义是马克思和怀特海联姻。既然是二者的结合，就有两种进路，或者是带有马克思主义色彩的怀特海主义，或者是带有怀特海主义色彩的马克思主义。柯布本人属于前者，但他认为这两种进路都是可行的、开放的、互补且相互支持的”（杨志华：《何为有机马克思主义？——基于中国视角的观察》，《马克思主义与现实》2015 年第 1 期）。因为，按照这个说法，似乎“带有马克思主义色彩的怀特海主义”与“带有怀特海主义色彩的马克思主义”都可以被统称为“有机马克思主义”了。这显然是与柯布先生的界定有所不同了。

不可控制的基因突变、空气污染、新型疾病、动植物物种的灭绝、资源的枯竭等等——，这种特定的回应仍是不够的。它们只不过延缓了全球灾难爆发的运动进程。我们需要的，不仅仅是技术（技术有时带来的问题比其所解决的问题还要多些），我们还需要改变或改善我们看待世界的方式和最深层的敏感性。”① 据此，有机马克思主义把对现代性或工业文明的批判指向它赖以存在的哲学基础理念的批判，并因此要求把怀特海哲学与马克思哲学结合起来，确立一种全新的哲学理念——“整体有机论”②。

在他们看来，现代性或工业文明赖以存在的哲学理念是“机械论世界观、分析主义方法论和个体主义价值观”③，是“现代机械论和个人主义思维方式”，是人与自然界关系上的“二元论”和人与人关系上的“个人主义”④。正是这种“二元论”的“机械世界观”，才导致了“人们习惯于把自然界当作工具”，导致了人对自然界的无穷尽掠夺以及随之而来的生态问题。只有从根本上突破“二元论”的“机械世界观”，超越工业文明和构建生态文明的时代性任务才是根本可行的。正是在这里，有机马克思主义发现了怀特海哲学——过程哲学、有机哲学或机体哲学——的重要性；在他们看来，怀特海哲学的重要性就在于：“它一方面强调一切现实的存在都是‘动在’，‘动在’是构成世界的终极实在。另一方面强调，一切‘动在’在根底上都是‘互在’，都是关系性的存在。整个宇宙是一个无限开放的动态的联系之网，是一个相互依存的有机生命整体。事物之间是相互关联、相互依傍、相互包含、相互成全。”⑤ 据此，有机马克思主义强烈要求把怀特海的有机哲学与马克思主义哲学紧密结合起来，把怀特海的有机哲学思想输入到马克思主

① ［美］小约翰·柯布：《文明与生态文明》，李义天译，《马克思主义与现实》2007年第6期。

② ［美］柯布、樊美筠：《现代经济理论的失败：建设性后现代思想家看全球金融危机——柯布博士访谈录》，《文史哲》2009年第2期。

③ 杨志华：《何为有机马克思主义？——基于中国视角的观察》，《马克思主义与现实》2015年第1期。

④ ［美］柯布、樊美筠：《现代经济理论的失败：建设性后现代思想家看全球金融危机——柯布博士访谈录》，《文史哲》2009年第2期。

⑤ 王治河、杨韬：《有机马克思主义及其当代意义》，《马克思主义与现实》2015年第1期。

义哲学中；所谓有机马克思主义，正就是这一理论结合的产物。但是，问题在于：

第一，在传统的马克思主义哲学理论体系中，难道缺少了怀特海的“动在”与“互在”的哲学理念吗？对此，我们在有机马克思主义的相关理论表述中找不到明确的说法。但是，既然他们要实现怀特海与马克思的结合，并要求把“动在”与“互在”的哲学理念输入到马克思主义哲学中，那显然就意味着马克思主义哲学是缺少了这个哲学理念的。然而，对于任何一个熟悉马克思主义哲学理论体系的马克思主义者来说，这样的判断是不可接受的。实际上，在整个辩证唯物主义的理论体系内，几乎充满了怀特海所阐释的“动在”与“互在”的哲学理念。这是一个不可否认的理论事实。既然如此，那又有何必要把怀特海与马克思结合起来，把“动在”与“互在”的哲学理念输入到马克思主义哲学理论体系内呢？我们认为，如此丰富发展马克思主义的理论尝试，即使不是错误的，也是毫无意义的。

第二，从把马克思主义哲学的基本理念输入怀特海哲学的合理性，不能倒推出把怀特海哲学输入马克思主义哲学的合理性。有机马克思主义的形成，显然受到了以柯布先生为代表的“建设性后现代主义”或“马克思主义的怀特海主义”的影响。柯布先生非常关注怀特海的过程哲学，并试图以马克思主义丰富推进怀特海哲学。这是令人尊重的理论尝试。在柯布先生看来，怀特海哲学表达了与“二元论”的“机械世界观”完全不同的哲学理念，“怀特海主义对现代性的替代更是一种生命转换”。但是，怀特海哲学的过程哲学思想有重要的理论缺失，这些理论缺失就是柯布先生自己所说的他所“热爱”的“马克思关于社会秩序的一些洞见”。[①] 换言之，在柯布先生看来，怀特海哲学有关“动在”与“互在”的有机整体主义的思想还仅仅局

① 根据柯布先生自己的表述，马克思关于社会秩序的洞见表现在：“第一，研究和思想的目的是为了世界的福祉；第二，我们应该从人作为一个整体的角度来看待福祉；第三，在理解人类世界时，我们应该看看表面之下、公开规则的深层结构及其解释；第四，经济生活是至关重要的；第五，至少从文明兴起以来，强者在剥削弱者；第六，阶级分析非常重要，富于启发；第七，如果不能完全消灭剥削的话，我们的目标应该是一个大大减少剥削的文明”（B. 柯布：《论有机马克思主义》，《马克思主义与现实》2015 年第 1 期）。

限于自然哲学的领域，并未直接触及对社会秩序的分析；而马克思对社会秩序有深刻的“洞见”，因此柯布先生要求以马克思主义补充发展怀特海哲学。这一理论路径是科学的，也是合理的。但是，从“马克思主义的怀特海主义”的合理性是不能倒推出“怀特海主义的马克思主义”的合理性的，因为在马克思主义这里，我们并不缺少怀特海以“动在”与“互在”概念为核心所表达的普遍联系与永恒发展思想的。

第三，有机马克思主义究竟要为自己奠定什么样的马克思主义哲学的理论基础呢？如果我们把有机马克思主义作为马克思主义的新进展，作为马克思主义出场的一个新路径，那么，通过怀特海与马克思的结合，有机马克思主义为我们所出场的马克思主义在其哲学基础上不过就是传统的马克思主义哲学，即作为强制性理论拼接的辩证唯物主义与历史唯物主义，即以自然唯物主义为基础的历史唯物主义。如果说“马克思主义的怀特海主义”通过把马克思的社会分析理论引入怀特海哲学，致力于把怀特海的自然唯物主义哲学引向对现代性的社会批判，那“怀特海主义的马克思主义”或“有机马克思主义”则恰恰相反，它通过把怀特海的自然哲学引入马克思主义哲学，进一步把马克思主义哲学自然哲学化，并以自然哲学为基础展开对现代性的批判。在这里，马克思哲学的实践唯物主义本质再度被淹没于自然唯物主义的理论传统中，马克思哲学之作为哲学革命的本质性维度再度被自然唯物主义所遮蔽。从作为自然唯物主义基本理念的“动在”与“互在”出发，从“基于20世纪量子力学等新科学成果而颠覆现代思想的新世界观和方法论”出发，从怀特海的有机哲学“智慧”——“关联性：万物都是彼此内在关联的；过程性：没有什么东西是永恒不变的；整体性：整体大于部分之和”①——出发，而不是从马克思的实践唯物主义出发，不是从柯布先生也已经看到并深深“热爱”的马克思社会分析理论的“洞见”出发，去展开现代性的哲学批判，为生态文明进行哲学性的奠基，这在理论上是一种不可理解的倒退。

① 杨志华：《何为有机马克思主义？——基于中国视角的观察》，《马克思主义与现实》2015年第1期。

二、作为“动在”与“互在”的自然唯物主义哲学理念能否为生态文明奠定哲学基础

从“动在”与“互在”出发为生态文明进行基本哲学理念的奠基，这是有机马克思主义的基本观点。这一奠基过程是在从自然唯物主义世界观向自然主义价值观的过渡来完成的。

首先，在他们看来，与“二元论”的“机械世界观”不同，“有机马克思主义的哲学基础是有机哲学（又称机体哲学或过程哲学）。作为一种观照世界的新视野，有机哲学既是世界观、方法论，也是价值观”。作为一种世界观，它强调一切现实的存在都是“动在”，“动在”是构成世界的终极实在，而一切“动在”在根底上都是“互在”，都是关系性的存在。整个宇宙是一个无限开放的动态的联系之网，是一个相互依存的有机生命整体。事物之间是相互关联、相互依傍、相互包含、相互成全。其次，由这种“整体有机论”的世界观，引申出了有机哲学的“尊重他者，关心他人”的核心价值观。在这里，又有两个理论环节：其一，“由于在有机哲学中，关系是作为宇宙本质性的东西被看待的，一切存在都是关系性的存在，任何‘动在’都是‘互在’，万物一体，相互依存，休戚与共。离开他者，自我无法存在，因此，我们必须‘责无旁贷地关心他者’”。其二，“自然有自己的价值和尊严，自然既是客体也是主体，它们的存在并非只是供人类使用，它们有自身的价值。为此需要哲学观念上的变革，需要呼唤生态启蒙，确立生态意识，这种生态意识告诉我们人类是作为一个更大的自然生态系统的一部分而存在的，人类的繁荣有赖于整个生态系统的繁荣”①。

作为生态文明的拥趸，我非常欣赏有机马克思主义的理论探索精神，也基本上赞赏它的大多数理论主张。但是，我对有机马克思主义试图从自然唯物主义意义上的基于“动在”与“互在”而来的“本体论上的平等”和

① 王治河、杨韬：《有机马克思主义及其当代意义》，《马克思主义与现实》2015 年第 1 期。

“自然的内在价值”——“整个自然生态系统有其内在价值，所有的动在都有一种内在的价值”[①]出发，为生态文明的合法性进行哲学本体论上的论证和哲学理念的奠基，却有着不同的看法。

第一，仅仅从“动在”与“互在”的哲学理念出发，无法彻底划清有机马克思主义世界观与“二元论”的“机械世界观”的理论界限。直接地看来，有机马克思主义由于强调“动在”与“互在”，因而与“二元论”的机械唯物主义的世界观似乎是完全不同的。然而，这种不同究竟何在？如果仔细深思其间的差异，我们就会发现它并非本质性的，因为机械世界观并不否认“动在”，而是仅仅把“动在”之“动”归结为机械运动或物理运动，也并不否认“互在”之“互”，而是把“互在”局限于机械关联或物理关联的层面。如果要真正地超越机械唯物主义世界观，就必须把“动在”与“互在”推广到一个更高的运动形式上，即把社会运动纳入“动在”与“互在”的理论框架内，即把人的因素纳入到纯粹客观主义的诠释框架内。在这里出现的就是康德以及由于康德而来的黑格尔、费尔巴哈哲学提出问题的全新理论方式。基于这种提问方式，“动在”与“互在”必将丧失其自然唯物主义的性质，而决定性地走向主体性的或人本主义的理论视域。在这样的理论视域内，对与人无关的“动在”与“互在”进行单纯自然主义的拷问已经失去了意义。正是由于这一点，马克思才把以霍布斯为代表的自然唯物主义称之为“漠视人”[②]的唯物主义，而把费尔巴哈的唯物主义称之为“和人道主义相吻合的唯物主义”[③]。马克思的这一论断深刻地提醒我们：要实现对自然唯物主义或机械世界观的超越，仅仅讨论并确立“动在”与“互在”的立场已经远远不够了；机械世界观的本质性症结已经不再是它是否承认以及以何种形式承认自然界或整个世界的“动在”与“互在”，而是如何对待作为“动在”与“互在”的自然世界与人的关系，是以“自然中心主义”还是以“人类中心主义”的方式处理人与自然的关系。因此，试图通过对世界之作为“动在”与“互在”存在状态的确认，达成对“二元论”的“机械世界观”

① 王治河、杨韬：《有机马克思主义及其当代意义》，《马克思主义与现实》2015 年第 1 期。

② 《马克思恩格斯文集》第 1 卷，人民出版社 2009 年版，第 331—332 页。

③ 《马克思恩格斯文集》第 1 卷，人民出版社 2009 年版，第 327 页。

的超越，乃是一种舍近求远的理论游戏。

第二，仅仅从“动在”与“互在”的哲学理念出发，无法彻底划清有机马克思主义与人类中心主义、自然中心主义的理论界限。解构人类中心主义和自然中心主义的思维框架，对有机马克思主义构建生态文明理念具有极为重要的理论意义。但是，这一至关重要的理论解构工作，是不可以从“动在”与“互在”的哲学理念出发的。因为：其一，作为世界观的“动在”与“互在”所要阐发的不过是普遍联系、永恒发展的思想，人类中心主义或自然中心主义并不否认世界的普遍联系与永恒发展，它们也是以此基本理念为前提的；人类中心主义或自然中心主义的症结在于，它们要为这一普遍联系和永恒发展的图景设置一个中心和出发点——“人”或者是“自然界”。其二，从作为普遍世界观的“动在”与“互在”的哲学理念，既可以引导出自然中心主义，也可以走向作为其理论反面的人类中心主义。回顾唯物主义（实体主义）与唯心主义（主体主义）的历史，我们已然可以看到：一方面，强调世界的“动在”与“互在”，是完全可以把世界解释为一个在人之外并不依赖于人而独立存在的物质实体的世界的。这样一种自然唯物主义或辩证唯物主义的“动在”与“互在”思想，难道不就是一种强调自然界可以以一种与人无关的自然状态而自在存在的自然中心主义吗？在某种意义上，自然唯物主义或辩证唯物主义就是一种马克思所谓的“漠视人”的自然中心主义；另一方面，这种唯物主义意义上的自然中心主义又可以极为容易地走向人类中心主义，因为这样一种看似中心而独立实存的、作为“动在”与“互在”的自然世界，同时也是人类主体的认知对象和改造对象，是满足人类主体的求知欲和生存需要的实体世界。

第三，从“动在”与“互在”的哲学理念出发为生态文明奠基，需要完成多此一举的理论跳跃。这一跳跃就是必须从一般意义上的“动在”与“互在”，跳跃至人与自然界关系层面上的“动在”与“互在”；只有把人与自然界之间的关系设定为“动在”与“互在”，才能据此为生态文明的合法性提供哲学理念的证明。从现实的历史来说，这一跳跃就是从工业革命时代所开创的工业文明向后现代生态文明的跳跃；从哲学理念的历史来说，就是从一切旧哲学（自然唯物主义与思辨唯心主义）向马克思的实践唯物主义的跳跃。换言之，从一般意义上的普遍联系和永恒发展而言，是既可以为工业文明论证，也可以为生态文明奠基的；它们都是符合“动在”与“互在”的基本理念的。但是，只有把作为主体的人引入“动在”与“互在”的理论框架中，从而在人与自然界的“互在”关系范围内，才可以区分出自然中心主义与人类中心主义，才可以划清工业文明与生态文明在其赖以为据的“自然观”或“人观”之上的本质性界限；只有在人与自然界的“互在”中，我们才可以讨论“生态”这一概念——对于一个在人之外存在，并且与人无关的单纯“动在”与“互在”的世界而言，是根本不存在生态问题的。既然如此，我们又何必舍近求远，从自然唯物主义或辩证唯物主义意义上的作为抽象理念的“动在”与“互在”出发，然后再附加上作为主体的“人”的因素的引入，去为生态文明进行哲学理念的奠基？我们为何不可以直接从人与自然界的关系切入，从人与自然界之间的“动在”与“互在”出发，直接为生态文明的合法性进行哲学上的证明？

第四，“自然的内在价值”是生态文明理论体系内的“特洛伊木马”。只要从自然唯物主义或辩证唯物主义意义上的“动在”与“互在”出发为生态文明进行理论上的奠基，“自然的内在价值”的概念就是一个必要的理论过渡环节。这是由两个原因造成的：其一，当自然界被设定为自在自为的“动在”与“互在”时，面对工业文明对待自然的个人主义和利己主义态度，只有设定出自然界本身的内在价值才可以为保护自然提供大家似乎都可以认可的客观根据；其二，即使把自然唯物主义意义上的“动在”与“互在”推进到人与自然界之间的“动在”与“互在”，只要我们依然在一般意义上的普遍联系的内涵上去诠释人与自然界之间的“互在”，从而把人与自然界的关系仅仅解释为一种“人与自然应该和谐共处”的“动态的平衡关系”①，我们也还是只能通过借助于对自然界的内在价值的先验预设，为保持这种和谐共处的动态平衡关系设定一个自然科学意义上的边界。

但是，这个根据与边界是有问题的。其一，对自然界内在价值的设定

① ［美］柯布、樊美筠：《现代经济理论的失败：建设性后现代思想家看全球金融危机——柯布博士访谈录》，《文史哲》2009 年第 2 期。

不足于约束工业文明的车轮。自然界的内在价值是一种客观主义的判断，它所表达的是与人无关的自然事物之间的关系——对此，生态学用诸如“生物链”之类的概念来指称它，因而“内在价值”这一看似主观性的概念是有科学或生态学根据的。然而，作为不同于自然存在物的人的存在需要具有内在价值的自然界为人的需求的满足源源不断地提供生存资料。在人的生存不能得到基本保障的前提下，自然本身的内在价值是完全可以忽略不计的。因此，我们显然只能在人与自然界和谐共存的关系范围内，而不是仅仅局限于自然界本身的存在意义去论证自然保护的必要性。其二，自然界的内在价值内在地包含着颠覆生态文明的可能性。对自然界之内在价值的设定本来是为了论证保护自然的合法性，但是当我们赋予了自然界本身的内在价值后，它的这一内在价值反过来却可以成为人类掠夺自然的理由与根据。正如埃伦费尔德指出的那样：当人道主义的自然保护论者试图通过发现非资源和资源一样也是有价值的——娱乐和美学价值、未发现的或未开发的价值、稳定生态系统的价值、作为生态范例的价值、环境基线和检测价值、科学研究价值、教学价值、栖息地重建价值、避免不可逆改变的保守价值等，——因而也是必须保护的时候，埃伦费尔德就曾一针见血地指出了它的症结所在，即发现非资源的资源性往往是极其危险的，“如果动物被认为是资源，并值得拯救的话，它们必定适合于开发”。① 换言之，价值概念本身就与对他者的利己主义、功利主义态度有着内在的一致性，价值概念本身就植根于所谓的机械思维、二元对立的思维方式。如果说“内在价值，感受的丰富性，生命过程的潜在可能性，都激起我们的关爱与敬畏之情”②，那么它同样可以激起征服自然的利己主义和功利主义的欲望。

① ［美］戴维·埃伦费尔德：《人道主义的僭妄》，国际文化出版公司1988年版，第167页。

② 杨志华：《何为有机马克思主义？——基于中国视角的观察》，《马克思主义与现实》2015年第1期。

三、马克思是一个现代性或现代主义思想家吗

把马克思看作是一个现代性或现代主义的思想家，这几乎是有机马克思主义的一个普遍见解。构成这一基本判断的逻辑在于：其一，现代性是造成现代文明危机的深层原因①；其二，现代性的核心特征是机械主义世界观②；其三，马克思主义就是这种机械主义世界观。因此，马克思是一个现代性或现代性主义思想家③。具体说来，马克思主义的世界观与机械主义世界观的共通之处在于：(1)“这种机械主义世界观将宇宙看成毫无内在关联的无生命的‘死物质’的‘堆积’。极端者甚至将人也视为机器。”④ (2)“决定论的历史原则，工人阶级革命的自发性，将自然界仅仅看作阶级斗争发生的背景，只为人们提供唯物主义的素材，贡献原材料和提供劳作机会”，都

① 王治河和杨韬认为：“如果将生态危机单纯归结为制度原因，则无法回答为什么一些社会主义国家包括今日中国的生态危机‘竟然丝毫不逞多让资本主义国家’。……有机马克思主义承认对于今日的生态危机，资本主义难辞其咎，但并没有把自己局限于对资本主义的批判上。在它看来，造成现代文明危机的背后还有更深层次的原因，那就是‘现代性’。换句话说，‘现代性’是造成现代文明危机的深层原因。”(《有机马克思主义及其当代意义》，《马克思主义与现实》2015 年第 1 期）杨志华根据柯布的观点也谈道：“生态学马克思主义认为，生态危机的根源是资本主义制度及其生产方式。但柯布认为，资本主义与生态危机两者之间没有绝对的联系。他认为，如果我们摆脱资本主义形态，生态危机也不会完全消失。”(《何为有机马克思主义？——基于中国视角的观察》，《马克思主义与现实》2015 年第 1 期）

② 王治河、杨韬：《有机马克思主义及其当代意义》，《马克思主义与现实》2015 年第 1 期。

③ 对于马克思之作为现代性或现代主义思想家的判定，与有些学者比较隐晦的表达不同，杨志华有公开的指证：“在这个意义上，怀特海的有机哲学与马克思主义之间的差异性也有迹可循，最大的差异在于：前者是后现代性哲学纲领，后者则是现代性哲学纲领”；“在建设性后现代思想家看来，马克思仍然是现代主义的思想家，马克思主义的一些现代主义假设——比如，决定论的历史原则，工人阶级革命的自发性，将自然界仅仅看作阶级斗争发生的背景，只为人们提供唯物主义的素材，贡献原材料和提供劳作机会——已经不能符合后现代的科学和后现代的生活情境。”(《何为有机马克思主义？——基于中国视角的观察》，《马克思主义与现实》2015 年第 1 期）

④ 王治河、杨韬：《有机马克思主义及其当代意义》，《马克思主义与现实》2015 年第 1 期。

是“马克思主义的一些现代主义假设”①。(3)“强调规律和决定论，是现代思想的一个根本教条”，而“柯布指出，怀特海的有机哲学要求更加关注文化和精神因素，而不只是经济决定论，这超出了经典马克思主义”。② (4)“在有机哲学的视野中，不存在主体与客体、自我与他者、人与万物、历史与自然之间的二元论，有机哲学将努力克服对人和对自然界的异化。而这种对自然界的异化，被怀特海主义者看作是迄今为止马克思主义者和资本主义者均具有的特点。”③ (5)“因为马克思主义与资本主义都一样追求增长，追求物质生产的最大化。今天的人类应对如此严峻的生态危机，不能一味地依赖增长和追求增长。在此意义上，马克思主义也是现代化的一种形式。马克思反对的不是现代化，而是资本主义经济发展方式。马克思的生态经济发展模式也是在现代化的背景下产生的。”④

简言之，马克思主义由于坚持作为现代性核心特征的机械论世界观，所以马克思是一个现代性思想家；而马克思主义之作为机械论世界观的基本表现在于：它坚持人与自然的二元论立场，从而把自然仅仅看作被征服的“死物质”的“堆积”，看作是只为人们提供唯物主义的素材、贡献原材料和提供劳作机会；马克思只关注在征服自然的过程中所导致的社会冲突和阶级斗争，而不关注自然生态平衡的重要性；在社会问题的研究中，马克思强调“规律论”和“决定论”，并只关注经济的决定性作用，而不关注文化和精神因素；马克思是一个经济增长论者，他所反对的只是资本主义的经济增长方式；这就意味着马克思只是把生态危机的根源归结为资本主义，而没有看到造成现代文明危机的更深层次的根源——机械主义世界观。所以，马克思是一个现代性思想家，必须把怀特海的“整体有机论”的世界观输入

① 杨志华：《何为有机马克思主义？——基于中国视角的观察》，《马克思主义与现实》2015年第1期。

② 杨志华：《何为有机马克思主义？——基于中国视角的观察》，《马克思主义与现实》2015年第1期。

③ 杨志华：《何为有机马克思主义？——基于中国视角的观察》，《马克思主义与现实》2015年第1期。

④ 杨志华：《何为有机马克思主义？——基于中国视角的观察》，《马克思主义与现实》2015年第1期。

马克思主义，改造马克思主义。有机马克思主义就是这一理论改造的伟大成果。①

由于前文已经对马克思主义是否缺少“动在”与“互在”的哲学理念、是否是一种“二元论”的“机械世界观”表明了我们的立场，并且也已经说明了从自然唯物主义或辩证唯物主义的“动在”与“互在”理念出发，是无法直接为“生态文明”奠定哲学基础的，因此，对马克思作为现代性思想家之如上根据的质疑将集中在以下几个方面：

第一，马克思的确没有生态问题的专论，但不能由此设定马克思是一个主张征服自然的“二元论”者。对于马克思而言，在他所处的时代，自然生态问题虽然已经开始出现，但比自然生态更为重大的时代问题是社会生态的恶化，是资本与劳动的对立以及作为这一对立之人格化存在的资本家与工人阶级的对抗，是工人阶级的非人化生存状况。因此，揭示“非神圣世界中的自我异化”，构建“关于现实的人及其历史发展的科学”，揭示“现代社会的经济运动规律”②，为实现工人阶级的解放和人的自由全面的发展提供理论武器，就成为马克思当时所面对的最迫切的时代课题。在破解这一课题的整个历史过程中，马克思的确没有集中讨论过生态哲学问题，也没有给我们留下有关生态问题的专论。这一理论事实也正是“有机马克思主义”的理论尝试在今天存在的意义和价值所在。但是，如果这样的理论探索和尝试不仅不去深入挖掘马克思实践唯物主义思想中的生态哲学思想，却以对马克思是一个“二元论者”的指责与设定为前提，并自我标榜为根本超越马克思“机械世界观”的全新哲学样态，这就不免有些“夜郎自大”了。事实上，在马克思的任何一本经典文献中，人们都是不可能找到马克思主张人与自然界“二

① 在刊发于《马克思主义与现实》2015 年第 1 期（第 91 页）的论文“有机马克思主义及其当代意义”中，王治河和杨韬认为：“我们同意有些学者的分析，认为有机马克思主义拓展了马克思主义研究的学术版图，深化了我们对资本主义的认识，丰富了当代马克思主义的百花园，‘为马克思的社会理想注入新的活力’（[美] 费劳德：《马克思与怀特海：对中国和世界的意义》，《求是学刊》2004 年第 6 期）；从哲学到经济、政治、文化、社会、法学等多学科领域‘充实了中国特色社会主义理论体系’（余敏、李丽纯：《中国特色社会主义现代化道路的重要启示》，《文史博览（理论）》2013 年第 9 期）。”

② 《马克思恩格斯文集》第 5 卷，人民出版社 2009 年版，第 10 页。

元对立”的“二元论”论断的；恰恰相反，从马克思早期的《1844年经济学哲学手稿》到后期的《资本论》，在对人与自然关系以及作为这一关系之根据的全部论述中，马克思反复强调的乃是人与自然之间的感性对象性关系，是造成这一关系的感性对象性活动——即感性活动、劳动或实践；以“异化劳动”或“机器大工业劳动”为代表的人与自然、人与人的“二元论”的理论立场和“二元对立”的残酷现实，恰恰是马克思的批判对象。就此而言，“有机马克思主义”的理论水平绝不像它自誉的那样是对“生态学马克思主义”的超越，而是远远低于从马克思思想的内部呈现马克思生态学思想的“生态学马克思主义”的。

第二，马克思的确没有文化问题的专论，但不能由此设定马克思是一个“经济决定论”者。早在马克思去世（1883）后不久，他所创立的唯物史观就遭到人们的歪曲，被误读为“经济决定论”。柏林大学的学生约·布洛赫（1871—1936）曾经就此给当时健在的恩格斯写信（1890），询问马克思的唯物史观是否就是人们所理解的“经济决定论”（economic determinism）。尽管恩格斯在1890年9月21—22日回复约·布洛赫的信中对此做出了澄清，指出“经济状况是基础，但是对历史斗争的进程发生影响”的还有“上层建筑的各种因素”，“政治的、法律的和哲学的理论，宗教的观点”[①]等等，但此后对马克思唯物史观的“经济决定论”误解从来就没有消失过。在这个方面，以考茨基（《唯物主义历史观》，1924）为代表的第二国际的理论家们应该承担主要责任。实际上，尽管马克思并没有写出文化哲学的专论，但在其相关文献中，不乏对文化、精神因素历史作用的分析。比如在《路易·波拿巴的雾月十八日》（1869）对法国大革命爆发原因的分析中，既有对作为最根本原因的经济利益冲突的分析[②]，也有对僧侣、封建贵族和市民阶级之间

① 《马克思恩格斯文集》第10卷，人民出版社2009年版，第591页。

② 正像马克思指出的那样：“通过传统和教育承受了这些情感和观点的个人，会以为这些情感和观点就是他的行为的真实动机和出发点。如果奥尔良派和正统派这两个集团中的每一个集团，都硬要自己和别人相信它们彼此分离是由于它们对两个不同王朝的忠诚，那么后来的事实所证明的却恰恰相反，正是它们利益的对立才使得这两个王朝不能合二为一。”（《马克思恩格斯文集》第2卷，人民出版社2009年版，第498页）

的政治利益博弈[①] 以及以“天赋人权”“君主立宪”“三权分立”“主权在民”为核心的启蒙文化思想根源的分析。正如马克思指出的那样：“当然，把它们同某个王朝连接起来的同时还有旧日的回忆、个人的恩怨、忧虑和希望、偏见和幻想、同情和反感、信念、信条和原则，这有谁会否认呢?”[②] 当然，为了进一步推进和发展马克思的唯物史观，从文化精神、政治观念的角度为生态文明奠基是完全有必要的，但如果为了突出文化、精神等因素的地位和作用，就制造出一个作为“经济决定论”的马克思，这绝不是一种科学治学的态度，而是对马克思主义的亵渎。就此而言，马克斯·韦伯的理论探索更值得我们敬重。

第三，马克思坚持人类社会的“规律伦”和“发展观”，但不能由此把马克思设定为“与资本主义都一样追求增长，追求物质生产的最大化”。从20世纪60年代的解构主义到今天的后现代主义思潮，都包含对工业主义发展观的批判与解构；就其指向的批判对象而言，这一解构有其当然的合理性。但是，当这一解构指向对“进步”“规律”和“发展”概念本身之合法性的解构时，它就已经在某种意义上走向了虚无主义。在这里，人类历史的发展已经无“规律”可言，它不过是一系列历史事件的堆积与排列，不同的历史时期之间只有延续而无所谓“进步”与否。正是基于这种解构主义或后现代主义理念，马克思关于人类社会历史的有规律的发展观常常被他们指责为抽象的“历史目的论”，因而成为一味追求经济增长和物质生产最大化的经济决定论，成为无限制地讴歌科学技术推动经济增长的“普罗米修斯主义”。但是，本质地看来，这不过是一种似是而非的断言而已。其一，马克思虽然主张社会历史的进步观、发展观和规律论，但他从没有把经济增长和物质生产的最大化作为其基本理论主张；恰恰相反，它对资本无限增殖的生

① 直观地看来，法国大革命表现为从君主立宪派、吉伦特派、雅各宾派到热月党人前后相继的更迭；但本质地看来，它不过是不同社会阶级或阶层之间的政治利益的争斗，即争夺政治权力的斗争。这一分析贯穿于马克思的《路易·波拿巴的雾月十八日》的整个文本之中。在《旧制度与大革命》中，法国思想家托克维尔是从中央集权制以及路易十六发起的屡次改革的失败，导致了从贵族、资产者到农民的不满，来分析革命爆发的政治根源的。这一分析与马克思是有相通之处的。

② 《马克思恩格斯文集》第2卷，人民出版社2009年版，第498页。

命本质的揭示和批判正是对资本主义无限制地追求经济增长、追求物质生产最大化之社会后果的批判。其二，在马克思的整个唯物史观理论体系以及作为这一理论体系之经济批判表达的《资本论》中，物质生产和经济发展从来都不是目的本身，它不过是实现人的自由全面发展的物质手段和物质基础。因此，其三，如果在这个意义上说“马克思反对的不是现代化，而是资本主义经济发展方式”，这个判断是正确的。但是，这不是马克思的罪过，因而也不能作为马克思是一个现代性或现代主义思想家的根据；恰恰相反，这就是马克思唯物史观的一个不容放弃的核心论断。

第四，我们究竟需要什么样的发展。有机马克思主义通过把马克思的发展观与增长观混淆起来——同时相混淆的还有现代化与现代性，从而把马克思曲解为一个现代性或现代主义的思想家，并据此提出了生态文明的发展观：(1)“反对‘市场崇拜’，主张让市场处于从属地位，认为现在到了让市场从‘主人’位置退居‘仆人’角色的时候，强调市场只有为共同体包括地球共同体的健康繁荣服务时，才有其存在的价值。”① (2)“放弃发展不可持续的全球经济，鼓励发展自足的地方经济是造福本国人民乃至整个人类的最佳选择。”② 虽然我并不完全赞同江晓原和程广丽两位学者对有机马克思主义如上发展观的质疑③，但也不完全赞同王治河先生对这两位学者观点的反驳——“是谁规定现代化的发展只能有一种模式？是谁规定历史的发展一定是‘线性的’？是谁规定中国的发展只能走西方资本主义发展的老路？这些马克思主义者显然预设了一个大前提，那就是历史是线性发展的：不先实现现代化，哪里来的后现代？不先实现工业文明，哪里来的生态文明？”④ 其一，我们的确不能把现代性的工业文明建构作为走向生态文明的历史前提，中国特色社会主义建设道路的独特性就在它可以而且也必须走出一条与资本

① 王治河、杨韬：《有机马克思主义及其当代意义》，《马克思主义与现实》2015 年第 1 期。

② 王治河、杨韬：《有机马克思主义及其当代意义》，《马克思主义与现实》2015 年第 1 期。

③ 江晓原：《中国人选择绿色生活方式的两难处境》，载《绿叶》杂志 2009 年第 2 期；程广丽：《“第二次启蒙”的贫困——与王治河、樊美筠教授商榷》，载《马克思主义研究》2012 年第 12 期。

④ 王治河、杨韬：《有机马克思主义及其当代意义》，《马克思主义与现实》2015 年第 1 期。

主义工业化不同的道路，即把经济社会的现代化与生态文明建设“合二为一”的中国道路①。就此而言，我完全赞同王治河先生的如下判断——“有机马克思主义最大的理论意义在于提出了这样一个问题：中国这样的社会主义发展中国家能否走一条跨越式发展之路，能否规避资本主义工业文明的弊端，利用社会主义的制度优势和中国文化的优质资源，直接建设生态文明？”② 但是，其二，在全球化的现实背景下，任何国家和地区的发展——如果它追求的是经济社会发展，而不是把政治权力的稳定性置于经济发展之上，那么它都不可能把自己与世界割裂开来；经济全球化已经是任何一个国家和地区的经济社会发展的不可背离的现实平台；就像一个人不可能脱离自己的皮肤一样，今天的任何一个国家和地区都不可能脱离经济全球化的时代。这显然不是要不要依托于经济全球化的时代基座，而是如何立足于经济全球化的现实大地，闯出一条经济社会现代化与生态化相贯通的新路。其三，有机马克思主义强调“动在”与“互在”，并以此为生态文明道路奠定哲学基础。我们今天面对的“动在”是什么？难道不是处于变动中的中国经济社会的建设实践吗？“互在”是什么？不正是不可分割的全球化经济现实吗，不正是中国经济建设与全球经济活动的互在吗？因此，“放弃发展不可持续的全球经济，鼓励发展自足的地方经济”，不正是与有机马克思主义自身的哲学原则相背离吗？其四，直接建设生态文明，就必须让市场经济处于从属地位。这是一个非常富有感染力的判断，但却是一个不具有现实可能性的建议。从原则上来说，一个自由发展的市场经济是必然会导致人与自然、人与人之间的对抗性后果的，资本与市场也是必然要退出历史舞台的。这是马克思《资本论》研究的一个科学的基本结论③；但是，在中国的经济社会发展依然处于马克思所说的“第二大社会形态”、处于全球化经济“互在”体系之内，并面临着来自国际经济金融、政治军事霸权体系的严峻挑战和来

① 参阅拙作：《哲学视域中的中国时代与中国哲学话语体系的建构》，《人文杂志》2014 年第 8 期。

② 王治河、杨韬：《有机马克思主义及其当代意义》，《马克思主义与现实》2015 年第 1 期。

③ 参阅拙作：《〈资本论〉的唯物史观性质及其理论精粹》，《中国哲学年鉴 2014 学术前沿》，中国社会科学出版社 2014 年版，第 169—184 页。

自国内的城乡二元结构不合理、经济梯度发展不平衡的巨大压力的背景下，资本与市场经济不仅依然是不可或缺的优化资源配置的有效手段，而且还是一个需要进一步强化巩固的必要手段。让市场经济在资源配置中发挥决定性作用，这就是中国政府审时度势所做出的一个适合中国国情的科学决策。据此，我认为，有机马克思主义所主张的“让市场经济处于从属地位”的唯一合理之处就在于：如何既利用市场，又驾驭市场，为市场的自发性无限制扩张确定一个合理边界。

四、我所理解的“有机马克思主义”或“生态文明”发展观的基础性哲学理念

对有机马克思主义或生态文明哲学基础理念之合法性的马克思主义论证，有赖于对马克思哲学之革命性本质的澄明。换言之，当我们试图从哲学基础理念的角度去论证生态文明的合法性问题时，我们不能、也没有必要从自然唯物主义或辩证唯物主义的理论视野，从一般唯物主义意义上的“动在”与“互在”出发，而应当从马克思实现哲学革命的实践唯物主义立场出发，即从人与自然、人与人之间的“动在”与“互在”出发。这不仅是一个显而易见的理论捷径，而且也是完全符合马克思的哲学革命本质的。

第一，马克思的哲学革命首先表现为对哲学研究对象的根本性重置。在整个旧哲学的研究视域中，哲学研究的对象的确都是奠基于“二元论”基础上的，因而它们或者是把单纯的实体、自然界作为哲学研究的对象，从而表现为唯物主义或实体主义，或者把单纯的主体、抽象的人作为哲学研究的对象，因为表现为唯心主义或主体主义。在马克思看来，就其都把实体与主体、思维与存在割裂开来而言，自然唯物主义与思辨唯心主义都是有问题的。正如马克思指出的那样：“抽象唯灵论是抽象唯物主义；抽象唯物主义是物质的抽象唯灵论。”① 马克思还曾指出“我们看到，主观主义和客观主义，唯灵主义和唯物主义，活动和受动，只是在社会状态中才失去它们彼

① 《马克思恩格斯全集》第3卷，人民出版社2002年版，第111页。

此间的对立，从而失去它们作为这样的对立面的存在”① 因此，超越唯物主义与唯心主义、实体主义与主体主义、主观主义与客观主义的对立，把实体与主体、思维与存在的同一关系作为哲学研究的对象，就成为新哲学的理论使命。换言之，在马克思的新哲学视域中，它已经不再把单纯的自然界与单纯的人，而是把人与自然界、人与人的关系作为哲学研究的对象。就此而言，如果我们愿意借用怀特海的“动在”与“互在”概念，那么在马克思的新哲学中，“动在”与“互在”所指向的已经不再是自然唯物主义意义上的所谓客观世界意义上的“动在”与“互在”，而是基于人与自然界、人与人之关系性存在基础上的“动在”与“互在”，是人与自然界、人与人之间的普遍联系与永恒发展。在这里出现的正是马克思的新唯物主义哲学理念与生态文明之内在而直接性的关联。就此而言，我们完全没有必要舍近求远，从马克思已经超越了自然唯物主义意义上的“动在”与“互在”为生态文明奠定哲学基础。

第二，马克思的哲学革命进而表现在对于人与自然界、人与人之间的“动在”与“互在”的全新论证。就此种意义上的“互在”而言，马克思是用“感性对象性关系”来表达的。这是一个理论界不太熟悉的概念，但是，实际上，从《1844年经济学哲学手稿》到《资本论》，“感性”与“对象性”一直是马克思频繁使用的两个概念。从思想史的传承而言，这两个感念与黑格尔和费尔巴哈有关。就黑格尔而言，当马克思指出“这种方法，用思辨的话来说，就是把实体了解为主体，了解为内部的过程，了解为绝对的人格。这种了解方式就是黑格尔方法的基本特征”② 时，马克思抓住的正是黑格尔哲学的基本精神——实体即主体，即实体与主体乃是一种对象性的关系。但是，在黑格尔哲学中，实体与主体的对象性关系是在绝对精神的思辨体系中完成的，因而是非感性的对象性关系。正是在这里，马克思发现了费尔巴哈哲学的意义所在。不论是在费尔巴哈的宗教批判还是对黑格尔思辨哲学的批判中，费尔巴哈所关注的从来都是人与自然界、人与人之间的现实的对象性关系，而基督教的上帝与黑格尔的绝对精神都不过是人的本质的异化。马克

① 《马克思恩格斯文集》第1卷，人民出版社2009年版，第192页。

② 《马克思恩格斯文集》第1卷，人民出版社2009年版，第280页。

思正是借助于费尔巴哈的如下两个论断——“非对象性的存在物是非存在物”①“主体必然与其发生本质关系的那个对象，不外是这个主体固有而又客观的本质”②——把黑格尔思辨的对象性关系转换为现实的即感性的对象性关系。因此，在《1844 年经济学哲学手稿》中，我们可以看到马克思对人与自然之间的“互在”关系，即感性对象性关系的大量论述③；正是在这些

① 《马克思恩格斯文集》第 1 卷，人民出版社 2009 年版，第 210 页。

② 《费尔巴哈哲学著作选集》下卷，商务印书馆 1980 年版，第 29 页。

③ 马克思对人与自然界的感性对象性关系多有论述，举例如下：(1)“随着对象性的现实在社会中对人来说到处成为人的本质力量的现实，成为人的现实，因而成为人自己的本质力量的现实，一切对象对他来说也就成为他自身的对象化，成为确证和实现他的个性的对象，成为他的对象，这就是说，对象成为他自身”(《马克思恩格斯文集》第 1 卷，人民出版社 2009 年版，第 190—191 页)；(2) 在谈到“自然科学往后将包括关于人的科学，正像关于人的科学包括自然科学一样：这将是一门科学”这一至关重要的论断时，马克思论证道：“人是自然科学的直接对象；因为直接的感性自然界，对人来说直接是人的感性（这是同一个说法），直接是另一个对他来说感性地存在着的人”(《马克思恩格斯文集》第 1 卷，人民出版社 2009 年版，第 195 页)；(3) 在把共产主义理解为基于私有财产的积极扬弃之上的人与自然界、人与人矛盾的解决，从而把共产主义界定为“自然主义 = 人道主义”，即界定为人与自然界和人与人关系的和谐状态之后，马克思谈到自然主义与人道主义是互为前提的，即只有彻底解决了人与人的冲突才能破解人与自然界的矛盾——“自然界的人的本质只有对社会的人来说才是存在的；因为只有在社会（共产主义社会——引者注）中，自然界对人来说才是人与人联系的纽带，才是他为别人的存在和别人为他的存在，只有在社会中，自然界才是人自己的合乎人性的存在的基础，才是人的现实的生活要素。只有在社会中，人的自然的存在对他来说才是人的合乎人性的存在，并且自然界对他来说才成为人。因此，社会是人同自然界的完成了的本质的统一，是自然界的真正复活，是人的实现了的自然主义和自然界的实现了的人道主义”(《马克思恩格斯文集》第 1 卷，人民出版社 2009 年版，第 186 页)；(4) 在谈到新哲学不再仅仅关注单纯的物质自然界或单纯的人，而是关注人与自然界、人与人之间的关系，从而超越了旧哲学的问题时，马克思也曾明确地表达了人与自然界之间的感性对象性关系——“因为人和自然界的实在性，即人对人来说作为自然界的存在以及自然界对人来说作为人的存在，已经成为实际的、可以通过感觉直观的，所以关于某种异己的存在物、关于凌驾于自然界和人之上的存在物的问题，即包含着对自然界的和人的非实在性的承认的问题，实际上已经成为不可能的了”(《马克思恩格斯文集》第 1 卷，人民出版社 2009 年版，第 196—197 页)；(5)“正是在改造对象世界的过程中，人才真正地证明自己是类存在物。这种生产是人的能动的类生活。通过这种生产，自然界才表现为他的作品和他的现实。因此，劳动的对象是人的类生活的对象化：人不仅像在意识中那样在精神上使自己二重化，而且能动地、现实地使自己二重化，从而在他所创造的世界中直观自身”(《马克思恩格斯文集》第 1 卷，人民出版社 2009 年版，第 163 页)。

论述中所包涵思想精粹——自然界就是人本身，是人的本质力量的对象性存在，人在自然界中直观自身——中，我们可以鲜明地看到马克思已经潜在地为我们今天所倡导的生态文明奠定了坚实的哲学基础。[①] 就此而言，我们又有何种必要把怀特海的“动在”与“互在”——而且是一种间接性的、自然唯物主义意义上的“动在”与“互在”，输入到马克思哲学之中呢？

第三，马克思的哲学革命不仅表现在对人与自然界、人与人之间“互在”关系的既超越黑格尔的思辨唯心主义，又超越费尔巴哈直观唯物主义的全新论证，而且还在于马克思以“感性活动”或实践、劳动概念为这一“互在”关系本身提供了合法性的证明。只要我们仔细审读马克思的相关文献，我们就会发现：马克思决不是单纯地把人与自然界、人与人之间的关系指认为感性的对象性关系——或者怀特海意义上的“互在”，而是更进一步去追问这一关系何以可能的根据，并把这一根据规定为现实个人的活动，即“感性活动”、实践或劳动。换言之，在马克思看来，正是现实个人的感性活动、实践活动创生出人与自然界、人与人之间的感性对象性关系；而感性活动、人类实践活动的异化才造成了人与自然界、人与人之间的对抗以及作为这一对抗性后果的自然生态和社会生态问题。在此发生的正是马克思的哲学革命，而作为这一革命性成果的已不再是任何意义上的自然唯物主义或辩证唯物主义，而是马克思的实践唯物主义，是基于实践基础而来的对自然界成为人的自然界——它同时就是人类社会的历史性生成，即对人类社会历史发展规律的宏大叙事，是马克思的唯物史观。马克思对资本主义工业文明的批判就是在实践唯物主义和唯物史观的理论境域中展开的；我们今天对生态文明的哲学反思和现实建构，同样也只能立足于实践唯物主义、唯物史观的理论基石之上，并通过对马克思实践唯物主义关于人与自然界、人与人之间的感性对象性关系以及作为这一关系之根据的感性活动、实践活动原则的挖掘与推进，去补充发展马克思主义，在新的历史时期实现马克思主义的生态学化，建构马克思主义的生态哲学体系。

据此，我们认为，如果有机马克思主义真正要为中国道路实现跨越式

---

① 参阅拙作：《生态文明的哲学基础》，《哲学研究》2010 年第 4 期。

发展，直接建设生态文明进行哲学理念的合法性论证，就必须抛弃一切自然唯物主义的哲学理念，在实践唯物主义和唯物史观的理论范畴内进行深度理论探索。只要基于实践唯物主义意义上的“互在”理念，即只要从基于感性活动或实践活动意义上的“感性对象性关系”的原则性理念出发，我们不仅可以直接引导出生态文明的合法性根据，而且根本不需要借助于诸如“自然的内在价值”以及“生态伦理”等各类理论环节，同时也不会把马克思误解为一个现代性思想家。

（作者单位：上海财经大学人文学院）

基于生存论视角的马克思生态文明观

贺善侃

摘要：马克思哲学的生态文明观具有鲜明的生存论指向。人与自然的关系是马克思生态文明观指向的基点。关注生产方式是马克思生态文明观生存论指向的核心。正是基于此，马克思提出了真正的生态文明时代就是共产主义时代的思想。西方生态学马克思主义理论的核心内容是对资本主义的“制度批判”。我们可把西方生态学马克思主义理论视为马克思哲学生存论指向的延续和深化。

关键词：生存论　生态文明　马克思生态文明观

生存论围绕人的生存而展开研究，其核心是人的生存方式问题。因为人的生存必然与他如何生存，即与他采取什么样的方式生存联系在一起。马克思哲学具有明显的生存论指向。马克思无论谈自然还是谈社会、谈经济还是谈政治、谈历史还是谈现实、谈科学还是谈艺术，一刻也没有忘怀对人本质的哲学提问，即对人的生存处境和命运发展的深切眷恋和关注。马克思哲学的生存论指向同样通过其生态文明观强烈地体现出来。

一、人与自然的关系：马克思生态文明观生存论指向的基点

通过对传统哲学的主题转换，马克思哲学的生存论指向得以充分体现。传统哲学把探讨客观世界的“本体”或“本原”抽象化了，以致在传统哲学

体系中，不仅“物质”或“精神”成了“抽象的存在”，而且人也成了一种抽象的存在物。人的现实生存问题被抽象化了。

针对传统哲学抽象地谈论整个宇宙、“整个世界”，马克思特别谈到对“自然界”的理解问题。按照马克思的观点，“现存世界”当然包括自然界，但这个自然界已不是原生态的自然界，而是“人类学的自然界”。马克思认为，在人类世界里，自然史和人类史“这两方面是不可分割的；只要有人存在，自然史和人类史就彼此相互制约”。① 而马克思的生态观点首先就是直接建立在他的唯物主义自然观和历史观的基础之上，直接体现在他对人与自然的关系的一系列论述之中。

生态理论首先要回答的是究竟如何看待我们周围的生态环境，即如何看待外部自然界以及如何看待人自身？马克思的生态观点正是基于对周围的生态环境，即外部自然界以及人自身的辩证唯物主义和历史唯物主义的认识而提出的。

早在《1844 年经济学哲学手稿》一书中，马克思就明确指出：“无论在人那里还是在动物那里，类生活从肉体方面来说就在于人（和动物一样）靠无机界生活”，“在实践上，人的普遍性正是表现为这样的普遍性，它把整个自然界——首先作为人的直接的生活资料，其次作为人的生命活动的对象（材料）和工具——变成人的无机的身体。人靠自然界生活。自然界是人为了不致死亡而必须与之处于持续不断的交互作用过程的、人的身体。所谓人的肉体生活和精神生活同自然界相联系，不外是说自然界同自身相联系，因为人是自然界的一部分。” ② 在这段论述中，马克思明确地表达了这样几点：其一，人类是自然界的一部分；其二，人类必须尊重自然界的客观存在；其三，人类的一切活动都同自然界相联系，因而不能违背自然规律。按照马克思的论述，不仅人的物质生活离不开自然界，即需要自然界提供的生活资料和生产资料，而且人的精神生活也得靠自然界的恩赐，因为“植物、动物、石头、空气、光等等”，“一方面作为自然科学的对象，一方面作为艺术的对

① 《马克思恩格斯选集》第 1 卷，人民出版社 1995 年版，第 66 页。

② 马克思：《1844 年经济学哲学手稿》，人民出版社 2000 年版，第 56—57 页。

象，都是人的意识的一部分，是人的精神的无机界，是人必须事先进行加工以便享用和消化的精神食粮”。[①]

以上三点正是马克思生态理论的基点。马克思的生态理论把尊重自然的客观存在性与尊重自然的规律性联系在一起，要求人类在面对自然界时必须时时处处遵循它的规律性，强调这是与自然界打交道时的一个基本准则，也可视为人的生存的一个基本准则。

诚然，人的生活离不开自然界，但自然界往往并不是现成地赋予人生活资料和生产资料，而需要人发挥主观能动性，通过社会实践活动主动地、创造性地去改造自然。马克思认为，“有意识的生命活动把人同动物的生命活动直接区别开来”[②]。这里所说的“有意识的生命活动”，即实践活动，“通过实践创造对象世界、改造无机界”。[③]“一当人开始生产自己的生活资料的时候……，人本身就开始把自己和动物区别开来。”[④]现实的自然界就成了经过人改造过的自然界，成了“人化了的自然界”，成了人的劳动的产物和历史的产物。在我们周围的感性世界决不是某种开天辟地以来就已存在的、始终如一的东西，而是工业和社会状况的产物，是历史的产物，是世世代代活动的结果。马克思恩格斯在《德意志意识形态》中批判费尔巴哈不懂得实践的作用时指出：“费尔巴哈从来不谈人的世界，而是每次都求救于外部自然界，而且是那个尚未置于人的统治之下的自然界。但是，每当有了一项新的发明，每当工业前进一步，就有一块新的地盘从这个领域划出去，而能用来说明费尔巴哈这类观点的事例借以产生的基地，也就越来越小了。”[⑤]在这段话里，马克思恩格斯批判费尔巴哈看不到在人类作用下的自然界已经不是离开人的世界了，自从人类产生尤其是大工业生产发展起来以后，在我们周围，费尔巴哈所说的那种纯粹的自在自然的领地已经越来越小了。

在此，马克思所表述的“实践”思想也是其生存论指向的一个重要方

---

① 马克思：《1844 年经济学哲学手稿》，人民出版社 2000 年版，第 56 页。
② 马克思：《1844 年经济学哲学手稿》，人民出版社 2000 年版，第 57 页。
③ 马克思：《1844 年经济学哲学手稿》，人民出版社 2000 年版，第 57 页。
④ 《马克思恩格斯选集》第 1 卷，人民出版社 1995 年版，第 67 页。
⑤ 《马克思恩格斯选集》第 1 卷，人民出版社 1995 年版，第 97 页。

面。在《德意志意识形态》中，马克思曾把自己的哲学称为“实践的唯物主义”。科学实践观的提出，不仅具有本体论意义，更具有生存论意义。它科学地界定了人的生存方式问题。由上所述，马克思对费尔巴哈的批判是集中在如何理解人的生存方式问题。费尔巴哈把感性“不是看作实践的、人类感性的活动”，他把人只看作是“感性的对象”，而不是“感性的活动”，因而他“从来没有看到真实存在着的、活动的人”。这里，马克思的意思是说，“实践”，即感性的活动或对象性的活动乃是人的现实的存在或现实的人的存在方式。

诚然，马克思坚持的是辩证唯物主义自然观，因而在马克思看来，物质条件作为人类活动的前提而存在，必然处处限制着人的活动，在自然界面前，人的自由只能是相对的。当马克思指出人是一种客观存在的自然物之时，实际上也就等于承认人的活动必然受客观规律首先是自然规律的制约。人类倘若无视甚至违背这种客观必然性和有限性，将会碰得头破血流。如恩格斯所指出：“我们不要过分陶醉于我们人类对自然界的胜利。对于每一次这样的胜利，自然界都对我们进行报复。每一次胜利，起初确实取得了我们预期的结果，但是往后和再往后却发生完全不同的、出乎意料的影响，常常把最初的结果又消除了。”① 恩格斯以美索不达米亚、希腊、小亚细亚为例，指出，当地居民“为了得到耕地，毁灭了森林，但是他们做梦也想不到，这些地方今天竟因此而成为不毛之地，……”②

马克思唯物而辩证地强调人与自然的和谐统一。不过，马克思认为，人与自然关系的发展经历了一个历史过程，大致经历了三种历史形态：从古代人类对自然的“敬畏”，到近代人对自然的“征服”，再到构建人与自然的“和谐”。根据马克思的设想，只有到了共产主义阶段，“作为完成了的自然主义 = 人道主义，而作为完成了的人道主义 = 自然主义，它是人和自然界之间、人和人之间的矛盾的真正解决，……”③ 这就是说，马克思所说的共产主义，是自然主义（唯物主义）和人道主义的高度统一。自然主义把自然

① 《马克思恩格斯选集》第4卷，人民出版社1995年版，第383页。

② 《马克思恩格斯选集》第4卷，人民出版社1995年版，第383页。

③ 马克思：《1844年经济学哲学手稿》，人民出版社2000年版，第81页。

界视为世界的唯一真正的基础和本体，人也是自然物之一；人道主义则强调人是世界的真正主人，是社会历史上一切创造物的主体本质和基础。二者是完全一致的。充分发展了的完备的以自然界为基础的唯物主义，应该以人为中心；而充分发展了的完备的人道主义，应该把人本身首先视为是自然界的一部分，与唯物主义一致。马克思在此所表达的人和自然的和谐关系正是生态理论所主张的重要观点。从马克思的这段论述中，我们同样可以得出这样的结论：共产主义与生态文明在本质上是一致的。

二、关注生产方式：马克思生态文明观生存论指向的核心

马克思对人的生存方式的揭示，是其生存论指向的核心内容。按照马克思的思路，人的最基本生存样式是“生产方式”“交往方式”；然后分别是政治生存样式，即“市民社会”及其基础之上的“国家”“法”；人的观念生存样式，即“意识”及“意识形态”。在这三种生存样式之中，“生产方式”是最为重要，并起决定作用的。这一指向同样明显地体现在马克思生态文明观中。

马克思的生态观点的核心是强调不能离开资本主义的生产方式来观察生态问题。只要资本主义的利润至上原则仍在起着支配作用，就存在着产生生态危机的根源。

由上所述，马克思把人和自然的和谐统一视为一个历史过程。根据马克思的观点，人类在从人和自然的原始和谐达到人和自然辩证和谐的历史阶段之前，经历过一段人和自然相分裂的历史阶段。在这一历史阶段，尤其是随着资本与科学的相结合，一方面极大地推动了社会生产力的发展，另一方面却极大激发了人们征服自然、统治自然的欲望，以致片面地追求经济和财富的增长，无限制地掠夺自然资源，企图使自然界成为服从于人类的奴隶，从而导致生态系统的破坏。

在《1844 年经济学哲学手稿》中，马克思在分析“异化劳动”诸种表现的同时，分析了人和自然关系的异化表现。马克思认为，劳动者通过自己

的劳动，把自身的力量对象化到一个外部对象上去形成产品，必须以自然界、外部的感性世界为前提。自然界、外部的感性世界在双重意义上为劳动提供生活资料：一是“劳动的生活资料”即“生产资料”；二是维持劳动者生存所需的生活资料。劳动的目的，正是占有这两种生活资料，占有外部感性世界。然而在异化的雇佣劳动关系下，“工人越是通过自己的劳动占有外部世界、感性自然界，他就越是在两方面失去生活资料”，“工人在这两方面成为自己的对象的奴隶”。① 在此，马克思从分析异化劳动的第一个表现：劳动者与他们的劳动产品的异化出发，进而得出劳动者同整个自然界、整个外部世界，同一切劳动资料和生活资料的异化关系。马克思的这个分析，内在地包含着这个思想：资本主义雇佣劳动关系不仅导致异化劳动的产生，而且导致人（劳动者）与自然界之间关系的异化。资本主义雇佣劳动关系是导致人（劳动者）与自然界之间关系的异化的根源。可见，马克思提出劳动的异化时，总是与自然的异化的概念紧密相联。马克思的基本思路是，资本造成了人的严重异化，而与人的异化直接连在一起的不仅是劳动的异化，而且还有自然的异化。这是非常重要的思想，而过去却往往被忽略的蕴含在马克思著作中的这一生态思想。

马克思通过对“资本”本性的分析论证了以上观点。马克思认为，正是资本的效用原则和增殖原则这两大属性成为产生生态危机的根源。资本的效用原则使自然界丧失了自身的价值而成了一种单纯的工具，而与效用原则连在一起的是资本的增殖原则，又使自然界的这种工具化变得越来越严重。资本追求的是无限的增殖，从而它对自然的利用也是无止境的，甚至是掠夺性的、破坏性的，并发展到不计后果的地步。

马克思所说的资本的“效用原则”在一定意义上也可说成是资本的“金钱原则”，在资本眼中的效用就是能赚钱，资本把世界上的一切都与钱联系在一起，自然界当然也难以逃脱金钱的魔爪。马克思在《1857—1858 年经济学手稿》中有这样一段论述清楚地说明了这个问题：“如果说以资本为基础的生产，一方面创造出普遍的产业劳动，即剩余劳动，创造价值的劳

① 马克思：《1844 年经济学哲学手稿》，人民出版社 2000 年版，第 53 页。

动，那么，另一方面也创造出一个普遍利用自然属性和人的属性的体系，创造出一个普遍有用性的体系”，资本“创造了这样一个社会阶段，与这个社会阶段相比，一切以前的社会阶段都只表现为人类的地方性发展和对自然的崇拜。只有在资本主义制度下自然界才真正是人的对象，真正是有用物；它不再被认为是自为的力量”，“资本破坏这一切并使之不断革命化，摧毁一切阻碍发展生产力、扩大需要、使生产多样化、利用和交换自然力量和精神力量的限制”。①

这就是说，其一，既然资本总是在有用性的意义上看待和理解一切存在物，当然它也要在有用性的意义上看待和理解自然界。如果说在资本来到人间之前，人类对自然界还有崇拜的心理，那么自此以后，自然界也就成了“真正是人的对象”，“真正的有用物”，它不再被认为是一种“自为的力量”。其二，以资本为中心的生产，即资本主义生产具有无限扩大的趋势。追求最大限度的利润，是资本主义生产的唯一动力与目的。它将摧毁一切阻碍发展生产力的因素，包括来自自然界的因素，以至不顾自然的有限性和规律性而无止境地掠夺、压榨，实现资本的利益最大化。因而生态危机的产生显然与资本的扩张是直接相关的。

基于以上思路，马克思把生态问题的解决与生产方式乃至整个社会的变革紧密联系起来，认为解决生态问题的最终出路是变资本主义生产方式和生活方式为社会主义的生产方式和生活方式。

在马克思看来，人和自然关系的处置方式是以人和人的关系方式基础的。人和人的关系决定着人和自然界的关系。马克思在《雇佣劳动与资本》一文中有这样一段话：“人们在生产中不仅仅影响自然界，而且也相互影响。他们只有以一定的方式共同活动和相互交换其活动，才能进行生产。为了进行生产，人们相互之间便发生一定的联系和关系；只有在这些社会联系和社会关系的范围内，才会有他们对自然界的影响，才会有生产。”②

资本主义的生产方式决定了资本主义的生产必然按照资本的逻辑，在

① 《马克思恩格斯全集》第30卷，人民出版社1995年版，第389—390页。

② 《马克思恩格斯选集》第1卷，人民出版社1995年版，第344页

资本的逻辑统治之下，人和自然之间不可能真正达到和谐统一。从这个意义上说，消除生态危机的根本出路是变革资本主义生产方式，突破资本的逻辑，建立以人的全面发展，以满足人的物质需要、精神需要的生态需要为根本目的的社会主义生产方式，是消除生态危机的最佳选择。

在《1844 年经济学哲学手稿》中，马克思指出：共产主义是“通过人并且为了人而对人的本质的真正占有”。① 这就是说，共产主义不能只看到物而忽视人自身，共产主义不能单纯通过物的扬弃而要通过对异化了的人自身的扬弃而得以实现；共产主义生产的目的也不是单纯占有物，而是实现人的解放，即“对人的本质的真正占有”。这是马克思共产主义概念的首要意义。

马克思认为，共产主义条件下的生产，同私有制条件下的生产的根本区别在于：它是为了人的生产，而不是为了得到资本、财产。人们生产物质对象就是生产人，就是生产自己和别人，人们相互生产着。人与人之间克服了对立状态，达到了和谐统一。在这样的生产关系中，人和自然的矛盾也得到了解决。马克思指出：“只有在社会中，自然界才是人自己的人的存在的基础，才是人的现实的生活要素。只有在社会中，人的自然的存在对他来说才是自己的人的存在，并且自然界对他来说才成为人。”② 马克思在此所说的“社会”即指共产主义社会。马克思这段话的意思是：只有在共产主义社会中，自然界与人才达到和谐统一，自然界才真正成为人存在的基础，具有人的意义；整个外部世界对于人来说，才不是异己的东西。人和自然的矛盾得以真正解决。在此，马克思实际上表达了一重要思想：真正的生态文明时代就是共产主义时代。

三、西方生态学：马克思哲学生存论指向的延续和深化

当人类进入 20 世纪，尤其是进入 20 世纪下半叶以来，随着生态危机的

① 马克思：《1844 年经济学哲学手稿》，人民出版社 2000 年版，第 81 页。

② 马克思：《1844 年经济学哲学手稿》，人民出版社 2000 年版，第 83 页。

日趋激化，生态文明也日益引起有识之士的关注。生态文明理论研究成为一个“热点”。

生态文明理论研究最初开始于20世纪70年代西方的生态伦理学研究，并逐渐成为一个哲学、政治学、经济学等多学科的研究对象。当代生态文明理论主要可分为生态中心论、现代人类中心论和生态社会主义、生态学马克思主义等诸种类型，它们围绕着生态文明的理论基础、生态文明的本质和生态治理路径三个核心理论问题展开了激烈的理论争论。这一争论反映了它们理论建构的不同价值立场和理论性质。归纳起来，它们在探讨生态危机产生的根源和解决途径问题上，主要可划分为“以重建人类生态价值观”和“以制度批判为基础”两种思维路向。

前一种思维路向把“自然价值论”和“自然权利论”作为生态文明的理论基础，其核心是要颠覆传统的人际伦理学和主观价值论。这种观点的本质是把现代科技、现代化与生态文明相对立，而把生态文明归结为一种后现代文明或者后工业文明。属于后一种思维路向的生态社会主义、生态学马克思主义者探讨生态危机解决途径的基本思路是：人和自然关系的性质取决于人和人关系的性质，只有调适好人和人之间的关系，才能真正调适好人和自然之间的关系。

生态学马克思主义是生态社会主义阵营中带有强烈马克思主义倾向的理论。生态学马克思主义是从制度维度、哲学价值观维度和政治维度三者内在统一的角度来思考当代的生态问题。一般说来，生态马克思主义者都承认与马克思主义的渊源关系。他们强调，他们的理论不仅没有离开马克思主义的理论传统，而且“补充”“发展”“超越”了马克思主义。他们认为，马克思是最早的生态社会主义者，现在需要做的工作就是挖掘、发扬和进一步推进马克思主义的生态理论。生态学马克思主义者特别重视马克思主义的方法论，尤其是马克思将社会问题和自然问题联系起来考察的方法。可以说，生态学马克思主义是对人的生存方式的深入探讨，其理论可视为马克思哲学生存论指向的延续和深化。

生态学马克思主义理论的核心内容是对资本主义的“制度批判”。在他们看来，在理论上，不进行对资本主义的“制度批判”，生态文明理论就建立不起来；在实践中，不对资本主义制度进行根本性变革，生态文明建设就是一句空话。他们的代表性观点主要有：

其一，资本主义的“生产逻辑”“经济理性”必然与生态逻辑、生态理性相冲突。

持这一观点的代表人物是法国的安德烈·高兹（Andre Gorz）。在其代表作《作为政治学的生态学》一书中，他用政治生态学观点来分析当今的生态学问题，得出如下结论：资本主义的由利润动机决定的“生产逻辑”必然破坏生态环境，引发靠其自身逻辑无法解决的“生态危机”。他指出：“资本主义的企业管理首先关注的并不是如何通过实现生产与自然相平衡、生产与人的生活相协调，如何确保所生产的产品仅仅服务于公众为其自身所选择的目标，来使劳动变得更加愉快。它所关注的主要是花最少的成本而生产出最大限度的交换价值。”① 意为，把尽最大可能地降低成本以最大限度地获取利润看得比保护生态更为重要，这就是资本主义的“生产逻辑”。在这种“生产逻辑”的支配下，生态环境的破坏、生态危机的产生完全是必然的。

为了进一步说明这一问题，在1991年发表的另一著作《资本主义、社会主义和生态学》中，高兹详细分析了资本主义经济理性与生态理性之间的对立。他指出：“生产力的经济规则与资源保护的生态规则截然有别。”“生态理性旨在用这样一种最好的方式来满足（人们的）物质需求：尽可能提供最低限度的、具有最大使用价值和最耐用的东西，而花费少量的劳动、资本和资源就能生产出这些东西。”与此相反，资本主义经济理性则是“对最大量的经济生产力的追求”，“以获取最丰厚的利润”为目的，其结果是：“在企业层面上最大量的生产力的发展导致了在整个经济领域浪费的日益加剧”。② 在他看来，经济理性不惜对资源肆意开发，不顾后果地对生态环境进行破坏，以追求最大限度的生产和消费，这正是导致生态危机的根源。高兹强调：要摆脱经济理性，实施生态理性，必须破除资本主义以追求利润为

① 转引自陈学明等：《西方马克思主义前沿问题二十讲》，复旦大学出版社2008年版，第292页。

② 转引自陈学明等：《西方马克思主义前沿问题二十讲》，复旦大学出版社2008年版，第298页。

根本目的的“生产逻辑”。这就意味着，要变资本主义生产方式为社会主义生产方式。经济理性与资本主义生产方式紧密相连，生态理性与社会主义生产方式紧密相连。生态理性包含着对资本主义的超越和对社会主义的开拓。

其二，资本主义制度决定了资本主义社会内含着自身不可解决的生态矛盾。

持这一观点的代表人物是英国的大卫·佩珀。他在1993年出版的《生态社会主义——从深层生态学到社会主义》一书中强调，人类破坏自然生态平衡的行为是由资本主义生产方式决定的。他认为，资本主义生产的唯一目的是追求利润，资本主义必然实行利润第一，这就决定了它必然不断去掠夺自然，不断吞噬它赖以生存的自然基础。资本主义剥削内含着对自然的剥削，对自然的剥削是资本主义剥削的一个有机组成部分。而且，资本主义的本性必然产生“成本外在化”趋向，即资本主义企业在利润原则支配下，不愿把治理环境的费用计入生产成本，却千方百计使之外在化，转嫁给社会。这样，资本主义制度必然导致生态矛盾，并不断扩大化。为了缓和国内的生态矛盾，资本主义国家又往往对发展中国家实施生态掠夺，以至出现“生态帝国主义”。生态矛盾成了一种国际性现象。

佩珀揭示了一些发达的资本主义国家将一些高消耗、高污染、劳动密集型的企业转移到发展中国家，甚至把垃圾丢弃在那些国家，掠夺那里的土地、洁净的空气、干净的水源和其他一切自然资源的情景。他说：“环境质量是同物质上的穷或富联系在一起的，而西方资本主义越来越通过对第三世界财富的掠夺来维持和‘改善’自身，使自已成为令世人仰慕的样板。”①生态危机的转嫁虽然使资本主义国家的环境得以改善，但从全球范围看，生态矛盾并没有从根本上解决，甚至更为扩大。

其三，当代资本主义面临的资本与人、资本与自然的双重矛盾导致资本主义不可持续发展。

持这一观点的代表人物是美国的詹姆逊·奥康纳。他认为，可持续发

① 转引自陈学明等：《西方马克思主义前沿问题二十讲》，复旦大学出版社2008年版，第301页。

展的资本主义要求具备三种生产条件，即人类劳动力、环境和市政基础设施。而在所有资本主义国家中，那种致力于生态、市政和社会的总体规划的国家机构或社团型的环境规划机制是不存在的。而且资本的扩张逻辑是反生态的、反城市规划和反社会的。因而，三种生产条件之间必然存在矛盾，解决这三者矛盾的“资本主义解决方案”也是不可能存在的。他还进一步指出，当代资本主义的经济危机必然产生生态危机。资本会把更多的成本转移到环境、土地和社会中去，“这是一场发生在资本和环保斗争之间的战争。”①这场战争的影响，只能是生态的越来越糟。

其四，既然生态危机是资本主义社会内在的、根本性的危机，这一危机是与这一制度本身紧紧地联系在一起的，那么就别指望依靠西方资本主义的政要带领全球人民走出这一危机。

一些生态马克思主义者通过剖析布什政府对《京都议定书》的态度来说明这个问题。美国生态学马克思主义者约翰·贝拉米·福斯特指出，虽然《京都议定书》在遏制全球气候变暖方面所跨出的只是很小的一步，而且“这一小步”是“十分温和的”“更多的只具有象征意义”，但就是“这一小步”也无情地招致了失败。而导致这一失败的正是美国布什政府的反对和阻挠。他指出，布什政府作为资本主义制度的总代表和总执行者，反对旨在保护生态环境的《京都议定书》是顺理成章的。只要当今的资本主义世界由像布什政府这样的资产阶级政要主宰，那么，即使制定出了类似《京都议定书》一样的条文，也是不可能付诸实施的。这就是为什么布什政府千方百计地阻止《京都议定书》实施的根本理由之所在。福斯特说得好：“华盛顿拒绝批准控制排放影响全球变暖的二氧化碳和其他温室气体的《京都议定书》，是资本主义世界经济中心国家生态帝国主义的标志。”②生态学马克思主义者预言，善良的人们也许会对一次次以环境正义为议题的“地球峰会”寄予厚望，但事实表明，对于这些会议寄予厚望，产生乐观情绪是多么盲目。究其原因，就在于这些环境保护组织“在很大程度上没有认真考虑到与它们相对

① 詹姆逊·奥康纳：《自然的理由——生态学马克思主义研究》，唐正东、臧佩洪译，南京大学出版社2003年版，第394页。

② 转引自陈学明：《资本逻辑与生态危机》，《中国社会科学》2012年第11期。

立的经济力量是多么强大，也没有想到资本主义经济制度对环境恶化的加快有多么大的影响”。①

综上所述，生态学马克思主义运用马克思观察问题的方法，延续和深化了马克思哲学生存论指向，深刻揭示了人的基本生存方式——生产方式的内在矛盾，旗帜鲜明地把生态危机直接归因于资本主义制度，指出生态危机的本质在于资本主义追求利润最大化的内在逻辑，是资本主义的根本制度。他们强调应从资本主义生产方式本身去寻找生态危机根源，将人与自然关系的反思纳入对资本主义生产方式批判的视野，这一生态学马克思主义理论的独特、深刻之处，是与马克思生态文明观一脉相承的。

（作者单位：东华大学人文学院）

① 转引自陈学明：《资本逻辑与生态危机》，《中国社会科学》2012 年第 11 期。

资本秩序下的民主困境

——兼论西方马克思主义的民主观

贺　美

摘要：资本的秩序以资本为核心，资本通过“排除”与“包容”的辩证法，试图把世间一切纳入自己的“圣圈”内，剥夺社会的多样性。但是这个目标很难实现，因为民主的制约力不容忽视。资本的秩序与民主的逻辑是相悖的，民主的逻辑是打破“圣圈”，提供影响决策的同等机会。但当前资本秩序下的民主，即代议制民主，是一种不彻底的民主形式，它所倚重的“多数原则”也是不可靠的，因此民主必须突破现状，寻求新的发展。哈贝马斯、艾里斯·扬、南希·弗雷泽等西方马克思主义理论家们敏锐地把握了这一动向，提出了各自的分析和构想。

关键词：资本　民主　代议制　多数原则　包容

在资本主义产生之初，资本对僵化的旧制度进行了摧枯拉朽式的冲击，资本因其自生的扩张本性而具有重新整合、分配资源和权力的巨大力量，这种解构过程是一种进步。解构旧制度的同时，资本主义构建了自己的新秩序，这个秩序以资本为核心（资本主义因此得名），由于资本的本性是增殖和扩张，资本主义的秩序必然是一个世界性的秩序，这个秩序在 19 世纪中期基本确立。它有如下特点：在经济上，它以市场为主导，根据市场供需自由配置生产资料和劳动力；在文化上，它倡导个体的独立性和自主性，以自由之名论证资本的流动性；在政治上，它主要采用代议制民主，以投票表达个体偏好。这些特点归根到底是为了满足资本的增殖需求。然而这里有一个值得注意的问题：不管在经济上还是文化上，资本主义都强调个体的意愿、选择的多样性和多元性，但在政治上它给民众的选择余地很小：首先，有一部分民众是被排除在选举之外的；其次，一部分处于边缘地位的人即使拥有投票权，也无法满足自己的诉求；最后，那些所谓的多数派也容易陷入“多数原则”的陷阱。究其原因，资本的秩序与民主的逻辑是相悖的，民主的困境是不可能在资本的秩序下得到解决的，至于如何破局，哈贝马斯、艾里斯·扬、南希·弗雷泽等西方马克思主义理论家们提出了各自的分析和构想。

一、资本的秩序

资本的秩序是用“画圣圈”① 的方法实现“排除”与“包含”的辩证法。按照艾里斯·扬的定义，“排除”指剥夺某些人的基本的政治权利、平等的参与和对话机会。相反，“包含”指拥有基本的政治权利、平等的参与和对话机会（包括自愿放弃权利和机会的人）。排除的理由多种多样，主要有种族主义、性别歧视、经济剥削及其他社会偏见。被排除的人是这些具有被歧视身份的人，相反，被包含的人的身份是不受歧视的。照此定义，真正包含在资本秩序中的人是中产阶级及以上的白人男性。当代社会远远没有达到黑人与白人、女性与男性、穷人与富人平等对话的文明程度。资本主义通过画出白人、男性和富人的“圣圈”，把黑人、女性、穷人排除在决策权之外。女性在一百年前被排除在公共领域之外，没有选举权。20 世纪之前，在许多欧洲资本主义国家只有少数富人享有完整的社会参与权。“相对平等的公民中享有特权的少数人以排除大多数人的代价统治着他们的国家，像威尼斯、佛罗伦萨和米兰之类的商业城邦国家都是依靠那些排除在外的从属的阶级的劳动而生存的。”② 它们沿袭了古希腊雅典的民主风格：公民大会“完全

① “圣圈”来自马克斯·韦伯关于新教与资本主义的关联，指某种特权，或者是人们应得的权利，被资本主义伪造成了某种特权。

② ［美］查尔斯·蒂利：《民主》，魏洪钟译，上海人民出版社 2009 年版，第 25 页。

是由严格的雅典血统的自由成年男性组成的”[①]。按照当代的民主观，这种政体根本不是真正的民主制。

资本为什么会采用“画圣圈”的方法呢？这个问题可以用马克斯·韦伯的理论来解释。他认为，新教倡导节俭和禁欲，辛勤的劳动是为了荣耀上帝而不是为了享乐。荣耀上帝的人将得到上帝的恩宠，他们也将得救，而不受恩宠的人将遭天罚。1647 年“威斯特敏斯特信纲”第三章第三条：“按照上帝的旨意，为了体现上帝的荣耀，一部分人与天使被预先赐予永恒的生命，另一部分则预先注定了永恒的死亡。”第五条：“人类中被赐予永恒生命的，上帝在创世之前就已根据他亘古不变的意旨，他的秘示和良好愿望而选中了耶稣，并给予他永恒的荣耀，这完全是出于上帝慷慨的恩宠与慈悲，并没有预见人或耶稣的信仰、善行及坚韧，也没有预见任何其他条件或理由使上帝给予恩宠或慈悲，一切归功于上帝伟大的恩宠。”第七条：“上帝对其余的人感到满意，按照上帝意旨的秘示，依据他的意志，上帝施予或拒绝仁慈，完全随其所愿。使他统治自己的造物的荣耀得以展现，注定他们因为自己的罪孽感动羞辱并遭到天谴，一切归于上帝伟大的正义。”[②]关于恩宠的圣谕是绝对的、超验的，只有通过全面、系统的自我克制才能获得上帝的帮助。“这种禁欲主义的目的是使人可能过一种机敏、明智的生活：最迫切的任务是摧毁自发的冲动性享乐，最重要的方法是使教徒的行为有秩序。”[③]那些在教会眼中不能按照教会的要求控制自己行为的人，必然不能获得重生，他们被排除在圣事之外，也不能成为教会的合法成员。

教会为了保证自身的权威，对进入者设置了诸多条件，只有符合这些条件的人才会得到承认，也只有他们才不会对教会的统治体系构成威胁。女性进入基督教共同体的唯一方式是贞洁和禁欲，她们不能够在教会的认可之外享受到身体的快乐，婚姻、性行为只能以教会的仪式作为保证。教会要求

---

① ［英］戴维·赫尔德：《民主的模式》，燕继荣等译，中央编译出版社 1998 年版，第 17 页。

② ［德］马克斯·韦伯：《新教伦理与资本主义精神》，于晓、陈维纲等译，三联书店 1987 年版，第 75—76 页。

③ ［德］马克斯·韦伯：《新教伦理与资本主义精神》，于晓、陈维纲等译，三联书店 1987 年版，第 91 页。

介入到教徒们获得满足欲望的过程中，后者的欲望首先是一种被教会允许的欲望，然而，这种经过教会过滤的快乐和幸福已经失去了其本源的冲动和快感，一切获取快乐和幸福的行为都失去了其本源的意义，它们更像是一场臣服仪式，表明对“天父”的忠诚。“基督教在一个女人身上认可的、为了将她置于象征秩序里而要求她的，那就是，当作为一个被圣言授精的处女而生存和自我想象时，她是作为一个男同性恋者来存在的。相反，如果不认可同性恋，如果一个女人不是处女、修女或贞洁的，却享有性高潮和生育的权利，她进入这个象征性的父亲秩序的唯一途径，就是加入到那个存在于享乐的母性身体和象征性的禁忌两者之间无休止的抗争中去——这个抗争将形成犯罪感和禁欲主义，并在受虐狂的愉悦中到达高潮。对于不容易抑制与母亲的联系的女人来说，若要加入象征性的父亲秩序也即基督教的秩序，她就只能禁欲。”①

这样的思考逻辑对资本主义产生了重要影响，出现了资本拜物教。资本主义社会像基督教会一样遵循着禁欲的准入条件，它几乎把后者的所有体系规则都为己所用了。它为它的臣民设计了一套获得幸福的程序，首先他们必须在勤奋工作中才能展现自己的价值，任何与工作无关的享乐或休闲都是无意义的或次等重要的；其次他们的享乐也不是随心所欲的，休闲只能限定在资本主义的消费圈内，也就是说，只有能够刺激生产或消化商品的休闲才是可欲的，从事其他不能促使财富增长的活动都应该有一种负罪感，这就是当代社会的灵修者或苦行者越来越少的缘故。那些不增加社会财富的人的生存状况比之前现代时期更加局促了，他们越来越得不到现代社会的承认，越来越缺少与他人分享经验的机会，并且被诬蔑为“好吃懒做、放纵无羁的人”。其中，乞丐、流浪汉是诬蔑化程度最高的一类。现代资本主义国家普遍倾向于把他们排除在社会事务（尤其是政治过程）之外。他们被视为社会的寄生虫，甚至败坏了社会风气，他们必然不能成为资本拜物教“教会”的合法成员。“领取教区救济应绝对取消选举权资格是基本原则所要求的。不能靠自己劳动维持生活的人无权要求随意取用他人金钱的特权。依靠社会其他成

① ［法］朱丽娅·克里斯蒂娃：《中国妇女》，赵靓译，同济大学出版社2010年版，第20页。

员维持生活，这人就放弃了在其他方面和他们具有同等权利的要求。他赖以维持生活的那些人可以正当地要求专由他们管理那些共同关心的事，对这些事他无所贡献，或贡献不如他取走的多。作为选举权的一项条件，应当规定一个期限，比方说登记前五年之内，申请登记者的姓名不作为领取救济者载入教区救济名册。未经证明有偿付能力的破产者，或得到过破产法好处的人，应取消选举资格，直到他偿付了他的债务，或至少证明他现在不是，并且在一段长时间内已不是依靠救济维持生活。长期不交税，以致不可能是出于疏忽时，在继续不交税期间应取消选举资格。”① 在现代资本主义社会中仍然不乏这项提议的应和者。即使在今天，“特权阶层始终存在，美国也不例外”②。

资本主义像清教那样总是把一部分人纳入自己的“圣圈”，把另一部分人作为自己的假想敌排除出去。当把某个假想敌“消灭掉”时，它会用另一个假想敌取而代之，以前是国内的某类群体，现在则是国外的某些国家或群体，因为它需要对立面来规划成员的行为秩序。资本主义必然演变为帝国主义。当被排除者通过同化、异化等方式挤进“圣圈”之后，资本主义会制造新的“圣圈”，以此对那些不合作者施压，使他们屈服，最终资本主义将同化一切“异类”，资本的触角将遍布全世界，资本必将统治一切。至此，资本主义实现了“排除”与“包含”的辩证法。但是这个目标很难实现，因为民主的制约力不容忽视。

二、民主的逻辑

民主的逻辑是打破“圣圈”，实现所有人的平等互动，提供影响决策的同等机会。“民主”一词最初就有“多”的内涵，它的诸要素也都带着“多”的含义：它的主体多元，议题多元，诉求多元，手段多元，空间多元……按照南希·弗雷泽的理解：

① ［英］J. S. 密尔：《代议制政府》，汪瑄译，商务印书馆 1982 年版，第 131—132 页。

② ［美］克里斯托弗·拉希：《精英的反叛》，李丹莉、刘爽译，中信出版社 2010 年版，第 1 页。

（1）民主是重视个体意见的，不管是多数还是少数，都应该平等地被倾听。她认为，可以把公共话语大致分为三类：专家话语、流行话语和对抗话语①。在现代社会，专家话语与知识的生产和使用紧密联系在一起，它包含多种社会科学话语，这些话语包括法律话语、行政话语和医疗话语等。它们产生于大学、智囊团、专业团体以及社会服务组织中。现代学科分工明确、彼此独立，容易造成专业局限和信息隔阂，专家对公共事务的评判往往只从本专业出发，难免会有疏漏，因此需要公众意见的补充或纠正。流行话语是广泛传播的传统公众话语。对抗话语是批判流行话语的新兴公众话语。这三种话语对协商民主而言同等重要，它们对决策具有同等的影响力。流行话语体现了广为接受的社会观念，它具有一定的合理性，是维持现存秩序的主力。当某些流行话语滞后于社会发展时，一部分公众就对它们进行批判、反思，最终汇聚成对抗话语。当得到公众的广泛认同时，对抗话语就变成了流行话语，而后会出现新一轮的批判、反思。对抗话语是对社会历史趋势的恰当反映，蕴含着变革的潜能，因此它是协商民主通达正义之途的核心要素，而其他政治体制，如精英式民主往往会忽视或压制对抗话语。专家话语是社会观念的系统表达，它具有自身独特的研究方法和内在逻辑。由于它可以用简单明了的术语概括复杂多变的社会现象，因此能够推进民主的深度和广度。它可以在流行话语、对抗话语和国家政策之间建立起“桥梁”，“专家话语是把充分政治化的需要转换成国家干预对象的潜在工具”②。在此意义上，可以把专家话语称为“桥”（bridge）话语，意指它可以调节公众与国家之间的关系。三种话语涵盖了所有的利益群体，每个人都可以在这三种话语中找到自己的位置，因此保证三种话语在决策过程中的充分表达，就是保证每个人的发言权。

（2）民主是理性的对话和沟通，它给出的结论应该是多元个体经过辩论后达成的合意。虽然伯里克利在“葬礼演说”中一再强调雅典民主制作出决策时的慎重，“最坏的事情莫过于在结果尚未适当讨论之前就匆匆地付

① 在这里，“话语”特指不同意见在公共领域的表达或呈现。

② Nancy Fraser，*Unruly Practices*：*Power*，*Discourse and Gender in Contemporary Social Theory*. Minneapolis：University of Minnesota Press，1989，p. 173.

诸行动”①，但是“公民大会过于庞大，以至于难以准备自己的日程和起草法案，也不能成为一个吸纳新的政治创见和建议的核心机构”②。一旦民众受到不实言辞的蛊惑，义愤的情绪被煽动起来，被控方往往失去辩护和举证的机会，非理性的判决在所难免。在著名的六将军案和苏格拉底案过后不久，公民大会的成员就对自己当初的决断感到后悔。其实，上述案例违反了民主的逻辑：它们的诉求不多元，被蛊惑的民众是非理性的，他们的诉求是蛊惑者的诉求，是单面性的强制观点。民主要求质疑方理性对待与自己意见相左的观点，并愿意接纳他人对自己的合理批评。这里的关键不是对错与否，而是开放的态度。“包容”是一切美德的开端，它体现了一种把人当作目的的道德尊重。它不仅反映在对异见的态度上，而且适用于主体的设定上。不同群体之间存在着各式各样的差异，如能力、性别、种族、职业、收入等。这些差别本身不能成为一个人是否能够参与政治决策的依据或政治边界设定的标准，因为它们不会构成对话与交流的障碍。

(3) 民主在空间上是多元的，它的适用范围不应限制在领土国家内，而是支持全球代表权。绝大多数的政治体制都以领土国家为边界，决策的参与者必须是具有一国国籍的公民。然而，“不管问题是全球变暖还是移民、女性还是贸易协定、失业还是‘反对恐怖主义的战争’，目前公共舆论的变动很少停留在领土国家边界内。她们的交往通常既不存在于威斯特伐利亚国家中，也不通过国家媒体传播。此外，辩论的问题通常就是跨领土的，既不能被置于威斯特伐利亚空间中，也不能通过威斯特伐利亚国家得到解决”③。国际组织、政府间网络和非政府组织对国内事务的影响越来越大，甚至分享了领土国家的许多关键管理职能。这种情况不仅适用于相对较新的功能，如环境监管，而且也适用于传统功能，如防卫和治安。外包、跨国企业和“离岸商业登记”（offshore business registry）使基于领土的国民生产在很大程度

① ［英］戴维·赫尔德：《民主的模式》，燕继荣等译，中央编译出版社 1998 年版，第 19 页。

② ［英］戴维·赫尔德：《民主的模式》，燕继荣等译，中央编译出版社 1998 年版，第 27 页。

③ Nancy Fraser，“Transnationalizing the Public Sphere：On the Legitimacy and Efficacy of Public Opinion in a Post-Westphalian World”，in *Theory*，*Culuture & Society*，2007 (24)，p.14.

上只存留于观念中；由于布雷顿森林资本控制的全天候（24/7）全球电子金融市场的出现，国家对货币的控制现在非常有限；调控贸易、生产和金融的基础规则应放在跨国交流平台上来制定。此外，由于移民、迁徙等原因，现在每个国家领域内都有非公民，对话者经常既不是族人也不是伙伴公民，民主应该把他们纳入公共对话中。民主是最具包容性和适应性的政治制度，在全球化时代，民主能够成为有效的决策机制。

三、对抗资本的民主策略

当前资本秩序下的民主，即代议制民主，显然是一种“受压抑”或不彻底的民主形式。在资本秩序下，民主受到资本逻辑的侵蚀，决策过程越来越工具理性化。现有的代议制不考虑民意偏好是如何形成的，这些偏好可能出自冲动、深思、欺骗或恐惧。有的人因为自私而支持某项政策，有的出于利他，有的则完全是盲目的。盲目的民众参照的不是真实的经验和遭遇，而只是一些统计数据，因此他们的选择和偏好是没有“质量保证”的。此外，代议制的政治基础——多数原则——是否能带来令“多数人”满意的结果也是可疑的。为此，布莱恩·巴里做了一个思想实验来证明多数原则的不确定性：在一节没有标示“能否吸烟”的车厢里有五个人，他们将决定要不要在车厢里吸烟。首先假定他们只能做出一种决定；其次，只有两种选择——吸还是不吸；再次，决策的选民是毋庸置疑的；最后，结果无关他们未来的长远福利。保持这个实验的两分性，在这个基础上加入一些其他的选择事项，如是否播放晶体收音机。设五个乘客是 A、B、C、D、E，w 代表反对吸烟，x 代表支持吸烟；y 代表反对播放，z 代表支持播放，可能出现的结果如下图（从 1 到 4 偏好依次下降）：

排序	A	B	C	D	E
1	wz	wz	xy	wy	wy
2	xz	xz	xz	wz	xy

续表

排序	A	B	C	D	E
3	wy	wy	wy	xy	wz
4	xy	xy	wz	xz	xz

在直接投票中，ABDE 更偏向 w，CDE 更偏向 y，因此结果是 w 和 y，但是 wy 这对组合不如 xz 这一组合的支持率高。这时，多数原则到底意味着什么呢？

如果把两分换成三分：完全反对吸烟、可以吸香烟但不能吸烟斗和雪茄、无限制地吸烟，分别用 x、y、z 来代表。假设五个人的偏好顺序如下：

排序	A 和 B	E	C 和 D
1	x	y	z
2	y	z	y
3	z	x	x

这时中间选择将会获胜。

假设 C、D 不喜欢吸烟，如果不让他们吸雪茄，那么他们宁可完全不吸并让车厢保持清新，那么偏好将变成：

排序	A 和 B	E	C 和 D
1	x	y	z
2	y	z	x
3	z	x	y

将三组进行对比发现，x 胜过 y，y 胜过 z，z 胜过 x，这时多数原则导致了一个“投票悖论”，多数与少数的较量形成了一个环。既然以多数原则为基础的代议制不可靠，民主必须突破现状，寻求新的发展。

哈贝马斯敏锐地把握了这一动向，他在观察 20 世纪五六十年代的德国的民上状况时发现，当代西方的自由主义民主已经走向了一种全新的威权主义，混合了公私权力的“新封建”制度操控了投票和选举，即以多数为基础的投票制度使组织化的利益群体结盟，以维护它们在政治和社会中的统治地位，这是他的同代人（尤其是相对保守的那些人）所忽略的。他认为，德国民主的灾难应该归咎于以国家为主导的国家与社会[①]的融合，这种融合摧毁了基于私人自由或非强制讨论之上的公共领域。商业媒体和政党组织成了公共领域的主角，“公共性不仅在公众面前呈现了统治的合法性，还操纵了公众。批判的公共性遭到操纵的公共性的排挤”[②]。为了民主的顺畅运行，哈贝马斯主张恢复公共领域的政治功能。他把民主的希望寄托在公共领域的话语潜力上，这个想法直接承继于阿伦特，不过阿伦特把这个潜力归附于行动，但他们有一个共性：防止一套逻辑称霸天下，不管这个逻辑的主语是资本还是领袖。

阿伦特区分了人的三种基本活动：劳动、工作和行动。它们分别对应一种普遍的、基本的人类境况。劳动的境况来自人的“必然性”(necessity)，人需要劳动满足自身最基本的生物所需。工作的境况来自人的“世界性”(worldliness)：人需要在自身周围建立起一片可以生活和发展的区域，比如农场、定居点、村落、城镇或国家等。行动的境况来自人的“复数性”(plurality)。不同的人生活在这个世界上，他们之间必然会产生联系，他们需要寻找一种能够共存的方式，一起生活、交流观点、磨合差异、创建政治

① 关于“社会”的用法，哈贝马斯与阿伦特略有不同，阿伦特所谓的“社会”主要指以劳动和工作为主的市民社会，“在现代自然法观念和苏格兰道德哲学家的社会学说中，市民社会总的说来一直是私人领域，因而与公共权力或政府是相对立的。现代早期的市民社会依照职业来划分社会地位，根据其自我理解，商品流通和社会劳动领域以及不再具有生产功能的庄园和家庭，均可以不加区分地划归‘市民社会’私人领域。”社会领域与公共领域应该是彼此独立、严格区分的。虽然哈贝马斯也用“社会”指代市民社会，但它不同于狭义上的市民社会，“狭义上的市民社会，亦即商品交换和社会劳动领域；家庭以及其中的私生活”都被划归到私人领域中了。现代市民社会作为私人领域从公权力领域解放出来后，又从私人领域中独立出来，“它不再包括控制劳动市场、资本市场和商品市场的经济领域”，“无论如何，‘市民社会’的核心机制是由非国家和非经济组织在自愿基础上组成的。这样的组织包括教会、文化团体和学会，还包括了独立的传媒、运动和娱乐协会、辩论俱乐部、市民论坛和市民协会，此外还包括职业团体、政治党派、工会和其他组织等。”它有时直接产生代表交往权力的公共领域，与代表行政权力的国家相对立。参见［德］哈贝马斯：《公共领域的结构转型》，曹卫东等译，学林出版社 1999 年版，序言第 12、30、35 页。

② ［德］哈贝马斯：《公共领域的结构转型》，曹卫东等译，学林出版社1999年版，第202页。

机制。劳动可以独立进行，但行动则完全依赖他人的持续在场。“正是在言说和行动的领域，即从活动上讲的政治场域内，一个人的人格特质才公开展现出来；‘一个人是谁’（而非他可能拥有的个人品质或才能）才变得清晰可见。”①。除了复数性，与行动相关的是人的“有生性”和“有死性”，因为新的生命诞生本身就意味着开端启新，新人潜藏着开启新事物的行动能力。劳动、工作和行动分属不同的领域，前两者是社会领域的基本活动，行动是公共空间的基本活动，它们的关系应该是互不干扰的，但是在当代的消费社会，却出现了社会领域侵犯公共空间的危险，因此对行动造成威胁。由于技术的进步，劳动者从工业革命中产生的繁重劳动中解放出来，但他们却没有摆脱劳动的惯性，他们自视为劳动者或雇员，从工资中赚取所谓的“生活必需品”，即使这些物品根本不是生活所必需的。这种心态使他们没有动力超越大众社会，只能进行类似于制造的重复和计算，而无法自发地行动，也无法判断和理解自己及他人的行动。

由于劳动和工作受到必然性的支配，所以它们在古希腊是不被重视的。相反，行动（公共言语和行为）备受推崇，因为它超越了必然性，它是自由的、有创造性的，因此只有自由人可以实施，那些劳动者或工匠由于他们的工作性质成了不自由的人，甚至与奴隶等同。亚里士多德只探讨自由人的生活方式——娱乐、行动和思考，在他看来，思考是最高的、最纯粹的活动，但是阿伦特没有把思考作为一种基本的人的境况，因为它是私密的，不能被所有人共享。在这三种方式中，柏拉图只看重思考，这种态度深深影响了西方哲学。行动与公共空间紧密相联，当古希腊和罗马城市国家灭亡后，行动落入了必然性的领域，思考成了唯一真正的自由活动。那些对行动有偏见的知识分子倾向于投入一种创作艺术的隔绝状态（极端个人主义或精英主义）。在阿伦特还是一个没有任何政治经验的哲学学生时，她就发现有些思想家（如瓦恩哈根）从真实的世界退守到一种自我的艺术中，他们甚至想创造现实。这种浪漫主义的情怀在心理学上一般被称为“自恋”（narcissist）。虽然它可以使“灵魂的权力和自主得到保护，但保护的代价是真理。必须承认一

① ［美］汉娜·阿伦特：《过去与未来之间》，王寅丽等译，译林出版社2011年版，第207页。

点，缺少了与其他人类共享的现实，真理将失去所有的意义”①。一个典型例子是海德格尔，他轻易地就被国家社会主义征服了，甚至还妄想为它奉上一种哲学辩护。纳粹战败后，他一直过着隐居生活，他瞧不起公共空间，认为它是昏聩的、腐败的。他挖苦地说道：“公众的光辉模糊了一切。”在阿伦特看来，这种逃避行为是典型的对世界的不负责。因此，阿伦特明确拒绝海德格尔的哲学，在雅斯贝尔斯的哲学基础上发展自己的政治理论。战后，那种逃避态度以各种不同的形式展现出来，它们在政治上更加危险，阿伦特把它们称为“世界异化”(world-alienation)，它们的特征是反抗“人类境况”(the human condition)。与海德格尔形成鲜明对比的人是阿伦特的第二任老师雅斯贝尔斯，他娶了一位犹太妻子，早在1933年他就表明了对纳粹的反对态度了，当时这种表态很容易会要他的命，后来他跟妻子被逮捕，在被送往集中营的前几个小时才获救。雅斯贝尔斯没有蔑视这个世界，他不像其他人那样蜷缩起来，而是带着一股“蛮劲”投入到公共生活中，始终理性地评论公共事件，因此获得了阿伦特的高度尊敬。

艾里斯·扬和弗雷泽是从“包容”这个角度来设计民主策略的。扬认为，扩大和深化民主实践的一项重要规范是“包容”。“一项民主决策的规范合法性取决于与决策相关人员参与决策过程的程度以及影响决策结果的机会。”② 受决策影响的人不仅要被包容到决策过程，而且要具有平等的伙伴身份。所有参与者不仅具有同等的发言权，而且具有平等的质疑权，免受威胁和恐吓。此外，扬指出政治平等与包容不是一回事，包容较政治平等而言有前置性。按照民主的逻辑，包容的范围应该是多元的，或者说是不固定的，民主的范围应该与正义的责任范围相应，如果议题仅涉及国内，那么国内政治群体就是民主对话的主体；如果议题涉及全球（如生态环境、世界贸易等），那么民主对话就应扩展至全球。“强的、规范合法的民主把所有受决策影响的人都当作平等主体包含进决策过程中。”③ 这就是扬的包容原则。

---

① Hannah Arendt，*Rahel Varnhagen*：*The Life of a Jewess*. Johns Hopkins University Press，1997，p. 8.

② Iris Marion Young，*Inclusion and Democracy*. Oxford University Press，2000，p.6.

③ Iris Marion Young，*Inclusion and Democracy*. Oxford University Press，2000，p.11.

从这项原则的表述上可以推断出，扬借鉴了哈贝马斯的“所有受影响者原则”（all-affected principle）：所有潜在受到决策影响的人都应该作为伙伴参与共同事务的商谈。这个原则的支持者认为，正义的主体既不完全是民族的，也不完全是全球的，对他们而言，把一群人变成正义伙伴主体的是他们在因果关系网络中的客观重叠。然而，它的根本观点是基于直觉的：它通过“互相依赖”的社会关系来解决正义主体的争端。换言之，使一个群体成为正义主体的是他们处于一种因果关系网中。如果一个人受到既定行动的影响，那么他就成了与这种行动相关的正义主体。基于这种观点的偶然性和直觉特点，这项原则容易“成为蝴蝶效应的‘归谬法’（reductio ad absurdum）的牺牲品，它把所有人都变得受一切事物的影响。它不能识别与道德相关的社会关系，在抵制它试图避免的一刀切全球主义时遇到麻烦。因此，它不能为决定‘谁’提供一个有说服力的标准”①。

在这个问题上，弗雷泽提出的观点更加具有说服力。她认为，在全球化时代，政治主体的界定应该遵循“所有从属者原则”（all-subjected principle），“根据这一原则，所有从属于特定统治结构的人都有一个与之相关的、作为正义主体的道德立场。把人们变成正义伙伴主体的既不是共同的公民资格或国籍，也不是共同拥有抽象的人格，也不是因果相互依存的纯粹事实，而是都从属于一种统治结构，这一结构为他们/她们之间的互动设置了基本规则。对于所有统治结构而言，所有从属者原则使道德关怀的范围与受影响的范围相匹配”②。换言之，那些受制于某一“游戏规则”的人，就规则本身及其所涵盖的事项都有发言权和参与权。这项原则同时适用于国内与国际议题，很好地将各类群体“包容”在内。

（作者单位：东华大学人文学院）

---

① Nancy Fraser, “Abnormal Justice”, in *Justice, Governance, Cosmopolitanism, and the Politics of Difference: Reconfigurations in a Transnational World*, Kwame Anthony Appiah (etc.), Humboldt-Universitat zu Berlin, 2007, p. 135.

② Nancy Fraser, “Abnormal Justice”, in *Justice, Governance, Cosmopolitanism, and the Politics of Difference: Reconfigurations in a Transnational World*, Kwame Anthony Appiah (etc.), Humboldt-Universitat zu Berlin, 2007, pp. 135-136.

公务人员的存在方式：责任困境与主体性风险*

刘　勇

摘要：与西方国家相比，我国历史上并没有存在独立发展的市民社会。传统社会中的“父母官”意识一直对现代政治国家和公民社会构建良好的互动关系造成负面影响，政府基于“为公众负责”的责任意识下去干预市民社会的正常运转，在减少现实“危险”因素的同时也是在制造风险的种子。政府在政治实践中无疑取得了道义性，但“泛道德主义”也为构建正常的政治国家和公民社会之间的良性关系蒙上了一层阴影。在风险社会下，政府组织及其公务人员应该主动承担公共责任，不能因为去承担“责任”导致了社会风险而疏于行政和反思。在承担责任之后，自我负责下降到次要位置，行政问责居于主导。政府行为必须接受行政问责，为自身的后果负责。

关键词：责任　主体性风险　存在　复合治理　行政问责

在传统社会，官员与百姓之间的关系常常被比喻为父母与子女之间的关系。父母与子女之间的关系是领导与责任的关系。父母主宰和决定了子女的人生幸福，父母的权威必须要得到子女的遵从，与此同时父母对子女也有爱护和养育的责任。现代政府在“父母官”意识指导下，过度干预市场或市民社会的健康发展，它在解决矛盾的同时，也为风险社会下的人们制造或扩

* 本文为 2015—2016 年度东华大学研究生创新基金项目（项目编号：EG2016017）阶段性成果。

散不安感和紧张感。政府的“父母官”意识实质是一种人造的风险意识，它在等级制下压制了公众的自主和首创精神，对我国现阶段的政治国家和公民社会构建良好的互动关系造成负面影响。

一、责任与风险

一般来说，“责任”一词包括三层含义：第一层含义是指在职责范围以内有义务作为或不作为；第二层含义是指行为主体必须对自身的行为负责；第三层含义是指违背义务的行为要受到第三方相应的责任追究和制裁，在此意义上责任具有“问责”之意。概而言之，责任是责任主体在自我负责的前提下，对行为导致的后果进行承担的行为。彼得斯认为：“责任，除了对外部机构负有职责，官僚还必须遵守自己内部的，基于职业伦理和作为公共服务的培训的行为规则。”① 休斯认为：“责任是指组织中个人会因为自己的某个决策或行为而受到谴责或表扬。从公务员的最底层到最高层，每个公务员都必须对其上级负责。”② 国外两位著名学者对“责任”定义不太相同，彼得斯认为方向是向内和向外的，休斯是认为向上和向下的。但是他们的共同点是：责任是具有方向性的力量。笔者认为，区分两者的重要意义在于明确“责任”是一个动态性的过程，它在双方互动中才能产生，随着一方的消失而消失。责任不仅具有动态性，还有具体性的特征。“泛利他主义（general altruism）则是一毫无意义的观念，因为任何人都不可能以如此这般空泛的方式而有效地关注他人，我们所能承担的责任，必须始终是具体的。”③ 责任主体要清楚具体责任，就必须对具体责任进行划分。如果责任范围太大或者不需要承担责任后果，那么承担责任的有效性是不确定的。在现实生活中，集体行动的逻辑是“搭便车”，对于集体行动的成员来说，在“有组织的不

① 彼得斯：《官僚政治》第五版，聂露等译，中国人民大学出版社 2006 年版，第 133 页。

② 休斯：《公共管理导论》第三版，张成福等译，中国人民大学出版社 2007 年版，第 279—280 页。

③ 哈耶克：《自由秩序原理》，邓正来译，生活·读书·新知三联书店 1997 年版，第 93 页。

负责”的情况下，其个人不需要承担责任，就可以坐享公共成果。所以“欲使责任有效，责任还必须是个人责任”①。

只理解“责任”是远远不够的，还必须对其一体两面的权力有清晰的认识。对责任的历史考察，其实质也是从责任成为权力的依附，走向权责一致的历史。霍布斯认为君主或政府的权力是绝对的，它是一个统一的整体，代表了契约一方的集体意志，政府权力集中在君主个人手上，君主个人拥有绝对权力。他反对分权，分权会导致国家返回到自然状态，这也违背了公民签订契约的初衷。虽然霍布斯也强调君主必须承担有保卫和平、防止外敌入侵、保护公民权利的责任，但是这些责任，并没有相应的制度予以具体规定，它只是教给主权者如何保证国家存续的统治策略，或者说责任是为权力者服务的。从根本上来说，责任只是一种治理术，只具有工具理性，责任附属于权力体系。卢梭发展了社会契约论，认为公民让渡出的全部权利形成了全体人民的公共意志。主权是公益的表现，只有具有“先验性”的人民才能享有主权，但是人民主权具有理论上的抽象性，它需要世俗的统治机构来管理人民，为此政府成为人民行使主权的工具。如果政府违背公共意志，人民有权决定和变更政府形式，甚至推翻政府统治。如果说霍布斯认为政府或者君主的责任与权力还没有从混沌中分化出来，那么卢梭的人民主权论认为责任已经独立成为政府的基本义务。

政府承担责任的原因主要有两点：其一，政府权力从本质上来说是公共权力，或者说是一种具有公共性的资源，公共权力来源于人民主权，这就意味着它必须为公众负责；其二，承担责任可以让政府在行使权力过程中具有正当性，避免政府出现合法性危机。一方面，当今任何一个政府都不敢公开宣称自己是为自己负责的政府，亦即只谋取政府自身利益，而不承担公共责任的政府；另一方面，政府组织从社会分工中分化出来，成为独立的垄断部门，公务人员具有“经济人”特质，整个官僚队伍追求预算最大化，部门扩大化，政府具有自我利益取向。因此政府的自利性与利他性的矛盾，为政府在承担责任时埋下了风险的种子。

① 哈耶克：《自由秩序原理》，邓正来译，生活·读书·新知三联书店 1997 年版，第 99 页。

风险伴随着人类社会的出现而发生，对一个个体来说也是如此。婴儿在母体子宫受到母亲的天然保护，而生命的诞生标志着个体风险的构成。被抛入到世界中的个体将会面临各种难以预料的风险。饥馑、灾害、战争、国家的生育政策等均直接决定了个人的存续和命运。弱小的个体根本无力应对这些危险或风险。适者生存的自然法则，让每个人都必须要有生存意志。或者说只有生存意志强大的个体才能抵御风险。传统社会的风险包括自然灾害、战争、官民矛盾、地主与农民的冲突等；工业社会的风险包括阶级矛盾、科技与人文的矛盾、决策与制度的矛盾等。

风险如矛盾一样，无处不在，无时不有。大自然中蕴藏着巨大的破坏性力量，一定程度上对人类社会造成威胁和导致灾难。传统社会更倾向于使用这些已经发生的或存在的给人类社会带来消极后果的语词（如威胁、灾难、危险等）。神秘性的自然力量导致了地球上民族的自然崇拜。但是进入工业社会以来，启蒙理性对人类思想的解放，科学技术的运用，使得人类的创造力和自信心得到极大增长。人类不甘心受制于自然的惩罚，而是主动对其进行“祛魅化”的研究。凭借可量化、可计算的实证主义精神，“危险”日益摆脱神秘性的外衣，逐渐被“风险”所替代。潜在风险的发生概率乘以其危害后果就得出了可计算的风险，近代的保险原理是建立在此基础上而总结出来的。风险虽具有不确定性，但它仍然可以被预测。人类可以依靠精密的仪器，抽象的模型和严谨科学的计算公式来预测风险事件发生的频率或概率，以达到趋利避害的目的。

从风险的起源和分类来看，并不是现代社会才产生风险的，风险在任何社会任何时代均对人类生产生活造成影响。从这个角度来看，风险表现出强空间性弱时间性，也就是说风险的发生更多地与横向联系相关，是一种共时性结构。我们可以对风险本身进一步解读，风险是一种客观存在，还是一种人为的主观建构？一般来说，风险的发生由自然和人为两种因素导致。我们能显而易见地看到风险发生导致的消极后果，看到其对人类的生命财产安全等造成负面影响，但是我们是否能够从这些消极后果或负面影响就能肯定反推出风险的客观存在？此种独断论的危险在于忽视了风险的重要特征，即风险发生始终是潜在的，而不是现实已经发生的“危险”或“灾难”，况且并不是所有的“风险”均导致如此后果或影响，此外有的风险最终可能并没有发生。风险在后工业社会取得话语权的关键在于它是一种主观建构。因为一方面它满足了人类理性自负的需要，在工业社会或后工业社会风险成为主流话语似乎暗示人类理性力量占据统治地位；另一方面它对我们认识和防御风险起到了十分重要的作用，我们可以通过风险评估来预防未来可能发生的风险。

较早研究风险社会的学者杨雪冬认为国外对风险社会的研究主要有三种理解方式：“一是现实主义者，以劳（Lau）的‘新风险’理论为代表；第二种理解是文化意义上，比如拉什等人提出的‘风险文化’理论；第三种理解是制度主义的，以贝克、吉登斯等人为代表，他们是‘风险社会’理论的首倡者和构建者。”①

笔者认为研究风险社会并不应该局限于这三种风险社会理论中的任何一种。因为风险本身是开放的社会理论或知识社会学，上述三种分类只是一种理解方式，他只是从“实在——知识”光谱下抽出了三类，我们还可以从社会形态或制度属性来划分，比如说前工业社会，工业化社会初期，后工业社会或晚期资本主义社会，以进一步探索资本与风险或制度与风险之间的关系；中国当前政府治理的风险具有复杂性，西方后工业社会产生的抽象的风险理论并不一定适应正处于现代性风险中的中国。或者说发端于西方的风险理论只是为我国的现代化提供了一定的借鉴意义，并不可以完全照抄照搬。我们需要将风险理论与中国当前责任政府的治理相结合，具体探索出适合自身国情的路径。

二、公务人员承担“责任的”风险

现代性风险是人为地造成的，或者说是人作为主体性而导致的。“风险是系统地处理现代化自身引致的危险和不安全感的方式。”② 公务人员的主体

① 杨雪冬等：《风险社会与秩序重建》，中国社会科学出版社 2006 年版，第 27—40 页。

② 贝克：《风险社会》，何博闻译，译林出版社 2004 年版，第 19 页。

性风险集中体现在高度现代性的社会中政府权力从市民社会中抽离出来，将市民社会作为控制对象的客体而衍生出来一系列相互交织的问题，或者说是自反性现代化潜在的副作用或副现象。吉登斯认为是脱域机制让传统社会向现代社会转变的过程中失去了控制，从而产生了副作用。“风险不仅作为脱域机制的不良运作所导致的损害而存在，而且也作为‘封闭的’、制度化的行动场所而存在”。[①] 对于政府组织来说，是指官方行动者在科层体制中生产或再生产了风险因素。公务人员的主体性风险具体表现为：在多线责任体系中，政府机关工作人员承受着责任判断的心理焦虑；在单线责任体系中，极易形成特殊利益集团；在政府组织中，责任主体出现越位、错位、空位的现象。下文的分析按照的是由公务人员个人面临的管理风险出发，然后扩至政府部门面临问题的思路，层层论述政府的主体性风险危机。

（一）公务人员责任判断的焦虑

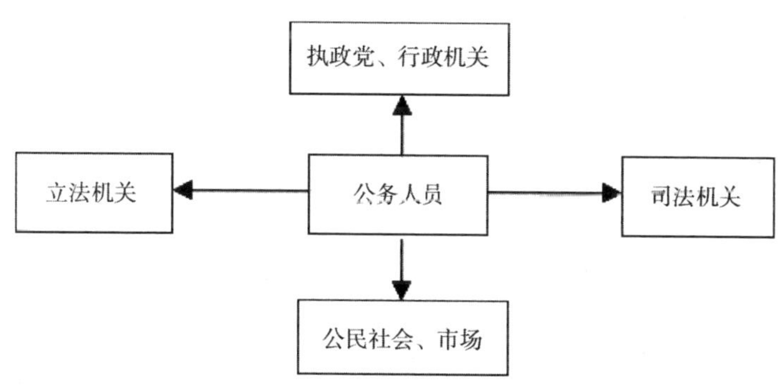

图 1 责任承担的纵横图

2012 年贵州省毕节市政府驻贵阳办事处办公室主任文永东在接受记者采访时爆出“你是为人民服务，还是为党服务”的语录。无独有偶，2008 年郑州规划局质问记者“替党说话还是替老百姓说话”。所谓言为心声，从表面上看，这些地方官员的心声恰恰反映了官场上的娱乐精神。但是实际情况不止于此，从图 1 可以看出，当公务人员面临着人大监督，党的领

① 吉登斯：《现代性的后果》，田禾译，译林出版社 2011 年版，第 112 页。

导，上级命令，人民主权等不同要求而做出判断时，其面临的是多难选择的困境。

风险具有不平等性，表现为社会精英上层的风险较为分散，而社会阶层下层正好相反。随着我国社会经济政治的转型，阶层的分化日益明显，阶层之间的利益矛盾日益突出，就地方性群体事件来说，2011 年的“乌坎事件”凸显了社会利益的分化。在 12 月 20 号之前，也就是乌坎事件在出现转折之前，当地基层党委和政府最大的利益是稳定局面，而乌坎村民的诉求是反对以薛昌为首的村委会，他们通过驱赶村支书，成立临时代表理事会，试图“收回”被私卖的土地。作为普通基层公务人员在作出价值判断时承受着日益严重的判断焦虑，而这些非理性情绪对个人、组织及其公众造成潜在的风险。

（二）责任的异化

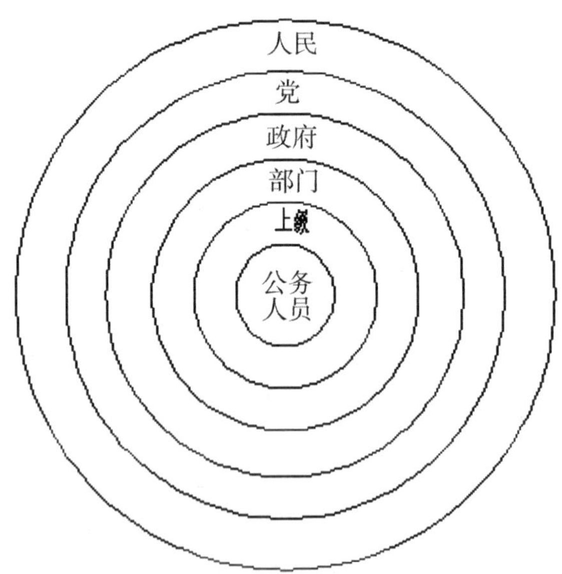

图 2　责任承担的差序图

从图 2 我们可以看出责任不仅具体，而且有远近亲疏关系。公务人员的责任，从上级到人民，其中间路程复杂多样。从理性角度来讲，上级决定了公务人员的职务升降和利益得失，公务人员是直接向上级负责的。公务人员所承担的责任始终是具体的、逐步递进的，公务人员对人民负责，其责任是逐步递减的，而且在负责过程中，由于注重人情亲疏关系，极易形成以部门领导为首的小团体利益。在利益分化的现实中，公务人员承受着比较严重的焦虑体验，而在唯上的负责链中，公务人员只需要对上级负责，这在一定程度上缓解了其紧张感，可又极易造成责任异化的问题，即小团体利益侵犯了公众利益的界限。公务人员承担责任，所依据的不是责任，而是权力的等级序列或者说是等级序列带给他们的利益，这种情况极易滋生腐败问题。

责任异化的重要原因之一是高度集权的官僚制。官僚制的特征是金字塔式层级结构分明，上下之间等级分明，官员只需要对上负责，就可以获取更大的直接利益。官僚制是一个严密实施组织管理的封闭职能系统，它把整个政府组织变成一架非人格化的庞大机器，使一切政府行为都建立在单一行政效率关系上，从而保障政府组织最大限度地获取利益。此外，由于它是封闭体系，公众监督被排斥在体制之外，导致出现“塌方式腐败”的现象。

（三）责任主体越位、空位、错位现象并存

在政府全能主义模式下，政府利用“责任”去控制社会。政府不仅当运动员，而且当裁判员。从理论上，威尔逊对行政与政治做出了逻辑的区分，但是在实践中，两者却不能截然分开。政府不是执行机器，而是拥有政治思维的“人”。如果不果断抛弃执行机器的思维，政府责任的风险将日益加剧。

政府在承担责任时，总是饱受公众诟病，主要原因是政府组织缺少自我反思的精神，不明确自身的政府职能，比如说有的部门仍然包揽不少应该交给市场、企业、公众自身来解决的事务；权力上收，责任下放导致的权责不一致，也容易造成“事权与财权不匹配”；缺少责任追究体制，导致政府不需要对其行为或者后果负责，所以政府的行政行为随意性较大，越位、空位、错位现象并存。例如，基层社区党支部与居委会之间的职能交错导致缺位、越位、错位性风险。

三、治理主体性风险的路径

很多人都认为风险是危险、危害、威胁等的代名词，对人类发展有巨大的负面影响。然而，风险的收益与损失可能并存，这也是风险的积极性和建设性。中国传统智慧中“物极必反，祸福相倚”可以为我们全面看待风险社会提供一个独特的视角。我们这个时代并不是一个无政府时代，政府仍然作为“必要的恶”在政治生活中是最重要的政治主体。政府在承担责任时在减少现实的“危险”因素，同时也是在制造风险的种子，这似乎是政治国家和公民社会之间的恶性循环，政治国家越严控，市民社会的风险越大，反过来越威胁到政治国家的稳定。当然，现代文明国家很少动用军队、警察等暴力机关去防范风险，而是在“为公众负责”的责任意识下去干预市民社会的正常运转。政府在政治实践中无疑取得了道义性，但“泛道德主义”也为构建正常的政治国家和公民社会之间的良性关系蒙上了一层阴影。“解铃还须系铃人”，在风险社会中，政府组织及其公务人员应该主动承担公共责任，不能因为去承担“责任”导致了社会风险就疏于行政和反思。政府组织及其公务人员在治理风险社会之前，应该要基于伦理自主性积极承担主观责任，即自我负责。在承担责任之后，自我负责下降到次要位置，居于第二位，行政问责居于主导，政府行为必须接受行政问责，为自己的后果负责。因此，政府组织及其人员在自我负责和行政问责之中反思其行政行为，以向公众提供更为适合和更为丰富的公共物品。

（一）培养公务人员的独立人格，提高公务人员的判断力

拥有独立人格是现代社会人的基本标志，这对于个人和社会的意义自然不言而喻。公务人员的独立人格不仅是其作为人的基本标志，而且也是其特殊角色的内在要求。公务人员拥有普通公民和官员的双重角色。作为普通公民，首先应该加强反思的训练。“伦理的选择是通过个人动态，持续不断

的自我培养和自我规范的一个反思过程而在全社会中构建起来。”① 构建责任政府的归根结底是构建责任官员，行政官员应该在自我反思的基础上，在行动中注入伦理精神，树立为公众服务的理念。反思与自反的结构矛盾构成了风险防范与治理的责任机制。反思是一个不断调整，不断试错的过程，它需要创造一个相对宽松自由的环境，允许公务人员犯不触犯法律底线的错误；它也要求多以公众角度思考行政行为，从公众反馈中评价其行政态度和行政效率，并以此为依据，不断调整自身行政行为。政府公务人员多以公众眼光看问题或者是政府公务人员与普通公民进行身份互换，在沟通中体验各自角色的内涵。“沟通影响了公民对政府的信任和对政府的控制。”② 在双重身份中体验角色，实现“主我”“客我”的协调转换。其次需要在处理具体问题中培养独立人格，主要有三点。其一，正确处理家庭问题，最近几年因家庭原因等私人领域等导致的腐败问题也比较严重，“生活世界被殖民化”的问题以及“家族式腐败”现象应该引起我们足够重视，所以公务人员应该从这些细节局部问题入手，将家庭、人际关系、工作做一定程度的区分。在私人领域，公务人员可放下人格面具，平等对待家人，学会倾听，不应该使用公职人员中的权力去对待家庭成员，也不应该随意敷衍家庭成员的合理要求。同时要对家庭成员或者主要亲戚的行为予以适当关注，严正家风。其二，公务人员应该建立较为简单的人际关系，把业余时间多分配在家庭上和学习上。对与自己或部门有直接利益人员保持距离，对直接利益人员所设的各种局保持警惕，节制自己的不当欲望。其三，要求公务人员应该及时调整情绪，学会情绪管理。对于公务人员出现的工作倦怠问题，需要相关机构加强教育和培训。官僚体制的封闭性决定了官员的非流动性，非流动性易造成官员出现职业倦怠现象。在强大压力下，甚至出现心理健康和价值扭曲问题。因此应该加大对官员的教育和培训力度，注重因材施教，因时施教，注重理论和实践相统一，特别是引进国际化、市场化培训理念。在重视官员政治教

---

① ［美］金钟燮：《公共行政的社会建构：解释与批判》，孙珀瑛、张刚等译，北京大学出版社 2008 年版，第 138 页。

② James L.Garnett，*Communicating for Results in Government*，California：Jossey-Bass Inc. Publishers，1992，p.14.

育的同时，特别要重视官员的专业技术培训，以能力培训为中心，实行以参与式为主导的多样化培训机制，提高官员的判断力。

（二）完善责任协调机制

主观责任并非天然存在，它是随着责任主体的认识而逐渐深化的。对责任主体的理解，应该放在府际关系的结构中去理解责任主体。就府际关系来说，其作为互动的责任主体，广泛存在横向与纵向的责任关系，所以完善责任协调机制，是理清府际关系和明确责任主体的重要举措。“政府实际并不是公正无私的，组成政府机构的各级官员也是‘经济人’且对政府自身也是利益群体。”① 从地方政府卖地从中牟利可见一斑。在祛魅的过程中，政府从道德的制高点被拉下来，既然政府部门及其行政人员都是市场经济的利益主体，为什么不能采用市场规则和按照市场规律来办事？作为行政官员，这首先要求其清楚自身的角色，即是多元治理主体中“同辈中的长者”，学会用平等眼光去看待其他角色主体，而不能以传统父母官意识去施政。在公开透明的环境下，允许不同级别政府和政府内部各部门之间的讨价还价，通过合作、协商、伙伴关系来整合资源，明确不同责任主体的责任。

责任主体除有群体责任主体，还有个体责任主体，就行政人员个人来说，外界要抛弃从泛道德主义角度看待行政人员，回归到社会现实层面和理性层面。我国传统的“清官”思想非常盛行，清官被塑造成一位道德完人，这背离了道德人性发展正常的规律。要尊重具有双重角色的官员需要，在不违背社会整体利益的条件下，引导和激励其追求自身利益，建立个人利益与公共利益的均衡机制。但是这其中要敢于直面特殊利益集团，严惩小利益集团和非法利益集团，以实现公共利益最大化。

风险具有平等性，或者说风险面前人人平等，这意味着每个人都会遇到风险危机。风险社会一定程度上打破了官僚体制的层级性，无论是行政官员还是普通市民都会面临风险的挑战。因此，在双线和单线责任体系中，行政人员应摒弃过去依赖上级决定的思维习惯，学会独立思考。在个人利益

① 黄健荣等：《公共管理新论》，社会科学文献出版社 2005 年版，第 167 页。

与集体利益发生冲突情况下，要大胆运用想象力，基于伦理自主性的负责任行为去处理各种困境。以强烈的责任心处理个人利益和公共利益的关系，要关注公共利益的实现，保护弱势群体的利益，追求社会公平正义。“但我们的政府同样要实现理想，抛弃理想主义而赞同实用主义背离了政府的核心目的，更重要的是，对实用主义的迷恋，也不能使我们迎接所面临的挑战。”①

（三）复合治理与行政问责

从理论上说，委托—代理理论和人民主权学说，决定了政府的权力受到公民的制约；而且在公共行政中，政府的公共职能受到资金等资源的限制，这两者都决定了政府公共权力的有限性；根据权责一致的原则，权力的有限性，决定了责任的有限性。责任政府从实质上说是有限责任政府，而有限责任政府的难以胜任全球化的风险社会的挑战，所以不得不引入其他社会力量，让合法的社会团体拥有一定时间和空间的社会治理权。治理理论实质上涉及了国家与社会关系的重新调整，代表了国家权力向公民社会的理性回归。公私部门和公众重新构成了多重话语空间，政府组织与其他组织共同分享了“剩余权力”，协同治理风险社会。多重话语空间异于传统官僚体制操纵独白式的封闭空间，也异于无责任、去中心化的无效漫谈的闲谈场域。多元治理并非只是治理主体的多元化，而是将多元主体参与的治理行动与现阶段推行的转变政府职能的理论结合起来。政府可以通过设立社区组织管理平台，对其他非政府组织及其个人进行分类管理和资源整合，优化其公共服务供给结构。政府部门可利用专项资金或土地等资源重点去培育和支持社会组织的骨干力量，为其正常运转提供独立的生存空间；政府应该将自身责任严格限制在提供公共物品和保护弱势群体上，超过此范围，就应该借助于企业或者第三部门的力量。贝克在《再造政治：自反性现代化理论初探》一文中说道：“政府必须实行自我约束和自我克制，必须放弃某些垄断并暂时克服

① 弗雷德里克森：《公共行政的精神》，张成福等译，中国人民大学出版社2003年版，第179—180页。

其他垄断。”① 将一些一般性的、例行性的行政审批权力转移到专业性的社区组织，让合法的社会团体拥有一定的社会自治权。在不便于政府出面的地方，专业性社区组织可能比政府组织在少数边缘群体空间的治理中更为有效和灵活；同时，多元治理要求参与的人员范围从精英阶层扩大到普通大众，参与程度由浅入深，使将单一的以政府或国家为中心的治理模式到多元治理形成立体式、全方位式治理结构，为此，需要政府、专家、公民社会、公民自身等共同协作与复合治理，为公众提供公共服务。

虽然萨特将个人的自由选择同社会责任联系起来，但是责任并非是萨特所认可的绝对责任和绝对自由的两级冲突体验，更非是责任的异化，而是体现为主体在责任承担过程中获得公众的评判。责任与问责一字之差，问责是责任的实质。责任本义上有问责之意，将问责制度化，是从制度层面回应风险社会下影响公众的公共突发事件或媒介的新闻议程设定的政治诉求。行政问责的形式最早是在 2003 年抗击“非典”过程中逐渐形成的，距今有十余年历史。行政问责制主要是指问责发起主体通过一定的程序，针对行政机关及其公务员行为进行问责并要求其承担责任的一种制度安排。风险形式的复杂性决定了仅仅依靠动机难以达到精确预测与有效规避风险的目的。对自身负责，并非只是对公务人员的动机出发，更要对其行为结果做出清晰判断。政府问责制并非追究官员责任的权宜之计，而是将问责的形式加以制度化，即以明确而清晰的文本来规定责任与权力范围。各地行政问责制度规定问责的范围都不相同，而原则性问责制度只需要划定大致范围，对于一些具体内容，可由专门性问责制度加以具体规定；问责的程序由多方管理主体参与问责过程，并将管理主体划分为不同角色或者地域的团体，可以采用政治型、法律型、专业型等形式展开问责；政府的行为结果必须接受社会公众、中介组织和专业机构多方主体的监督，坚持以结果和顾客服务导向的原则，以取得公众的认同与支持，这样才能确保评估标准的公正性和合法性。

---

① ［德］贝克、［英］吉登斯、［英］拉什：《自反性现代化：现代社会秩序中的政治、传统与美学》，赵文书译，商务印书馆 2014 年版，第 52 页。

四、结　语

相比于传统社会中的风险，风险社会下的风险更具有人为性和内生性。风险社会下，人人都可能面临风险，同时人人都可能为他人或社会制造风险。人口、资源环境、科技、制度和经济结构等等，构成了现代风险社会的基本风险源。政府既是防范和治理风险的重要领导者，也是风险因素的制造者和扩散者，我们不能只看重前者而忽视后者。从行政实践角度来看，政府机构及其公务人员存在的基础或标志在于承担公共责任。为了有效应对风险社会的挑战，从长远来看，还是应该把重点放在自身的治理能力和问责机制上。在全球化时代，风险具有快速蔓延的显著趋势，加强政府间以及政府与其他组织之间的合作，建立风险治理的国际合作战略，也是应对全球风险社会的重要举措。

（作者单位：东华大学人文学院）

马克思对私有财产权的两种批判*

林进平

摘要：马克思对私有财产权的批判既有哲学批判，也有历史唯物主义批判，前者主要存在于《德意志意识形态》之前，后者主要存在于《德意志意识形态》及其之后，特别是《资本论》及其手稿中，它们共同揭示了私有财产权不是自然权利，而是基于市民社会的权利。以私有财产表现人性意味着人的关系的全面异化，私有财产权则是这种异化的法权确认，它无法兑现其人道主义承诺，在实质上它是有产者针对无产者的权利。在私有财产权问题上，马克思的两种批判并不存在截然的断裂，后者是前者的进一步推进和具体化。马克思对私有财产权的批判在总体上不属于道德批判，但如果认为历史唯物主义批判排除了对私有财产权、人权理解的道德维度，也是对历史唯物主义的误解，特别是将其误解为“历史相对主义＋经济一元决定论”。马克思对古典自由主义人权的批判依然能够适用于现代人权，其开出的“药方”也依然富有“疗效”。

关键词：马克思　私有财产　批判　历史唯物主义

在洛克、边沁等开创的自由主义传统中，私有财产权与自由、平等堪

---

* 本文获教育部人文社会科学研究规划项目“合法性理论与历史唯物主义”（项目编号：12YJA720016）和中央编译局哲学社会科学基金项目“历史唯物主义与正义的关系研究”（项目编号：13A01）的资助。林进平，中央编译局研究员，主要从事马克思主义哲学、西方政治哲学研究。

称自由主义人权的三位一体[①]，其中，私有财产权更是稳居基础地位，被视为自由主义人权的基石，以至有“没有财产权就没有正义”一说。[②]然而，正是这种被视为古典自由主义正义基础的私有财产权[③]却受到了马克思一贯的犀利的批判，以至于罗尔斯、哈耶克和诺齐克等人不得不回应马克思的批判。[④]正是基于马克思对私有财产权批判的深刻与影响，本文试图考察马克思对私有财产权的两种批判——哲学批判与历史唯物主义批判，并就其批判所延伸出来的问题谈点看法。

一、马克思对私有财产权的哲学批判

马克思对私有财产权的思考、批判较早可以追溯到《莱茵报》时期，在那一段时期，马克思因作为编辑之便有机会接触到了关于贫民拾捡枯枝是否合法、贸易自由和保护关税等大量的物质利益问题，这些问题使他产生了这样的强烈印象：法律保护的是权贵阶层的财产权，而弱势群体的权利却受不到法律的保护；本应体现理性、正义、人道的法，却使弱势群体没有

① 《马克思恩格斯全集》第31卷，人民出版社2009年版，第362页。

② 参看哈耶克：《致命的自负》，冯克利等译，中国社会科学出版社2000年版，第33页。原英文为“Where there is no property there is no justice.”其中的财产权主要指私有财产权。

③ Privateigentum（private property）在不同的语境中有不同的译法，中文版《马克思恩格斯全集》中一般译为“私有财产”“私有制”，偶尔也译为“私人所有”或“私人所有权”。比如，在《1844年经济学哲学手稿》中，可能是为与“异化”相呼应，主要是译为私有财产；在《共产党宣言》和《资本论》等文本中，则可能因为指向的主要是一种社会制度，译为私有制就相对多见。虽然在中译本中，较少有译为私有财产权的，但考虑到在马克思的批判中，也有针对作为人权的“Privateigentum（private property）”，就译为“私有财产权”，虽然这一译法在实质上是与中译本的“私人所有权”是一致的，但不采用“私人所有权”而采用“私有财产权”是考虑到与“私有财产”“私有制”相呼应。在本文，私有财产与私有财产权都是指同一个语词，不同的表述只是为了适应不同的语境。

④ 哈耶克：《致命的自负》，冯克利等译，中国社会科学出版社2000年版，第25、54、56、104页；罗伯特·诺齐克：《无政府、国家与乌托邦》，何怀宏等译，中国社会科学出版社1991年版，第254—265页；罗尔斯：《作为公平的正义——正义新论》，姚大志译，上海三联书店2001年版，第289—292页。

尊严、正义、人道可言；本应体现普遍利益、正义的国家捍卫的却是特殊利益、私人利益。现实与理念的冲突与困惑把马克思带向了对国家、法及其副本（即黑格尔法哲学）的质疑，并由此通向了对国家、法、法哲学的对立面——市民社会和政治经济学——的批判性研究。这种质疑和批判性反思的早期成果就是《黑格尔法哲学批判》及其导言、《论犹太人问题》和《1844年经济学哲学手稿》《神圣家族》等系列作品，而马克思对私有财产权的早期思考也表露在这一系列作品中。

（1）私有财产权并不是一项自然权利，而是市民社会成员的权利。马克思肯定了黑格尔关于市民社会与政治国家的分离是现代社会的标志的思想，从黑格尔式的历史观出发，以市民社会与政治国家的二元对立的分析框架取代并批判从思辨哲学出发的自然状态与政治国家二元对立的分析框架，把自然法学者从自然状态中推演的自然权利还原为市民社会的人的权利。在他的分析中，人并不是“生来”就自由、平等和拥有私有财产权的，而是“生在”市民社会之中才拥有自由、平等和私有财产权的，或者说，这些被认为是“自然”所赋予的人权，并不是“自然”所赋予的，而是基于市民社会才获得的；相应地，人权的主体也不是“自然人”，而是“市民社会的成员”①；且由于政治国家与市民社会的分离与划界，市民社会的成员也相应地成了“封闭于自身、封闭于自己的私人利益和自己的私人任意行为、脱离共同体的个体”，② 成了“利己主义”的人。③ 既是如此，那人权就“无非是利己的人的权利、同其他人并同共同体分离开来的人的权利”④。自由“是可以做和可以从事任何不损害他人的事情的权利”，“是人作为孤立的、自我封闭的单子的自由”。⑤ 平等则成了这种自由的平等，即“每个人都同样被看成那种独立自在的单子”，⑥ 而私有财产就成了这种自由的具体运用，是“任意

① 《马克思恩格斯文集》第1卷，人民出版社2009年版，第40页。
② 《马克思恩格斯文集》第1卷，人民出版社2009年版，第42页。
③ 《马克思恩格斯文集》第1卷，人民出版社2009年版，第42页。
④ 《马克思恩格斯文集》第1卷，人民出版社2009年版，第40页。
⑤ 《马克思恩格斯文集》第1卷，人民出版社2009年版，第40页。
⑥ 《马克思恩格斯文集》第1卷，人民出版社2009年版，第40页。

地、同他人无关地、不受社会影响地享用和处理自己的财产的权利；这一权利是自私自利的权利”①。因此，人的权利（市民社会成员的权利）就成了一种通过否定性的自由和平等来实现的人道追求，但这种人道追求却因其建立在私有财产的基础之上和以孤立的、封闭的利己主义的个人为出发点，最终使其追求成为幻影，成为一种现代神话。②

（2）私有财产是人的异化、生命的异化、劳动异化的结果。这一观点充分地体现在《1844年经济学哲学手稿》中。在这一手稿中，马克思透过对异化劳动和私有财产的分析，指出私有财产是异化劳动的结果，③且就劳动的异化也意味着人的异化来说，私有财产也是人的异化的结果，④呼应了马克思在《论犹太人问题》中已经指出的，私有财产的主体是孤立的、封闭的、利己主义的人，也即异化的人。论至此，马克思是可以大书特书，指出私有财产的“原罪”根源，比如，可以模仿《旧约》中亚当、夏娃如何受诱违背上帝命令而踏上发现“自我”的原罪路径来探讨人是如何经由“未曾异化的人”而演化出人的异化、劳动的异化，并最终把私有财产界定为一种原罪——劳动的异化——的结果，或者可以像卢梭那样，把私有财产的产生推演为人的一种不断完善化能力的结果。但经历了费尔巴哈宗教批判洗礼和对自然法持批判态度的马克思不会采用这样的一种路径。⑤他要做的是从私有财产的当下事实⑥出发去剖析私有财产所关联的一系列悖谬和从中可以看到的解决问题的出路。因而，在指出了私有财产是源于生命的异化、人的异化和异化劳动之后，他笔锋一转指出，“后来，这种关系就变成相互作用的关系”，“私有财产一方面是外化劳动的产物，另一方面又是劳动借以外化的手段，是这一外化的实现”，⑦继续探讨私有财产所关联的问题，而没有落入对人的异化、劳动的异化等的抽象思考之中。但尽管如此，指出私有财产和劳

① 《马克思恩格斯文集》第1卷，人民出版社2009年版，第41页。

② 《马克思恩格斯文集》第1卷，人民出版社2009年版，第43页。

③ 《马克思恩格斯文集》第1卷，人民出版社2009年版，第166页。

④ 《马克思恩格斯文集》第1卷，人民出版社2009年版，第166、168页。

⑤ 《马克思恩格斯文集》第1卷，人民出版社2009年版，第5—6、112页。

⑥ 《马克思恩格斯文集》第1卷，人民出版社2009年版，第155页。

⑦ 《马克思恩格斯文集》第1卷，人民出版社2009年版，第166页。

动的异化的内在关联，从而循着私有财产直指人的本质的异化。这有助于透过私有财产问津人的解放的问题，因至少在亚当·斯密之前，“人们谈到私有财产时，总以为是涉及人之外的东西。而人们谈到劳动时，则认为是直接关系到人本身”①。而斯密把劳动由人的外在行为诠释为人的存在方式，人的本质，视为财富的唯一源泉，也揭开解决人的解放的路径②：既然私有财产隐匿着人的本质（异化的人的本质），那从批判这种建立在私有财产基础之上的国民经济学就能揭开人的解放的路径。③

（3）既然私有财产意味着人的异化、生命的异化、劳动的异化，那人权所推崇和捍卫的是一种全面的异化关系。首先，私有财产权意味着对有产与无产的区别的漠视，意味着人与物的混同。因私有财产权的确立有一前提，就是把劳动视为人的内在生命的存在方式，并将其视为人人能够拥有的私有财产，从而实现了人人皆有私有财产，私有财产权是人一项不可剥夺的基本权利的理论预设和现代宣称。但是，不论私有财产权的出场如何“神圣”，都掩盖不了私有财产权在另一维所隐含的对人的贬抑。对此，马克思洞若观火地指出，“私有财产的关系潜在地包含着作为劳动的私有财产的关系和作为资本的私有财产的关系，以及这两种表现的相互关系”④，并深信这种关系的充分展开，是“整个社会必然分化为两个阶级，即有产者阶级和没有财产的工人阶级”⑤，必定是“工人降低为商品，而且降低为最贱的商品”⑥，并“把自己的生命活动，自己的本质变成仅仅维持自己生存的手段”⑦，因扮演“一视同物”“公平竞争”的市场会无视人与物、人与人的天然差别，无视市场天生就是资本的战场，而不是每个人都可以自由驰骋，放飞梦想的天堂。其次，在私有财产被尊崇为社会的基石、人的基本权利时，私有财产带来的是人的关系的全面异化。私有财产尽管是异化劳动的产物，但它一旦

① 《马克思恩格斯文集》第1卷，人民出版社2009年版，第168页。
② 《马克思恩格斯文集》第1卷，人民出版社2009年版，第60、178—179页。
③ 《马克思恩格斯文集》第1卷，人民出版社2009年版，第168页。
④ 《马克思恩格斯文集》第1卷，人民出版社2009年版，第172页。
⑤ 《马克思恩格斯文集》第1卷，人民出版社2009年版，第155页。
⑥ 《马克思恩格斯文集》第1卷，人民出版社2009年版，第155页。
⑦ 《马克思恩格斯文集》第1卷，人民出版社2009年版，第162页。

产生就反过来成为异化劳动借以运作的手段，因而，在私有财产被尊崇为人的基本权利和确定为社会的“正义追求”时，异化劳动也带来了人的关系的全面异化，不仅使人同自己的劳动产品、自己的生命相异化，而且使个人生活与类生活相异化；不仅使人与自然界的关系相异化，也使人与人的关系相异化。[①] 最后，由于私有财产（借助于异化劳动）僭越了人的本质，成为人的存在方式，私有财产也必然使人的其他生命活动摆脱不了异化的命运，因“宗教、家庭、国家、法、道德、科学、艺术等等，都不过是生产的一些特殊的方式，并且受生产的普遍规律的支配”[②]。既然作为“人的生命的物质的、感性的表现”的私有财产已经标示人的异化，那以私有财产为依托的一切生命活动方式——不论是精神生活，还是现实的物质生活——都不可避免地摆脱不了被异化的命运。[③]

（4）人类的出路在于从私有财产对人性的僭越与“普适性统治”中解放出来。既然人的异化源于劳动的异化或私有财产，那回归合乎人性的存在方式，就必须从异化劳动或私有财产入手，但异化劳动既已被视为异化了人性，那从异化劳动入手去解决人性问题，就无异于同义反复，因而，有希望的方式也许就是从那种使异化劳动成为现实的私有财产入手。而这恰是马克思的主张。早在《论犹太人问题》中，马克思就已指出“犹太人的社会解放就是社会从犹太精神中解放出来”[④]。在《1844年经济学哲学手稿》中，马克思就强调要破除人的一切关系的异化与扭曲，回归人性，就必须破除私有制及其对世界的感受与思维方式。在他看来，“私有制使我们变得如此愚蠢而片面，以致一个对象，只有当它为我们所拥有的时候，就是说，当它对我们来说作为资本而存在，或者它被我们直接占有，被我们吃、喝、穿、住等等的时候，简言之，在它被我们使用的时候，才是我们的”[⑤]。私有财产也在培

① 《马克思恩格斯文集》第1卷，人民出版社2009年版，第163页。
② 《马克思恩格斯文集》第1卷，人民出版社2009年版，第186页。
③ 《马克思恩格斯文集》第1卷，人民出版社2009年版，第186页。
④ 《马克思恩格斯文集》第1卷，人民出版社2009年版，第55页。
⑤ 《马克思恩格斯文集》第1卷，人民出版社2009年版，第189页。

养我们形成扭曲的需要，① 私有制使我们无法开放我们的感官去自由地、美地感受世界。②“因此，对私有财产的扬弃，是人的一切感觉和特性的彻底解放”，③ 而这样的一种解放状态就是他笔下的共产主义，因“共产主义是对私有财产即人的自我异化的积极的扬弃，因而是通过人并且为了人而对人的本质的真正占有；因此，它是人向自身、也就是向社会的即合乎人性的人的复归，这种复归是完全的复归，是自觉实现并在以往发展的全部财富的范围内实现的复归”④。当然，承担这种扬弃的历史任务的只能是由无产阶级来承担，因无产阶级不论是在外在财富还是内在的人性的丰富性上都给剥夺得一无所有，他们是私有财产权的受害者，他们最有理由起来宣称：“我没有任何地位，但我必须成为一切”。⑤ 或者说无产阶级起来担当扬弃私有财产权的历史任务只不过是把社会施加在他身上的“无产”的原则上升为社会的原则——废除私有财产权，⑥ 或者说，“无产阶级作为无产阶级，不得不消灭自身，因而也不得不消灭制约着它而使它成为无产阶级的那个对立面——私有财产。”⑦ 而且还因为无产者的解放包含着普遍的人的解放，因他蕴含了整个人类的苦难与奴役。⑧

私有财产的种种悖谬似乎在暗示着一个问题：一切都是私有财产的错！资本主义的种种罪恶都可以算在私有财产的头上。卢梭、蒲鲁东和一些空想社会主义者就有过这种看法。但是，马克思在这个问题上的深刻之处就在于他不是把私有财产视为人类的一件“原罪”，而是在看到私有财产所带来的种种灾难的同时，也像黑格尔那样看到了私有财产所隐含的人的力量。因此，马克思不是像蒲鲁东那样主张消灭私有财产，⑨ 而是主张扬弃私有财产，

① 《马克思恩格斯文集》第 1 卷，人民出版社 2009 年版，第 223—224 页。
② 《马克思恩格斯文集》第 1 卷，人民出版社 2009 年版，第 190 页。
③ 《马克思恩格斯文集》第 1 卷，人民出版社 2009 年版，第 190—192 页。
④ 《马克思恩格斯文集》第 1 卷，人民出版社 2009 年版，第 185 页。
⑤ 《马克思恩格斯文集》第 1 卷，人民出版社 2009 年版，第 15 页。
⑥ 《马克思恩格斯文集》第 1 卷，人民出版社 2009 年版，第 17 页。
⑦ 《马克思恩格斯文集》第 1 卷，人民出版社 2009 年版，第 260 页。
⑧ 《马克思恩格斯文集》第 1 卷，人民出版社 2009 年版，第 167 页。
⑨ 《马克思恩格斯文集》第 1 卷，人民出版社 2009 年版，第 183、257—259 页。

实现对人的本质的真正占有；不是简单地从道德上否弃私有财产，而是试图揭示它在历史上生灭的缘由和作用。这一点在历史唯物主义时期表现得尤为明显。

二、马克思对私有财产权的历史唯物主义剖析

进入历史唯物主义时期，马克思依然批判私有财产权，但马克思的批判已经主要不是哲学批判，而主要是基于历史唯物主义的剖析。这种剖析更为具体地揭示了私有财产权的历史真相和诸多悖谬。

（一）私有财产的存续不是人类历史的永恒事实

对于自然法学者来说，私有财产称得上是与人类历史相伴随的永恒事实，他们或是从人性出发，或是从生产出发论证私有财产对于人类的普适性与永恒性。但在马克思看来，不论是从人性还是从生产来论证私有财产的普适性与永恒性都不可避免地以特定历史境域中的“人性”或“生产”为依据，并抽象掉“人性”或“生产”所赖以存在的历史条件或历史境域，并进而将特定历史境域中的“人性”或“生产”泛化为人类的一般生产。[①] 但是，这样的论证不仅不可避免地存在着不可跨越的鸿沟——先验论的预设一旦寻求历史的经验论论证，就注定它在逻辑上是无法周延的，而且也有悖于历史的真实。

历史的真实是：私有财产的存续不是人类历史的永恒事实。

当然，我们可以说占有是人类的永恒事实，假如我们把一切生产都看为是“个人在一定社会形式中并借这种社会形式而进行的对自然的占有”的话，[②] 因人类的确一刻也离不开生产。但占有并不等于私有财产，[③] 更不等同于作为人权的私有财产权。正如马克思在《黑格尔法哲学批判》中所说的，

① 《马克思恩格斯文集》第 8 卷，人民出版社 2009 年版，第 5—6 页。

② 《马克思恩格斯文集》第 8 卷，人民出版社 2009 年版，第 11 页。

③ 《马克思恩格斯文集》第 8 卷，人民出版社 2009 年版，第 11 页。

"占有，是一个事实，是无可解释的事实，而不是权利。只是由于社会赋予实际占有以法律规定，实际占有才具有合法占有的性质，才具有私有财产的性质"①。况且，私有财产要上升到作为人的权利的地位，更必须发展到劳动沦为商品的资本主义世界中才有可能，才会将私有财产尊奉为人的神圣的基本权利。

就占有（即生产）来看，它从来不是在虚空中进行，而是"在一定社会形式中并藉这种社会形式而进行"的占有。"实际的占有，从一开始就不是发生在对这些条件的想象的关系中，而是发生在对这些条件的能动的、现实的关系中，也就是这些条件实际上成为的主体活动的条件。"②在资本主义之前的社会中，个人的占有必须在部落、部落联盟、家庭等社会共同体中方能进行，③"每一个单个的人，只有作为这个共同体的一个肢体，作为这个共同体的成员，才能把自己看成所有者或占有者"④。至于私有财产也不是人类的永恒事实。私有财产意味着个人把他赖以占有的条件看为自身的前提和存在方式，⑤看为个人的所有。但是，"在亚细亚的（至少是占优势的）形式中，不存在个人所有，只有个人占有；公社是真正的实际所有者；所以，财产只是作为公共的土地财产而存在"⑥。只是共同体的解除，产生了资本主义生产方式，才有个人所有和私有财产，⑦因此，试图从人类的一般占有（即生产）离析出私有制观念，不是试图跨越一道不可跨越的鸿沟，就是在做概念游戏。⑧

（二）资本主义的商品经济是作为人权的私有财产权赖以存在的现实基础

对于马克思来说，揭示作为人权基础的私有财产权并不是人类的永恒

① 《马克思恩格斯全集》第3卷，人民出版社2009年版，第137页。
② 《马克思恩格斯文集》第8卷，人民出版社2009年版，第144页。
③ 《马克思恩格斯文集》第8卷，人民出版社2009年版，第123页。
④ 《马克思恩格斯文集》第8卷，人民出版社2009年版，第124页。
⑤ 《马克思恩格斯文集》第8卷，人民出版社2009年版，第142页。
⑥ 《马克思恩格斯文集》第8卷，人民出版社2009年版，第132页。
⑦ 《马克思恩格斯文集》第8卷，人民出版社2009年版，第121—136页。
⑧ 《马克思恩格斯文集》第8卷，人民出版社2009年版，第11页。

事实还不足以揭示其实质，而只是做到了一个否证，要做到揭示私有财产权的实质，还必须剖析出它的“出身”。

如我们所知，作为人权的私有财产权潜藏着这样的逻辑：人的身体（或生命）及其能力（劳动）既是人的私有财产，也是其他私有财产的基础。这一观念如从逻辑来推演也可以这样理解：作为人权的私有财产权如被视为具有普遍性，就意味着这个被视为“财产”的东西是人人都能够拥有的。然而，一旦是人人都能够拥有的，那这个“财产”就最好理解为是与生俱来的，理解为人的身体（或生命）及其能力（即劳动力）。因此，人的劳动在人权理论中被设定为私有财产权的出发点就可以说是逻辑的必然。①

私有财产权的这一特定内涵为我们理解马克思对私有财产权的“历史出身”的揭示提供了方便。因为，马克思正是在《资本论》及其手稿中，透过对生命和劳动力何以沦为个人的私有财产，为我们揭开了附着在私有财产权之上的普遍性面纱：私有财产权并不是人类社会的普遍观念，而是历史演进的结果，是商品化时代的观念。马克思把它概括为“一方面是封建社会形式解体的产物，另一方面是16世纪以来新兴生产力的产物”。②

首先，作为人权的私有财产权是封建社会形式解体的产物。

“雇佣劳动的前提和资本的历史条件之一，是自由劳动以及这种自由劳动同货币相交换，以便再生产货币并增殖其价值，也就是说，以便这种自由劳动不是作为用于享受的使用价值，而是作为用于获取货币的使用价值，被货币所消耗；而另一个前提就是自由劳动同实现自由劳动的客观条件相分离，即同劳动资料和劳动材料相分离。”③ 马克思在谈到“劳动客观条件与劳动本身的分离，资本的原始形成”时，又作了更为详细的说明：“前提是这样一些历史过程，这些历史过程使一个民族等等的大批个人，处于一种即使最初不是真正的自由工人的地位，无论如何也是可能的自由工人的地位，他们唯一的财产是他们的劳动能力，和把劳动能力与现有价值交换的可能性；另一方面，所有生产的客观条件作为他人财产，作为这些个人的非财产，和

① 《马克思恩格斯全集》第31卷，人民出版社1998年版，第349页。

② 《马克思恩格斯文集》第8卷，人民出版社2009年版，第5页。

③ 《马克思恩格斯文集》第8卷，人民出版社2009年版，第122页。

这些个人相对立，但同时这些客观条件作为价值是可以交换的，因而在一定程度上可以由活劳动占有。这种历史上的解体过程，既是把劳动者束缚于土地和地主而实际又以劳动者对生活资料的所有权为前提的农奴制关系的解体，因而这实质上是劳动者与土地相分离的过程；也是使劳动者成为自耕农、成为自由劳动的小土地所有者或佃农（隶农）、成为自由的农民的土地所有制关系的解体（公共所有制和现实共同体的更古老形式的解体，就不用说了）；也是以劳动者对劳动工具的所有权为前提的、并且把作为一定手工业技能的劳动本身当做财产（而不仅仅是当做财产的来源）的那种行会关系的解体。"①

由此，可以看到的是，正是由于封建社会形式的解体，才使得劳动者摆脱了人身依附关系，使个人成了支配自己劳动的主人，成为自己的所有者。

其次，作为人权的私有财产权是资本主义经济时代的必然要求。对于这一问题，马克思在《资本论》及其手稿中有着相当细致的论述。② 马克思的观点主要是，商品所有者对其被用来交换的"商品"（如考虑它尚处于交换之前，也可以将其称为产品）拥有所有权，而这一"商品"在没有成为商品之前的原初占有只能是来自劳动，因此，如果追溯商品的最初的所有权，就"必须承认自己的劳动是最初的占有过程"，③ 这就是自由主义政治哲学家和经济学家们把劳动视为最初的私有财产权的依据。④ 但是，劳动者如果不是生产劳动产品用于交换（即为商品交换而生产），而仅是为劳动而劳动，那很难说劳动者的劳动就是私有财产权的依据，或者说劳动者在生产某种他必须在其上宣称具有所有权的产品。因为，劳动者只是生产了自己可以占有、使用的东西，而无关乎他者的承认与否。因此，关键在于，劳动者所进行的劳动并不是为生产而生产，而是为了商品交换而生产，即他生产的产品必须通过商品交换来获得"社会承认"，并在交换时确认自己对被用来交换的产品拥有所有权。因此，劳动产品和劳动本身并不必然是私有财产，它可

① 《马克思恩格斯文集》第 8 卷，人民出版社 2009 年版，第 154—155 页。
② 参见《马克思恩格斯全集》第 31 卷，人民出版社 1998 年版，第 347—349 页。
③ 《马克思恩格斯全集》第 31 卷，人民出版社 1998 年版，第 348 页。
④ 《马克思恩格斯全集》第 31 卷，人民出版社 1998 年版，第 349 页。

以只是表达一种占有的事实，只是在商品交换中才被确定或追认为劳动者的私有财产。这正如卢梭在《论人类不平等的起源和基础》中所说的，① 某人圈了一片土地，最多只能表明他占有了该片土地，而当它获得了“他人的承认”时，该片土地才成为他的私有财产一样。

因此，使劳动产品成为私有财产的不在于劳动产品，而在于具有“社会承认”功能的商品经济，是商品经济使劳动者的产品必须接受“社会承认”的裁判，从而使劳动产品失去其自在的价值。但是，劳动者的产品必须接受商品经济这个“社会承认机制”的裁判，还不足以产生作为人权意义的私有财产权。只有商品经济发展至极致，将一切都视为商品，则不论是劳动者的劳动，还是劳动者的生命本身都会被视为商品，都会失去其“自在的价值”，那时，一切都被视为商品，一切都必须接受货币的裁定。此时，“万般皆商品，唯有货币高”。此时，任何商品都可等价于货币，都是资本，任何商品也都可回溯至人的劳动，生命与货币、劳动与资本都可以等价齐观。人，不论其“有产”抑或“无产”，都有“资本”可以出卖，都对这“可以出卖的”拥有所有权，都是“私有财产”者。

（三）作为人权的私有财产权无法兑现其人道承诺

早在马克思的哲学批判时期，马克思就已经对私有财产权潜藏的悖谬做了揭示——自诩为合乎人性的私有财产权却在其根源处隐含着对人性的背离，进入历史唯物主义批判期，马克思继续揭示私有财产权的悖谬，并做出了更为具体的剖析。

在马克思看来，虽然附着在商品经济之上的自由、平等和私有财产权等人权图景给人们留下了一种让人为之神往的外观，但这种外观在马克思看来却是“海市蜃楼”式的“现代神话”。这是因为，私有财产权似乎是体现了对人的本质和尊严的肯定与捍卫。但同时也是对人更为彻底的否定。

1. 在“货币＝劳动”的等价关系中，潜藏着对人的价值的否定

在“货币＝劳动”的等价关系中，劳动这种内在于人自身的价值却需

① 卢梭：《论人类不平等的起源和基础》，李常山译，商务印书馆1982年版，第111—112页。

要借助货币这种万能的等价物来为之界定，这本身已是对劳动自身的价值的僭越，这正如在“上帝＝理性”的等价关系中，我们所看到的不是上帝的伟大，而是理性对上帝的质疑与审视。假如在“上帝＝理性”的等式之下，上帝已如尼采所说遭受了理性的质疑而死，那在“劳动＝货币”的等式之下，我们将会见到的是人在货币这种万能的等价物之前，同样也已经死了。人，这种以自由自觉的创造性活动作为标识的存在，已经身不由己地为货币所支配。人在货币面前觉醒的同时，也“卖身”于货币。从理论上，在“劳动＝货币”的这一等式中，人通过货币这一中介有可能支配货币所能够支配的世界，在这意义上，人的世界明显地被拓宽了，但是，这种可能也仅在于能够支配货币的人才能够做到，如果考虑到在马克思的经济学文本中，能够支配货币者即为资本家的话，那世界也只是为资本家的存在而展开。而对于未能支配货币而只能为货币所支配的无产者来说，他们的生活世界并没有因之而拓宽，相反，由于他们未能支配货币，货币有可能通达的多样性世界对他来说与其说是敞开着，不如说是封闭着。无法成为货币的主人的命运使他们只能封闭于自身的狭小的世界之中，封闭于个体生命之中，因此，在“货币＝劳动”的极端情形之中，假如劳动者一无所有的话，那他们就只有一种命运：为个体生命的生存而活着，作为货币的附属物而活着。

但是，“沦为货币的奴隶”的命运对于长袖善舞的资本家来说，也未能幸免。因为资本家在对货币的支配之中，虽然体验了货币的“神通”，感受了货币的魔力与亲切，但也身不由己地为货币支配，成为货币的追逐者。而在其追逐货币的过程中，竞争已在所难免，竞争又反过来加重了对货币的追逐。资本家就如同被带入了一条难以掉头的追逐货币的“高速路”之中，在这条路上，追逐资本增殖成为驱使资本家在这条路上狂奔的动力。因此，“货币的主人”并没有成为真正货币的主人，而只是货币的表面上的主人，依然不是在操纵货币，而是为货币所操纵。资本家同样是货币的奴隶。

也许，资本家与无产者的区别在于，货币所通达的可能世界对于无产者来说是封闭的，而对于资本家来说，却是敞开着。仅此而已。

在把人权立基于私有财产之上，而又把人的生存条件看为私有财产之时，还隐藏着一个更为致命的逻辑：一旦认为人的一切都可以待价而沽时，人的一切就将臣服于货币，即货币将支配人所拥有的一切。而这意味着一切自诩为有着自在价值的灵光的东西，都给削去了“顶上灵光”，都沦为或俗化为货币的附庸，美貌、良知、生命、信仰等一切据说有自在价值的东西，都成为可以估价、可以出卖的东西。

如是的话，被标榜为人道关怀的人权就在其深层处却隐含着对人的践踏，在其似乎离人最近的地方，却又离人最远。

2. 私有财产权在实质上是有产者的权利

既然私有财产权也意味着把自己的生产条件看为属于自己的东西，那私有财产权在无产者和有产者面前就展示了两种截然不同的前景。

从私有财产权观念来看，在简单商品交换中，商品所有者的所有都得到了法律的确认，而在资本购买劳动力的商品经济中，作为无产者和有产者都同样能够享有私有财产权：至少是自己生命的主权者和生命活动能力的主权者。但这些对于马克思来说，都仅仅是表象。

首先，从简单的商品经济来看，商品所有者和货币所有者的内在差异消失了，我们没有必要去注意商品所有者和货币所有者的内在差别，我们需要注意的是二者之间的等价与否，在商品流通和货币流通中，一切商品都必须接受充当了交换价值的货币这一外在尺度的估价；也是在货币面前，一切商品都同时获取了平等的外观，[①] 达到了“在货币面前人人平等”。但是，在货币面前的这种平等未尝不是对商品的内在丰富性的忽视，“两个东西只有当它们具有同样性质的时候，才能用同样的尺度来计量”[②]。既然我们以同样的尺度来审视，就意味着货币以其独特的视角抽象去了一切商品的内在丰富性，而在货币傲视一切的社会中，一切无非都是商品，连人也不能例外。[③] 因此，人在货币面前的所谓平等，无非是人在被商品化之后的平等，是类似于在上帝面前的原罪的平等。

其次，从“货币－劳动”的等价交换来看，劳动者的私有财产权难以

---

① 《马克思恩格斯全集》第 31 卷，人民出版社 1998 年版，第 165—166 页。

② 《马克思恩格斯文集》第 8 卷，人民出版社 2009 年版，第 176 页。

③ 《马克思恩格斯文集》第 8 卷，人民出版社 2009 年版，第 55 页。

得到有效捍卫，能得到有效捍卫的无非是资本家的权利。因为对于一无所有，靠出卖劳动力为生的劳动者来说，无所谓外在的财产需要捍卫，需要捍卫的也许就是具有自在价值的生命。但是，就是这一具有内在价值的生命，劳动者有时也是难以捍卫的，因为在一切都被化约为商品，一切都被卷入竞争的社会中，作为劳动者“内在财产”的生命及其活动能力也有可能因为竞争的缘故而被逼至难以维系，甚至有可能出现为了活着而被迫出售自己生命的荒谬。①

但对于有产者来说，私有财产权就有了实质性的意义。它不仅体现为有产者的生命这一“内在财产”神圣不可侵犯，也体现为有产者的“外在财产”神圣不可侵犯。而更为重要的是体现在外在财产上面，因为只有这一财产才表现出有产者之为有产者。因此，私有财产权在这一层面上成了有产者的特权，成了有产者针对无产者的权利。结合马克思关于资本家所拥有的财产主要是来自对他人劳动的占有的思想，②我们不能理解马克思在私有财产权上的重要揭示：私有财产权“在资本方面就辩证地转化为对他人的产品所拥有的权利，或者说转化为对他人劳动的所有权，转化为不支付等价物便占有他人劳动的权利，而在劳动能力方面则辩证地转化为必须把它本身的劳动或它本身的产品看作他人财产的义务。所有权在一方面转化为占有他人劳动的权利，在另一方面则转化为必须把自身的劳动的产品和自身的劳动看作属于他人的价值的义务”③。

因此，既然私有财产权“表现为占有他人劳动的权利，表现为劳动不能占有它自己的产品”的权利，④那立基于私有财产权之上的人权就不可能是无产者所能拥有的人权，而是资本家用以占有他人劳动的人的专有的权利。而且，把私有财产作为人的基本权利，从而作为裁断正义的准则，意味着私有财产是市民社会中的君主，谁得到它的“青睐”将不仅可以主宰市民社会，而且可以在事实上挑战法律所划下的边界或让法律为其划界，那马克

① 《马克思恩格斯文集》第 1 卷，人民出版社 2009 年版，第 163 页。
② 《马克思恩格斯全集》第 30 卷，人民出版社 1995 年版，第 449 页。
③ 《马克思恩格斯全集》第 30 卷，人民出版社 1995 年版，第 450 页。
④ 《马克思恩格斯全集》第 30 卷，人民出版社 1995 年版，第 450 页。

思在《莱茵报》时期所看到的法只是强者的利益和弱者的苦难与无奈就可能是私有财产权“治下”的社会的常态。

三、对马克思批判私有财产权的几点思考

关于马克思批判私有财产，需要进一步探讨和反思的有很多，限于篇幅，这里仅简要地探讨如下问题：

(1) 马克思对私有财产权的批判有没有一贯性？是否存在阿尔都塞所说的“意识形态”与“科学”的“断裂”？(2) 马克思对私有财产权的批判是否属于道德批判？或是否存在道德批判？(3) 马克思对私有财产、人权的剖析与批判是否会在彰显其历史性的同时遮蔽了人权的普遍性，彰显经济维度时，遮蔽了道德维度？(4) 马克思对古典自由主义的私有财产权、人权的批判是否能够适用现代形态的人权，甚至是适用于人权一般？(5) 马克思为近代人权开出的“药方”是否依然有效？

对于这些问题，笔者认为都值得思考，但限于篇幅，这里简要探讨前三个问题。

(一) 马克思对私有财产权的批判是否具有一贯性？

关于马克思对私有财产权的批判是否具有一贯性的问题，只要比较比较前后的批判就可以大致明了。

首先，就批判对象来说，马克思的批判显然具有一贯性。不论是早期还是晚期，私有财产一直是马克思批判的对象，在这里，看不到“批判对象上”的断裂，而是批判对象上的连贯性，特别是《1844年经济学哲学手稿》和《资本论》及其手稿中更为明显。也许正是借助这种批判对象的一致性，卢卡奇能够透过马克思的《资本论》探析出他未曾看过的《1844年经济学哲学手稿》中的异化思想。

其次，就批判所做的一些揭示来看，二者也存在着显然的连贯性。这表现在前期哲学批判中马克思所揭示的——私有财产不是人的自然权利，是

市民社会成员的权利，私有财产是人的异化、人权是人的异化当为人性，捍卫的是异化的关系等——在后期的批判中都得到了呼应和强调。如要说有不同的话，是后者的批判更为具体和深化：前者对作为人权的私有财产权的批判不多（主要集中在《论犹太人问题》中），而后者则以较多的篇幅剖析、批判了这种人权，特别是作为人权观念和机制上的批判；前者只是道破私有财产潜藏的劳动与资本的对立，后者则对这种对立给予了细致的剖析，直接道明私有财产权就是资本家针对无产者的权利，自由、平等也无非是资本家剥削无产者的自由、平等，以及无产者在受剥削上的自由与平等。

最后，假如存在不连贯性的话，就是在批判方式上。因早期的哲学批判与后期的历史唯物主义批判似乎存在着“认识论上的断裂”,[①] 比如对于早期的哲学批判，一些学者倾向于将其视为道德批判、意识形态批判，而后期则是不同于道德批判或意识形态批判的“科学剖析”（即历史唯物主义批判），且马克思自己也明确表述过他不满意于早期的哲学批判而寻求历史唯物主义剖析。但是针对阿尔都塞等人所说的“认识论上的断裂”，已有不少学者指出这是对马克思前后的思维范式的差别的夸大，以致否定了前后期之间的连接。事实上，我们从马克思自己指出的历史唯物主义思维方式与黑格尔的思维方式的承接关系，也可以推想他前后期之间不可能是一种“楚河—汉界”之间的关系，因表现在《1844年经济学哲学手稿》中的哲学批判相较于黑格尔的思维方式来说更为接近历史唯物主义，且他借此发现了他更为明确的批判对象和方法——市民社会及政治经济学。缘于上述，我认为至少在批判私有财产这一对象上，马克思前后期的批判具有高度的连贯性，只不过后期的批判更为彻底和具体而已。

（二）马克思对私有财产的批判是否属于道德批判？

对于此问题，我认为首先要弄清“道德批判”所指，假如“道德批判”指的是运用一定的道德规范或道德准则去进行批判，那我认为至少在历史唯物主义时期，马克思是避免运用道德规范或道德准则去批判资本主义社会。

---

① 阿尔都塞：《保卫马克思》，顾良译，商务印书馆1984年版，第3、13—15页。

不认为马克思存在或明或暗地以某种道德规范去批判私有财产权，[①] 这不仅是因为道德在马克思的历史唯物主义视野中属于意识形态，是马克思所要拒斥、批判的对象，也是因为在马克思的历史唯物主义时期的文本中很难找到直接的文本支持，找到的反而是马克思对海因岑、蒲鲁东等人的道德批判的批判。

对此，也许会有人不以为然地质疑：那马克思指认资本主义剥削为盗窃、掠夺、盗用等，又该作何解释？

这的确有一定的挑战性，但这里有必要区分两种情形：一种是马克思对剥削（包括对私有财产与剥削的关系）的分析是一种事实分析，而这种事实分析却吻合人们的道德判断；另一种是依据某一种道德准则去分析资本主义的私有财产与剥削。马克思对剥削的剖析宜理解为前者，而不是后者。[②] 至于为什么会认为资本主义剥削是不道德的，我认为这与其说是马克思的观点，不如说是我们以自己的道德准则去统摄马克思所剖析的事实得出的道德研判。

因此，在总体上，我不认为在马克思的历史唯物主义时期，存在着以道德规范或道德准则去批判私有财产权的情形。

至于马克思《德意志意识形态批判》之前的情形则相对要复杂些。对于这一段时期，较多的学者倾向于认为马克思存在着某种道德批判[③]，甚至将他这一段时期视为道德批判时期。但是，当我们想具体地探问马克思究竟是以何种道德规范批判资本主义、私有财产时，答案却是五花八门，有认为马克思是以正义准则批判资本主义的，有认为马克思是以自由准则批判资本主义的，也有认为马克思是以平等准则批判资本主义的，更有人认为马克思是以费尔巴哈式的人本主义批判资本主义的，甚至认为马克思是以资本主义的道德规范批判资本主义的。答案的五花八门和彼此冲突常常暗示着这些

① 参看林进平：《马克思以何批判资本主义辨析》，载《社会科学辑刊》2014 年第 5 期。

② Allen Wood. *Karl Marx*. 2nd edition. Routledge，2004，pp.242-263.

③ 人道主义的马克思主义者和科学主义的马克思主义者几乎在这个问题达成了共识，阿尔都塞、塔克尔、布伦克特和国内学者俞吾金等都认为马克思这一时期的批判属于道德批判。

“答案”并不是真正的答案，因情形极有可能是我们持有某种道德判断去统摄马克思对私有财产权的批判所致。他们或者从马克思的批判中推演出私有财产会导向不自由或不正义等，就推断马克思是以自由原则或正义原则等批判私有财产权，批判资本主义。[①] 但是，诸如此类的推断未尝不是“瞎子摸象”，一方自以为是的推断为另一方所否证。不过，相对而言，在诸多认为马克思是以某种道德准则批判私有财产权，乃至批判市民社会的观点中，我认为较有说服力的是推断马克思是以费尔巴哈式的人道主义去批判私有财产权，批判市民社会。因这一推断至少能够得到几个理据的有效支持：(1) 在《黑格尔法哲学批判》及其导言、《论犹太人问题》和《1844 年经济学哲学手稿》中，马克思在相当程度上是借费尔巴哈式的人本主义介入了对黑格尔法哲学、国民经济学、市民社会（包括私有财产权等）等的批判；(2) 马克思在此一时期对费尔巴哈的宗教批判是充分肯定的，在马克思对私有财产权的批判中，隐隐约约能够感受到费尔巴哈的宗教批判在马克思对私有财产权的批判的“仿用”。(3) 马克思常常将扬弃私有财产与真正的人道主义相提并论，人道主义成为他这一时期显然的人道诉求。

不过，尽管我认为马克思对私有财产权的批判存在着人道主义的诉求，但我不认为由此就可以断定马克思对私有财产的批判就是道德批判。

（三）马克思以历史唯物主义批判私有财产、人权是否有潜在的理论风险？

对此，我认为有，就是被误解的理论风险。其中的理论风险之一就是将历史唯物主义简单机械地理解为“历史相对主义 + 经济的一元决定论”。这也是我在这里想探讨的一个理论风险。

应该说，从马克思对私有财产、人权、正义的拒斥和批判来看，他的确拒斥、批判了投射在这些问题上漫无边际的普遍主义和泛道德主义倾向，这种拒斥和批判较多地反映在他对蒲鲁东、拉萨尔和魏特林等人的批判上，这种批判在很大程度上是批判他们忽视了问题的实质，遮蔽了解决问题的真

---

① 参看 George G. Brenkert. *Marx's ethics of freedom*，Routledge & Kegan Paul plc，pp.15-17、86、124、131-163。认为马克思是以平等原则或人道原则批判私有财产权的也与此相似。

正路径。

但是，这种批判本身并没有使马克思否定合理抽象和道德诉求的正当性，马克思在《1857—1858年政治经济学批判导言》中对合理抽象的肯定，[①] 对工人通过权利诉求谋求工作日的缩短和工作条件的改善的肯定都可以说明这一点，甚至马克思在以其历史唯物主义视角审视人类社会时，它的背后也有某些可以视为“普遍主义”的影子——在一定程度上他是把在近代凸显出来的历史精神和经济学走向凝练为历史唯物主义视角，并把这一视角推演为审视人类社会的视角。在这一点上，他的历史唯物主义就带有浓厚的“普遍主义”倾向。他甚至是比黑格尔和斯密更为彻底地把握了现代性的精神实质和推进了普遍主义。他不像黑格尔把以往的思想理解为一个历史发展中的一个环节，而把自己的思想却理解为终结的倾向，而马克思则从不把他的思想设想为终结。在斯密和布鲁诺等学者的抽象理解中，经济似乎是利己主义的，道德是利他主义的，道德与经济就像斯密的《国富论》和《道德情操论》一样存在着利己主义与利他主义的割裂，而马克思则以历史唯物主义审视私有财产、人权，避免了人性的利己主义和利他主义、经济学与政治学、伦理学的割裂。在他看来，不应该抽象地空洞地谈论人性，而应该研究现实的个人，人性无不体现在现实的个人之中，体现在人们的行为之中。经济行为见证的并不只是人的利己性，只是在具体的商品经济下所见证的才是人的利己性；道德见证到的也不一定是人的利他性，如把道德理解为是对人的制约，那道德似乎是利他的。但是，道德在现实上不是表现为对人的共同规定，而毋宁是人与人之间博弈的结果，是表现为共同性外观的利己而已。假如没有利己的因素在起作用，道德又何以能够存在。基于历史唯物主义的视角，他避免了仅从政治、道德的角度理解人权，而从经济学的角度理解私有财产、工商业的缺陷，在否定了道德和经济之间的抽象断裂的同时，也沟通了二者之间的联结，道破了道德的纯粹的利他性外观。

诚然，历史唯物主义包含有强烈的“经济学维度”，但是，这一“经济学维度”不宜简化为“经济学的一元决定论”，一旦做出这种简化，就会认

① 《马克思恩格斯文集》第8卷，人民出版社2009年版，第9—12页。

为马克思仅仅是从经济的视角去看待私有财产和人权，就会认为马克思否定了私有财产、人权所隐含的“道德维度”。事实上，正如前文所提到的，即使是谈论最具有经济学特色的私有财产，马克思也一直留意私有财产背后的“人道主义诉求”，在谈论人权时，他虽以“经济学”的视角审视，但并没有由此否定人权背后也存在道德、文化维度。① 正如马克思在《论犹太人问题》和《神圣家族》中对鲍威尔的批判那样——批判其把宗教问题仅仅视为宗教问题——，在思维方法上，他一直反对把“经济”问题仅仅看为“经济”问题，把“人权”问题仅仅看为“人权”“道德”问题，看不到“经济问题”背后的“人性”，“人权问题”背后的“经济”。

出于对时代的把握，出于对那些奢谈“人性”的反感，马克思并没有大谈特谈“经济问题”背后的“人性”，而是谈论了“人权问题”背后的“经济”。当然，“经济视角下的人权”意味着它所能穷究的也基本上是作为狭义的人权，即特指市民社会的成员的权利，而不包括公民权在内。因此，在《资本论》时期的马克思所指的人权也基本上作为市民社会的成员的权利，而不包括公民权。

既然马克思谈论人权，只是从“经济学”的视角谈论人权，而没有否定从人性、道德视角谈论人权的合理性，那对马克思谈论人权的视角就不宜做泛化的理解，不应该强调从经济学视角审视人权的合理性而否定从其他视角审视人权的合理性。一旦做泛化的理解，则容易淡化人权的人道主义追求，窄化人权的可能意义。

再者，假如我们注意到马克思在《资本论》及其手稿中的当务之急是揭示“资本主义生产方式以及和它相适应的生产关系和交换关系”②，而不是人权研究，即，论及人权只不过是马克思的“乘便之作”，那我们就没有理由要求马克思在从经济学视角揭示人权的局限之时，还要时不时回过头来提醒：这种从“经济”视角理解人权的方式本身也是有缺陷的，是会贬低人权的价值的。因此，这种“窄化”与其说是来自马克思，不如说是来自我们，

① 《马克思恩格斯文集》第 3 卷，人民出版社 2009 年版，第 435 页。

② 《马克思恩格斯文集》第 5 卷，人民出版社 2009 年版，第 8 页。

是我们忽视马克思言及人权的具体语境，是我们“非此即彼”的思维方式窄化了人权的意义空间。恩格斯在 1890 年 9 月 21 日答布洛赫的信中就指出：“根据唯物史观，历史过程中的决定性因素归根到底是现实生活的生产和再生产。无论马克思或我都从来没有肯定过比这更多的东西。如果有人在这里加以歪曲，说经济因素是唯一决定性的因素，那么他就是把这个命题变成毫无内容的、抽象的、荒诞无稽的空话。”①

辩证法本是消解对历史唯物主义误解的“解药”。但当我们放弃历史唯物主义本身所内含的辩证法时，误解就会接踵而至。比如，以历史唯物主义的“历史视角”审视人权意味着它凸显了人权的时代性，彰显、强化了人权的历史性的一面，拨开了笼罩在人权之上的过多的普遍主义的迷雾，使人权坐实在现代性上，从而暴露出其历史限度；但如把投射在人权之上的“历史视角”作泛化的理解，就存在遮蔽人权的超越历史性、追求价值、传递人性化追求的危险，甚至最终陷入相对主义、虚无主义的深渊。同样，以历史唯物主义的“经济视角”剖析人权，能够揭示人权的社会经济条件，用现代性的手法揭示了人权之谜，但如把这一“经济视角”做泛化的理解，从而认为人权无非是利己主义或经济利益的外在表现，否定人权的人道主义维度，那也容易使人忽略人权在人道主义上的价值导向作用以及人权自身的建设，和否定人权对社会、经济发展的潜在的改造作用。

（作者单位：中央编译局马研部）

① 《马克思恩格斯文集》第 10 卷，人民出版社 2009 年版，第 591 页。

资本逻辑与分配正义*

毛勒堂

摘要： 分配问题事关基本民生，关乎民心向背，关系社会和谐，因而历来成为人们的关注焦点。在现代经济社会，分配不公问题日趋突出，并成为一个难以承受的存在之痛。现代社会普遍存在的分配不公现象，与资本逻辑存在紧密关联。为此，需要在批判揭示资本逻辑与分配不公的内在关联之基础上，诉求分配正义的坚实在场。在当代中国，践行分配正义需要坚持三个基本原则，即满足基本经济需求的“平等原则”、按劳（贡献）分配的“应得原则”和有利于最少受惠者的“差别原则”。同时要警惕“粗陋的共产主义”“市场原教旨主义”和“权贵资本主义”的分配立场。

关键词： 分配不公　资本逻辑　分配正义

分配事关人们的基本民生，关乎民心向背和社会和谐，关涉人们的发展前景和做人的尊严，因而分配问题不仅是一个经济问题，也是一个重要的社会政治问题，同时还是一个哲学伦理问题。所以，如何分配以及分配是否公平合理，就直接关系到一个社会的经济效率、政治稳定、社会和谐的情状，关乎生活于其中的人们之价值和尊严。在现代经济社会，分配问题日益突出，分配不公及其带来的财富悬殊、贫富分化、社会冲突等问题日趋严峻，从而分配正义成为现代社会人们普遍的价值诉求。因此，深入阐释分配

* 本文受国家社科基金项目“经济哲学视野下的资本逻辑与经济正义研究”（11BZX013）资助。

及其重要意义，追究现代社会分配不公的深层根源，探求应对分配不公的问题，重建公平合理的分配关系，成为一个重要的理论课题和现实任务。

一、分配不公：现代经济社会的存在之痛

从中文字面上“望文解义”，“分配”可以被理解为“分”和“配”的统一，即某物或某事根据一定的标准被划分，然后以一定的方式被安排或配给某人或某物。在这样的解读过程中，分配其实包含着三个最基本的要素：何物被分配（分配的客体）、谁分配（分配的主体）、如何分配（分配的方式）。所以从最概要的意义上，分配可以被界定为：主体按照一定的标准或方法划分、配置客体的活动及其过程。然而，对于何谓分配（distribution）？人们之间是存在一定的分歧的，正如美国社会哲学家 J. 范伯格所言，“分配”一词在意义上是存在歧义的，它可能指的是分配的过程，或者指某些分配过程的结果，同时它可以被理解为不是有意进行分配过程的结果之事态。① 也就是说，人们会从不同的方面去理解和把握分配的重点。有人从分配的程序和过程方面规定分配的本质，有的则注重于从分配的结果方面规定分配的核心。除此之外，也有从分配对象的范围和领域对之进行了广义和狭义的区分，广义上的分配就是对包括政治、经济、文化、社会等诸多领域中的权利和义务等事务依据某种尺度和原则所进行的分割和配置活动。而狭义上的分配，指的是作为经济生活领域中的经济活动环节之分配。作为经济活动中的分配，其对象主要是收入和财富。收入是一个个人、家庭或家族在某个特定时期获得的金钱，而财富则关系到一个个人、家庭或家族拥有的资产。收入是流量，而财富是存量。在通常意义上，分配是指社会在一定时期内新创造出来的价值即国民收入或体现这部分价值的产品在不同阶级、社会集团或社会成员之间的分配。它是社会再生产过程中连接生产和消费的一个环节。而分配问题，历来是人们关注的焦点。但是，对于分配的地位问题，人们之间

① ［美］范伯格：《自由、权利和社会正义》，贵州人民出版社 1998 年版，第 157 页。

还存在不同的看法。代表性的观点有：一是把经济活动的本质仅仅理解为生产，而把分配问题归属于政治，并因此把分配公正问题排斥在经济伦理学的对象之外。二是尽管把分配问题当作是一个经济问题，但它排在生产之后，并且仅仅作为结果分配它才是重要的，从而把分配公正局限在分配结果的层面，主张通过国家的再分配措施来矫正分配的结果。三是把分配视为与经济活动中的生产和交换具有同等价值的基础性维度，并把分配维度贯穿于经济活动中的起始、过程和结果等整体过程，并因此开启对分配公正的广泛和综合性的问题领域。① 事实上，分配贯穿于人类的经济、政治和社会生活，因而占据显著而敏感的地位。

分配问题的重要性和敏感性，来源于分配的实质是利益在人们之间的划分和占有。而利益就是人们所奋斗和争取的一切，是人的行动和追求的根本动力，列宁形象地把利益视为“人民生活中最敏感的神经”。正如有学者指证，“一个社会中社会关系的质量建立在物质基础之上。收入不平等状况对人们之间的关系有着巨大影响。……对所有人的心理健康造成最大影响的因素是不平等程度，而不是家庭、宗教、价值观、教育程度等其他因素”②。因此，如何分配不仅直接关乎人们的利益和负担，从而现实地规模了个人的生活自由空间和发展前景，而且重要地关涉着社会的公心和良知的守护，从而现实地影响到社会的公平正义和良好秩序的建构。分配问题的重要性，使得伟大的思想家和政治人物对分配问题皆予以特别重视。在中国古代，就有孔子以“仁”来调节财富、孟子“以功分食”、墨子“兼相爱而交相利”的分配观点。而在古希腊，就有梭伦“不偏不倚”、亚里士多德“中道”的财富分配主张。现代社会，随着市场化的不断扩展和日趋深入，分配不公、收入差距过大、贫富悬殊、两极分化、贫富对立等有关分配的社会问题日益凸显，成为世界范围内必须面对的“现代性难题”之一。在今天，无论在发达国家内部还是在发展中国家内部，还是在发达国家与发展中国家之间，贫富差距不断扩大。例如作为发达国家的美国，在 21 世纪的头 10 年，收入最高

---

① 乔治·恩德勒等主编：《经济伦理学大辞典》，上海人民出版社 2001 年版，第 560 页。

② ［英］理查德·威尔金森、凯特·皮克特：《不平等的痛苦》，新华出版社 2010 年版，第 5 页。

的10%的人拿到工资总额的35%，最低的50%的人只拿到25%。而在2010年以来，大多数的欧洲国家尤其是在法国、德国、英国和意大利，最富裕的10%人群占有国民财富的约60%，而最贫穷的50%人群占有的国民财富一律低于10%。而根据2010—2011年的数据显示，法国最富裕的10%占有总财富的62%，而最贫穷的50%只占有4%。据美联储的最近调查数据，最上层的10%占有美国财富的72%，而最底层的半数人口仅占2%。① 在全球范围内，人们的收入差距也是巨大的，譬如“有的国家和地区（撒哈拉以南的非洲、印度）人均月收入仅150—250欧元，而有的地区（西欧、北美和日本）人均月收入高达2500—3000欧元，两者相差10—20倍。全球人均月收入的平均水平约为600—800欧元，和中国的水平相当”②。而中国的收入差距、贫富悬殊也是巨大的，从而引起人们的强烈关注。当前我国存在的分配问题主要体现在基尼系数高，城乡居民内部、城乡之间、行业之间的收入差别过大，而且在收入差距扩大的同时，人们的财产差距在不断加剧并进一步扩大。据北京大学中国社会科学调查中心发布的《中国民生发展报告2014》显示，中国的财产不平等程度在迅速升高：1995年我国财产的基尼系数为0.45，2002年为0.55（1995年和2002年数字来自以往研究），2012年我国家庭净财产的基尼系数达到0.73，顶端1%的家庭占有全国三分之一以上的财产，而底端25%的家庭拥有的财产总量仅在1%左右。中国的财产不平等程度明显高于收入不平等。城乡差异和区域差异等结构性因素是造成中国财产不平等的重要原因。③ 然而，收入和财富的不平等及其长期存在和加剧，将会带来一系列严重的问题。长期的收入和财富的不平等和两极分化，必将撕裂社会的纽带，导致富人歧视穷人，而穷人反过来仇视富人，彼此缺乏信任而变得冷漠，并因此导致整个社会的焦虑与不安，世界变得无情和灰暗，人们的幸福度大大降低。据研究显示，“在最不平等的社会和最平等的社会中，所有人口中罹患精神疾病的人口所占比例能相差5倍。类似的，在最不平等的社会中，人们被监禁的可能性是最平等社会中的5倍，长期肥胖

---

① ［法］托马斯·皮凯蒂：《21世纪资本论》，中信出版社2014年版，第259—262页。

② ［法］托马斯·皮凯蒂：《21世纪资本论》，中信出版社2014年版，第64页。

③ 《光明日报》2014年8月5日。

的可能性是最平等社会中的6倍，谋杀率是最平等社会中的许多倍。之所以存在如此巨大的差异，其原因非常简单，因为不平等影响的不仅仅是社会中最贫困的人口；相反，它影响到了人口中的绝对多数”①。如此可见，分配问题至关重要，分配不公带来的经济上的两极分化，社会上的贫富对立，精神上的存在焦虑，成为影响社会稳定的深刻因素。所以，邓小平在晚年对分配问题给予了深入的思考和富有远见的警示，指出：“社会主义的目的就是要全国人民共同富裕，不是两极分化。如果我们的政策导致两极分化，我们就失败了；如果产生了什么新的资产阶级，那我们就真是走了邪路了。”② 因此，中国发展到一定程度后，一定要考虑分配问题；如果仅仅是少数人富有，那就会落到资本主义去了；我们的政策应该是既不能鼓励懒汉，又不能造成打“内战”；如果少数人获得那么多财富，大多数人没有，这样发展下去总有一天会出问题。所以，“分配问题大得很”，“我们要利用各种手段、各种方法、各种方案来解决这些问题”③。

概而言之，分配问题至关重要，分配不公不仅会阻碍经济的发展，还会引发社会的矛盾，滋生社会冲突，打击人们的生活信心，从而瓦解社会的秩序基础。因此，分配及其公平问题，事关国计民生，关系民心向背，关乎社会长治久安。而现代社会中普遍存在的分配不公现象及其引发的各种社会问题，严重影响了人们的经济生活、政治生活和社会生活的有序展开，削弱了人们的幸福感和生活的希望。分配不公因此成为现代文明社会难以承受的存在之重，成为现代经济社会的痛点。是故，深入追究分配不公的成因，寻求解决分配不公的有效途径，就成为一个迫切的理论任务和现实课题。

---

① ［英］理查德·威尔金森、凯特·皮克特：《不平等的痛苦》，新华出版社2010年版，第166页。

② 《邓小平文选》第三卷，人民出版社1993年版，第110—111页。

③ 参见《邓小平年谱》，中央文献出版社2004年版，第1356—1357、1364页。

二、资本逻辑与分配不公的内在关联

分析现代社会普遍存在的分配不公现象，其原因是多方面的，譬如市场经济的自发竞争，经济体制的不完善，市场监管存在漏洞、政治上的腐败等等。但是，我们认为，在社会经济化、经济资本化日趋明显的现代市场社会，分配不公与资本逻辑之间存在紧密的关联，甚至在某种意义上说，资本逻辑的无度扩展和全面渗透是导致现代社会分配不公的深刻因素。所以，在这样的意义上，深入揭示现代社会分配不公的核心，寻求分配不公的有效之策，不能缺失对资本逻辑的批判视野。

对于资本逻辑与分配不公在现代社会中的内在关联，我们可以首先从生产与分配的关系方面进行分析。经济活动是由生产、交换、分配和消费四个环节构成的统一整体，但是这四个环节在经济活动中的地位是不同的，其中生产居于主导的地位。对此，马克思在《〈政治经济学批判〉导言》中指出：生产、分配、交换、消费构成一个总体，它们是这个总体内有差别的各个环节，其中“生产既支配着与其他要素相对而言的生产自身，也支配着其他要素。过程总是从生产重新开始。交换和消费不能是起支配作用的东西，这是不言而喻的。分配，作为产品的分配，也是这样。而作为生产要素的分配，它本身就是生产的一个要素。因此，一定的生产决定一定的消费、分配、交换和这些不同要素相互间的一定关系”①。如此可见，从生产和分配关系来看，分配活动及其关系本身并不具有独立的自足性和自洽性，它受生产力和生产关系的制约，生产方式对分配关系具有直接的主导和决定作用。这正如马克思所言：“分配关系和分配方式只是表现为生产要素的背面”②，“这些分配关系的历史性质就是生产关系的历史性质，分配关系不过表现生产关系的一个方面。……每一种分配形式，都会随着它由以产生并且与之相适应

① 《马克思恩格斯文集》第8卷，人民出版社2009年版，第23页。

② 《马克思恩格斯文集》第8卷，人民出版社2009年版，第19页。

的一定的生产形式的消失而消失”①。在同样的意义上，恩格斯认为：“分配就其决定性的特点而言，总是某一个社会的生产关系和交换关系以及这个社会的历史前提的必然结果，只要我们知道了这些关系和前提，我们就可以确切地推断出这个社会中占支配地位的分配方式。”② 因此，在唯物史观看来，生产决定分配，分配关系是生产关系的结果，有什么样的生产方式，就有相应的生产关系与之相适应。历史地看，原始社会由于生产力水平低下，人们只能在原始共同体内部通过直接的通力合作，才能勉强维持生存，从而决定了其分配方式只能是原始的平均主义分配关系。后来，由于生产工具的不断发明和技术的不断发展，社会有了剩余产品，出现了私有制、阶级和国家，出现了奴隶制、封建制和资本主义的生产方式以及与之相适应的分配关系。而在现代社会，资本生产方式占据着主导地位，资本的生产关系直接决定着现代的分配关系，从而现代社会的分配是以资本为基础、以资本为尺度的分配关系。由于资本是以雇佣劳动为基础的社会生产关系，从而资本包含着对雇佣劳动的剥削和对剩余劳动的无偿占有，这构成了现代社会的主导分配制度，也是现代社会分配关系的实质所在。资本不仅通过对剩余劳动的无偿占有而攫取了大量的社会财富，而且把这些由工人生产出来的社会财富变为资本用以进行扩大再生产，并在更大规模上榨取和豪夺工人生产出来的社会财富，集中表现了社会财富的分配不公，导致社会财富在占社会人口极少的资本家一方的无度积聚，而贫穷则在占社会人口绝大多数的劳动者一方的不断积累，由此形成财富两极分化、贫富悬殊对立、阶级冲突尖锐、社会动荡不安等现代性负面后果。

对于现代社会普遍存在的分配不公、贫富对立与资本逻辑之间的内在关联，马克思在其著作中有深入的揭示和论述。马克思认为，在以资本为基础和原则的现代雇佣劳动关系中，工人以劳动力商品的形式被纳入到现代资本生产体系，以工资的形式获取其劳动所得。然而，所谓的工资，不过是同“普通人”即牲畜般的存在状态相适应的最低工资，因为“最低的和唯一

① 《马克思恩格斯文集》第 7 卷，人民出版社 2009 年版，第 1000 页。

② 《马克思恩格斯文集》第 9 卷，人民出版社 2009 年版，第 160 页。

必要的工资额就是工人在劳动期间的生活费用，再加上使工人能够养家糊口并使工人种族不致死绝的费用”①。但资本则不一样，它是对他人劳动及其产品的支配权，拥有丰厚的利润。因此，在资本和雇佣劳动为基础的现代生产关系和分配关系中，资本的利益和雇佣劳动的利益是截然对立的，“资本的迅速增加就等于利润的迅速增加。而利润的迅速增加只有在劳动的价格同样迅速下降、相对工资同样迅速下降的条件下才是可能的。……所以，一方面工人的收入随着资本的迅速增加也有所增加，可是另一方面横在资本家和工人之间的社会鸿沟也同时扩大，而资本支配劳动的权力，劳动对资本的依赖程度也随着增大”②。随着资本生产关系的不断发展，资本逻辑对社会的主导作用形成，现代社会的分配不公、贫富悬殊、阶级对立日益加剧，从而“整个社会日益分裂为两大敌对的阵营，分裂为两大相互直接对立的阶级：资产阶级和无产阶级”③。现代社会的分配关系是建立在资本的生产关系基础之上的，使得资本的分配原则构成了现代社会占主导地位的分配原则，所以马克思在《哥达纲领批判》中批判那种尽在分配领域中谈分配公平和消除资本主义弊病的错误观点，认为只要资本主义的私有制、资本主义的生产方式存在，资本的分配关系就难以消灭，因为“消费资料的任何一种分配，都不过是生产条件本身分配的结果；而生产条件的分配，则表现生产方式本身的性质。例如，资本主义生产方式的基础是：生产的物质条件以资本和地产的形式掌握在非劳动者手中，而人民大众所有的只是生产的人身条件，即劳动力。既然生产的要素是这样分配的，那么自然就产生现在这样的消费资料的分配”④。因此，分析和解决分配不公问题，不能仅停留在分配关系本身，而是要深入到现有分配关系得以产生的生产方式基础。马克思不仅是这样说的，也是这样做的，他在《资本论》中，通过对资本积累的深入细致的分析，揭示了资本怎样剥夺雇佣劳动、资本家如何窃取社会财富的内在秘密，深刻地指出：“资本家财富的增长，不是像货币贮藏者那样同自己的个人劳

① 《马克思恩格斯文集》第1卷，人民出版社2009年版，第115页。
② 《马克思恩格斯文集》第1卷，人民出版社2009年版，第734页。
③ 《马克思恩格斯文集》第2卷，人民出版社2009年版，第32页。
④ 《马克思恩格斯文集》第2卷，人民出版社2009年版，第436页。

动和个人消费的节约成比例，而是同他榨取别人的劳动力的程度和强使工人放弃一切生活享受的程度成比例的”①。如此可见，资本的生产关系和资本的增殖逻辑使得社会上的一部分人靠牺牲另一部分人的利益来获得自己的最大利益，并因此建立自己的统治地位。

对于资本逻辑与分配不公的内在关联问题，法国著名经济学家托马斯·皮凯蒂在其具有世界影响力的著作《21世纪资本论》中，通过对18世纪至今长达300多年的跨国历史数据的整理和分析，揭示了资本及其增殖逻辑与财富和收入不平等之间的本质关联。皮凯蒂在该书中回顾了自工业革命以来收入及财富分配的历史，通过对跨国历史数据的细致分析后指出，从长期来看，资本的收益率明显超过经济增长率，从而在21世纪的今天依然重复着19世纪上演过的资本收益率超过产出与收入增长率的剧情，并导致了今天不可控且不可持续的社会不平等，正在破坏民主的价值观念和社会基础。皮凯蒂指出，现代社会财富分配不均、贫富悬殊的社会分化之根本力量在于：r > g（这里r代表资本收益率，包括利润、股利、利息、租金和其他资本收入，以总值的百分比表示；g代表经济增长率，即年收入或产出的增长）。从这一整体逻辑出发，皮凯蒂认为，“继承财富的增长速度要快于产出和收入。继承财产的人只需要储蓄他们资本收入的一部分，就可以看到资本增长比整体经济增长更快。在这种情况下，相对于那些劳动一生积累的财富，继承财富在财富总量中将不可避免地占绝对主导地位，并且资本的集中程度将维持在很高的水平”②，并认为资本市场越是完善（以经济学家的角度），r>g的可能性越大。皮凯蒂基于长时段跨国历史数据分析得出的结论，证实了资本的增殖逻辑必然导致收入和财富的分配不公以及社会贫富悬殊的观点。

据上论述可见，现代社会普遍存在的收入分配不公和财富悬殊，与资本逻辑具有紧密关联，是资本的生产方式和生产关系在分配领域中逻辑延伸。然而，收入和财富分配不公以及由此引发的贫富悬殊、利益对立、社会

① 《马克思恩格斯文集》第5卷，人民出版社2009年版，第685页。

② ［法］托马斯·皮凯蒂：《21世纪资本论》，中信出版社2014年版，第27—28页。

冲突等问题构成了现代社会的存在风险，严重地威胁了基本的生产生活秩序。因此，如何实现收入和财富的公平分配，减少社会的利益对立和人际冲突，就成为一个重要的关乎社会整体发展的综合性难题。为此，我们需要寻求超越分配不公的切实路径，从而展开对分配正义的哲学思考和价值诉求。

三、分配正义：对分配不公的超越之思

分配正义既是一个重要的理论和思想史课题，也是一个复杂的现实问题。因此，我们需要对分配正义的历史、理论和实践进行逐一思考。

首先，对分配正义进行简要的历史考察。分配正义是一个历史的范畴，具有其历史的嬗变。诚如正义是对社会生活中有关政治、经济、法律、道德等领域中的是非、善恶所作的道德评判和价值审视，分配正义乃是人们对经济生活中有关对利益分配之根据、尺度和原则等问题所展开的哲学检审和伦理规约，其旨趣在于通过对经济利益分配过程中对经济合理性和价值合目的性相统一的追求，捍卫人们的经济利益，诉求人们的利益和谐，并因此促进社会的幸福。作为伦理观念和价值原则的分配正义，是对人们之间的经济利益分配关系所表达的理论主张和价值表达，因而分配正义思想及其价值原则的生成和流变之根源则存在于具体的社会物质生产方式和经济生活中。对此，恩格斯曾有深刻论述，认为“人们自觉地或不自觉地，归根到底总是从他们阶级地位所依据的实际关系中——从他们进行生产和交换的经济关系中，获得自己的伦理观念”，因此“一切以往的道德论归根到底都是当时的社会经济状况的产物”①。正由于分配正义是对一定社会时代的经济利益分配关系的理论主张和价值表达，因而随着社会生产方式和人们经济关系的历史变迁，分配正义的理论内涵和价值主张也发生相应的变化。譬如，“在最初的亚里士多德的含义上，‘分配正义’指的是确保应该得到回报的人按他们

① 《马克思恩格斯文集》第9卷，人民出版社2009年版，第99页。

的美德得到利益的原则，尤其是考虑到他们的政治地位”①。但是，“现代意义上的‘分配正义’，要求国家保证财产在全社会的分配，以便让每个人都得到一定程度的物质手段”②。因此，从古希腊的亚里士多德到现代社会，分配正义的内涵发生了历史的嬗变。

在古希腊，人们对分配正义问题就已经给予了极大关注，特别是作为古希腊思想集大成者的亚里士多德，对分配正义问题进行了系统的思考和阐述。在亚里士多德看来，所谓正义，就是一种所有人由之而做出正义的事情来的品质，使他们成为做正义事情的人。因此，正义是一切德性之大成和整体。同时，视守法与平等为正义的核心内涵。在此基础上，他把正义区分为“普遍正义”和“特殊正义”，又将“特殊正义”区分为“分配正义”和“矫正正义”。亚里士多德认为，“分配的公正要基于某种配得”，“分配的公正在于成比例，不公正则在于违反比例”③，所以分配正义就是根据美德按比例分配荣誉、政治职务或金钱。由此可见，亚里士多德是从形式上而非从内容上规制分配正义的，美德是分配正义的核心根据。同时，在对分配正义的讨论中，亚里士多德最关心的是政治参与度应该如何分配的问题，只是偶尔才把分配正义和分配物质财富联系起来，更没有提到国家在公民中组织物质分配的正义要求。④ 在中世纪，亚里士多德的这一分配正义概念为神学家阿奎那所继承，他也把财富分配与美德结合起来，认为美德是财富分配的根据，在其分配正义理解中并不包含照顾穷人的内涵。在这之后，尽管有格劳秀斯、洛克、休谟、斯密等思想家对分配正义有不同的论述，但也没有在严格的意义上把分配正义与财产分配结合起来加以讨论，更没有现代分配正义概念所内涵的国家要救济穷人的思想。

伴随着近代科技的发展，社会财富逐渐增长以及政治上的不断进步，似乎消除穷人的贫困有了某种现实的可能性，加之近代启蒙思想逐渐深入人心，社会对穷人的态度发生了巨大的变化。正是在这样一种存在背景中，诞

① ［美］塞缪尔·弗莱施哈克尔：《分配正义简史》，译林出版社 2010 年版，第 2 页。
② ［美］塞缪尔·弗莱施哈克尔：《分配正义简史》，译林出版社 2010 年版，第 5 页。
③ ［古希腊］亚里士多德：《尼各马可伦理学》，商务印书馆 2003 年版，第 135—136 页。
④ ［美］塞缪尔·弗莱施哈克尔：《分配正义简史》，译林出版社 2010 年版，第 26 页。

生了分配正义的现代观念。正如美国学者赛谬尔·弗莱施哈克尔所指出的那样，“到了十八世纪末，我们开始清楚地看到这样一种信念，即国家能够而且应该帮助人们摆脱贫困，没有人应该贫穷，没有人需要贫穷。也就是说，分配或者重新分配财富成为政府工作的一部分”①。而且，这一观念随着法国大革命的发生而在19世纪广为流行起来。在这期间，卢梭、斯密、康德等人的思想极大地帮助了人们对于贫穷、人性、公民平等的认识，也逐渐改变了人们对传统分配正义观念的看法，并因此推动了现代正义观念的产生和盛行。

卢梭目睹资本主义私有制条件下人与人之间巨大的贫富差距，以及由此造成的公民政治生活之不平等，于是对资本主义私有制及其造成的不平等状况展开了尖锐的揭露和批判，提出了人人平等的人道主义价值主张，力图守护和捍卫公民平等之价值。他的思想激发了人们对穷人命运的关注，如康德所言，“我鄙视一无所知的乌合之众。卢梭在这方面纠正了我的错误，消除了我的盲目偏见，我学会了尊重人”②。

而斯密的意义在于他极大地关注穷人的悲惨生活境遇，并呼吁国家以税收和提供公共福利的方式重新分配财富，他的思想引起了人们广泛关注贫困对穷人生活所造成的伤害。斯密认为，“有大财产的所在，就是有大不平等的所在。有一个巨富的人，同时至少必有五百个穷人。少数人的富裕，是以多数人的贫乏为前提的”③，而富人的阔绰，穷人的匮乏会引起社会的矛盾。因此，国家有义务建立并维持公共机关和公共工程，从而便利社会商业，促进人民教育。他指出：“在文明的商业社会，普通人民的教育，恐怕比有身份有财产者的教育，更需要国家的注意”④，国家要设立廉价的教育儿童的小学校，务使普通劳动者也能负担得起，使人民容易获得那基本的教

---

① ［美］塞缪尔·弗莱施哈克尔：《分配正义简史》，译林出版社2010年版，第77页。

② ［美］曼弗雷德·库恩：《康德传》，上海人民出版社2008年版，第167页。

③ ［英］亚当·斯密：《国民财富的性质和原因的研究》（下），商务印书馆1974年版，第272页。

④ ［英］亚当·斯密：《国民财富的性质和原因的研究》（下），商务印书馆1974年版，第340页。

育。同时，斯密建议对懒惰与虚荣的富人所使用的奢华的车辆课以更高的税，以救济贫民。① 总之，斯密改变了人们对穷人的看法，颠覆了那个时代人们对穷人的态度，提升了穷人的尊严。这一切帮助了分配正义现代含义的诞生。

在分配正义思想的发展过程中，康德“是第一个明确提出救济穷人是国家义务而不是个人义务的主要思想家”②。他认为，社会是人民的联合体，因此国家有义务有权利平衡社会利益，尤其要关注“对穷人的救济”，“根据国家的基本原则，政府有理由并有资格强迫那些富裕的人提供必要的物资，用以维持那些无力获得生活最必需的资料的人的生活”③。由此可以看出，康德与现代分配正义很接近了。但是我们看到，这一主张是基于社会契约的立场而提出的，而且他还没有明确指出国家救济穷人是正义的内在要求。

18 世纪法国空想社会主义者巴贝夫以卢梭的自然状态为根据，提出人人具有享受所有成果的要求，将平等财富的自然权利与社会平均财富的要求连接起来。他指出，“这个民族居住着的土地不是个人的私产，而是属于所有的人的，总之，所有一切东西，一直到各种各样的手工艺品，都是公有的财产”④，“宪法必须是全国人民的公共宝库，人民在那里不但可以取得精神食粮，而且还可以取得身体上需要的食粮”⑤。所以，他认为在分配过程中，要保证每个人可以得到同样的一份，福利为大家普遍共享。因此，巴贝夫第一个明确提出了正义要求重新分配财富给穷人的主张。⑥

尽管在巴贝夫之后分配正义概念进入政治文本，也出现了很多研究财富分配的著作，如英国空想社会主义者汤普逊的《最能促进人类幸福财富分配原理的研究》(1824)、英国经济学家拉姆赛的《论财富的分配》(1836)、美国政治经济学家克拉克的《财富的分配》(1899)，甚至出现过一些把财富

① ［英］亚当·斯密：《国民财富的性质和原因的研究》（下），商务印书馆 1974 年版，第 286 页。
② ［美］塞缪尔·弗莱施哈克尔：《分配正义简史》，译林出版社 2010 年版，第 94 页。
③ ［德］康德：《法的形而上学原理》，商务印书馆 1991 年版，第 157 页。
④ ［法］巴贝夫：《巴贝夫文选》，商务印书馆 1962 年版，第 86 页。
⑤ ［法］巴贝夫：《巴贝夫文选》，商务印书馆 1962 年版，第 53 页。
⑥ ［美］塞缪尔·弗莱施哈克尔：《分配正义简史》，译林出版社 2010 年版，第 104—105 页。

的重新分配作为政府主要任务的政治运动。但是，分配正义仍然没有引起人们普遍足够的重视，直到第二次世界大战后“分配正义”这一词汇才流行起来①，罗尔斯从哲学的角度思考分配正义的努力则对此产生了积极的影响。罗尔斯通过批判吸收功利主义的精华，并进一步概括以洛克、卢梭、康德为代表的契约论基础上，提出了“公平的正义”理论。在他的正义论中，正义的对象是社会的基本结构即用来分配公民的基本权利和义务、划分由社会合作产生的利益和负担的主要制度，从而利益分配在其正义论中具有重要的位置。而在财富分配方面，他提出了“合乎最少受惠者的最大利益”之分配主张，其中暗含对最少受惠者的偏爱，并表达了尽力通过某种补偿或再分配使一个社会的全体成员处于一种平等的地位之愿望，认为国家有义务通过对社会财富的合理分配，以便人们不仅能获得基本的生存需要，而且通过“差别原则”缩小人们之间巨大的财富差距，从而逐渐实现人们事实上的平等。如此可见，从古希腊亚里士多德到当代的罗尔斯，分配正义的内涵发生了深刻的变化。

其次，对分配正义的理论进行概要阐述。由于现代社会普遍存在的分配不公及其带来的贫富悬殊、社会贫困、人心失衡和利益冲突等社会存在难题，使得人们对社会财富分配的合理性问题给予了极大的关注，并强烈表达了对分配正义的价值诉求。然而，人们在对分配正义的理解和运用策略方面，往往存有不同的学科视域和利益立场。例如，罗尔斯从“作为公平的正义”理论出发，认为那种使社会中最穷者的福利最大化的收入和财富分配才是正义的。而诺齐克则立足极端自由主义的立场，举起“持有正义”的大旗直接对抗罗尔斯的分配正义论，声称一种分配是否正义，在根本上有赖于它是如何发生的，“如果每一个人对该分配中所拥有的持有都是有资格的，那么一种分配就是正义的”②，并批评罗尔斯的分配正义论存在“模式化”“非历史性”等缺陷。社群主义的重要代表人物沃尔泽则认为，不存在适用于所有分配的单一标准，分配正义所关注的是社会的善，分配是否具有正义性，

① ［美］塞缪尔·弗莱施哈克尔：《分配正义简史》，译林出版社2010年版，第111—112页。
② ［美］诺齐克：《无政府、国家与乌托邦》，中国社会科学出版社2008年版，第181页。

在根本上取决于被分配的善之社会意义，因为“所有分配公平与否是与利益攸关的物品的社会意义相关的”①。而阿马蒂亚·森则在反思功利主义分配正义论的基础上，提出了既突出个体内在能力又关注主体间权利平等的“能力平等的分配正义论”，从而将经济分配问题提升到对人的尊严和价值的高度上加以审视，为分配正义的求解提供了一个新的思考维度。事实上，分配正义的观点及其论争远不止上述。而现代社会关于分配正义的话语言说中，经济学和伦理形而上学的阐释路向最具典型性。

在现代社会中，所谓经济学，就是关于“发财致富”的科学。在这样的经济学视域中，“经济”与工具理性、物质主义、功利主义本质地联系在一起，且经济及其效率成为万物的尺度和合法性根据。在这样的视野中，分配正义的价值基础和意义诉求则狭隘地屈服于对经济效率的注解，经济效率构成了分配正义的真理。至于分配正义的超经济意义、超效率价值的人文维度就被忽视乃至清除了，从而呈现了经济学分配正义观的价值贫困和意义脱落。

或许是对上述现代主流经济学分配正义观的直接反动，或许是出于人类生命中所特有的形而上追求本性，在现代市场社会中，诉诸伦理形而上学立场的分配正义话语也不断显现。伦理形而上学的分配正义论从先验的人性论预设出发，以抽象人道主义作为自己的理论分析基础，通过形式逻辑抽象地演绎出人人平等的理论主张和价值诉求，由此要求社会财富分配上的“平均主义”“人人均等”。伦理形而上学的分配正义主张由于一方面对现代社会中广泛存在的分配不公现实具有某种性质的反动或批判功效，另一方面也满足了人类千百年来形成的匿藏于内心深处的平等情欲，因而获得了人们的同情和声援。然而，“仅仅因为个人是人类中的一个成员还不能赋予他绝对平等地分享社会利益的权利”②。财富分配是具有坚实的形而下性质，必须以实实在在的物质财富为基础的。自阶级社会以来，由于物质财富的有限性和稀缺性，由于财富源于人们的艰辛劳动，因此“人人均等”的财富分配和享用

① ［美］沃尔泽：《正义诸领域：为多元主义与平等一辩》，译林出版社 2002 年版，第 9 页。
② ［美］彼彻姆：《哲学的伦理学》，中国社会科学出版社 1990 年版，第 359 页。

主张具有某种性质的浪漫色彩和空幻性质，因而不具有现实性。对此，加尔布雷思曾正确地指出："好社会不追求收入均等。收入均等既不符合人性，也不符合现代经济体制的特点和刺激原则。"① 因此，在收入和财富分配问题上，不能从抽象的人格平等出发，得出人人均等分享社会财富的分配理论主张，更不能采取均等的社会财富分配制度安排。

如此可见，在分配正义问题上，现代主流经济学试图只根据效率方面来规定分配的合理性，而忽视分配问题上的价值追问，伦理学形而上学则无视分配的效率基础而抽象地集中于对形而上的伦理正义思考，二者都存在明显的局限性。因此，在笔者看来，在对分配正义的批判性求解中，经济哲学的眼光和视角是一个更好的进路。确立分配正义的经济哲学视域，有助于我们辩证地思考有关分配正义的理论和实践问题，从而切实地求解现实分配难题。

经济哲学，是在经济学和哲学结合而产生的跨学科交叉学科，旨在通过经济学家和哲学家的联盟，借助经济学和哲学的学科优势，对经济生活世界中遭遇的关乎人类生存和发展的重大现实经济问题进行综合研究和立体透视，承载起对人类自我生存和发展基础的哲学反思和价值审视。因此，从经济哲学的维度来看，分配正义不仅具有形而下的经济学效率之诉求，也包含形而上的伦理正义之担当，因而是集效率与正义、手段和目的、物质与精神价值于一体的丰富概念。在这样的理解定向中，分配正义是基于对人类生命尊严的价值关切和正义诉求，对社会的财富分配之基础、根据、原则、过程和结果等所展开的经济哲学反思和现实批判，以实际地促进财富分配的公平和正义。因此，分配正义蕴含分配尺度上的经济合理性、分配程序上的社会正当性、分配结果上的合目的性相统一的经济哲学诉求，它从人的生命尊严的维度和自由存在本质的原则高度出发，并基于坚实的经济生活世界基础而展开的理性反思和价值审视，在经济合理性和人的价值合目的性之辩证张力中，彰显财富的人学本质，为社会经济财富及其分配提供可靠的价值基础和实践方向。在经济哲学的分配正义理解中，财富的均等分配不符合正义的价

① ［美］加尔布雷思：《好社会：人道的记事本》，译林出版社 2000 年版，第 50 页。

值追求，因为它缺少效率保证而使人们落入贫穷的命运。诚如有学者指出，“如果我们在谈论道德和立法问题时假作清高地轻视财富这类问题，那就是徒作空谈，不务实际，也就是使社会在受苦受难之外又蒙受了伪善或无知的侮辱”①。同样，财富的两极分化也不符合分配正义的价值志趣，因为它使一部分人的享乐建立在另一部分人的痛苦之上，违背了生产财富的唯一合理目的即给那些生产财富的人们增加幸福，使社会陷入无限的对峙和尖锐的冲突中。因此，分配正义既是对平均主义的超越，也是对分配不公的矫正。当然，分配正义是一个历史的范畴，其具体原则和现实的措施会随着社会历史的变迁而发生相应的变化。

再次，对分配正义践行的可能性思考。分配正义是财富分配生活中的首要价值，旨在彰显分配的人学立场。但是，对于分配正义价值的诉求，不能仅停留在理论层面的检讨，更重要的是要深入实践层面，促进分配正义价值的实践和现实化。而在对分配正义价值的实践思考中，需结合具体的物质财富基础和民族文化心理等因素。而在当代中国，实践分配正义，需要我们在财富分配中坚持以下基本原则：

其一，基本经济需求平等原则。基本经济需求是一个人在社会中为了维持生存的最低需求，它是维护人的基本生存权的最后防线，若丧失了这一底线，就会严重损害到人的存在尊严乃至生命的存续。因此，我们必须深刻地意识到，“对个人自由最彻底的剥夺莫过于一贫如洗；对个人自由最大的损害莫过于囊中羞涩”②。因此，分配正义主张：对于人类基本经济需求满足方面应进行平等的分配，基本经济需求的平等优先于其他一切分配标准。我们只有将满足人们的基本经济需求作为一项人权而加以确立，方能从根本上推动建设一个富强、民主、文明、和谐的社会主义国家。

其二，按劳动（贡献）分配的“应得”原则。古罗马法学家乌尔庇安认为，正义乃是使每个人获得其应得东西的永恒不变的意志，而西塞罗则认

① ［英］威廉·汤普逊：《最能促进人类幸福的财富分配原理的研究》，商务印书馆 1986 年版，第 21 页。

② ［美］加尔布雷思：《好社会：人道的记事本》，译林出版社 2000 年版，第 3 页。

为正义是使每个人获得其应得的东西的人类精神①。既然正义意味着“得当所得”，那么分配正义也意味着分配需要遵守“应得”的正义原则。所以，分配正义并不赞成对社会所有财富采取人人均等的分配原则，其原因在于社会财富并非如甘露自天而降，而是需要人们的艰辛劳动，人类若停止劳动或社会财富增长处于停滞状态，那么社会就很可能会重新陷入贫困而衰败不堪。在我国社会主义初级阶段，坚持按劳动和贡献分配的原则，不仅有助于维护劳动者的主体地位，激发劳动者的生产积极性和创造性，从而保证财富生产的动力基础和效率机制，而且有利于从制度和道德层面彻底否定不劳而获、贪污腐败、压榨百姓的邪恶勾当，为守护社会公心、促进社会公平正义提供道德支撑和制度约束。

其三，有利于最少受惠者的“差别原则”(difference principle)。由于人们之间在先天禀赋上存在的差异和后天社会机遇方面的不平衡性，使得客观上导致人们在社会财富的占有上存在不平等现象。这一点在今天是不可避免的，也是人们普遍接受的。问题在于，如果说社会财富的分配不平等是不可避免的，那么在何种程度上这种不平等是被允许的？对此，罗尔斯提出了“差别原则”，认为如果不平等是不可避免的，那么社会和经济的不平等应这样安排：有利于社会之最不利成员的最大利益。② 因此，“差别原则”，是指社会的经济和财富分配虽然无法做得到完全平等，但它必须合乎每个人的利益，尤其是要合乎最少受惠者的最大利益。“差别原则”表明，效率原则本身并不能担当起正义的价值理想，社会有更多的责任和义务关注弱势群体，对他们给予更多的人道关注和分配倾斜，从而缩减人们之间的现实不平等状况。同时，在当前的财富分配问题上要警惕以下三种极端的观点：

一是“粗陋的共产主义”。这种观点认为社会不平等是一切罪恶的根源，从而要求绝对平均主义，试图使人人都成为私有者，并且通过均分私有财产来反对个别私有财产，其本质特征在于：对财富的嫉妒和贪欲，对财富的平均欲望。所以，正如马克思所批评的那样，“粗陋的共产主义不过是

① ［美］博登海默：《法理学、法律哲学和法律方法》，中国政法大学出版社 1999 年版，第 264 页。

② ［美］罗尔斯：《作为公平的正义》，上海三联书店 2002 年版，第 70 页。

充分体现了这种嫉妒和这种从想象的最低限度出发的平均主义”，因而它是“对整个文化和文明的世界的抽象否定，向贫穷的、需求不高的人……的非自然的简单状态的倒退”①。对此，我们要有足够的理性自觉。

二是“市场原教旨主义”。这是古典自由主义经济学关于“市场万能论”的样式，它迷信“资本逻辑”，声称在完全竞争条件下，包括财富分配在内的所有经济生活能够通过市场中介得到合理的调节和配置，认为无限制的自由市场竞争能够实现个人利益和社会利益的自发协调，市场竞争能够实现公平分配，不需要政府和社会的干预，从而将人的命运完全交由市场裁定。然而，由于人们在进入市场时的起点不公平、市场信息的不对称、市场的负外部性效应、人的有限理性等因素，市场存在失灵的危险，难以自发地实现分配正义。因此，对于“市场原教旨主义”的分配主张也要保持足够的警惕。

三是“权贵资本主义”。权贵资本主义（Crony capitalism），是指那种借助手中的权力，并与资本合谋，谋取垄断地位，从而霸占和攫取社会财富的一种社会关系存在形式。按照经济学家吴敬琏的说法，权贵资本主义就是官僚资本主义，而且现在越来越严重。权贵资本主义采取不正当的手段获取大量的社会财富，不仅剥夺了广大劳动者的劳动成果，而且对于那些凭借自己的勤劳和智慧创造社会财富的人民大众是一种严重的信心打击，从而深刻地影响了人们的生产积极性和创造力，同时诱发瓦解社会公平正义的邪恶力量。因此，我们要有足够的思想警觉。

总之，分配不公及其带来的贫富差距、利益冲突、社会对立以及存在之焦虑，是现代经济社会普遍存在的社会现象，并成为现代性的焦点问题之一和现代文明的痛点。分配不公在现代社会的普遍存在，与资本逻辑具有紧密的内在关联。正是以资本为基础的现代社会建制，导致了现代社会的分配不公和贫富差距。因此，需要在全社会倡导和践行分配正义的价值理念和现实原则，为构建和谐的利益关系，建设和谐社会提供有力的思想资源和价值支持。

（作者单位：上海师范大学哲学学院）

① 《马克思恩格斯文集》第1卷，人民出版社2009年版，第184页。

资本形态演化中的微观权力

程　晓

摘要： 资本是支配一切的经济权力。一方面，资本具有一种宏观权力。即自上而下地压迫、占有劳动及其产品。另一方面，资本具有一种微观权力。即在生活的所有领域生产出、培养出超越资本统治的劳动形式和劳动者。随着资本形态的演化，其微观权力在现代社会发展中的作用也越来越大。资本的微观权力既保证了资本积累，又为更高级的生产方式创造条件。因此，承认资本，充分发挥资本的微观权力是现代化建设的必然选择。

关键词： 资本形态　权力　规训　控制

马克思曾指出："资本是对劳动及其产品的支配权力。"① 在这个命题中，资本是主动地占有、支配劳动，而劳动则是被动地接受资本的统治。这样看来，劳动以及劳动者只剩下了资本的属性，且无力摆脱资本控制。那么，资本又如何能够"培养社会的人的一切属性"②？进而，人的自由全面的解放又何以可能呢？福柯（Michel Foucault）认为，以资本为中心，单向地压迫劳动及其劳动者的权力是一种"宏观权力"。塑造劳动及其劳动者，促使劳动者超越资本的统治，进而推动社会向更高形态发展的力量是一种"微观权力"。福柯认为权力不是压迫对象、知识，而是生产出符合规范的对象、知识；不是制约了活动，而是激发了活动；不是禁锢了思想，而是诱导了思想。

---

① 《马克思恩格斯全集》第 3 卷，人民出版社 2002 年版，第 238 页。

② 《马克思恩格斯全集》第 30 卷，人民出版社 1995 年版，第 389 页。

福柯用微观权力消解了统治者和被统治者二元对立，彰显出权力多元性、生产性的特点，开拓了传统权力研究的新视角。借用“微观权力”这个桥梁，劳动者就能够从一种具有资本属性的单向度的人过渡到全面发展的人。本文从马克思资本形态演化理论入手，分析了资本权力的双向运动过程，一方面，资本通过形态的演变，形成自上而下地压迫、支配劳动的宏观权力；另一方面，资本通过对劳动的不断塑造，在日常生活的各个层面生产出与资本权力对抗、可能超越资本统治的微观权力。

一、资本形态：从实体到虚拟

资本形态的演变有两个维度。从逻辑上看，资本表现为无休止地循环和扩大循环，在循环中实现了剩余价值的生产和转化。资本为了顺利完成循环，需要将自身分为不同的类型。产业资本家雇佣劳动工人生产出包含有剩余价值的商品。为了将剩余价值转化为利润，就需要专门从事商品买卖的商人来实现商品流通。当产业资本家与商人需要更多的货币来维持生产和经营时，就需要专门从事货币借贷的资本家来提供货币支持。资本循环中的不同需要形成了产业资本、商业资本、借贷资本（生息资本）。马克思将其中的产业资本和商业资本称为职能资本。从历史上看，社会发展的不同阶段占统治地位的资本类型不同。资本主义自由竞争时期占统治地位的是产业资本。垄断资本主义时期，由产业资本和借贷资本联合形成的金融资本占统治地位。当代资本主义，由借贷资本基础形成的虚拟资本占主导地位。资本形态演化的逻辑和历史是统一的，这两个维度都揭示出资本从实体向虚拟转化的过程。

职能资本包括产业资本和商业资本。产业资本担负着生产剩余价值的职能，商业资本担负着实现剩余价值的职能，即剩余价值转化为资本的职能。马克思以单个产业资本运动为考察对象，分析了产业资本循环的一般规律。产业资本的运动表现为从生产到流通、从流通再到生产的不断转换过程。在这个循环过程中，产业资本表现为三个阶段、三种形态、三种职能。

第一阶段是购买劳动力和生产资料的阶段，表现为货币资本形态，发挥着购买职能。第二阶段是生产阶段，表现形态为生产资本，职能是“消耗它自己的组成部分，使它们转化为一个具有更高价值的产品量”①。第三个阶段是售卖阶段，表现形态为商品资本，职能是使商品资本转化为货币资本，即剩余价值实现的职能。其中第三个阶段，即商品资本的阶段是一次资本循环的终结，也是下一次资本循环的起点。只有这个循环永续运动，资本才能存在。随着产业资本家生产规模的扩大，产品数量增多，市场范围扩张，产业资本家如果独立完成资本循环的各个阶段，变得既不合算又非常困难。因此，一部分商品资本的职能从产业资本运动中分离出来，由专门从事商品买卖活动的商人完成。“只要处在流通过程中的这种职能作为一种特殊资本的特殊职能独立起来，作为一种由分工赋予特殊一类资本家的职能固定下来，商品资本就成为商品经营资本或商业资本。”② 商品资本就转化为商业资本。

生息资本是为了获得利息而贷给他人使用的货币资本。职能资本在循环过程中，存在持币待购、临时性需要货币等情况。闲置的货币、支付的货币、流通的货币只有在它们具有作为生产利润的手段的这种属性时，它们才能成为资本。那些从职能资本中游离出来的货币被其所有者以偿还和付息为条件，借贷给需要货币的人。这时，货币就成为一个可以发生增殖的资本，转化为生息资本。生息资本实际上是以职能资本的运动为中介的。然而，生息资本“把货币放出即贷出一定时期，然后把它连同利息（剩余价值）一起收回”的过程“使中介过程消失了，看不见了，不直接包含在内了”③。货币的增殖过程表面上表现为贷出者和借入者之间的交易，职能资本的生产和销售过程被隐藏了。

在生息资本的基础上产生了虚拟资本。生息资本的产生和发展，造成一种“资本化”的现象，也就是本身没有价值，完全不代表一定生产劳动的量的东西也表现为资本。资本进行生产的目的是增殖，如果不通过生产也能增殖，资本就完全可能拒绝生产。只要一个确定的货币收入能够带来一定的

① 马克思：《资本论》第 2 卷，人民出版社 2004 年版，第 45 页。
② 马克思：《资本论》第 3 卷，人民出版社 2004 年版，第 301 页。
③ 马克思：《资本论》第 3 卷，人民出版社 2004 年版，第 390 页。

利息，不管它是否通过生产，就能够成为资本。“人们把虚拟资本的形成叫做资本化。人们把每一个有规则的会反复取得的收入按平均利息率来计算，把它算作是按这个利息率贷出的一个资本会提供的收益，这样就把这个收入资本化了。”① 现实资本的大小取决于资本对劳动力占有程度，而虚拟资本则取决于平均利息率，平均利息率则取决于市场供求关系。这样，资本直接占有劳动的关系被隐藏起来。

资本主义社会发展的不同时期，占主导地位的资本形态不同。正是有了不同形态资本的作用，资本才能生产剩余价值，实现积累。但并不是所有形态的资本在社会发展的所有历史时期都发挥着同等作用。“无论生产的社会形式如何，劳动者和生产资料始终是生产的因素……凡要进行生产，就必须使它们结合起来。实行这种结合特殊方式和方法，使社会结构区分为各个不同的经济时期。”② 在英国工业革命时期，劳动者和生产资料主要以产业资本的形态结合起来的。此时，以蒸汽机为代表的工业生产占据主导的地位，商业资本和货币经营资本依附于产业资本。19 世纪末 20 世纪初，日益成熟壮大的产业资本对资金的依赖使它们与银行资本结合，形成了能够控制一个工业部门或同时结合了不同工业部门的卡特尔、托拉斯和辛迪加等同盟。少数大型联合企业控制了劳动力、生产资料、市场份额。此时，由银行资本的集中和联合而成的金融资本成为这一阶段起支配地位的资本形态。20 世纪 70 年代，资本不需要劳动者和生产资料的结合也可以获取利润。虚拟资本可以与实体经济脱离而实现增殖。虚拟资本最大限度地缩短了剩余价值生产和实现的时间，成为资本获取利润的主要形态。

二、资本权力：从形式到实质

资本权力通常被理解为一种宏观权力。权力是指对某个主体以强制力

① 马克思：《资本论》第 3 卷，人民出版社 2004 年版，第 528 页。

② 马克思：《资本论》第 2 卷，人民出版社 2004 年版，第 44 页。

影响和制约自己或其他主体价值和资源的能力。马克思认为“资本是资产阶级社会的支配一切的经济权力”①。就是说资本决定着资本主义社会的物质生产方式和上层建筑。由资本规定的生产方式和人与人之间的交往方式构成了资本主义国家政权的基础。反过来，以资本为核心建立起来的国家政权又不断地巩固着资本支配一切的权力。这种资本对社会的支配是一种宏观权力。宏观权力是指以特定的主体为中心，自上而下支配、压制、占有被统治者。资本在现代社会就处于中心地位，社会一切其他关系都服从资本生产及其经济运行。占有资本的那部分人或阶级成为社会上占统治地位的物质力量和精神力量，“一个阶级是社会上占统治地位的物质力量，同时也是社会上占统治地位的精神力量。支配着物质生产资料的阶级，同时也支配着精神生产资料，因此，那些没有精神生产资料的人的思想，一般地是隶属于这个阶级的”②。在资本支配一切的现代社会，占统治地位的就是资产阶级。资产阶级是权力的拥有者，无产阶级则是受压迫者。资本权力就是从资本这个中心出发，对局部进行占有、控制。

资本支配一切的宏观权力具体表现在资本对活劳动的占有、支配。资本不管表现为地产、货币、商品、股票等都有物质外观。这样一个物本身是不可能发生增殖的，只有用这个物来占有、支配劳动，这个物才具有增殖的特性，才成为资本。马克思指出：“资本虽然也体现在易逝的商品中，采取这种商品的形态，但同样也不断地改变形态，交替地时而采取永恒的货币形态，时而采取易逝的商品形态；不灭性表现为它唯一可能成为的东西，表现为易逝性的不断消逝——过程——生命。但是，资本只有当它像吸血鬼一样，不断地吸吮活劳动作为自己的灵魂的时候，才获得这样的能力。”③ 这就是说，资本会根据积累的需要变换自己的表现形态，但任何形态的资本，其本身并不具有权力。只有在剩余价值的生产中，资本占有了劳动工人的剩余劳动和他们创造的剩余价值，才能实现积累。因此，资本的权力就是资本对活劳动的占有。

---

① 《马克思恩格斯全集》第 30 卷，人民出版社 1995 年版，第 49 页。

② 《马克思恩格斯选集》第 1 卷，人民出版社 1995 年版，第 98 页。

③ 《马克思恩格斯全集》第 31 卷，人民出版社 1998 年版，第 36 页。

资本形态的历史演变，不会削弱资本对劳动的权力。马克思认为资本通过改变形态而实现的巨额利润“都不会使工人致富，而只会使资本致富；也就是只会使支配劳动的权力更加增大；只会使资本的生产力增长。因为资本是工人的对立面，所以文明的进步只会增大支配劳动的客体的权力”①。也就是说，资本积累程度越深，它所拥有的权力就越大。从资本形态的变化过程可以看出，资本逐渐由货币形态发展为虚拟形态。如果说资本在其物质形态阶段确实需要通过雇佣劳动进行生产来实现积累。那么，在资本的虚拟形态下则完全不需要劳动而实现积累。就产业资本而言，其利润的取得必须经过生产的环节。商业资本尽管是在流通领域，但其利润实现过程必须经过买卖这个经济过程，而买卖的商品是通过劳动产生的。在生息资本上，任何劳动过程都消失了。仅凭法律上的所有权和让渡行为，就能产生资本增殖。对于资本来说，生产是越来越不重要了。从表面看来，资本占有劳动的权力也就越来越小。然而，无论是有形的货币、商品还是无形的票据、符号都是剩余价值的实现形式，是对已有剩余价值的一种分配形式。“分配方式就是生产关系本身，不过是从分配角度来看罢了。”② 资本形态的演变并未削减资本对劳动的权力，而是将这种权力隐藏起来。

资本对劳动由形式上的控制转变为实质上的控制。资本形态的改变是对活劳动权力的加强。马克思分析道：资本从绝对剩余价值的生产转换到相对剩余价值的生产，实质上是“劳动对资本的这种形式上的从属，又让位于劳动对资本的实际上的从属”③。通过延长工人劳动时间而实现的是绝对剩余价值，这是资本对活劳动直接的、形式上的剥削和占有。此时，工人丧失了一切生产资料，只能通过出卖劳动力进行生产。这形成了资本与劳动的对立，这种对立越充分，资本对劳动形式上的权力就越充分。此时劳动过程本身并未改变，只是由过去对宗法、血缘等关系的依附转变为雇佣关系。随着科学技术的发展，劳动过程发生了深刻变化，资本对劳动形式的控制才转变为实质的控制。在机械化生产中，工人的劳动被肢解为机器系统中的一个零

① 《马克思恩格斯全集》第 30 卷，人民出版社 1995 年版，第 267 页。

② 《马克思恩格斯全集》第 30 卷，人民出版社 1995 年版，第 245 页。

③ 《资本论》第 1 卷，人民出版社 2004 年版，第 583 页。

件和步骤。此时，资本不但剥夺劳动者的生产资料，而且要训练劳动工人配合、服从机器。在虚拟资本形态下，资本权力从生产领域渗透到生活的所有领域。虚拟资本形态下，利润来源是信息、文化、精神等非物质劳动。毛里齐奥·拉扎拉托（Maurizio Lazzarato）将非物质劳动概括为："一方面是有关生产'信息内容'的活动。在工业和第三产业部门，劳动技术转变为由计算机控制的技术。另一方面是有关生产'文化内容'的活动。这些活动通常被认为不是'工作'，例如艺术标准、时尚、品味、消费者规范等，也可以说是一种舆论活动。"① 在工业生产为主导的阶段，资本权力主要施加于生产如汽车、煤炭、房屋等的物质劳动。在虚拟资本为主导的阶段，资本权力渗透到知识生产、教育培训、文化娱乐、体育竞赛等非物质劳动领域。

资本对非物质劳动的控制是一种真正的实质性控制。马克思所说的资本对劳动实质性控制是指资本把劳动者的身体束缚在机器体系中。对劳动者来说，资本权力是外在的。资本对非物质劳动的控制则是内在的。这种内在性表现在两个方面：第一，非物质劳动最大限度地延长了资本支配劳动的时间。在非物质劳动过程中，工作时间和休闲时间的界限消失。"工作以外的时间是游玩或闲暇的'自由时间'。但是在后工业社会里，'自由时间'也要受到计量和分配所支配。那些活动中的'时间收益'是和工作时间的收益处于同等地位的……人在闲暇时间里就成为经济人。"② 物质劳动生产中，资本控制的只是劳动者生产中的时间，而非物质劳动生产过程和产品是由心理、精神、情感等组成，这些因素植根于人们生活的全部时间。第二，非物质劳动生产扩大了资本权力的空间。在物质劳动的生产方式下，资本必须在一个固定的工厂中对有限的劳动人口进行控制。非物质劳动生产是一种灵活性、流动性和不稳定的生产方式。非物质劳动生产没有固定的中心，不需要过多的物质生产资料，可以在任何生产、生活、心理等空间中展开。虽然非物质劳动是创造一种关系、提出一个概念，这就使资本获利的过程看起来更加灵活、松散。但资本对劳动的权力并没有被削弱，反而在从时间和空间上都加深了。

① 参见［意］毛里齐奥·拉扎拉托：《非物质劳动》，高燕译，《国外理论动态》2005年第3期。

② ［美］丹尼·贝尔：《后工业社会的来临》，高铦等译，新华出版社1997年版，第520页。

三、微观权力：从规训到控制

微观权力没有唯一的中心，不是压迫和占有的力量，而是渗透在日常生活的各种关系网络中，具有生产性和塑造性的力量。说资本是现代社会高高在上的一个权力，它单向地、线性地向一切无权者发号施令，这只体现了资本的宏观权力。然而，马克思并不认为资本是一种单向的、压迫性的、占有的力量。马克思分析了资本对劳动的双重权力：一方面，机器的使用加强了资本对劳动的控制力；另一方面，资本也通过机器塑造了反抗自己的劳动者。大规模的机器生产培养了工人的组织纪律性和普遍联合的可能性。工人的联合斗争同样也塑造了资本生产的结构和方法。“资本只有为了应对有组织的工人对抗的威胁时，才会重新塑造生产结构，采用新技术；同样，也只有当组织起来的奴隶对自己的权力构成了实在的威胁时，并已使生产系统不可再用时，欧洲资本才会放弃奴隶生产。”① 在资本与劳动的关系中，资本并不是唯一的权力中心，压迫、占有劳动。资本将劳动塑造为符合资本积累要求的劳动，同时也将劳动塑造为与资本对抗的权力中心。资本与劳动之间的矛盾、对抗、妥协等一系列交互关系形成了多元的微观权力关系，不同的权力关系在生活各个层面爆发出来，能够改变经济、政治、社会意识形态的结构。

资本对劳动的塑造就是资本的微观权力。资本的权力不仅具有对劳动的占有性，同时也具有对劳动和自身的生产性、重塑性。这种关系在福柯看来是一种微观权力。“人们把权力等同于一种说‘不’的法律，认为权力尤其具有剥夺权。我认为这种权力观完全是消极的、狭隘的，而且太过简略。”权力之所以稳固且被人接受，其原因是“它贯穿于事物，产生事物，引发乐趣，生成知识，引起话语。应该视权力为渗透于整个社会肌体的生产型网

① ［美］迈克尔·哈特、［意］安东尼奥·奈格里：《帝国》，杨建国、范一亭译，江苏人民出版社 2005 年版，第 148 页。

络，而不是将它看作一个仅仅行使压制职能的消极机构”①。资本的权力并不是对劳动的完全占有、镇压和集中于一处，比如只是集中在工厂。而是资本与劳动相互生产、塑造，并且两者的对抗力在生活的各个层面发挥出来。也就是说，微观权力中包含着一种重塑、颠覆资本的力量。因为资本对个体的控制并非仅仅通过政治强制来发号施令，它也通过塑造人的肉体、大脑、精神来完成。在微观权力的作用下，个体被重新塑造成主体，被赋予行为动机和相应的角色。原先被资本控制的个体在资本的塑造下，最终成为具有控制力的主体。正如哈特、奈格里所说，在资本权力“完成了大一统，将社会生活的一切成分都包容在自身之内的那一刻，它也使一个新的社会环境得到呈现。那是一个有着千差万别、由最大限度的多层性和不可被吸纳的单一性构成的复杂环境”②。随着资本形态的演变，资本宏观权力也完成了大一统，支配了人们全部生活。然而，也就是在此时，资本在生活的全部领域塑造出多样的劳动。多样的劳动者及劳动方式很难被资本单一的权力支配，进而成为与资本对抗，超越资本统治的力量。

在物质劳动生产中，微观权力的表现形式是规训。马克思所说的资本对劳动实质性的控制，在福柯看来是一种监视控制。这种监视是机器大工业时代下特有的监视，即不仅对原材料数量、工具类型、产品质量等生产条件进行监督，而且对劳动者的活动、技能，完成任务的方式，敏捷程度，工人热情等进行监督。监视并不是生产之外的事情，而是生产的一部分，成为规训的手段。福柯引用马克思的话：“一旦受到资本控制的劳动成为协作劳动，管理、监督和调节的工作就变成资本的一个职能。一旦成为资本的职能，它就获得了特殊的性质。”③ 监视成为“完美的规训机构能够一目了然，它既是照亮一切的光源，又是一切需要被了解的事情的汇聚点，它既是一只能督查一切的眼睛，又是一个所有的目光都朝向这里的中心”④。劳动者在工厂中必

① ［法］米歇尔·福柯：《福柯集》，杜小真编，上海远东出版社 1998 年版，第 436 页。

② ［美］迈克尔·哈特、［意］安东尼奥·奈格里：《帝国》，杨建国、范一亭译，江苏人民出版社 2005 年版，第 31 页。

③ ［法］米歇尔·福柯：《规训与惩罚》，刘北成、杨远婴译，三联书店 2003 年版，第 199 页。

④ ［法］米歇尔·福柯：《规训与惩罚》，刘北成、杨远婴译，三联书店 2003 年版，第 197 页。

须根据机器的要求做出相应的行动，在生产中，每个人都被固定在一个既定的位置上，个体的任何行为都受到监视，然而被监视者在任何时候都不知道自己是否被监视。此时，这种权力是可见的，但又是匿名的、无法确定的、持久地发挥作用。在福柯看来，现代社会或者说整个资本主义的兴起，正是得益于众多的规训关系的构造。现代城市街区的布局、建筑的构造都是迎合了资本积累，但身处其中的人却对此并不知晓。在无形的监视机制下，人们被规训为资本积累的机器，被限制在一个个特定的空间中，并时刻受到检查，人的其他功能、欲望和意义被压制了。

在非物质劳动生产中，微观权力表现为控制。规训方式在第二次世界大战后福利国家体制中达到顶峰。劳动组织形式上的泰勒制、工资体系上的福特制以及社会宏观调控上的凯恩斯主义使资本与劳动者的对抗达到了相对平衡稳定的程度。整个社会成了一个被规训的工厂。“整个社会会逐渐和带着不可抑制的持续性被资本主义生产的标准所单独规训。一个规训性的社会因而是一个工厂式的社会。”① 这个社会完全受到资本的支配。然而，这样的一种规训方式在 20 世纪 70 年代开始解体。资本对生产中的劳动及其产品的占有权随着生产的扩大而加深，最终导致了生产过剩和消费不足的经济危机。显然，仅仅是物质生产不能实现资本积累。非物质劳动生产则能够在生活的所有领域吸纳过剩的商品和资本，使资本继续积累。对劳动者而言，非物质劳动塑造了多样的信息、知识、文化、情感等形成主体能动性的因素。这使他们对规训重新评估，“年轻人拒绝工厂式社会的令人窒息的重复，发明了新形式的流动性、弹性和新的生活方式。学生运动迫使一个社会较高的社会价值依据知识和智力劳动。女权主义运动使个人的关系网的政治内容清晰起来并拒绝父权制的控制……”② 这些矛盾和抵抗将微观权力形式从规训转变为控制。控制的特点是“可以表述为规训的规范化手段的强化和普遍化”。“控制实现于灵活、多变的网络系统之中，从而使它的效力范围远超出

① ［美］迈克尔·哈特、［意］安东尼奥·奈格里：《帝国》，杨建国、范一亭译，江苏人民出版社 2005 年版，第 285 页。

② ［美］迈克尔·哈特、［意］安东尼奥·奈格里：《帝国》，杨建国、范一亭译，江苏人民出版社 2005 年版，第 318 页。

由各种社会机构构成的构架严整的场所。”① 在规训方式下，权力与个体的关系是静止的。资本权力被固定在一处，作为唯一主体对劳动个体进行规范，劳动个体作为完全被压迫的客体，反抗资本权力。在控制方式下，权力与个体之间是流通的。资本通过对信息、知识、文化、情感等方面的控制来实现积累，这些要素的丰富和发展本身就要求劳动者不再是简单地服从指令的客体，而是转变为有决策能力的主体。

资本的微观权力塑造出超越资本统治的条件。“资本不可遏制地追求的普遍性，在资本本身的性质上遇到了限制，这些限制在资本发展到一定阶段时，会使人们认识到资本本身就是这种趋势的最大限制，因而驱使人们利用资本本身来消灭资本。”② 从资本的角度看，资本从实体形态到虚拟形态的转变，实质上是将资本劳动形式上的控制转变为对劳动实质上的控制。从劳动的角度看，资本形态的演变也意味着劳动形式从物质劳动转向为非物质劳动。非物质劳动一方面使劳动者的整个生活世界都成为资本积累的领域，另一方面，也塑造出与资本对抗的劳动主体，最终摆脱资本的控制。在物质劳动过程中，无论商品生产还是精神交往都是资本垄断。在非物质劳动中，资本依赖全社会劳动者的知识、智力、情感、服务等实现积累，每个人都要发挥自己的潜能和创造力。这样，劳动者在更深程度上被资本控制的同时，也人人丰富了自身的主体性。劳动者不再是形式上彼此聚合，而实质上却彼此分离、没有意识的机器零部件，也不再是机器的看管者。劳动者的技能不再体现为直接的体力劳动，而是通过学习能力、沟通技能、反思能力等建立起来的智力劳动。这种劳动既是资本积累，也是劳动者的自我实现和积累。劳动者全面能力的实现使每个劳动者都能真正发言，能够主动积极地规划劳动过程。颠覆资本所规划的等级管理秩序，进行自我组织和管理。正如哈特、奈格里所说，“非物质劳动在展现其自身的创造性能量中似乎为一种自发的和基本的共产主义提供了潜

① ［美］迈克尔·哈特、［意］安东尼奥·奈格里：《帝国》，杨建国、范一亭译，江苏人民出版社 2005 年版，第 30 页。

② 《马克思恩格斯全集》第 30 卷，人民出版社 1995 年版，第 390 页。

能”①。在非物质劳动中，劳动者合作产生价值的媒介不再必然由资本提供，而是可以通过语言、交际、情感的网络实现。那种能够超越资本控制的力量在资本的微观权力中生长起来，进而能够产生超越资本主义生产方式的新的生产方式。

四、结　语

资本的权力已经通过形态的改变而渗透到社会的所有领域，支配着劳动者的一切活动。随之而来的一个问题就是：劳动者是否真的处于一种无能为力的境地？对于这个问题，马克思认为，资本权力越是成为一种普遍性的力量，越会使人们认识到资本不再适合社会发展的需要。进而，人们会主动扬弃资本主义生产方式，建立新的社会生产方式。福柯用“微观权力”这个概念解释了马克思描述的扬弃资本的过程。福柯认为权力绝不仅是单向的、支配性的宏观权力，而是包括了双向的、生产性的微观权力。这就意味着资本不断加深对劳动者控制的同时，也加深了劳动者对资本反抗、重塑的能力。哈特和奈格里进一步分析了在资本权力的支配下，劳动者如何能成为扬弃资本的力量。他们认为资本权力扩张必然导致“非物质劳动”，在“非物质劳动”中，劳动者被塑造成与资本抗衡的能动的主体。

在我国社会主义建设中，如何应对资本权力的扩张始终是不可回避的问题。改革开放前30年，我国曾谈“资”色变，完全禁止资本权力。这种认识只看到了资本的宏观权力，认为在资本的支配下，劳动下降为资本获利的工具。因此，企图不通过资本权力而构建出为了全社会需要而联合起来的自由自觉的劳动形式。然而，实践证明，没有资本对劳动及其产品的支配和管理，就不能产生社会化劳动所需要的物质和精神条件。改革开放之后，资本的宏观权力与微观权力之间形成了良性互动。一方面，资本对劳动的支配

① ［美］迈克尔·哈特、［意］安东尼奥·奈格里：《帝国》，杨建国、范一亭译，江苏人民出版社2005年版，第341页。

渗入人们生活的所有领域。教育、娱乐、体育等非物质劳动生产活动都成为资本积累的工具。另一方面，劳动者也逐渐被塑造出超越资本支配的能力。非物质劳动生产的是知识、价值、情感等直接形成人们生活意义的产品，这些产品不是完全由资本控制，而是由人际间肢体的互动和情感交流控制。在非物质劳动生产中，人们合作和交往的智力条件和情感条件得到发展。进而，劳动能够在最普遍的意义上成为社会的劳动，成为扬弃资本权力的劳动。正如马克思所说："只要这种劳动是由作为社会劳动的劳动形式引起，由许多人为达到共同结果而形成的结合和协作引起，它就同资本完全无关，就像这个形式本身一旦把资本主义的外壳炸毁，就同资本完全无关一样。"① 可见，资本支配劳动的另一方面是劳动对资本的重塑和扬弃。因此，我国在现代化建设中，不能因为资本对劳动的支配性、压迫性而排斥资本，而是应该看到资本宏观权力下的微观权力，充分发挥资本的微观权力作用，使资本塑造出、培养出符合更高社会形态要求的劳动条件。

（作者单位：上海财经大学人文学院）

① 马克思：《资本论》第3卷，人民出版社2004年版，第434页。

人的现代化与制度创新的双向互动是马克思主义时代化的重大命题

邵龙宝

摘要：人的现代化是中国社会从近代以来为之不懈奋斗的根本目标，我们虽实现了民权解放、主权解放、国家独立、阶级解放和个体解放，但因宗法专制主义的遗存并没有随着新中国的成立被钉在棺材里、埋葬在坟墓里，加上我们没有经过文艺复兴、宗教改革、启蒙运动，所以，人的现代化问题还未能真正走出“五四”。人的现代化不仅是马克思主义中国化的主题，也是马克思主义时代化的崇高价值目标，人的现代化与制度创新的互动是马克思主义时代化的重大命题。

关键词：马克思主义时代化　人的现代化　制度创新　双向互动

马克思主义的中国化、时代化和大众化是一个问题的不同方面，他们相互依存、相互渗透、相互促进，形成有机统一的整体。马克思主义中国化侧重于从地域特色和历史文化传统的特点回答如何坚持和发展马克思主义；马克思主义的时代化侧重于从时空视域，特别是中国所处的世界背景和时代特征回应如何在实践中推进马克思主义的发展；马克思主义的大众化侧重于从理论与主体人之间的关系的视域探究理论如何为民众所掌握，一方面使人成为全面而自由发展的人，另一方面使精神转变为巨大的物质力量。这三个方面，决不能将其互相割裂开来。当我们分别就某一方面加以论述时仅仅是将其限定在某一论域范围内，并不是说可以将这三个方面的内在逻辑任意加以撕裂。马克思主义的中国化中包含了不断演进的时代化的内涵，马克思主义时代化是马克思主义得以不断发展的生命力所在，它又是中国化和大众化的本质要求。因此，马克思主义时代化是中国近代以来，中国革命的伟大实践所面对的“古今中西”和人的现代化的老话题，又是在新的时代背景下提出的新命题，它内在地涵盖了中国化和大众化的意蕴。在论述马克思主义时代化时离不开中国化和大众化，在阐发马克思主义中国化时也离不开时代化和大众化，在谈及大众化时又离不开中国化和时代化。

一、人的现代化：中国社会从近代以来为之不懈奋斗的根本目标

中国社会自近代以来伴随对时代化的问题的认识首先由林则徐和魏源“睁开眼睛看世界”，采取“师夷长技以制夷”的对策。后来有李鸿章和张之洞的洋务运动从器物层面进行改革，在甲午战争中惨败后，又有制度层面的“百日维新”。戊戌变法失败后又有思想观念变革的五四新文化运动，把人的现代化问题提到治国方略的高度。可惜思想观念的变革被救亡急务所耽搁。直到新中国成立以来，特别是改革开放30年来，人的现代化问题一直伴随着中国的现代化，亦即民主化和法治化的进程不断向前推进。在人的现代化的进程中，我们取得的成就是十分可观的：首先，辛亥革命推翻了帝制，摆脱了专制，实现了民权解放。其次，中华人民共和国的成立实现了主权解放与国家独立。与此同时，确立了以工人阶级领导的以工农联盟为基础的无产阶级专政的国体，实现了阶级解放。改革开放以来市场经济不断得到完善，在宪法的保障下，公民得以自主决定财产和劳动权利，实现了个体解放，每一个中国人开始成为自由独立的主体。可见，人的现代化伴随中国的民主政治早已开始，并已进入以“实现以人的独立和自主”为核心的新的发展阶段。

然而，由传统社会向现代社会转型中，伴随传统的价值观向现代价值观的转型，传统的中国人向现代的中国人的转型是一个漫长、曲折和艰难的历程，其主要障碍来自两千多年的宗法专制主义的遗存并没有随着新中国的

成立被钉在棺材里、埋葬在坟墓里，而是仍然在各个角落散发着臭气，以至于一些人“久入鲍鱼之肆久而不觉其臭”，把毒草当作香花。邓小平同志在 1980 年 8 月中共中央政治局扩大会议上所作的《党和国家领导制度的改革》的重要讲话中深刻分析了党和国家领导制度和干部制度中的主要弊端，深刻指出并尖锐批判了封建主义残余的影响。时隔数日，他在同意大利记者奥琳埃娜·法拉奇谈到毛泽东晚年所犯错误的原因和性质时，又多次提到在我们的社会主义社会的机体中“有家长制这些封建主义性质的东西”，“我们过去的一些制度，实际上受了封建主义的影响，包括个人迷信、家长制或家长作风，甚至包括干部职务终身制”。邓小平同志特别强调肃清封建主义残余影响必须从制度方面解决问题。同年 12 月，他在中央工作会议上进一步强调：“要继续批判和反对封建主义在党内外思想政治方面的种种残余影响，并继续制定和完善各种符合于社会主义原则的制度和法律来清除这些影响。”1985 年 9 月，他在党的全国代表会议上再次发人深省地指出：“这几年生产是上去了，但是资本主义和封建主义的流毒还没有减少到可能的最低限度，甚至解放后绝迹已久的一些坏事也在复活。我们再不下大的决心迅速改变这种情况，社会主义的优越性怎么能全面地发挥出来？我们又怎么能充分有效地教育我们的人民和后代？”邓小平同志清醒地看到了中国社会主义现代化事业中存在着“人对权力的异化”和“人对金钱即物质的异化”现象。正是在此意义上，人的现代化的启蒙现在还要接着五四新文化运动继续探索，近代西方的理性、科学、民主、自由只是移植进来了，并没有变成我们自己血脉中的东西；我们没有经过文艺复兴、宗教改革、启蒙运动，没有消解掉几千年的宗法专制主义社会的各种遗存，在社会生活中物质的形态正在现代化和已经现代化了，而精神和观念层面未能真正走出“五四”传统。

二、人的自由全面发展：马克思主义时代化的崇高价值目标

马克思的崇高价值理想是“人的自由全面发展”，他心目中的理想社会

是“自由人的联合体”。在被恩格斯誉为“包含有新世界观天才萌芽的第一个文件”《关于费尔巴哈的提纲》中指出并批判了旧唯物主义和唯心主义两者完全相反但同时又是缺陷的共同根源就是没有以“人的实践”为出发点来观察世界，从而实现了由费尔巴哈的唯物主义向“实践的唯物主义”的转变。马克思强调人类历史是由现实的、感性活动的人，不断地通过自己的革命实践活动——实际地反对并改变现存的事物，从而推动着社会从低级到高级而不断向前发展的过程。马克思主义的“实践的唯物主义”内在地包含了要消灭“异化”以实现人的自由全面发展。他强调“人民最精致”，他强调人民群众是历史的主体，无产阶级在社会大生产中是先进生产力的代表。他指出，“哲学把无产阶级当作自己的物质武器，同样，无产阶级也把哲学当作自己的精神武器；思想的闪电一旦彻底击中这块朴素的人民园地，德国人就会解放成为人”。正是在这个意义上，马克思强调指出：“哲学家们只是用不同的方式解释世界，而问题在于改变世界。”中国的现代化不仅就空间上处在资本向全球扩张的世界环境中，就时间上看是建立在两千多年宗法专制主义的文化传统的延续中。在现代化进程中，不可讳言的是存在以权谋私的腐败现象。资本本来应该是排斥权力的不正常控制的，但一些不法的私人权力假借公权力与资本勾结，导致两极分化，主体人却被“两个异化”现象所奴役，创造潜能的发挥受到抑制，物质的现代化与人的现代化呈现出鲜明的反差。一些人运用现代化的工具，行的是以权谋私的权钱交易的勾当。

马克斯·韦伯在19世纪末20世纪初曾正式提出过人的现代化问题，后来随着第三次科技革命的展开美国社会学家因克尔斯与一批社会学家合作，在广泛深入地进行调查研究的基础上，于1962—1964年先后出版了《走向现代化》和《探讨个人现代化》等著作。描述了人的现代化的三个主要方面：一、开放性、乐于接受新事物；二、自主性、进取心和创造性；三、对社会有信任感，能正确对待自己和他人。主要内涵是人的观念和思维方式的现代化。价值观念主要是法权人格的现代化和思维方式、行为方式、生活方式的现代化。这一理念是产生于西方的文化背景和土壤条件，只可借鉴不能移植。

人的现代化是马克思主义时代化的崇高价值目标。人的现代化问题，在近代中国没有被当作一个问题提出来，它是以思想观念的变革呈现出来。毛泽东领导的新民主主义革命是为了民族独立和人民解放为根本目标展开的。邓小平理论是以解放生产力从而实现人的解放为出发点和归宿。科学的发展观的第一要义是发展，核心是以人为本，其发展的方向是推动社会和人的全面发展，是从最广大人民的根本利益出发谋发展。科学的发展观体现了人民性、革命性和实践性的特性，它内蕴着要努力克服“两个异化”的现象，要朝着马克思在《1857—1858年经济学手稿》中所描述的“建立在个人全面发展和他们共同的、社会的生产能力成为从属于他们的社会财富这一基础上的自由个性”这第三个阶段进发。马克思主义的时代化就是要针对改革开放实践中出现的问题，在坚持马克思主义作为立党立国的根本指导思想的基础上，紧密结合我国国情和时代特征大力推进理论创新，在实践中检验真理、发展真理，用发展的、与时俱进的马克思主义指导新的实践。

三、人的现代化与制度创新的互动：马克思主义时代化的焦点和途径

自近代以来，人的现代化与制度的变革总是相互依存的，制度的变革为生产力的巨大释放提供了制度保障，生产力和生产方式的进步为人的现代化创造了物质条件，而人的现代化不仅为物质生产和生产方式的变革提供了内生性动力，同时为制度的进一步创新奠定了充分的人文资源和人力资源基石。在全球化、信息化、网络化的今天，人的现代化与制度创新的互动的机制的实现有以下可参考的几个可操作的途径。

第一，政治精英在施政实践中应真正确立公仆意识。柏拉图最早提出官吏是人民的卫士兼仆人，但丁在文艺复兴时期明确使用了“人民公仆”一词，后来法国大革命中雅各宾派领袖罗伯斯庇尔强调“社会服务人员是人民公仆”。在卢梭的《社会契约论》中有这样的话语：“行政权的受托人不是人民的主人，而是人民的办事员；人民能如心所愿地使他们掌握和把他们拉下台，对受托人来说，不存在契约问题，只存在服从……”马克思在《黑格尔

法哲学批判》中说："正如同不是宗教创造人而是人创造宗教一样，不是国家制度创造人民，而是人民创造国家制度。"在1871年《法兰西内战》一文中，他把国家工作人员称为"社会公仆"。毛泽东《在延安文艺座谈会上的讲话》中指出："一切共产党员，一切革命家，一切革命的文艺工作者，都应该学鲁迅的榜样，做无产阶级和人民大众的'牛'，鞠躬尽瘁，死而后已。"在马克思主义看来，人民公仆是社会主义民主的基本表现。"没有民主就没有社会主义，没有民主也没有人民公仆。"人民参与民主管理不仅正当、合理，而且是防止公仆变质的有效措施。马克思在总结巴黎公社的经验时强调一切公职人员必须在公众监督下进行工作，防止他们去追求升官发财和追求自己的特殊利益，毛泽东在论及破除腐败周期律时也指出："只有让人民监督政府，政府才不敢松懈，只有人人起来负责，才不会人亡政息。"邓小平也指出："如果我们不受监督，不注意扩大党和国家的民主生活，就一定要脱离群众，犯大错误。"各级领导干部都要严格遵守宪法和行政法的一切原则和条文，自觉在施政实践中确立公仆意识，成为人民的公仆。这是民众成为现代化的人的法权保障和前提。

第二，把"公平正义"与"仁爱"写入核心价值体系。众所周知，社会主义核心价值体系包括四个层次，一是马克思主义指导思想，二是社会主义共同理想和目标，三是以爱国主义为核心的民族精神和以改革创新为核心的时代精神，四是社会主义荣辱观。核心价值体系还有待进一步提炼为核心价值，其中"公平正义"和"仁爱"应该成为核心价值的内涵。由于腐败导致的权和钱的勾结、地区差异、垄断行业造成的收入分配的不公已成为制约现代化事业发展的瓶颈，因而要在制度层面解决好分配差距和分配不公，收入分配与财富积累和财富分配效应等问题，进一步解决权力腐败和垄断性收入不公问题，以最大限度地减少社会不安定因素，消解分配不公、农村中被非法占用耕地，城市中因房价攀升导致的蜗居和蚁族等现象。在对各级政治精英、企业精英和知识精英的教育和引导中应强化"仁爱精神"、责任意识、人文精神、对弱势群体的关注等内容；在知识观的引导中要辨明知识观分裂的现象和后果，要求三种精英在重视科技理性、工具理性知识的同时关注价值理性和目的理性知识的学习和运用，首先在自己身上克服知识观的分裂状态，进而确立正确的荣辱观和成功观，确立“博施于民而能济众”的信念。让全体公民参与城市和乡村建设，把自上而下与自下而上相结合，共享城市繁荣与和谐、幸福的生活。

第三，正确看待中西文化传统和文明。无论是人的现代化还是制度创新都要充分利用中西方文化传统的资源。中华文明五千年，我们有天人合一、厚德载物、仁者爱人、自强不息、中庸之道、爱国主义、天下大同、内圣外王、道德自觉的人文主义精神和人格修养学说等非常丰厚的文化遗产。但同时也有等级结构、亲缘至上、权大于法、男尊女卑、封建迷信等宗法专制主义的遗存。西方同样具有丰厚的人文主义传统，还有我们缺乏的理性主义传统和系统的近代意义上的政治治理的思想学说及正反两方面的政治治理的经验。一方面他们有作为霸权主义的，试图强加于发展中国家的“普世价值观”，另一方面他们确有其作为西方文明和文化的普遍主义价值理念。我们既要保持清醒的头脑，防御敌对势力的“西化”和“分化”的阴谋得逞，又要使我们的广大青少年和政治精英、企业精英、知识精英具有广阔的包容性，使他们真正懂得各种文明之间虽有差异，但在本质上并不存在必然的冲突。所谓的文化和文明的冲突往往发生在文明之外，主要是意识形态和国家利益上，具体表现在经济、政治等方面的因素。我们要通过传媒、网络、教育、移民等各种不同的渠道引导我们的民众树立文化自觉意识，加强和促进不同文明之间的沟通、对话、理解、合作与互鉴。这种对话和交流有利于我们的各项制度创新，也有利于人的现代化的进程，它恰好是二者互动的黏合剂。

（作者单位：同济大学马克思主义学院）

正义批判的增补及其不满

——论布坎南"内外兼顾"的激进困局

周　凡

摘要：在关于"马克思与正义"的争论中，"塔克尔—伍德命题"持续不断地承受着被质疑、被冲击的不幸命运。出于担心这一命题或因缺乏必要的韧性而被摧垮，布坎南义不容辞地承担起了强化此一命题之宗旨的光荣职责。他试图对这一命题进行某种创造性的改良，以便在保留这一命题的基本精神的前提下做出一些灵活的变通与开放性调整，这就是布坎南兼顾"内在批判"与"外在批判"的"激进批判"。他宣称，虽然历史唯物主义观念以及共产主义视野使得马克思无法铸造出作为批判武器的正义概念，但是，马克思却聪明地借用了布尔乔亚的正义话语出色地完成了"确证资本主义之非正义性"的历史重任。两面迎合的布坎南似乎把不可兼容的东西奇妙地融合在一起从而大获全胜，然而，这一"改良路线"在调和相互对立的立场的过程中不可避免地呈现出诸多不可克服的困难并陷入无解的僵局，这种"综合之举"对他所标榜的"对自由主义的激进批判"最终带来了不可估量的"去激进化"效果。

在我们现在不得不加以抵制的各种理论诱惑中，有一种最大的诱惑就是正义的诱惑。因为在当代，第一哲学就是政治哲学，政治哲学的第一概念就是正义概念。在正义概念占据霸权的时代，正义的观念正随着全球化的全面扩展和深入推进而大放异彩。关于正义的文章与书籍"犹如雪片似的涌现"，呈现在我们眼前的不仅有"正义诸理论""正义诸领域""正义诸概念"，而且也有各种版本的"正义的历史"和别出心裁的"正义修辞学"。在这样的时代，似乎一切事物都要与正义发生关系，所有的理论都要与正义对话，特别是政治理论，如果不涉及正义，它就没有充分的合法性。起码也要对正义表示形式上的尊重，否则就会被地孤立或者面临被边缘化的危险。

在这样的氛围下，把马克思与正义关联起来，已经成为一种新时尚。即使马克思没有正义理论，他要继续成为“我们的同路人”，也必须或多或少地与正义“搭上”关系，唯其如此，人们才能拥有一个充满时代气息的马克思，一个与正义休戚相关的马克思，一个与正义同步发展的马克思：他不再高傲地俯视正义、蔑视正义、拒斥正义，而是放下身段，谦虚地倾听正义的呼声，然后学着用自己的方式来匡扶正义。毕竟，不能没有正义，没有正义，没有对正义的记忆，没有正义的遗产，也就没有将来。

不可思议的是，这种正义对马克思的笼罩、包围与置换，恰恰是对正义激进抵制的结果：一种试图把马克思的资本批判与正义视角分离开来的分离主义的努力最终引起了正义的反扑。历史往往捉弄人，在一些势不可当的东西面前，激烈的抵抗可能会反过来使被抵制的东西变得更加猖獗。这当然是悲剧性的，但历史并不拒绝悲剧，并且常常在悲剧中前行。尽管产生了如此糟糕的结局，但我们还是必须对那些挺立于理论孤岛之上高举抵抗大旗的智识英雄表示敬意。这其中最不寻常的人物是两个美国学者——罗伯特·塔克尔和艾伦·伍德——他们分别在罗尔斯的《正义论》之前和之后，以马克思的名义发动了阻击正义的战斗。

在塔克尔的《马克思的哲学与神话》(1961) 出版 21 年之后，在伍德的《马克思对正义的批判》(1972) 发表十周年之际，又一个美国人——艾伦·布坎南——重新拿起批判的武器，对权利和正义发起了新一轮的攻势，看其架势，是要把正义批判的维度尽可能最大限度地全面铺开。这无疑是还原“原初状态”的一种“矫正正义”行为：渴望完整地复原马克思面对正义时的内心状态与外部表现，因此，它或许是某种奇特的怀着正义冲动的反正义的正义现象学。不可否认，艾伦·布坎南的工作背景是他首先为之命名的“塔克尔—伍德命题”，并且在总体延续了这一命题所蕴含的批判精神，只不过有鉴于伍德的“春季攻势”所造成的巨大反弹和复杂局面，艾伦·布坎南试图在战术上做出一些策略性调整：开辟新的战线，采取内外夹击，并且，不再拒敌于城门之外，而是诱敌深入，巧妙地利用对方的弱点，以夷制夷，出奇制胜。这是一个老剧本，但是上演的却是新故事，这个故事的名字叫作《马克思与正义》（1982）。

一

让我们走进布坎南，走进布坎南“正义批判”的迷宫。说它是迷宫，并非是比喻，而只表明一种事实：这里存在诸多纠结的头绪、莫名其妙的拐角、让人晕头转向的变换以及走不通的死胡同。比如，《马克思与正义》中最出彩也是最富哲理的一个表述——“马克思并不认为资本主义是正义的……但他却忍住不说资本主义不正义”① ——或许就会使很多读者迷惑不解。不是有这么一句醒世名言吗：假话全不说，真话不全说。自己知道的东西并不一定全抖出来，有智慧的人一般都这样做，并且，这样做并不是心口不一。马克思不可能是一个表里不一的人。

马克思并不认为资本主义是正义的，但是，他却忍住不说它不正义。这是一个非常有趣的表达，也是一个令人疑窦丛生的表达。事实上，我们从马克思所有的文本中，也确实找不到“资本主义是不正义的”这样的语句。如果单单从这个文本依据出发，我们完全可以说，马克思不是忍住不说，而是他根本就不这样说。“忍住不说”与“不说”具有不同的意义。譬如，“忍住不笑”与“不笑”的意思就不一样，“忍住不笑”是本来想笑、本来就要笑出来，却由于某种原因把笑的冲动给抑制住了，而“不笑”则是客观地描述一种没有做出的动作，由这种没有做出的动作并不能推出施动者原本一定要做出这个动作。布坎南之所以基于马克思没说过“资本主义是不正义的”这一事实而不得出“马克思不说资本主义不正义”的结论，反而得出“马克思忍住不说资本主义不正义”，是因为他相信：马克思一定认为资本主义是

① Allen E. Buchanan, *Marx and Justice: the Radical Critique of Liberalism*, Totowa, N.J.: Rowman & Allanheld, 1982, p.56.

不正义的。既然确信“资本主义是非正义的”是马克思的真实立场，同时又确实没有发现马克思这样说过，要把这两个并不直接贯通一致的方面衔接并协调起来，“忍住不说”就成为一种最巧妙的说法。

尽管布坎南是一个衔接能手和协调专家，但是，把如此的“隐忍”加在马克思身上，还是难以避免人们对“隐忍”本身的怀疑。从马克思本人的气质来看，他似乎并不喜欢遮遮掩掩、欲言又止、吞吞吐吐或者模棱两可。明明知道是真话，却不说出来，肯定是有某种原因、某种忌讳、某种担忧。可是，马克思怕什么呢？顾虑什么呢？马克思有什么难言之隐吗？到底是什么使马克思心里这样想嘴上却不这样说呢？在《共产党宣言》结尾，马克思不是说“共产党人不屑于隐瞒自己的观点和意图”吗？为什么马克思认定的东西他自己却不愿说出来的呢？马克思既然敢大张旗鼓地宣布“资本主义必然灭亡”，为什么就不能公开断言“资本主义是非正义的”呢？

布坎南在《马克思与正义》最重要的一章——“马克思对正义和权利的批判”——给出了这样的解释：

> 假如马克思斥责剥削是一种不正义的形式，那么这将促使马克思得出这样的结论：共产主义社会是一个正义的社会，并且，它的优越性即在于此。这样的结论将遮蔽马克思对资本主义批判的激进品格和他的共产主义眼界。因为，一旦我们理解了马克思分析的深度，我们就能够意识到，对他而言，也许对资本主义——和所有的阶级社会——最致命的控诉之一就是它们的生产方式具有如此严重的缺陷，以致使分配正义的原则成为必要。对马克思来说，对分配正义原则的这种特别的需要正是构成社会核心的生产过程存在缺陷的决定性症状。从正义讨论的要点来看，共产主义社会的优越性并不在于它最终侥幸而有效地实施了正确的分配正义原则从而解决了分配正义的问题，而在于它使分配正义的整个争论成为多余。①

① Allen E. Buchanan, *Marx and Justice: the Radical Critique of Liberalism*, Totowa, N.J.: Rowman & Allanheld, 1982, p.59.

这是一个旨在以推导出荒谬结论来否定假设的反证法，因此，假设的设置就至为关键。而这一论证的诡谲之处正在于：这个虚拟条件——（a）假如马克思斥责剥削是一种不正义的形式——并不是导致结论的唯一条件，如果把条件换成：（b）假如马克思认为剥削是一种不正义的形式，同样的结论照样可以得出。可是为什么布坎南选用（a）而不选用（b）呢？因为，采取这种虚拟语气句的推理逻辑，选用（b）意味着：马克思并不认为剥削是一种不正义的形式。这是地地道道的塔克尔—伍德观点，而问题恰恰在于，布坎南不但不喜欢这一表述，而且要极力避免它，甚至要改变它。布坎南的"变通之术"体现在语义的某种巧妙转换上：即把"马克思并不谴责资本主义为不正义"（Marx does not condemn capitalism as injustice）中的 as 由"作为"变通为"因为"（for）。这一点在他 1987 年发表的《马克思、道德与历史》这篇文章中暴露无遗："伍德认为，马克思没有规范的正义概念，所以马克思没有——也确实不能——因为资本主义是不正义的而批判资本主义，也不能因为共产主义是正义的而赞扬共产主义。"① "马克思没有批判资本主义为不正义"与"马克思没有因为资本主义不正义而批判它"意思是有差别的，后一种表述是说马克思并没有把批判资本主义的原因归之于"资本主义的不正义"，但这并不一定排除马克思认为资本主义是不正义的，就像"马克思并不因为共产主义是正义的而赞扬共产主义"这一表述并不一定排除马克思认为共产主义是正义的一样。这个不一定被排除的内容，就是布坎南梦寐以求的东西。

另外，人们还可以追问：为什么只要马克思谴责资本主义为非正义，他就会倾向于得出共产主义是正义社会的结论呢？在"谴责资本主义为非正义"与"共产主义是正义社会"之间存在着"有前件必有后件"的逻辑必然性吗？是否存在另一种可能：马克思一边谴责资本主义为非正义，一边却认为共产主义并不是一个正义社会？其实，这后一种可能性与布坎南的立场只

---

① 这段话的原文为：He believes that Marx has no normative conception of justice and hence does not—indeed cannot—criticize for being unjust，nor he can praise communist for being just. 参见：Allen Buchanan，"Marx，Morality，and History：An Assessment of Recent Analytical Work on Marx.Ethics"，in *Ethics*，Vol. 98，No. 1.（Oct.，1987），p. 123。

隔了一层薄纸：因为，布坎南认为，即使马克思确实认为资本主义是不正义的，马克思也会矢志不渝地坚持“共产主义并不是一个正义社会”这一观点。关键在于：即便资本主义是非正义的，马克思也只能这样想，却不能这样说，更不能这样去申斥。如果不经意说出了口，就会坏事，就会坏大事。

这里所谓的“大事”，是指塔克尔在20世纪50年代所写的《马克思的哲学与神话》就已得出并在后来的《马克思式的革命观》(1969）一书加以重申的一个著名论点——马克思并不认为共产主义是一个正义社会。塔克尔的这个观点在思想史上造成了广泛的影响，罗尔斯在《正义论》里不仅提及这一论点，而且还从规范的正义论的视角替塔克尔的论点作出了一个补释：正义论对社会性动机和利他性动机的力量设定了一种明确的限制。它假定个人和团体提出了种种冲突的要求，当他们希望正义地行动时，他们并不打算放弃他们的利益。无须进一步阐述就可看出，这个假定并不意味着人通常是自私的。倒不如说，一种所有人都能在其中获得他们的全部利益的社会，亦即一种在其中人们没有任何冲突的要求，所有的需求都能不经强制地协调成为一种和谐的活动计划的社会，在某种意义上可以说是超越了正义的社会。它排除了必须诉诸正当和正义原则的理由。不管这一理想情景是多么令人神往，我并不打算考虑这种情景。①

与罗尔斯不同的是，布坎南恰恰由于共产主义排除了诉诸正义原则的理由而特别关注这一点。他之所以关注这一理想情景，是因为接受了塔克尔在《马克思的哲学与神话》中阐发的一个核心思想：“马克思并非首先通过经济学的研究得出他对历史的经济学解释，而是通过哲学方法推出历史的经济学解释。”② 塔克尔认为，马克思在《〈政治经济学批判〉序言》中关于自己观点的演进历程的叙述——直接从黑格尔的市民社会概念过渡到19世纪40年代下半段基本成形的马克思主义——是极具误导性的，“马克思直到1843年底还没有为提出成熟的马克思主义做好准备，他得经过一个他在1859年的序言中并未提及的极其重要的预备阶段。这就是他创立的早期并未发表的

---

① John Rawls，*The Theory of Justice*，The Belknap Press of Harvard University，1971，p.281.

② Robert Tucker，*Philosophy and Myth in Karl Marx*，Cambridge University Press，1961，p.26.

哲学形式的马克思主义，这种哲学形式的马克思主要致力于思考经济生活中人的自我异化观念”。① 这种哲学形式的马克思主义就是哲学共产主义。塔克尔在《马克思的哲学与神话》中专辟一章讨论“哲学共产主义的兴起”，就是为强调始终支配着他对马克思的解读的一个重要主张：马克思不是先有一个成熟的唯物史观，然而才有共产主义理论，相反，马克思先确立了“哲学共产主义”，然后才致力于批判一种更为重要的异化的非神圣形式：政治经济的异化。倾力关注哲学和共产主义对于马克思思想的塑造作用是塔克尔的“马克思学”的基本特征，这一点鲜明体现在他的硕士学位论文《马克思的哲学与神话》的书名上——在塔克尔看来，马克思的共产主义是一种具有浓厚宗教色彩的神话。

塔克尔对马克思思想的哲学性质与共产主义终极目的论的阐述对布坎南的《马克思与正义》产生的效应尚未得到理应得到的重视。如果对于撒播在《马克思与正义》中的塔克尔元素视而不见，我们就不能廓清布坎南对马克思正义批判的阐释中的方法论基础及其批判路径的独特性。只有站得更高，甚至立于革命信仰的高度，才能真正懂得，把资本主义斥责为非正义远远不足以表达马克思的愤怒，这就好比，一个人犯了滔天大罪却又丝毫不会受到现存法律的制裁，而你却在那里说申斥他的行为违反了道德与法律一样。要知道，这个罪人正是这个道德体系和法律框架之内犯下的罪恶。在马克思眼里，这个道德体系和法律框架本身就是罪恶的温床。在这种激进视域下，正义的视野就显得既渺小而又庸俗不堪。

我相信，布坎南在构思、写作《马克思与正义》的时候，已经摄取了塔克尔的思想精华——《马克思与正义》的第二章“马克思的评价视角”就是这一精华的具体结晶。如果你非得说，马克思并不是从正义的视角来批判资本主义，那么你就必须提供一个替代性的视角，而布坎南的高明之处恰恰在于，他不像很多人那样直接锚定于历史唯物主义这个当之无愧的批判线路，而是以更高的理论姿态叩问历史唯物主义这个新生命是被哪个接生婆（共产主义眼界）如何引导出生的。于是，他必须讨论马克思的“异化理

① Robert Tucker, *Philosophy and Myth in Karl Marx*, Cambridge University Press, 1961, p.107.

论、共产主义眼界、关于人的本质的非正统观点以及历史变革的理论”,[1] 因为，布坎南明白，马克思关于人的异化及其克服，特别是马克思的共产主义眼界，在马克思的资本批判中发挥了至关重要的作用——它的重要性甚至比马克思的历史唯物主义的主要命题更具有基础性，毕竟，正是它们将历史唯物主义“召唤”了出来，而且历史唯物主义解释的优越性也需要放在促进人类的进步与发展的评价视角来加以看待。眼界决定一切，对马克思而言，共产主义眼界决定了“正义批判”这一总体方向。

就这一更高的“评价视角”而言，我们或许可以把布坎南那个经典表述反过来用在他自己身上，布坎南一直在贩运塔克尔的私货，但他却避免这样说。他之所以避免这样说，是因为他想把他人的私货经过一定改装后打造成自己的品牌。艾伦·伍德好像看出了这一切，他对于布坎南把自己的名字和塔克尔紧密地勾联一起命名所谓的“塔克尔—伍德命题”十分不满，他认为，布坎南与塔克尔在思想上更为亲近[2]，应该说，伍德的这个判断是比较靠谱的，因为，布坎南在《马克思与正义》中最重要的那一章——“马克思对正义和权利的批判”——主要针对艾伦·伍德的论点的缺陷而提出修补方案。虽然这一章的标题与伍德发表于 1972 年春季的那篇著名文章《马克思对正义的批判》非常近似——只增加了“权利”一词——然而，在这种近似的背后增添的却是一种内在批判的权利，真正说来，伍德对布坎南的真正不满就在于这个所谓的“内在批判”。

二

当我们评价“马克思并不认为资本主义是正义的，但他忍住不说它不正义”这一奇特表述的时候，在一定意义上我们已经在谈论布坎南的“内在批判学说”了，因为，这样一个表述是布坎南在提出“内在批判学说”之

① Allen E. Buchanan，*Marx and Justice*：*the Radical Critique of Liberalism*，1982，p.14.

② Allen Wood，*Review of Marx and Justice*，p.151，*Law and Philosophy 3*（1984）147.

后“说出”的，他之所以要这样说，无非是为了防止或者为了应对可能出现的对于内在批判的质疑。好像他自己心里也没底，预感到别人一定会质问：你既然说马克思从内在法权的视角得出了剥削是不正义的结论，那么，马克思为什么一次也没有这样说呢？这是由内在批判说自然引发出来的第一个疑问，也是不得不面对的疑问。马克思说过他自己运用了内在批判吗？马克思说过他之所以运用内在批判就是为了得出“剥削是不正义的”结论吗？这一切只不过是布坎南的想法，而这一想法的合理性必须认真地加以审视。

> 坦白地说，我第一次读到布坎南的“内在批判说”的时候，我脑海里突然闪现出《西游记》中孙悟空钻到铁扇公主肚子里的那一幕。孙悟空钻到铁扇公主肚子里，是为了索要灭火的扇子，马克思也无非如此：他钻到资本主义的深处，借用资本主义的正义概念和正义标准来批判资本主义。这是一个智勇双全的革命家的形象。为什么不借用敌方的扇子来熄灭敌方的火焰呢？为什么不借用他者的钥匙打开他者的大门呢？为什么要拒绝使用对手的刀枪来对付对手呢？为什么拒绝使用敌人配制的毒药来毒死敌人呢？

众所周知，孙行者变成虫子钻到铁扇公主肚子里要来的却是一个假芭蕉扇，火没有被扇灭，反而越扇越大，结果连孙行者身上的猴毛都被烧个精光。毕竟铁扇公主是牛魔王的妻子。使用敌人的东西是有风险的。马克思使用资本主义的东西来打击资本主义，难道没有风险吗？要是惹火烧身，那可不是好玩的，即便要不了命，但如果马克思的大胡子被烧掉了，也会有损观瞻。如果从敌人那里借来的是一个有问题的东西或者是假东西，就可能制服不了敌人却反而伤害了自己。这一点，马克思应该知道，再加上，马克思是一百年都出不了一个的旷世奇才，他难道贫乏到要向敌人“借枪”的地步？难道他自己锻造不出来自己的利器？这实在令人怀疑。

当然，布坎南会告诉我们，马克思确实有自己的武器，并且用这个武器足以给资本主义的正义和权利概念致命的打击——这个武器就是从历史唯物主义视角出发的外在批判。所谓从历史唯物主义视角出发的外在批判，就是说，一个既定社会的生产方式决定这个社会的正义原则，因此，既不能拿这个正义原则来解释这个社会也不能拿这个正义原则来批判这个社会。如果坚决地执行这个外在批判，那么，就不可能给内在批判留下任何余地，这是一条决绝的道路，一条只要走上就不能后退的单行道。布坎南知道这一点，并且他也知道，伍德的毛病正在于他只认死理，过于坚决。

所以，问题不在于马克思没有自己的武器，更不在于马克思的自己的武器没有杀伤力。恰恰相反，问题正在于这个武器威力过大，如果使用不当，它也会反过来伤害使用它的人，或者给使用它的人带来某种困境。比如，在外在批判的情景下，如果从马克思嘴里说出资本主义是不正义的，效果就不好，因为这不仅危害马克思的共产主义概念，而且与马克思对正义的批判功能的否定相冲突。但是，如果从马克思嘴里说出资本主义是正义的，就更是吓人，更是让人不可接受：马克思怎么会承认他所谴责的资本主义是正义的呢？既然它是正义的，马克思为什么还要谴责它？

这让布坎南左右为难、进退维谷。不过，布坎南毕竟不是无能之辈，经过一番思索和权衡，他终于想出一个绝妙的折中方案：无论如何不能说马克思说资本主义正义，但也不能说马克思说资本主义不正义，而只是让马克思在内心承认资本主义不正义。虽说内心里已承认，但也总得有个堂而皇之的理由，有个能够说得过去的说辞，有个起码行得通的路径依赖。于是，所谓的内在批判也就应运而生了——它是布坎南的救命稻草。

内在批判的要害在于马克思屈身于资本主义的正义概念，之所以如此，是因为，根据历史唯物主义原理，不可能有超历史的抽象正义观念，每一社会的正义标准都由这一社会的生产方式所决定并为其服务，这就意味着，在资本主义社会里，既没有与资本主义正义标准平行的其他标准也没有比它更高的正义标准，所以，马克思如果基于正义来批评资本主义，就只能运用资本主义的正义标准。多么无奈啊！高傲的马克思也只能乖乖地使用资本主义的器物，但这又能怪谁呢？谁让你说“权利决不能超出社会的经济结构以及由经济结构制约的社会的文化发展”这样绝情的话呢？既然权利只能在“内部”运行，那么，你马克思的权利又怎么能例外呢？这就好比，马克思在套被子的时候把自己套了进去。

即便如此，我们仍然不能确定真实的情形是否如此；我们只知道，这是按伍德的解释所导致的自由的受限与权利的丧失：马克思以法权来看待正义，而法权并不具有超越性，所以，在法权范围内，马克思不可能有自己的武器，这不能怪别人，因为正是马克思自己剥夺了自己具有超越性权利的权利。由此，不妨说，布坎南之所以能想出内在批判，这个“内在”的根源首先来自伍德，来自伍德的内在坚守。其一在于伍德将法权严格“内在化”了，其二在于伍德将基于法权的外在批判的道路完全堵死了。明白了这一点，想必人们也就不会过于抱怨布坎南过于多事，这都是伍德给逼的呀，所谓的内在批判，不过是在伍德牢不可破的堡垒下面挖一条地下通道：既不摧毁伍德的地面建筑，同时又可以留一条安全的退路。

如果说“内在批判”的“内在”乃是来自伍德的硬性规约，那么，把“内在”与“批判”结合在一起而搞出的“内在批判”怪胎——即运用内在于资本主义的法权反批资本主义——则让伍德大惊失色。就伍德而言，这无异于说，一只被完全驯服且被关进笼子里的小动物突然野性发作开始咬起人来。

> 伍德的工作性质就是把正义关进笼子里并加以严格的圈养与驯服，如果正义恢复了野性，具有了某种实践性的批判功能，这怎么得了呢？正义要么对着它赖以产生的生产方式唱一通甜美的赞歌，要么就只能沉默不语。多么压抑啊！布坎南一定是感到很不自在，他想打破这个不正常的局面，想把正义从伍德式的牢笼里解救出来并让正义以某种方式发出自己的心声。于是，布坎南开始退却，开始了某种不忠。即便没有现成的出路，也一定要逃出去，一定带着正义一起逃出去，哪怕苦一点，累一点，挖一条暗道出去也行。

不过，仅仅出于对伍德的“预定和谐论”的不满似乎并不足以让布坎南选择逃离。必须还有某种外在的欲望对象的吸引与激发。布坎南之所以选择逃离，首先是由于一位叫南希·霍姆斯特蓉（Nancy Holmstrom）的女学者的“合理观点”打动了他。霍姆斯特蓉在《加拿大哲学杂志》1977 年第

2 期（总第七卷）上发表了一篇名为《剥削》的文章，文中对伍德命题提出了反对意见。她认为，伍德对马克思关于交易的正义性的批判性叙述的把握是成问题的，因为，他不仅对马克思文字里散发出的浓厚的讽刺意味置若罔闻，而且，他只看到了表面现象就匆忙地把马克思的正义视野封锁在这一表面现象之内，也就是说，伍德根本没有听懂马克思的话，或者说只听了半句话，就开始假传圣旨了。

这怎么能行呢？这当然不行，并且，说不行的并非只有霍姆斯特蓉女士一人。例如，1978 年齐雅德・胡萨米（Ziyad Husami）就专门针对伍德的《马克思对正义的批判》发表了一篇驳斥性的长文《马克思论分配正义》——这是所有讨伐伍德的文章中写得最具代表性、最具影响力的一篇。事实上，胡萨米与霍姆斯特蓉在坚持外在法权批判上是一致的，只是霍姆斯特蓉在《剥削》一文中并没提及“内在批判”，而胡萨米在《马克思论分配正义》中不仅明确谈到了“内在权利”（innate rights）[①]，而且还承认，“马克思顶多可能通过展示资本主义的实践与其法权概念不一致而给予资本主义以内在批判（internal critique of capitalism）。马克思确实以这种方式指控过资本主义，但是，他对资本主义的批判比这种指控更加根本：他拒斥资本主义私有制及其法律表达”。[②] 从布坎南对内在批判的阐述来看，胡萨米的上述观点应该可以（或者说不定已经）被吸收进去，可是，为什么布坎南在《马克思与正义》中竟只字不提胡萨米呢？为什么他偏偏要从霍姆斯特蓉女士那里获得启迪呢？必定是胡萨米所没有而霍姆斯特蓉所独有的某种东西让布坎南产生了兴奋感。

有三个原因，导致布坎南更加喜欢霍姆斯特蓉，其一，霍姆斯特蓉虽然与胡萨米同样主张基于法权的外在批判，但是，在关于剥削与分配的关系的理解上，霍姆斯特蓉与胡萨米是不同的，胡萨米把剥削视为一个分配问题，而霍姆斯特蓉则认为从分配的视角来界定剥削是一个错误：“对马克

① Ziyad Husami，“Marx on Distributive Justice”，*Philosophy and Public Affairs*，Vol.8，No.1，1978，p.52.

② Ziyad Husami，“Marx on Distributive Justice”，*Philosophy and Public Affairs*，Vol.8，No.1，1978，p.63.

思的一个常见的误解是：剥削就是对社会财富的不平等分配。工人被剥削了，是因为他得到的份额远远少于资本家。对马克思剥削概念的另一个解释是：剥削实际上就是工人没有得到全部的份额。他们生产了全部价值，因而，全部价值理应全部返回给工人。我将证明，以上两种解释都是不恰当的或者说是完全错误的，其共同的错误就在于过分强调了分配"；① 其二，霍姆斯特蓉对伍德的批评较为柔和，或者说用布坎南的话来说，是更为"审慎"(judicious)，② 她没有像胡萨米那样把伍德批得那样厉害。比如，霍姆斯特蓉在评论伍德对于马克思所说的"劳动力使用一天所创造的价值比劳动力自身一天的价值大一倍。这种情况对买者是一种幸运，对卖者也决不是不公平" ③ 这段话的不当解释时，只是认为伍德"看得有些窄"，④ 也就是说，伍德没有看全、没有看远，如果看全一点、再往远处多看一点，他就会发现问题；其三，霍姆斯特蓉一直强调，伍德只看到"公平交易"的公平的一面，没有看到"公平交易"背后隐藏的巨大不公平，其根本原因在于伍德抽离掉了"公平交易"背后不自由、不平等的"强制性背景"(the coercive background)⑤，即是说，只要不把这个强制性背景抽掉，"我们立刻就能明白，将这种交换称作公平交易就只能是一种似真非真的讽刺挖苦，或者意味着：'这（错误地）被认为是正义的'"。⑥ 它是正义的，然而这样认为却是错误的。显然，这里存在两个不同的层次——一个是"被认为是正义的正义"，一个是对这一层次的正义观念的批判——这两个不同层次之间区分与张力，正是诱发布坎南内在灵感的东西：

霍姆斯特蓉的观点是一个合理的观点，非常值得进一步加以发挥。

---

① Nancy Holmstrom, *Exploitation*, *Canadian Journal of Philosophy*, Vol. Ⅶ, no.2, 1977, p.353.

② Allen E. Buchanan, *Marx and Justice: the Radical Critique of Liberalism*, 1982, p.59.

③ 《马克思恩格斯全集》中文第2版第44卷，第226页。

④ Allen E. Buchanan, *Marx and Justice: the Radical Critique of Liberalism*, 1982, p.54.

⑤ Allen E. Buchanan, *Marx and Justice: the Radical Critique of Liberalism*, 1982, p.54.

⑥ Nancy Holmstrom, *Exploitation*, *Canadian Journal of Philosophy*, Vol. Ⅶ, no.2, 1977, p.368.

对上述引文看似最为有理的解读就是：它们表达了对盛行于资本主义中（endemic to capitalism）的某种正义观念的批判——我将这种批判称之为内在批判（internal criticisms）——尤其是对自由观念和平等观念的批判。大体上，我也是这样看待马克思的观点的。在资本主义的意识形态领域盛行的正义观念（与更具体的分配正义观念）都极其强调自由和平等。通过把视野限定在劳资交易本身，那些为资本主义的意识形态所迷惑的人就能够利用自由和平等的理想来证明这种劳资关系以及建立在这种关系之上的整个社会关系的正当性。但是，这种一孔之见的绩效却是相当脆弱的成就。一旦我们超出交易本身来看，就会发现这种交换并不自由，因为劳动者和资本家各自的地位中包含着深刻的不平等。①

可以说，只要承认马克思对资本主义法权持一种批判态度，就应该看到马克思正义论述的两个不同层次，道理很简单：马克思既然批判资本主义的正义观，当然就不会“融入”这种正义观之内，至少，在资本主义正义标准与马克思本人的立场之间存在着某种断裂。可是，奇怪的是，伍德偏偏无视这一断裂。必须存在裂隙并出于裂隙，真正的正义才能现身。即便某物表现得像是没有裂隙，也必须奋力撕开它，就如闪电愤怒地撕开厚重乌云那样，一旦飘移的云团重新和谐地融为一体，闪电就不复存在，它在裂隙的诞生中闪耀生的光辉又在裂隙的死亡中黯然销魂并消失得无影无踪。看来，那个刻板古怪的伍德是应该好好读一读阿那克西曼德的古老箴言了，然后他才有可能思考正义与不正义之间的辩证转换：

万物的产生由它而来，又根据必然性形成复归于它的毁灭；因为它们根据时间程序为不正义而赋予正义并且相互惩罚。

面对2600多年前这条哲学箴言，海德格尔在此在之思中问道：“在在场

① Allen E. Buchanan，*Marx and Justice*：*the Radical Critique of Liberalism*，1982，p.54.

者中，哪里有裂隙呢？何处有哪怕仅只一条裂隙呢？”① 其实，布坎南也可以在正义之思中这样来询问伍德：在生产方式与正义之间，哪里有裂隙呢？何处有哪怕仅只一条裂隙呢？

> 在伍德那里，只有一个绝对无缝的刚性正义，它身披仿真式的资本主义的铠甲，在历史唯物主义的原野上横冲直撞，如入无人之境，更可怕的是，这副铠甲上竟然挂着一幅马克思的肖像。这个场面，让很多人受不了，他们带着很深的伤害感，不约而同地结成一个神圣的同盟，来共同对付这个不可思议的伍德制造的不可思议的恶作剧。让那铁板一块的布尔乔亚式的正义理念见鬼去吧！让它悄无声息地沉沦于历史唯物主义的无底的深渊中吧！

在这场针对伍德主义怪物的搏击中，重要的一步就是发现某些裂缝（a certain fissure）并检测它的“非对称性和病理性失衡”（齐泽克语），不过，布坎南并没将其“裂缝探测学”的目标指向齐泽克所说的“创构性时刻”（constitutive moment），而是停留于一种低规格的操作上，即仅仅满足于“指出普遍原则的不完美的实现——即指出这些普遍原则在进一步的发展中将被消除的不充分性”，② 在布坎南看来，运用内在法权的标准来指证这一标准的不完美性与不充分性，已是一项了不起的成就，因为它足以达至一种以正义反对正义的“反制”效应。布坎南在霍姆斯特蓉那里发现了一条动人的裂缝，沿着这条裂缝，布坎南顺利进入了内在批判的宫殿。或许是过于狂喜，布坎南遗忘了胡萨米。既然要用布坎南式的内在批判取代胡萨米式的外在批判，还提胡萨米干什么呢？就让他成为外在法权批判的陪葬品吧！这是正义的惩罚，谁让他胡萨米在那儿胡说什么共产主义的正义性呢。

① 海德格尔：《海德格尔选集》上册，上海三联书店 1996 年版，第 567 页。

② Zizek，*The Sublime Object of Ideology*，Verso，1989，p.21.

三

内在批判需要“一分为二”——即把一个层面变为两个层面——没有这两个层面的区分，就谈不上内在批判，但是，有了两个层面，却未必一定就有内在批判，比如，除艾伦·伍德、理查德·米勒（Richard W.Miller）之外，包括霍姆斯特蓉和胡萨米在内的很多理论家都在马克思那里看到了正义话语的两个层面，可是，他们并没有像布坎南那样得出所谓内在批判的结论。照此说来，布坎南的功夫并不完全在于“分”上，而是在于“分”后之“合”上。别人只知道“一分为二”，布坎南还知道“合二为一”：他既不满伍德式的“一”，但又忠诚于伍德式的“一”，他要做的不过是把“二”归在“一”之下，这是一种非常谨慎的行为，也只有布坎南才能做出这样的行为。布坎南明白，如果放任那“第二个层面”，如果“太二”的话，根本就不会有内在批判。所谓内在批判，就是既需要“第二个层面”同时又要最大限度地限制“第二个层面”。

如果说伍德的问题出在“一”上，那么胡萨米的问题就出在“二”上，所以，布坎南的破解之道就是在“一”与“二”之间进行某种“综合”。他不怕人说他折中抑或平庸，他本来就对正义没有太多期许，因为他一直都认为，在正义概念那里寄托的太大的抱负既不现实也不符合马克思的激进意愿。即便是一种略高于表面的正义的第二正义，它也高不到哪里去，它也不能高到哪里去。内在批判嘛，就是一种不能超出内部的批判，它只允许在内部“翻转”，而严禁游离于内层之外的高空翱翔。

> 这在某种程度上限制了马克思的批判自由，使得马克思好像只能在资本主义的正义空间里“翻筋斗”，无论怎么翻、无论翻得有多远，都不可能翻出这个有限的特定范围。这与马克思身上蕴藏的巨大批判能量是不匹配的。马克思又不是孙悟空，为什么只能在如来佛的手心里蹦来跳去的呢？在内在批判的眼界中，一个伟岸的形象似乎被亵渎

了。这或许是胡萨米之类的正义论学者不屑于诉诸内在批判的原因。

不过，对于一个从来不对正义抱有过高期望的人来说，正义概念所能取得的每一个微小的进步都显得弥足珍贵。布坎南就好像是一个学习不好的差等生的家长，当他看到自己的孩子终于跨过最低的层面而上升到“第二层面”，他已是“漫卷诗书喜欲狂”了！他不在乎这个“第二层”有多高，它只要比“第一层”高一点就行。在布坎南眼里，至为重要的不是最高级的理想，而是最低级的事实以及对这一事实的实实在在的克服。布坎南是一个低调的人，要是自己对正义的描述比信奉“完全机械化的科学的形而上学”的伍德先生略好一点，他就心满意足了。在他的内心世界里，只求有一个坚实的事实性的根基，比如，作为家长，他可以容忍自己的孩子成绩不佳，但是，他不能容忍学习成绩进一步下滑，尤其不能容忍弄虚作假、谎报高分，他最痛恨的就是那种欺瞒性的“虚假的事实”。实事上，布坎南对内在批判的论证所依仗的就是对虚假的事实归纳的揭露及其意识形态意义的阐发。

如果正义属于意识形态，那么，借助意识形态理论来分析正义就是一种睿智选择，这也算是一种内在的“翻转”吧！不过，把正义论证与意识形态分析有效地结合起来，并非始于布坎南，G.A. 柯亨在这个方面起步更早。现在还不清楚，布坎南阐述内在批判时，是否领受了柯亨的恩惠。虽然在《马克思与正义》卷首的“鸣谢”中布坎南提到了柯亨（就此而言，柯亨的享受的待遇要比胡萨米高一些），并且他承认，他在《马克思与正义》一书接近完成时，“格外荣幸地研究了 G.A. 柯亨的《马克思的历史理论》，该书为马克思的社会理论和马克思研究设置了一个新的标准”，[①] 但是，在《马克思与正义》中，布坎南提及柯亨的时候非常之少（仅在两个注脚中有所论及），并且，在阐述内在批判的一章中，一次也没有提到柯亨。我们不能贸然说，布坎南在对虚假事实的揭露中自己却隐瞒了某些思想事实，但是我们却可以断定，布坎南对内在批判所做的意识形态论证与柯亨在 1981 年的

① Allen E. Buchanan，*Marx and Justice*：*the Radical Critique of Liberalism*，1982，p. Ⅸ.

《自由、正义与资本主义》① 一文的相关分析存在着某种契合。

《自由、正义与资本主义》这篇文章是柯亨转向正义问题研究的明志之作，它明确宣称“马克思主义作出了一种强烈的正义判断”“资本主义是不正义的这种观念是马克思主义的基本信念”，且不说这样强硬的宣称是否会给布坎南设置一个内在批判的空间产生某种模糊启示，也不论柯亨在这篇文章中对于资本主义自由的不一致性的分析是否为布坎南的意识形态论证提供某种方法论借鉴，单单提及柯亨在正义论证中对“所谓的原始积累”的特别关注就足够了：“无论是谁都应该问一问自己，马克思为什么写下《资本论》第一卷的最后一章‘所谓的原始积累’……马克思的部分目标是反驳这样的观念：资本家成为生产资料的垄断所有者乃是他们自己勤劳和节俭的结果，或者是他们克制自己欲望的结果。他试图表明的是，英国资本主义是建立在一个不正义的基础之上的。”②

不无巧合的是，布坎南在阐述内在批判的时候，引用的恰恰就是《资本论》第一卷的最后一章“所谓的原始积累”中马克思对洛克的“原始积累的神话”的抨击的那段著名文字，而且在他 1983 年为伍德的《卡尔·马克思》所写的书评中以及 1987 年发表的长文《马克思、道德与历史》中又两次重复引用同一段话。虽然尚没有明确的证据，但是，我每次重读《自由、正义与资本主义》，总是觉得布坎南对内在批判的意识形态论证就是对柯亨的倡议的回应。布坎南与柯亨干的是同样的事：他们都是以揭露“所谓的原始积累”的秘密来证明同一个信条：马克思认为资本主义是不正义的。是啊，如果资本主义是正义的，那么，马克思为什么还要揭露资本主义的原始罪恶呢？如果不存在不正义，那么，资产阶级为什么要把掠夺与暴力掩饰为节俭、节欲与勤劳呢？既然是正义的，为什么还要隐瞒某些事实呢？

每一个研究马克思与正义关系的人，都应该问一问这个问题，不问这

① G.A.Cohen，“Freedom，Justice，and Capitalism”，*New Left Review* 126（1981），pp.3-16.

② G.A.Cohen，“Freedom，Justice，and Capitalism”，*New Left Review* 126（1981），pp.3-16. 转引自 *History*，*Labour*，*and Freedom*：*Themes from Marx*，Oxford University Press，1988，p.302。

个问题，不回答这个问题，就极有可能步伍德之后尘而轻率地得出一种令人匪夷所思的奇怪结论：马克思并不认为资本主义是不正义的。布坎南像柯亨一样不喜欢这一结论，即便他不是由于柯亨才产生这种不喜欢，但至少柯亨有助于强化这种不喜欢。不论布坎南对伍德的单一标准持怎样的态度，他都不会赞同运用这个单一的标准去确证资本主义的正义性。布坎南要做一种相反的努力：他用伍德的标准去颠覆伍德的结论——也就是说，他要在伍德式的正义标准的限度之内对伍德进行批判。

鉴于布坎南对伍德有保留的批判，也就不指望他对“所谓原始积累”的分析与柯亨完全一致：即使他们的结论一致，他们对结论的定性也绝对不会一致。柯亨的定性在于“外”——这个“外”不仅外在于资本主义的正义标准，而且也外在于历史论证，而布坎南的定性则在于“内”：他试图用一种内在方法解决内在的病患，不用在患者的身体的外表切开任何裂口，就可以把内部的肿块割除。没有疼痛，没有流血，没有创痕，这是关于正义的拯救与治疗的最高超的医术。让我们看一看布坎南是如何通过对“所谓的原始积累”的意识形态分析来论证他的内在批判学说的：

> 资产阶级的正义观起着几种意识形态的作用，其中的一种是使财富上的巨大不平等合法化。如果正义观的规范内容被应用于一种关于历史事实的虚假观念，那么它就只能做到这一点了。一旦认识到现行的财富分配不是产生于富人的前辈的勤劳和节俭，而是产生于掠夺和暴力，那么，现行的分配正义就恰好经由这种正义观（只要关于历史的扭曲的观点被无批判地接受，这种正义观就有助于支持现行的分配正义）而判定为不正义的。该正义观认为掠夺和暴力是不正义的积累方式。如果没有这一预设，那么不必用原始积累的神话来歪曲历史，而且对原始积累神话的描述也不会充当合法化现行不平等分配的意识形态作用。①

① Allen Buchanan, “Review of Karl Marx by Allen Wood”, *The Journal of Philosophy*, Vol. 80, No. 7 (Jul., 1983), p.430.

截至目前，布坎南已经为内在批判提供了两个貌似有理的证明：第一个证明是在霍姆斯特蓉的启发下完成的，它主要是说，只要把交易正义的原则做出一种超越于劳资交易的运用，交易正义就立即露出了它不正义的真面目，用布坎南的话说就是："一旦我们认真对待并一贯地运用自由和平等的理想，并拒绝武断地将其运用限制在狭窄的范围内，那么，资本主义自身的正义标准就为对自身的批判提供了素材"。① 这是一种"求实"式延展论证，即是说，你只要"实实在在"地贯彻那个唯一的标准，最终便会自动上演一出"以子之矛攻子之盾"的好戏。这无疑是让人拼命去拉长一条小皮筋儿。资产者只是假惺惺地轻轻一拽就松开了手，就匆忙下结论说，这条小皮筋儿弹性很好；可是布坎南说，这种拉法不对，不妨换一种方式：只要"真正"使劲并一贯地拉下去，小皮筋儿总是会断的。可是，这种做法可能也会招来质疑：为什么一定非得把它拉断不可呢？什么事物没有自己的限度呢？说小皮筋儿有弹性，并不等于说它有无限的弹性，难道用无限弹性的失败就可以完全否定弹性本身吗？

第二个证明是在对"原始积累的神话"的意识形态分析中呈现的，我本人倾向于认为它是在柯亨的启示下引入的，毫无疑问，它的操作变得更加简单，人们只需确定在正义原则的运用当中掺杂了虚假的经验信条，就立刻可以指证某种表面正义的不正义本性。这是一个"探虚"式论证。它非常便捷，随时随地都可以运用，并且，它的适用范围无限宽广，布坎南正是靠着这一方式，把内在批判的地盘一扩再扩，由此，马克思对正义的批判也由对分配正义的批判拓展到对刑事正义、公民正义和政治正义的批判。当然，把这一方法应用到资本主义社会之外也未尝不可，比如，既然马克思不可能不知道"奴隶主用以辩护奴隶制的意识形态包含有关于奴隶与自由人之间的差别的某种虚假的经验归纳——奴隶被认为在道德上和智力上是天生劣等的，也就是说，奴隶主认为奴隶缺乏合理性和人类或完善的人类所独有的道德主体的那些特性"，② 那么，人们就可以立即得出结论说，马克思并不认为奴隶

① Allen E. Buchanan，*Marx and Justice*：*the Radical Critique of Liberalism*，1982，p.54.

② Allen E. Buchanan，*Marx and Justice*：*the Radical Critique of Liberalism*，1982，pp.55-56.

制是正义的。正是仰仗这个神通广大的证伪法，布坎南终于把伍德《马克思对正义的批判》一文中最荒诞不经的如下一段话给解构了：

> 举例来说，如果关于奴隶制在古代社会的作用的历史分析能够表明，该制度适应当时占支配地位的生产方式，并在其中发挥必要的作用，那么，以马克思的观点来看，古代人拥有奴隶便是正义的；而断言古代奴隶制度不正义——无论是现代的社会制度这样认为，还是在历史书中读到这一点的现代人这样认为——则是不正确的。①

布坎南读了这段话，应该是“别是一般滋味在心头”，想必他会在心里犯嘀咕：奴隶制当然适应奴隶制社会占支配地位的生产方式，这简直就是同义反复，不要动不动就把“生产方式”抬出来吓人，难道这种表面的适应里面就没有虚假的东西的吗？只要里面隐藏着某种“虚假的事实”，它就是不正义的！天啊，奴隶主竟然不把它的奴隶当人看！奴隶本来也是人嘛，把本应是人的存在看作了非人，如果这不虚假，还有什么是虚假！不难看出，较之第一个证明，这一论证不是让人把小皮筋儿拉得更长，而是配备一部威廉·麦克布莱德（William McBride）所说的那种“精密的扫描装置”（a sophisticated scanning device），② 只需把这部透视性极强的扫描仪对准小皮筋儿一扫，小皮筋儿的各种构成元素就显露无遗，只要它里面含有某种不该有的成分，它就会被判定是劣质产品。这是最高端最先进的正义检测术，能在这种全真扫描下达标，几乎是一件不可能之事。或许布坎南没有意识到，这种检测方法已经超出了他对正义本身的界定：布坎南把正义归属于意识形态，而把意识形态界定为一种虚假意识，既然如此，哪一种正义里面不包含某种虚假或误认的因素呢？这是否意味着，不管哪种正义，严格说来都是一种不正义？

---

① Allen W. Wood，“The Marxian Critique of Justice”，*Philosophy and Public Affairs*，Vol. No.3，1972，pp.259-260.

② William L. McBride，“The Concept of Justice in Marx，Engels，and Others”，*Ethics*，Vol.85，No.3，1975，p.204.

四

布坎南把资本主义的正义的标准定得很高，同时又把意识形态看得很低，内在批判就在这一高一低之间顺利地通过了。对于布坎南的这种把戏，伍德自有应对之策——高则低之，低则高之。其实就两条：其一，把虚高不实的正义标准降下来；其二，凸显意识形态非虚假的功能。这是一种平实的作风，抑或说是一种万变不离其宗的从容不迫。与布坎南相比，伍德的优势就在于“咬定青山不放松”，这个“青山”就是那个赋予正义以具体“内容”的生产方式。

伍德认为，布坎南偏离了真正的正义标准，避开了生产方式这个决定性因素而去追逐缥缈不定的自由与平等，这分明是把两个不同层面的东西混淆了起来。布坎南一再指责“伍德的解释的困境在于没有区分关于正义话语的两个层面”，岂不知，他自己也犯了不区分两个层面的错误。伍德终于能够以布坎南的“以夷制夷”的方式来回敬布坎南了：

> 布坎南使用的内在批判这一术语对我来说是极度不清晰的。它可能要么意味着：(a) 与资本主义生产方式本身相对应的交易和分配关系所代表的标准（在《资本论》第3卷中马克思自己指出的标准），要么意味着：(b) 资产阶级意识形态所共同阐述和传播的正义标准（或诸准则）。也许布坎南现在认为，(a) 和 (b) 是同样的事情。如果是这样，那他就是非常错误的。据我所知，没有任何迹象表明，资产阶级的意识形态家遵循了马克思所持有的观点——交易的正义在于与占统治地位的生产方式相一致，而分配制度的正义则取决于其与生产制度的关系。①

正如伍德正确指出的那样，布坎南实际上不是从 (a) 出发的而是从

---

① Allen Wood，*Review of Marx and Justice*，pp.148-149，*Law and Philosophy 3*（1984）147.

(b）出发的。在伍德看来，从（a）出发与从（b）出发是完全不同的，也就是说，二者之间存在着原则性的区别：从（a）出发就是从马克思的观点出发，而从（b）出发就是从资产阶级意识形态家的观点出发。应该说，这个批评是很重的，它基本上给布坎南的内在批判定了性：其言外之意就是说，内在批判遵循的并不是历史唯物主义的原则而是历史唯心主义的原则。布坎南使用的是资产阶级意识形态家的正义标准，既然这一标准是扭曲的或虚假的，那么用这种错误的标准去批判导致了这种错误的制度本身就没有太大的意义，因为，“说一种制度违背了一些错误的正义标准在总体上不是对该制度的批判”。① 在资本主义的意识形态领域流行的正义观念确实极其强调自由和平等的地位，并且，这种意识形态把自由与平等置于一个它实际上不能达到也不想真正达到的普遍性高度上，但是，作为一个马克思主义者，我们不能把资本主义意识形态所描述的那种普遍性高度当成一个实在的高度，布坎南的错误即在于他把这个虚假的东西当成了实在的东西并试图以这个实在的东西的缺如来指责这种“实在”的宣称者。布坎南为什么宁愿相信资阶级的宣称却不肯认真对待马克思的宣称呢？在伍德看来，这个问题很严重。

如果要追究问题的根源，问题可能出在布坎南对意识形态的“虚假性”的过度迷恋上。意识形态的虚假性固然重要，可是，这并不是问题的全部，甚至也不是问题的要害。从错误的标准回归到正确的标准，关键在于要从功能的角度来看待意识形态概念。布坎南在 1983 年为伍德的《卡尔·马克思》一书所写的书评中称赞伍德，说他在对意识形态幻觉的相关探讨中，“重构了马克思著作中‘意识形态’的三种含义，对其他作者经常混淆的不同概念进行了巧妙的区分”。② 布坎南这样说时，他显然还没有意识到，伍德对意识形态三种意义的区分特别是对功能性意识形态的阐述实际上构成了对经典意义上的“虚假意识”的一种方法论批判。或许，伍德的“巧妙”之处就于，他早在《马克思与正义》出版之前就“批判”了布坎南，只不过，对于这一“批判”，伍德虽然做了，却不知道，布坎南虽然读了，也毫无察觉。

① Allen Wood，*Review of Marx and Justice*，p.150，*Law and Philosophy 3*（1984）147.

② Allen Buchanan，“Review of Karl Marx by Allen Wood”，*The Journal of Philosophy*，Vol. 80，No. 7（Jul.，1983），p.434.

某种东西起到某种作用并意味着这一作用已经被知晓，这种关于功能的无意识正是伍德意识形态阐述的新亮点。人们不可能完全知道他们所做的事情会具有（或会造成）怎样的意义。马克思当年写作《资本论》的时候，未必意识到他自己是在从正义的角度批判资本主义，但是这并不妨碍后来很多马克思主义者把《资本论》当作《正义论》来读。

从伍德的立场出发，似乎可以这样来抨击布坎南：你只知道意识形态里面存有虚假的内容，却不知道什么才是真正的“虚假”。你对“虚假”的归纳总是局限于揭露那些被掩盖的事实，而不去分析这种虚假形式以及掩盖行为本身所承载的社会历史功能。仓促而草率地把任何掩饰行为都直接指称为一种不正义的形式，可能未必妥当。正义的行为也可能或多或少地容纳一些必要的隐藏与遮掩。比如，在《理想国》中，苏格拉底在反驳克法洛斯所谓正义就是“有话实说，有债照还”时说过的一句名言：“把整个真情实况告诉疯子也是不正义的。”① 照此说来，如果把真情实况透露给敌对的一方，可能就更加地不正义了。1955 年，当中共高层知道敌特要在克什尔米公主号上暗杀周恩来总理之后，立即更改了整个出行计划，当然，为了正义，他们当时必须隐瞒这个调整后的方案。

好像没有必要对虚假和掩盖怀着那么强烈的义愤，有虚假（比如善意的谎言）并不一定不正义，不掩盖（比如赤裸裸的罪行）也并不一定就正义。一如齐泽克所言，当皇帝光身子却被很多人误以为没有光着身子的时候，你揭露他赤裸的现实，这当然是一种解放性姿态，可是，如果你指着一个妇女大声惊呼：“快看她，多么丢人现眼，在她的衣服下面，她竟一丝不挂”，这就成了笑话。② 意识形态不是皇帝的新装，它本来就穿着华美的衣裳，布坎南非要指着它说，这衣裳是虚构的，这就像阿芬斯·阿莱斯的笑话一样好笑。关于意识形态性，伍德的立场与齐泽克近似：

意识形态的基本维度可能在于：意识形态压根儿就不是虚假意识，

① 柏拉图：《理想国》，商务印书馆 1995 年版，第 6 页。

② Zizek，*The Sublime Object of Ideology*，Verso，1989，p.29.

即它不是对现实的幻觉性再现，相反，它就是已经被人们设想为“意识形态的”现实自身——“意识形态性”是这样一种社会现实：正是它的存在暗示出参与者对其本质的一无所知。意识形态是一种社会有效性，是意识形态有效性的再生产，它暗示单个人“对他们的所作所为一无所知”。“意识形态性”并非是对（社会）存在的“虚假意识”，而是这存在本身，虽然它为“虚假意识”所支撑。①

并非只要指认意识形态的虚假性就可以宣布大功告成，并非只要通过这种关于虚假性的宣称就确证了不正义的实在性。布坎南知道正义是一种意识形态，但是，当他用意识形态概念去分析正义问题的时候，就好像突然忘了这一点，竟糊糊涂涂地学柯亨的样子把某些被掩盖的事实武断地指认为一种不正义的形式，比如说，他认为资本家一定会把掠夺与暴力看作是不正义的。问题在于，如果资本家单单是为了满足自己的消费或占有欲而强行圈走农民的土地，资本家或许认为这种行为是不正义的，但是，如果资本家认为只有通过这样的圈地运动才能使自己的产业获得更大的效益并最终促进生产的迅猛发展，他未必认为如此的掠夺与暴力一定就是非正义的。即便是在21世纪的社会主义国家，强征农民的土地来发展经济效益更好的产业，也是常有之事。抽象地把任何暴力都断定为一种非正义的形式，并不符合马克思的观点。比如，革命也是一种暴力，难道革命是不正义的？比如，有的民族就盛行抢婚制，在那样一种文化习俗下，把一个女人掳过来做老婆，也很难说就一定是不正义的。

在关于布坎南混淆“两个标准”的指责中，伍德否认了虚幻性的绝对非正义性，却没有否认非虚幻性的意识形态性。在他看来，标准（a）虽然剔除了“虚幻性”，但它仍然是一种意识形态——是一种正确地界定了意识形态的功能的意识形态——他把这种意识形态称之为“功能性意识形态”(functional ideology)。在1981年出版的《卡尔·马克思》一书中，他区分了意识形态的三种意义：作为具有独立性与自主性的思想观念的意识形态

① Zizek，*The Sublime Object of Ideology*，Verso，1989，p.21.

(历史唯心主义)、功能性意识形态和意识形态幻觉，关于第二种意义，他这样写道：

> 意识形态这一术语被用于表达这样一种唯物主义观点：通过显示那些在社会上普遍盛行的或具有影响力的观念要么是在支持被现阶段的生产力所决定的社会关系要么就是在表达并促进其阶级利益从而对这些观念本身进行了解释。意识形态就是任何一种信念、理论或意识形式——它们的普遍盛行能够用唯物主义的方式来加以解释，正是通过这种解释，它对基本的社会历史趋势所发挥的作用才呈现出来。让我们把这第二种意义上的意识形态称作“功能性意识形态”(functional ideology)。当马克思把法律、政治、宗教、艺术、哲学或道德一般地描述为“意识形态”的时候，他的意思就是，那些占据了人们的头脑并归于这些条目之下的在社会上流行的并具有影响力的思想可以这样来加以解释。①

不言而喻，伍德想用功能的实在性来抵制形式主义的僭妄，这可能与他受黑格尔客观伦理精神的影响有关。正是对功能的执着才导致他从某种功能意识缺失的角度来重新诠释“意识形态幻觉”这一术语。伍德并不认为只有那些虚假的或错误的意识才是意识形态幻觉，“‘意识形态幻觉’这一术语可能具有误导性，因为，幻觉通常是指一种明确的错误，而不仅仅指‘无知’或‘自我的无知’这种空白状态。一种合理的信条，甚至一种完备而成熟的知识，也完全有可能是‘意识形态幻觉’，如果它具备一种唯物主义的解释而拥有这一信条或知识的人却对它一无所知……只要人们不知道他们的信条之所以在社会上流行乃是由于这些信条所履实的社会功能，他们就可能认为这些信条如此传播就是因为它们是正当合理的”。② 这种对意识形态幻觉性的解释与布坎南的解释拉开了很大的距离：布坎南仅仅在事实层面上指

① Allen Wood，*Karl Marx*，Routledge & Kegan Paul Ltd，1981，p.118.

② Allen Wood，*Karl Marx*，Routledge & Kegan Paul Ltd，1981，p.119.

认“虚假”，而伍德则不然，在他看来，意识形态性并不完全取决于意识内容的真假，在某种社会意识中，就其本身的内容而言，可能不存在任何虚假，但是，它依然是一种意识形态，之所以如此，是因为具有这种意识的主体对于他的这种意识的社会历史功能缺乏一种恰如其分的理解。把这种解释应用到资本主义的原始积累上，就等于说，即使资本家承认自己的“暴力与掠夺”而没有将其歪曲为“勤劳与节俭”，他们关于原始积累的理解将仍然是并且只能是一种意识形态幻觉，因为资本家不可能对资本的原始积累做出一种历史唯物主义的解释，就像他们不可能对剩余价值提供一种历史唯物主义的解释一样。

伍德对虚幻性的形式性的远离驱使他走向一种最大限度摆脱了虚幻性的意识形态形式——他把马克思对意识形态的解释就归属于这种形式。然而，关于意识形态的解释中不包含虚假性并不等于意识形态本身中不包含虚幻性。如果一种意识形态完全剔除了任何形式的非知而达到了一种科学认知的水平，它还是意识形态吗？“它在阐释上的成功，恰恰就是它的解体”。①意识形态就像海市蜃楼一般，如果雾气散了，这一景观本身还能存在吗？伍德无须齐泽克的提醒，就知道这一点。但是，他毕竟是个聪明绝顶的人啊，他知道该怎么办，他知道如何在剔除了虚幻性的前提之下来延续一个绝对功能化实体的生命，他知道如何通过一个追加的阐释来阻止意识形态的解体。他既然需要意识形态的实在功能，就必然需要意识形态本身的实在。所以，他必须冲破一切阻力，英勇无畏地宣布：“意识形态幻觉总是功能性意识形态，但是，功能性意识形态却并不一定是意识形态幻觉，至少在原则上，历史性的自我认知，甚至历史唯物主义学说本身可能就是功能性意识形态。”②

宣布历史唯物主义是一种意识形态，不仅需要巨大的勇气，而且还需要强有力的证明。长期以来，许多马克思主义者像阿尔都塞一样，把意识形态与科学对立起来，并且在这种对立中，把马克思所创立的历史唯物主义确

① Zizek，*The Sublime Object of Ideology*，Verso，1989，p.21.

② Allen Wood，*Karl Marx*，Routledge & Kegan Paul Ltd.，1981，p.120.

定为社会历史领域中的科学。就马克思本人而言，他也从来没有把自己的观点称为“意识形态”，他只是“赋予意识形态以历史唯心主义和意识形态幻觉这样的贬义”。① 如果这是一个疏漏的话，那么这一疏漏的积极意义就是为功能性意识形态的出场提供了一个有待填补的空白。这正是伍德引以为荣的地方，因为他发现，“在意识形态的三种意义中，只有功能性意识形态真正占据着唯物主义的社会分析的最重要的概念的地位，对一种被广泛持有的信条拥有一种唯物主义的解释总比持有这些信条的人在原则上不知道或否认这一解释具有更为重要的理论意义”。②

按伍德的观点，资本家即使认识到他的信条或意识形式是为资本主义生产和资产阶级利益服务的，他的这种认识也不是一种历史唯物主义的解释——对于历史唯物主义的解释，他要么根本不知道，要么他虽然知道，却绝不认同这种解释。至于“交易的正义在于与占统治地位的生产方式的相一致”这一标准，情况正是如此，资本家要么根本不知道这一标准，要么他虽然知道，却绝不会同意这一标准。正因为他原则上不知道或否认这一标准，所以，他充其量也不过是说，这一交易的正义性就在于这种交易有利于资本主义生产并符合资产阶级的利益这一“功能”本身。既然通过这一“功能”就足以解释它的正义性，那么，还要历史唯物主义的解释干什么呢？正因为唯物主义的解释付诸阙如，所以，它必然就是意识形态幻觉。

历史唯物主义达到了对资本主义运动规律的正确认识，它不仅知道，资本家与工人的交易行为有利于资本主义生产并维护资产阶级的利益，而且它还能看到这一“功能”之外的更多的、更高的东西，它不再像资本家那样以把自己的阶级利益的优先性置于真正的客观真理之上，而是从客观真理出发并把客观真理与自己的阶级利益融合在一起，正因它达到了客观真理，所以它不再是幻觉，正因为它是在为无产阶级利益服务，所以它仍然是意识形态。一种历史性的自我认知或科学的理论，也可以作为意识形态而存在。

① Allen Wood，*Karl Marx*，Routledge & Kegan Paul Ltd，1981，p.120.

② Allen Wood，*Karl Marx*，Routledge & Kegan Paul Ltd，1981，p.120.

五

由功能解释必然导致阶级利益论证，毋宁说，只有阶级利益论证才能真正将功能解释推向极致。然而，在达到极致之后，对正义的功能主义解释却使正义显得微不足道甚至阻碍正义的现身，这是功能性解释带来的悖论性后果。如果说功能性意识形态概念的提出是为了弱化正义的虚幻性，而阶级利益论证则近乎把正义的任何独立价值都给取消了。在1984年发表的《正义与阶级利益》一文中，伍德这样写道：

> 只有当我们对正义的关注妨碍或被置于对阶级利益的关注之上时，对阶级利益命题的实际认可就开始妨碍这一行动（试图在对无产阶级利益的追求和对正义的追求之间达成一致）的进程。在这样的情况下，对阶级利益命题的认可迫使我们将明确我们应该优先关注的问题并且因此压制我们对正义的热情，以便我们可以继续做真正重要的事情。①

伍德的这些话令佩弗（R.G.Peffer）大为"震惊"，② 以至于他在《马克思主义、道德与社会正义》一书中指责伍德的阶级利益论证是令人难以接受的"简单而粗鲁"的阶级还原论，③ 但是，佩弗没有注意到，伍德的阶级利益论证所表达的准确意义是：正义一定表达阶级利益，但阶级利益并不一定通过正义来表达，换言之，正义凸显了阶级利益，但阶级利益却未必凸显正义。正是这一点构成了伍德对胡萨米的无产阶级正义概念的消解。胡萨米在意识形式（forms of consciousness）与意识形态之间做了不应有的混淆，他把那些"缺乏现实的或制度的前提而无法实现的规范"也当作意识形

① Allen Wood，"Justice and Class Interests"，*Philosophica 33*，1984 (1)，p. 22.

② R.G.Peffer，*Marxism*，*Morality and Social Justice*，Princeton University Press，1990，p.356.

③ R.G.Peffer，*Marxism*，*Morality and Social Justice*，Princeton University Press，1990，p.355.

态。[①] 而伍德有一个“死不改悔”的观点：他认为马克思是在奥特弗利德·赫费（Otfried Höffe）所说的“法和国家的伦理观念”的意义上看待正义的，至于意识形态，它一定是受既定社会的经济关系的决定并居于优势地位的意识形式，而且，在阶级社会中，它不可能是中性的、不偏不倚的、为不同阶级成员所共有的普遍意识形式。伍德的结论似乎是，无产阶级有自己的意识形式并可能有自己的意识形态，却不可能有自己的正义观念。

布坎南比胡萨米显得更为谨慎，他没有把意识形式直接等同于意识形态（这使他避免了外在法权批判问题），而是由“意识理论”（the theory of consciousness）去支持一种进步的“评价视角”，一如他自己所言，“唯物主义的意识理论比起我们最初猜想的起到了更为根本的作用。解释扭曲需要与非扭曲需要之间的差别……并把共产主义的眼界解释为激进地批判资本主义的基本标准和作为判断历史进步的根据的合理性和不合理性——所有这些都依赖于唯物主义的意识理论”。[②] 在这里，唯物主义的意识理论比唯物主义的意识形态理论具有更宽广的外延。布坎南之所以要提出“意识理论”无非是为了把那些非虚假的、非扭曲的意识形式纳入进来。就此而论，可以说，布坎南与伍德都意识到了某种非虚幻性的意识形式的重要性，只不过，他们安置这种意识形式的方式有所不同罢了——伍德是扩大意识形态本身的包容量（即把功能性意识形态概念引入到意识形态总体中），而布坎南则试图提供一个把整个意识形态都装入其中还不足装满的更大的外包性的意识空间。

或许真如布坎南所言，我们可能“根本弄不清楚那些没有植根于虚假信仰之中的需要是否会比那些扭曲的需要产生更大的满足”，[③] 尽管如此，一般情况下，人们还是倾向于认为自己头脑中拥有非虚假的意识总比拥有虚假的意识要好。布坎南也不例外，他本能地渴望一种与合理性的规范相一致、与人类的心理结构相契合、与人的本性不相违背的非扭曲的意识。他对马克思的理论中缺少关于这种意识的清晰阐述而感到遗憾：“马克思对资本主义

---

① Ziyad Husami，“Marx on Distributive Justice”，*Philosophy and Public Affairs*，Vol.8，No.1，1978，p.39.

② Allen E. Buchanan，*Marx and Justice：the Radical Critique of Liberalism*，1982，p.31.

③ Allen E. Buchanan，*Marx and Justice：the Radical Critique of Liberalism*，1982，p.34.

的激进批判、对历史进步的判断以及对共产主义社会的人的本质的预测，所有这些都取决于一种关于非扭曲意识如何产生与发展（因而也是关于非扭曲需要如何产生与发展的）的唯物主义学说是否能够被阐述并得到辩护，众所周知，马克思本人并没有实现这一点”。① 不过，对非扭曲意识的渴望也有可能采取一种扭曲的意识形式，而表示遗憾的“遗憾意识”也可能反过来成为另一种遗憾的原因。至少，在伍德看来，布坎南的这种遗憾意识本身就是扭曲的，因为，他在强调意识形式的时候却避开了最重要的一种意识形式，他在阐述意识理论的时候却把马克思意识理论的核心内容给遗漏了。他不知道，阶级意识才是唯物主义意识理论的真正拱心石。

正是由于缺乏对于阶级意识的意识，布坎南才误入“搭便车问题”（the free-rider problem）的迷局之中而不能自拔。对任何一个具有激进革命气质的人而言，《革命动机与合理性》（1979）一文——后来成为《马克思与正义》的第五章——几乎不值得一读（或者没有兴趣去读），因为，它实质上是打着“合理性”的幌子去否定革命动机产生的可能性，它让人怀疑布坎南是否已经堕落到为卑劣的小资产阶级庸人大唱赞歌的可悲地步，或者说，它就是一种为世故的、老练的、圆滑的“不作为”行为提供绝妙的效果阐释的反行为主义（anti-activism）哲学。布坎南的论证逻辑是：无产阶级实现其阶级利益的行为是一个“公共益品”（public good）的问题，而“公共益品”问题的要义即在于“不作为而获益”乃是最佳选择，因此，“每一个无产者，不论他追求的是自己利益的最大化或是他的阶级利益的最大化，他都将抑制革命行动”。②

不可否认，只要无产阶级革命是一种“需要协调一致”的集体行动，那么它就可能产生“搭便车问题”。可是，布坎南说的并不是“可能产生搭便车问题”，而是说它“就是一个搭便车问题”。“可能产生某种问题”并不等于“就是某种问题”，比如，“无产阶级革命会产生叛徒问题”并不等于“无产阶级革命就是叛徒问题”。“直截了当地把搭便车问题运用于无产阶

① Allen E. Buchanan，*Marx and Justice*：*the Radical Critique of Liberalism*，1982，p.35.

② Allen E. Buchanan，“Revolutionary Motivation and Rationality”，*Philosophy & Public Affairs*，Vol. 9，No. 1 (Autumn，1979)，p.66.

级”[①]这一做法面临的最大质疑是，搭便车问题中的行为人是理性的自利者，而无产阶级革命主体，即便从单个人的角度来看，也不能说都是理性的自利者，我们不能排除确实有很多革命者为了无阶级革命事业会完全放弃自己的个人利益甚至自愿牺牲自己的宝贵生命。必须看到，在集体行为中，也存在埃尔斯特所说的“理性的、无私的、结果导向的动机”，[②]尽管这类行为未必总是来自道德责任感，尽管它可能表现为一种纯粹的心理倾向，但是，像布坎南那样一点也不考虑利他主义的动机并将之完全推给道德心理学家了事，不仅使他的理性分析有失严谨与公道，而且也使他的理论阐述的激进品格大打折扣。

布坎南知道，“对马克思而言，无产阶级的革命动机就是其自我利益或阶级利益”，[③]既然如此，布坎南为什么不重视阶级利益呢？为什么他认为马克思对无产阶级革命动机的解释是失败的呢？原因在于，布坎南把工人的阶级利益做了一种非常狭隘的功利主义的理解，他仅仅把工人在日常斗争中所获得的工资的增加、工作条件的改善之类的经济上的实惠看作工人的“阶级利益”的全部内容。马克思曾经告诫工人：

> 工人阶级也不应该夸大这一日常斗争的最终结果。它不应当忘记：它在这种日常斗争中只是反对结果，而不是在反对产生这种结果的原因；只是在阻挠这种下降的趋势，而不是改变这一趋势的方向；只是在用止痛剂，而不是除病根。所以工人不应当只局限于这些由于资本的永不停止的进攻或市场的各种变动而必然出现的游击式的搏斗。他们应当懂得：现代制度除了带来一切贫困外，同时还造成对社会经济进行改造所必需的种种物质条件和社会形式。[④]

① Allen E. Buchanan，“Revolutionary Motivation and Rationality”，*Philosophy & Public Affairs*，Vol. 9，No. 1 (Autumn，1979)，p.65.

② Jon Elster，*The Cement of Society*：*A Study of Social Order*，Cambridge University Press，1989，p.46.

③ Allen E. Buchanan，“Revolutionary Motivation and Rationality”，*Philosophy & Public Affairs*，Vol. 9，No. 1 (Autumn，1979)，p.60.

④ 《马克思恩格斯全集》中文第一版，第 16 卷，第 169 页。

马克思的这种告诫也适用于布坎南。布坎南不应当忘记：工人的阶级利益当然包括日常的经济斗争所带来的经济上的日常结果，但是，正像日常经济斗争并不是工人斗争的根本目标一样，经济上的日常结果也不是工人的阶级利益的核心内容。工人阶级的斗争一开始可能就为了经济上的“实际利益”，可是，就在为了争取实际利益的具体斗争过程中，他们获得了一种独特的“过程中的益处”（in-process benefits），这种似乎是额外衍生出的“益处”作为一种“副产品”超越了最初的动机目标，从而使得超越经济斗争的政治斗争成为工人阶级斗争的真正意义。一如马克思所言，工人“不仅为了改变现存的条件，而且是为了改变自己本身，使自己具有进行政治统治的能力”。① 埃尔斯特承认，在马克思关于革命动机的解释中确实存在这种“后来者居上”的现象，遗憾的是，他将之归结为马克思所犯的“副产品谬误”（the fallacy of by-products），在他看来，马克思的错误在于“把事后的真理转化为事前的动机”，② 事实上，谬误的一方不在马克思而在埃尔斯特，埃尔斯特的错误在于：他把过程中的真理误认为一种事后的真理。比之于埃尔斯特，布坎南的谬误系数就更高了，因为他妄称，马克思知道“过程中的益处”，但是，“马克思并没有对此做出一个解释，也没有试图把过程中的益处的观念整合进革命动机理论（它支配了他中期和晚期著作中关于资本主义衰落的理论）并赋予一个重要的作用”。③

在马克思看来，工人阶级有一个从“自在阶级”到“自为阶级”的转变，并且，只有在“自为阶级”的意义，工人阶级才能真正拥有客观的“阶级利益”——这种客观的阶级利益不是建基于个人的经济实用主义的合理性，而是建基于整个阶级的政治抱负与历史担当，而工人阶级一旦认识到这一点，也就是具备了一种阶级意识。当工人阶级正确地意识到了自己的阶级利益的时候，这种意识本身就构成了革命动机。按埃尔斯特的定义，“阶级

① 《马克思恩格斯全集》中文第一版，第 8 卷，第 465 页。

② Jon Elster，*Making Sense of Marx*，Cambridge University Press，1985，p.368.

③ Allen E. Buchanan，“Revolutionary Motivation and Rationality”，*Philosophy & Public Affairs*，Vol. 9，No. 1（Autumn，1979），p.71.

意识就是克服在实现阶级利益当中出现的搭便车问题的能力”①，在布坎南那里，既然阶级意识是空缺的，搭便车问题当然也就无从克服，于是便出现了一种导致“不作为”的“合理性”概念的出现。

如果资本家和工人都是为了使自己的经济利益最大化，那么，“资本家的处境与无产阶级的处境之间的结构相似性就非常显著”②——同样的理性估量导致同样的不作为：资本家为了使自己利益最大化而最终导致资本主义的毁灭，无产阶级为了使自己的利益最大化而选择放弃革命行动。这是《马克思与正义》中最令人吃惊的类比，同时，也是最令人不屑一顾的推理，因为，我们至今也没有见证资本主义的自动毁灭，而无产阶级革命却不止一次地爆发过。“关键不在于无作为与合理性是相容的，而在于合理性需要无作为”，③ 聆听着布坎南如此的妙言慧语，我们能说些什么呢？我们只能与伍德一样不无遗憾地说，“布坎南关于合理性动机的自由主义式的个人主义假定是一个伪作（artifact）”。④ 然而，即便我们这样责怪他，又有什么用呢？因为布坎南一定会回答说：所有不合乎理性的意识都是虚假意识，无产阶级的阶级意识并不合乎理性，所以它也是一种虚假意识。布坎南已经拜倒在合理性概念的神圣躯体之下了，在合理性的光环中，资产阶级的合理性与无产阶级的合理性看起来并没有什么两样。正是由于这一点，在从事“内在批判”的马克思身上，人们几乎辨别不出马克思的真实身份。

但是，“合理性”观念并没有给布坎南带来足够清醒的意识，他似乎愈发糊涂起来，他居然为一个不是问题的问题所困扰：马克思是一个非无产者，他从资本批判中也捞不到什么实际的好处（也就是说在他那里并不存在无产阶级利益），可是，他又确实献身于无产阶级的事业。“这种令人不知其

---

① Jon Elster, *Making Sense of Marx*, Cambridge University Press, 1985, p.347.

② Allen E. Buchanan, “Revolutionary Motivation and Rationality”, *Philosophy & Public Affairs*, Vol. 9, No. 1 (Autumn, 1979), p.67.

③ Allen E. Buchanan, “Revolutionary Motivation and Rationality”, *Philosophy & Public Affairs*, Vol. 9, No. 1 (Autumn, 1979), p.66.

④ Allen Wood, “Review of Marx and Justice”, *Law and Philosophy 3* (1984) 147, p.152.

解的现象”（this puzzling phenomenon）① 令布坎南十分茫然，正是在这种精神的茫然与恍惚中，布坎南发明了所谓基于法权的“内在批判学说”。至此，我们终于可以得出如下结论：布坎南的内在批判学说之所以产生，根本上是由于他遗忘了阶级利益以及能够意识到这一利益的阶级意识。尽管“退出阶级”、拒斥阶级问题是所有后马克思主义者的共同选择，但是，如果我们忠于马克思的文本，忠于马克思原始语境，忠于马克思的所思所想，就不能回避阶级问题。任何一种对马克思理论的阐述，如果遗漏了阶级利益问题，就必然导致对马克思的疏离。就此而言，伍德的“阶级利益论证”虽然不符合当代的学术主流，却更加接近马克思，而布坎南的“内在批判”虽然意在为马克思“挥舞正义之剑”留下一个空间，却离本真的马克思更加遥远。

六

在回避阶级利益的前提下谈论唯物主义的意识理论，在回避阶级问题的前提下谈论历史唯物主义，这是布坎南的内在批判的理论前提。对于任何一个真正的历史唯物主义者而言，这两个前提都是不能成立的，因此，布坎南的内在批判必然表现为对历史唯物主义本质立场的退却。企图告别历史唯物主义的基本原则，同时又不放弃共产主义的眼界，这是后马克思主义者的典型征候。布坎南的内在批判学说为后马克思主义正义理论增添了新的篇章，但这一切与马克思无关。

说布坎南从历史唯物主义的本质立场中退却，从表面上看，似乎是一种无端的指责，因为，布坎南在《马克思与正义》中一再论及“非法权的外在批判”并将之视为发挥主要作用的“最激进的批判”。② 但是，只要我们稍加留神就不难发现，布坎南所说的“非法权的外在批判”并非是伍德意义上的那种基于历史唯物主义的外在批判，而是他自己所阐发的所谓“评价

① Allen E. Buchanan，“Revolutionary Motivation and Rationality”，*Philosophy & Public Affairs*，Vol. 9，No. 1 (Autumn，1979)，p.61.

② Allen E. Buchanan，*Marx and Justice*：*the Radical Critique of Liberalism*，1982，p.75.

视角”，例如，在“前言”中，他明确断言“马克思的评价视角在根本上是非法权的和外在的”，[①] 而在第四章第3节（即谈论“外在批判有两种”的那一节）他这样写道：“如我们在第二章所看到的，正是在这些早期的手稿和晚期著作中的一些零星论述，我们才得以发现马克思对资本主义及其法权概念的彻底批判的基础：他的充分发展的评价（尽管不是法权的）观念；社会上完整的共产主义的人；参与对社会和自然环境的民主的理性控制的自由而又富有创造性的生产者。”[②] 这种宽泛的充满普适的人性色彩的评价视角无非是要绕开历史唯物主义最坚固的基础而回归到塔克尔所欣赏的哲学共产主义视域中，哲学共产主义的“秘密”就在于，它不是历史唯物主义所导致的结果，而是历史唯物主义的促发因素，因此，一种没有阶级利益和阶级意识的共产主义意识就足以支撑起共产主义的眼界。标准的后马克思主义者都不会拒斥激进的共产主义观念，但是，他们的共产主义观念要求对经典马克思主义理论做出必要的删改。一如布坎南所说的那样，对马克思理论的缺陷的补救，“可能要求对他的社会理论做重要的修正”。[③]

因此，对《马克思与正义》的非虚假的解读莫过于指出其中隐蔽的“暗箱操作”，这种“暗箱操作”增补了外在批判的第三种形式：第一种形式是伍德的基于历史唯物主义的外在批判，第二种形式是胡萨米的基于无产阶级法权的外在批判，第三种形式就是布坎南的基于共产主义眼界的外在批判。由此，我们可以大胆宣布：《马克思与正义》的内在紧张关系不在于内在批判与外在批判之间，而在于三种外在批判中的两种外在批判之间，即共产主义眼界与历史唯物主义之间。布坎南的全部努力就在于企图用以“完备性学说”为基础的“评价视角”来取代伍德所坚守的过于严正的历史唯物主义原则。

伍德所坚守的严正历史唯物主义原则就是社会生产方式决定社会正义原则。布坎南对这一原则采取了一种“骑墙”的手法：他既需要这

① Allen E. Buchanan，*Marx and Justice*：*the Radical Critique of Liberalism*，xii，1982.

② Allen E. Buchanan，*Marx and Justice*：*the Radical Critique of Liberalism*，1982，p.58.

③ Allen E. Buchanan，*Marx and Justice*：*the Radical Critique of Liberalism*，1982，p.86.

一原则又害怕这一原则，他既利用这一原则又打击这一原则。在阐述对正义的激进批判的时候，他借重于这一原则；在想给正义留下地盘的时候，他贬损这一原则。这是由《马克思与正义》一书对正义的悖论性态度所决定的：它既拒斥正义同时又召唤正义——它在拒斥正义的时候想召唤正义，它在召唤正义的时候想拒斥正义。

比如，当布坎南在论证马克思对法权观念的根本拒斥的时候，他提醒人们务必认识到，“在马克思那里，对一个社会的基本的生产力和生产过程的分析比起该社会的正义和权利概念以及它们赖以体现的法权制度，更能在总体上提供理解该社会的关键。因为他相信，这些基本的生产力和生产过程是‘法律和政治结构赖以产生的真正基础’，它决定了一个社会的‘社会、政治和精神生活过程的一般特征’，马克思由此得出他的结论，正义和权利概念不能充当最为根本的解释概念”①。可是，在他要论证内在批判的时候，他却想方设法把马克思另一句更重要的话——“如果与生产方式相适应，相一致，它就是正义的”——说成是内在资本主义而外在马克思本人观点的非评价性描述：

当马克思说一个交易只要与生产方式相适应它就是正义的时候，他只是在对他认为是那个社会中的人们通常称之为“正义的”行为模式在事实上所共有的特征进行一种观察。他不是在为“正义的”这个词在那个社会中所具有的意义提供一种分析。仅当这个词在那个社会中的意义完全不同于通常应用于其中的行为在事实上所共有的特征时，这个词才能发挥马克思赋予的意识形态功能。②

我想，伍德大概不会否认“一个交易只要与生产方式相适应就是正义

① Allen E. Buchanan, *Marx and Justice: the Radical Critique of Liberalism*, 1982, p.52.

② Allen Buchanan, “Marx, Morality, and History: An Assessment of Recent Analytical Work on Marx”, *Ethics*, Vol. 98, No. 1 (Oct., 1987), p.124. “Review of Karl Marx by Allen Wood”, *The Journal of Philosophy*, Vol. 80, No. 7 (Jul., 1983), p.429.

的”乃是马克思对资本主义社会所做一种符合事实的观察，问题在于，它是什么性质的观察？按伍德的观点，资本主义正义的唯一标准——如果与生产方式相适应、相一致，它就是正义的——属于一种典型的功能性意识形态，即是对资本主义特有的意识形式的一种功能性解释，因为，所有的资本家顶多也只能从法权的意义上来说明资本主义制度的正义性，而不可能洞察到生产方式对正义的决定作用，对于生产方式在内容上对正义原则的制约功能，资本家是一无所知的，正因为这种无知，资本家才把目光投向了自由与平等，他们企图用自由与平等观念来维护资本主义的正义原则，在伍德看来，这当然是一种意识形态幻觉，并且是一种无法摆脱的根本性幻觉。而布坎南则试图把这一观察归之于一种纯粹事实性的、经验性的主张，即马克思只是在描述资本主义交易行为的时候客观地呈现这些行为在事实上所具有的共同特征：这些行为与资本主义生产方式相适应、相一致。按布坎南的观点，这一事实应该包含着某些虚假的经验信条的不真实归纳，可是，布坎南在没有提供相应的材料来证实这一点的情况下就匆忙地下结论说，这一事实与正义这个词在那个社会所应该具有的“意义”并不一致。就伍德而言，这种论证不仅是极其不清晰的，而且根本就是错误的，其错误就在于，“一个交易只要与生产方式相适应它就是正义的”这一陈述并非像佩弗所说的那样是一种对于资本主义采取的内在观点而对于马克思自己采取的是一种外在观点，① 毋宁说，在本来的意义上，它就是马克思自己的内在观点，即是说，它不仅是一种没有虚假成分的事实性陈述，而且是一种基于历史唯物主义视角的内含价值诉求质性判断。我们从来不否认马克思的历史唯物主义命题蕴含着价值的维度，但是，历史唯物主义蕴含价值维度并不等于历史唯物主义就是一种规范的正义理论。相反，历史唯物主义的价值诉求恰恰指向对正义概念的激进批判。正义概念、正义理论和基于正义的思维模式都“应该”受到历史唯物主义原则的审判，这难道不是一种价值判断吗？

应该看到，伍德的“严正”自有其良苦用心：他的意图是想说明“与生

① R.G.Peffer，*Marxism*，*Morality and Social Justice*，Princeton University Press，1990，p.336.

产方式相适应、相一致就是正义的”这个被他认为唯一的正义标准并不是资产阶级的标准，而就是马克思本人确立的标准——即马克思对资本主义正义的一种历史唯物主义的诠释。资本主义的生产方式决定资本主义正义原则，就像资本主义的经济基础决定资本主义的上层建筑一样，这样的表述即使是一种意识形态的语言，它也只能是无产阶级的意识形态。可是，为什么布坎南看不到这一点呢？他为什么总对“与生产方式相适应、相一致就是正义的”这句话感到惴惴不安呢？

所有对这句话感到不安的人，都是担心由这句话会衍生出如下令人尴尬的推理：马克思认为只要与生产方式相适应、相一致就是正义的，而剥削与资本主义生产方式相适应、相一致，所以，马克思认为剥削是正义的。在这个看似符合逻辑的推理中，存在着两个歧义之处：第一个是，“与生产方式相适应、相一致就是正义的”中的“正义”并不是脱离“生产方式”制约的个人正义，严格来说，这句话的非省略的表达应该是：一个交易只要与资本主义生产方相适应、相一致，它就符合资本主义的正义要求。如果前面的生产方式指的是“资本主义生产方式”，那么后面的正义就只能是“资本主义的正义”，如果把这个“资本主义的正义”当成马克思个人的正义，就是偷换了概念。如果结论是：马克思认为剥削符合资本主义的正义准则，那么，这种结论无论如何都不会令人尴尬。第二个更隐蔽的歧义之处是，剥削与资本主义生产方式相适应、相一致，究竟是谁的观点？资本家会承认他剥削工人吗？如果资本家不承认剥削，他又怎么会认为剥削与资本主义生产方式相适应、相一致呢？就算它是马克思的观点，可是问题在于，在那个著名段落里，马克思谈的是交易的正义性，剥削是一种交易吗？剥削产生于交易吗？如果剥削的秘密不在于交换领域，如果剥削并不产生于交换领域，那么，怎么能够用评价交易的术语来评价剥削呢？所以，我认为，按马克思的观点，从交易的正义标准根本不能推出剥削是正义的这一结论。或许，对马克思而言，问剥削是正义的还是不正义的，这个问法本身就非常错误，因为对于一个错误的问题，你无论怎样回答，都不可能是正确的。

如果一定要为伍德说句公道话，我最想说的是，伍德不是不知道“是”

与“应该”的区分，也不是没有这两个层面的区分，只是这一区分在他那里是隐晦不明的，或者说是“形二实一”的状态，因为，他坚信，在马克思那里，“是”与“应该”原来就是合二为一的，马克思所做的既是一种事实判断又是一种价值判断：资本主义的正义不过是资本主义生产方式的一种功能而已！如果马克思对资本主义生产方式的分析包含着对资本主义生产方式的批判，那么，马克思对资本主义正义的分析也同样包含着对资本主义正义的批判。对马克思而言，在批判资本主义的时候，断说它是正义的，可能会具有更强烈的反讽效果，而且，也可能会更加彰显马克思的激进品格：就让资本主义生产方式戴着它自己的正义面具在共产主义革命面前发抖吧！就让那慢慢丧失生命活力的垂死者连带它美丽的面具一起走向自己的坟墓吧。马克思对资本的愤怒也是对正义的愤怒，正因如此，马克思才无限憧憬一个不再需要正义呼声的社会。因为，一个社会如果还需要诉诸正义，它就不是一个真正健全的社会，就像一个人还需要求助于医生，他就不是真正健康的人一样。

伍德用横扫一切的外在批判容纳资本主义的正义性，而布坎南则用绵里藏针的内在批判指证资本主义正义的非正义性。这两种阐释方式里面都包含着出人意料的转折。在伍德那里，本来对正义严防严打，却突然蹦出来一个规范而唯一的正义标准，这种“急转直下”让布坎南有点受不了，他要把这个伍德式“转弯”化解掉，于是他就发明了所谓的内在批判。可是，布坎南那里难道就没有出人意料的拐点吗？不是说是内在批判吗？为什么后果却那么严重？一般来说，从内部来批判内部，总会留一些情面或留一些余地，起码不会把内部的最外一层也给戳穿。可是，在布坎南所描述的内在批判的范例中，我们却看不出马克思有这样的动向。从内在批判的空间发出俨然是霹雳般的巨响。难道内在批判也能取得像外在批判一样的光辉业绩？如马克思泉下有知，让他表表态，他会同意布坎南对正义批判的内在增补吗？

说实话，我非常理解布坎南的所作所为，我明白他的目的无非是为了将正义批判全面展开。我与胡萨米一样，并不反对内在批判的说法，并且，我也承认马克思偶尔会使用内在批判，但是，我总是觉得，马克思不会像布坎南描述得那样使用内在批判。布坎南想得过于简单，也过于天真，他误以为只要借用对方的东西来批判对方，就一定是内在批判。实际上，在敌人内部用敌人的武器来攻击敌人，与从外面用自己的武器来打击敌人，可以起到同样的甚至更好的效果。再说了，你凭什么就断定马克思运用的是资产阶级的东西呢？难道对资本主义交易的正义性的历史唯物主义的否定就不能内在于这种交易正义本身吗？或许，齐泽克的解释可以为矫正布坎南偏差提供一点有益的启示：

> 这里不能错过的关键之处在于，等价交换对自身的否定是严格地内在于等价交换的，而不是从外部对等价交换的反叛：劳动力被剥削，不是因为它的全部价值没有被支付，至少从原则上说，劳动和资本之间的交换是完全等价的和公平的。这里的扭转点是，劳动力是一种奇特的商品，劳动力的使用创造了剩余价值，正是这个超出劳动力价值之外的剩余价值，被资本家无偿占有了……这种以寻求工资为目的的交换是一种特定的悖论性交换，它既是等价的交换，又为剥削提供了形式。"量"的发展，商品生产的普遍化，导致了一种新"质"的产生，即一种新的产品的出现，它代表着对商品等价交换普遍原则的否定。①

显然，齐泽克并没有从"内在"推出"内在批判"，而是从"内在"到"征候"，从"征候"到"创构性时刻"："在马克思看来，一旦我们试着把现存社会秩序设想为合理的整体，我们就必须向其注入一个悖论性因素。作为其内在构成因素，该悖论性因素发挥着征候的作用——颠覆这个整体的普遍合理性原则。"② 对比之下，布坎南的激进程度也就相形见绌了，因为布坎南并不是要颠覆那个整体的普遍合理性。

尽管内在批判并没有把马克思的激进批判的品格更加激进地呈现出来，相反，它可能败坏、降低或弱化马克思资本批判的犀利性，但我们也应该以

---

① Zizek，*The Sublime Object of Ideology*，Verso，1989，pp.22-23.

② Zizek，*The Sublime Object of Ideology*，Verso，1989，p.23.

最大的宽容给布坎南送上几句动听言辞。无论如何，内在批判总是比外在批判更复杂、更艰险、也更具挑战性。站在外面指指点点、说三道四、评头论足，并不太费事，任何人和事难免存在一些不足，你站在离这个批判对象有一段间距的某个地方，总会挑出一些毛病，并且由于你是外人，你用不着担心批判本身对你批判对象以及你本人造成什么不利，所以你的批判往往更加纯粹、更加客观、更加大胆、更加犀利。而内在批判的情形则不同，它起于内部而又不超出内部，局限于内部却又要揭露内部，正是由于你身处其中，你从内部发起的批判或者会没有足够的力量从而算不上一种批判，或者说由于锋芒毕露、用力过猛而刺破内在的极限从而毁坏了批判，这两种后果都会使内在批判的发动者处于一种尴尬的境地。就此而论，布坎南敢于提出内在批判，尤其是敢于用内在批判来诠释马克思，在理论勇气上无论如何是值得称许的，况且布坎南清楚地知道，“对于马克思来说，法权观念既不具有主要的解释作用，也不具有主要的批判作用”，① 他却还要在内在法权批判上做文章，着实有一些知其不可为而为之的探险与开创精神。再说，如果布坎南不提出这个内在批判，他的《马克思与正义》又会有什么新意呢？我们还不要过于吝啬，我们姑且授予布坎南一项他应得的学术名誉吧：布坎南是学术史上第一个也是唯一一个明确提出并勇敢地论证在马克思那里存在着对于资本主义的基于法权的内在批判的哲学家。

这位哲学家有一种更加雍容的气度，他不像佩弗那样“愤青”，并且，也比佩弗更了解伍德的心思，他更愿意循循善诱地劝诫伍德，劝伍德对正义不要那么绝情，劝伍德不要对正义那么狭隘，还是让我们给正义一条出路吧：

> 为什么要压制对正义的热情呢？即便它是个废物，我们也可以再利用嘛！干吗要拒正义于千里之外呢？打开一扇门（至少开出一个窗口）吧，让正义进来……。让正义进来，是啊，即便外面雾霾重重，也不可能总是关门闭户，人们总是要呼吸。为了生存，我们必须学会

① Allen E. Buchanan，*Marx and Justice*：*the Radical Critique of Liberalism*，1982，p.XⅢ。

呼吸含有固体的空气，就像我们必须学会体面地喝下不纯净的纯净水一样。在当下，即便正义是一种含有杂质的不纯净的正义，我们仍然需要它的滋养。这不仅仅是智慧的选择，也是别无选择的选择。在当今时代，人们首要的智慧似乎就是把“不是选择的选择”当成是一种最好的选择。

（作者单位：北京师范大学哲学学院）

“分裂的社会世界”：论马克思的资本批判

曾誉铭

摘要：资本批判理论是马克思留给人类最重要的思想遗产。资本批判理论必须对当代社会境况做出具有原则高度的回应，与马克思展开创造性的对话是这种回应的必要通道。马克思的资本批判处于马克思人类历史图景的中间环节，后者构成了马克思资本批判理论的整体性视域与前提条件，马克思的资本批判揭示了资本社会人类生存分裂的生存境况，资本社会本身的分裂导致了这种生存境况。在马克思的政治经济学批判中，基础性的“价值理论”则展开了这种分裂的多重性。

关键词：资本批判　历史图景　社会分裂　价值理论

人类历史往往偏爱反讽的行动。在“告别革命”的时代，当作为一种激进社会运动的马克思主义淡出人们视野的时候，西方世界的经济与社会危机让人们再次想起了马克思，想起了马克思对资本社会的激进批判，想起了马克思对资本社会中人类生存境况的深刻揭示：马克思的文本尤其资本批判的文本再次成为时代的宠儿。这是一个巨大的反讽：对马克思的这种记忆出现于资本社会似乎无往不胜的时刻。

在马克思留给人类的所有遗产中，资本批判无疑是最重要的遗产。我们对马克思资本批判的阐发不是为马克思辩护，而是为了更深切地领会当代人类生存的实质，为了“深入到历史的本质性维度”中并尽可能地进行“创造性对话”。我们认为“深入历史”是马克思思想之“事实本身”，同时它也将向我们揭示马克思资本批判的实质与核心：它不是经济学的资本批判而是对分裂的社会世界的揭示与诊断。

一、社会境况与思想回应

在对马克思资本批判的传统诠释中，存在着三种看似有理实则非真理性的误解，这些误解导致了极为有害的理论与实践影响。首先，马克思的资本批判是一种“人道主义”的批判，是对初期资本社会的一种“道德谴责”；其次，它仅仅是一种“对资本运动的内在逻辑的经济学表达”，是一种“经济还原论与历史决定论”；最后，它不过是“对无产阶级与资产阶级之间的必然的物质利益争斗的表达”。[①] 按照这三种理解，马克思的“历史唯物主义”已经陷入了“历史决定论贫困”的泥淖，作为马克思“政治经济学批判”核心内容的“剩余价值”不再能作为“真理”或“科学”存在，顶多是一种“政治策略”，或者“共产主义”干脆已沦为一种“乌托邦”。

这些误解在某种程度上揭示了某种真相：马克思主义的确在当代社会面临巨大的现实挑战。随着资本社会的全面扩张，当代社会出现了许多新的社会现象，如劳动与资本的关系由对抗转向缓和、技术革命引发劳动者处境的改善、资本社会从危机中自我修复的功能增强及资本主义国家的统治功能向社会治理的转型，等等。这些变化引发了人们忧心马克思哲学尤其是其资本批判思想的现代意义。一些现代西方思想家认为直接面对并积极领会马克思思想的现代意义已经是势在必行的事情。对于这点，我们认为，无论西方社会是否已经进入“后现代社会”还是“晚期资本主义文明”，只要这些新的时代状况并未从根本上改变或克服资本原则，而是资本原则自身的变型、深化与拓展，资本社会的分裂特征并未消除反而向纵深蔓延，资本原则已经侵袭人类社会的所有领域，资本生产原则在不断培育自身的正当性机制，人类日益全面依赖于这种资本生产方式，作为生产关系的资本原则构成了西方形

① 王德峰：《论马克思的资本批判的原则高度》，《江海学刊》2005 年第 6 期；Joseph V.Femia, *Marxism and Democracy*，New York：Oxford University Press Inc，1993，p.26、46-47。

而上学的身体存在，那么任何意识形态与审美实践就都无法掩盖资本原则的现实力量。也就是说，只要马克思揭示的资本社会的基本社会状况未曾被克服，那么马克思哲学就不会被克服，马克思的政治经济学批判思想的当代意义就依然是充盈而具体的。“只要它们（指笛卡尔 / 洛克哲学、康德 / 黑格尔哲学与马克思哲学——笔者）表达的时代未被超越，它们就不会被超越。”①

与此同时，马克思主义必须直面这些客观的社会现实并做出符合自身原则的思想回应。也就是说，在面对现代社会境况的变革时，“批判的马克思主义”必须并且能够应对当今社会的实际情况，不要将这种实际变革视为马克思主义的噩耗，相反，它促发人们必须重构资本主义与“技术资本主义”的新体系，马克思的资本批判为这种历史任务提供了强大的理论视角与资源，它为发展出一种当代社会理论和激进政治学提供了可能。而且，如果经济因素在一切社会生活中处于支配地位，那么一种有关资本主义的理论就是激进社会理论的必要组成部分，如果没有一种经济理论出现并代替马克思主义对资本主义的批判，那么马克思主义仍然是激进社会理论必不可少的部分。②

最后，与马克思展开“创造性”的对话是我们切中马克思思想之“事情本身”的必要通道。在这点上，我们还必须尝试着要去领会现代西方哲学家海德格尔如何领会马克思哲学的实质与当代意义，这种理解无疑将为我们重构马克思哲学，创造性地面对我们的生存境况提供有益的指引。

“马克思在某种根本的而且重要的意义上从黑格尔出发当作异化来认识的东西，与其根源一起又复归为现代人的无家可归状态了。这种无家可归状态尤其是从存在之天命而来在形而上学之形态中引起的，通过形而上学得到巩固，同时又被形而上学作为无家可归状态掩盖起来。因为马克思在经验异化之际深入到历史的一个本质性维度中，所以马克思主义的历史观就比其他历史学优越。但无论胡塞尔还是萨特——至少就我目前看来都没有认识到在存在中的历史性因素的本质性，故无论是现象学还是实存主义都没有达到有

① 萨特：《辩证理性批判》上卷，安徽文艺出版社 1998 年版，第 9 页。

② 道格拉斯·凯尔纳：《西方世界中的马克思主义过时了吗?》，《南京大学学报》2008 年第 2 期。

可能与马克思主义进行一种创造性对话的那个维度。”①

海德格尔认为马克思是唯一一个“深入历史”的伟大思想家，他不但继承而且超越了西方近代哲学的终结者黑格尔，揭示了现代人的“无家可归状态”及其形而上学的根源。马克思之后的西方现代思想家们没有人做到这一点，因为他们都尚未把握到“在存在中的历史性因素的本质性”，从而也无法与马克思展开“创造性”的对话，只有如此才能凸显出马克思于这个时代的存在意义。但是，海德格尔没有向我们阐明马克思“深入到历史的一个本质性维度”的具体内涵与实际特征，这就要求我们必须深入到马克思思想的“事情本身”，才能洞悉马克思“深入到历史的一个本质性维度”的“真相”。

二、历史图景：资本批判的整体视域

与观念论者（尤其是黑格尔）将人类历史抽象化为观念的相互过渡与克服，建构复杂而晦涩的概念体系不同，马克思的资本批判并非一种纯理论的建构，它是资本社会运动的自我呈现，它不但将作为现实“根基”的资本生产活动当作自己的研究对象，而且将这种对象嵌在人类社会更深刻的历史原则架构中。更重要的是，马克思资本批判的根本目标在于对现实社会的现实批判而非理论重构，揭示资本社会的实质、结构及其界限是其题中应有之义。但是，马克思的资本批判并非“无中生有”的创举，而是奠基于马克思对人类历史的整体领会，依托于马克思的整体历史架构，资本批判处于该历史架构之整体性的中间“环节”，如果脱离这个架构，马克思的资本批判进而对人类历史的揭示及人的历史性生存境况都是不可设想的。

这就意味着我们必须追问这个问题：马克思的资本批判在何种生存性、历史性脉络中展开？通过对这种历史性脉络的整体揭示，我们才能去探讨与把握马克思资本批判的前提条件。当然，我们对这种历史性脉络的揭示并不

① 海德格尔：《路标》，孙周兴译，商务印书馆2000年版，第400—401页。

是仅仅为了“还原”而“还原”，而是在这种“还原”的同时，将某些对马克思而言甚至更深层次的东西展现出来：马克思深刻揭示了资本原则必须克服与被克服的历史原则。对这个脉络的揭示实质上是对马克思的人类史观的概括，因为马克思将自己的资本批判置于人类历史整体中，这意味着在马克思那里存在一种人类历史“图景”，只有以这种人类历史“图景”为中介，马克思的资本批判、资本本身的实现与克服才是可能的。

从现有的文献来看，这种历史“图景”可以从两个地方找到，其一是《1857—1858年经济学手稿》笔记本Ⅰ的“货币章”，在探讨“交换价值”与“社会权力”时，马克思这样说道：

“每个人以物的形式占有社会权力。如果从物那里夺去这种社会权力，那么你们就必然赋予人以支配人的这种权力。人的依赖关系（起初完全是自然发生的），是最初的社会形式，在这种形式下，人的生产能力只是在狭小的范围内和孤立的地点上发展着。以物的依赖性为基础的人的独立性，是第二大形式。在这种形式下，才形成普遍的社会物质变换、全面的关系、多方面的需要以及全面的能力的体系。建立在个人全面发展和他们共同的、社会的生产能力成为从属于他们的社会财富这一基础上的自由个性，是第三个阶段。第二个阶段为第三个阶段创造条件。”①

这段话已经成为人们探讨马克思历史哲学的经典论述，它被广泛地视为马克思对人类历史三大社会形态的高度概括。我们姑且可以这样粗略地来概括马克思在这里高度概括的人类历史时期：前资本社会—资本社会—后资本社会，这三种社会形态之间的关系是“克服”与“被克服”的关系，它们形成了一个人类历史整体。

在这个“图景”的开头，马克思首先以“物的形式”来探讨“社会权力”，“社会权力”扎根在“物”中，但是马克思似乎并未给出“物的形式”与“社会权力”同一的政治—经济机制，也就是说“物”是如何获得“社会权力”的？它是“自然的”结果还是某种特殊的“生产关系”的结果？但只要留心，我们就会发现马克思在这里探讨人类“社会形式”时主要有两个

① 《马克思恩格斯全集》第30卷，人民出版社1997年版，第107—108页。

要点：其一是“人”与“人”之间的关系，二是“人”的生产能力其实质是“人”与“物”的关系。马克思至少指出了，在这个阶段，“人”与“人”之间的关系处在“支配”的“社会权力”之中。在此，马克思还没有给出或提及他给出的这种“社会形式”的明确标准，也没有批判这种“社会权力”支配下的“社会关系”或“人”的本质的正当性，他只是隐约地告诉我们，在这种“社会关系”下，“人”的生产能力极为“有限”（“狭小的范围”与“孤立的地点”），具有鲜明的地域性、区域性与局限性。无疑，处于“依赖关系”之下的“人”处于一种分裂之中。首先，他依赖的是“物”，因为“物”在这里意味着一种“社会权力”；其次，在依赖于“物”的同时他必须在“人身”上直接依赖占有这种“社会权力”（“物”）的人；再次，马克思在这里并没有提及人们对“自身”的依赖。这种依赖意味着他并不处于一种“自由”的生存状态中，而导致这种生存状态的根本原因便是他与“物”的分离。“物”与“人”并不同一，这是一种分裂的社会，但“物”却以与“人”分裂的方式与人同一：“人的依赖”。在这里，“物”是非常重要的一个概念，因为“物”成了一种“社会权力”，正如上面提到的，马克思在此并没有阐发“物”作为“社会权力”的可能方式与现实机制。

马克思用“物”与“人”、“属人的”东西区分开来，如果我们将它放进马克思政治经济学批判的具体文本，那它其实就是指“交换价值”“货币”。而“交换价值”说到底是一种“交换关系”，尽管这个时候的“物”以一种“自然的”方式存在着。所以我们在这里明显看到，这是马克思对人类第一历史阶段的生存论解释，在这个阶段，“人”与“人”处于一种“直接的依赖关系”中，由此导致的结果是人的“生产”、“人”与“人”之间的交往是“不平等”的。马克思在这里克服了对“物”的“形而上学”理解，他将“物”与“人”的生存关联起来了，这是一次巨大的革命，颠覆了传统形而上学对“物”的各种观念式理解，马克思从这里开始将“物”放在“生存论”而非“认识论”中来理解了。

人类历史的第二个阶段（“第二大形式”）是“以物的依赖性为基础的人的独立性”。在这个阶段，人与人之间“直接的”“依赖关系”，也就是“自然的”人身依附关系消失了，但“依赖关系”并没有消失。它变成了以对“物”的依赖为基础的“人”与“人”之间的“依赖关系”。由此，我们可以推断，“物”将全面成为社会的根本标尺，无所不在的“社会权力”。而且，这种“社会形式”创造了一种不断挟裹、控制人的社会“体系”：“普遍的社会物质变换、全面的关系、多方面的需要以及全面的能力”，第一个阶段的局限性被打破了，整个社会处于一个日益庞大的生产与交换体系之中，也就是说“普遍的社会物质变换”的“普遍性”在于形成了囊括所有人“社会物质变换”，一个单独的个体不仅仅必须只同他愿意与之交换、交往的人交往，他还必须同所有的人交换、交往，所有人都在直接或间接地参与这种“物质变换”，从而产生了“人”与“人”之间、“人”与“物”之间、乃至“人”与“自身”之间“全面的关系”。从马克思论述的逻辑性来看，这种关系得以可能的根据在于人的“多方面的需要”及满足这种需要的“全面的能力”。

从其现实性上来看，马克思揭示了人类历史经历过的两个社会形态（第二大社会形态尚未完成，完成意味着终结与被克服）。关键的问题在于这两大社会形态之间及其与第三大社会形态的转化上。为了阐发这个问题，还是让我们先审视一下马克思的第三大社会形式：“建立在个人全面发展和他们共同的、社会的生产能力成为从属于他们的社会财富这一基础上的自由个性”。这是马克思的人类历史“图景”的一个转捩点，因为在他所处的时代，这个社会只有“开端”，尚未“展开”，更遑论“完成”。在探讨这个社会时，“个人全面发展”是一个重要而模糊的概念，它的重要之处是第三阶段的社会依托“个人的全面发展”而得以建立：

“培养人的一切属性，并且把他作为具有尽可能丰富的属性和联系的人，因而具有尽可能广泛需要的人生产出来——把他作为尽可能完整的和全面的社会产品生产出来（因为多方面的享受，他就必须有享受的能力，因此他必须是具有高度文明的人）——，这同样是以资本为基础的生产的一个条件。”①

无论如何理解，我们至少不能将“全面的人”粗俗地理解为“全能”

① 《马克思恩格斯全集》第30卷，人民出版社1997年版，第389页。

的人，适合并胜任任何工作的“社会产品”。其次，资本社会发展到今天，我们似乎并未建立一个正当并切实的社会规范或指南来解释“个人的全面发展”。再次，“个人的全面发展”与资本社会日益深化、细化的社会分工冲突，在不断专门化的社会分工中，人们对越来越小的事情知道得越来越多，这无法创造让“个人全面发展”的社会条件，因为在现代经济生活中，“个人的全面发展”建立在“无止境的致富欲”与满足这种欲望的“社会物质条件”的冲突中。

可以说，马克思对第二大社会形态的生产能力给予了极大的肯定，或者说第三大社会形态的生产能力或物质条件是建立在第二大社会形态之上，所以马克思会说，“第二个阶段为第三个阶段创造条件”。但是在这里出现了一个困难的问题，也就是第二阶段这种伟大的生产能力如何能够完善地保留到第三大社会形态。当然，在马克思那里，这个转变除了“个人的全面发展”这一个体条件之外，还必须创造一种新的社会制度，这种社会制度就是人们“共同的、社会的生产能力成为从属于他们的社会财富”，个人的生产能力不再仅仅归属于个人而是成了一种“共同的”“共享”的“社会财富”。这种社会制度是借由超越于“政治革命”与“政治解放”的“社会革命”与“社会解放”得以实现的，这也是马克思的思想遗产中最具有现实性的内容。但是，我们仍然需要追问：第二个阶段为第三个阶段创造条件就意味着第二个阶段必然走向第三个阶段吗？

马克思《1857—1858 经济学手稿》中的人类历史“图景”具有非常重要的意义。它不但冲破了将人类历史及其个体生存的分析局限于深幽的思想概念中的窠臼，而且突破了传统形而上学的概念分析，如黑格尔将人类历史抽象化为概念的历史，从而将对人类历史的分析置于“历史的本质性维度”中，也就是与人最要紧的“生产”的分析中。这些分析成为一年后马克思总结自己的政治经济学批判研究的引线，也就是马克思在 1859 年总结自己的“政治经济学研究”所阐发的“历史唯物主义”原理或“唯物史观”，或马克思的“历史哲学”，① 并被马克思之后的马克思主义历史研究者们作为研究人

① 参见《马克思恩格斯全集》第 31 卷，人民出版社 1998 年版，第 412—413 页。

类历史的模板。

从整体上来看，我们可以将之“还原”为三个层面。首先，整体背景问题。马克思对人类历史的探讨是以“社会生产”为整体背景展开的。马克思认为，人的本质是在“社会生产”中实现的。人就是一个“生产者”。社会生产是人的本质规定。由此，马克思更明确地点明了自己分析“社会”的路径，或者说他将“社会”理解为“社会生产”。在这种“社会生产”中并借由这种“社会生产”，人们之间形成了特定的“生产关系”，人生存于这些关系之中，这些“生产关系”的“总和”构成了“社会的经济结构”，即“有法律的和政治的上层建筑竖立其上并有一定的社会意识形式与之相适应的现实基础”，也就是说，“社会的经济结构”是一种现实基础，在这种现实基础上面是“法律的和政治的上层建筑”并有“一定的社会意识形式与之相适应”。这是第一层面的东西，马克思在这个层面提出了“社会的经济结构”的总体架构。对马克思主义来说，接下来的话具有决定性的意义。那就是“物质生活的生产方式制约着整个社会生活、政治生活和精神生活的过程。不是人们的意识决定人们的存在，相反，是人们的社会存在决定人们的意识”。如果说在马克思的关于人类历史“图景”的三个阶段的论述中，主要还只提到了“生产能力”这一概念，那么到了这里，“物质生活的生产方式”概念便十分明晰地指向了人类历史最重要的要素：“生产方式”，一个社会如何组织自己的生产，如何让这个社会发动、运转、维持“制约”了这个社会的“社会生活、政治生活和精神生活”。一种公正的社会生产方式将可能为这个社会培养出公正的政治德性，一种依附的社会生产方式将可能为这个社会培养出依附的政治德性。但需要注意的是，它们之间的关系并非“决定”的关系，而是“制约”的关系。正如马克思在《政治经济学批判》序言中指出的那样，了解希腊社会的艺术创造当然必须考察这个希腊社会现实的生产方式，但是不能因此说希腊的生产方式完全决定了希腊人的艺术创造。

其次，“生产力”与“生产关系”的问题。在探讨“物质生产力”与“生产关系”的时候，马克思十分谨慎地使用了两个词语：“制约”与“规定”，在“社会生产”中的“生产关系”必须与“物质生产力”的特定阶段“相适应”。在此基础上，马克思进而指出了“社会的物质生产力”与这些“物质生产力”在其中运行的“生产关系”的矛盾关系。在此，我们需要澄清两个问题。首先，根据传统的理解，“生产关系”主要涵括两个层次三个方面的内容。两个层次是：“人”与“物”之间的关系、“人”与“人”之间的关系。三个方面指的是：“生产资料所有制形式”、生产过程中“人”与“人”之间的社会关系、产品的分配，这种划分的根据是“生产”：“生产”前、“生产”中及“生产”后。其次，这里的“物质生产力”的实质是“人”对“物”的关系，从直观上来说，它指称着“人”的“感性活动”能力，也就是“实践”能力。

再次，“社会革命”的问题。马克思认为，“社会革命”的根本原因是“生产关系”不再适应“生产力”的需要并成为后者的障碍，从而随着社会“生产能力”的变革，“经济基础”或者说“人”与“物”、“人”与“人”的关系会发生变化，“全部庞大的上层建筑”也会或快或慢地发生变革。这无疑是一种“唯物主义原则”，但是马克思在此似乎遗忘了一点，“生产能力”或“物质生产力”的变革本身也伴随着“生产关系”的变更。在一个“生产能力”极大丰富、社会财富于人的生存不再具有重要意义的社会中，私有制将现实地失去它的存在根据。但是如何辨别并分析这些变革呢？对这些变革的指认，马克思认为必须区分那些“物质的”“可以用自然科学指明的变革”，也就是那些可以用“数据”精确地指明的“社会变革”，但这种指明并不一定准确地确认这个社会中人的生存状况的真正变革。因此，马克思指出了另一种意义上的变革，它们是“意识到这个冲突并力求把它克服的那些法律的、政治的、宗教的、艺术的或哲学的”“意识形态的形式”，这是否意味着：“意识形态”的形式及其变化更能切中“社会变革”的“现实状况”？在这个区分的基础上，马克思认为对一个“变革时代”的体认，必须从“物质生活的矛盾”“社会生产力和生产关系之间的现存冲突”去理解。由此我们可以说，马克思所说的这两种形式的“社会变革”并非一一对应的关系。在“物质生产力”发生强烈变革的时候，非常可能的是人们的“意识形式”还没有做好相应的准备，或者还没有感应到这种强烈的变革。对此马克思似乎未曾明言。

从马克思对这两个历史“图景”的叙述中，我们可以看到，马克思最为关注的是人类活动中的“社会生产”，人的现实性是在这个“社会生产”过程中完成的，在这个过程中马克思十分强调“生产关系”，他在《1857—1858年经济学手稿》中更加明确地指出，“社会不是由个人构成，而是表示这些个人彼此发生的那些联系和关系的总和”。① 我们通常认为，在马克思的历史哲学中，“生产力”来得远比“生产关系”或“社会关系”重要，而实质上马克思强调“生产关系”远甚于“生产力”，因为人的本质之实现就在“社会关系”或“生产关系”之中。

三、生存境况与分裂的社会世界

马克思的历史“图景”构成了审视现代社会生活的一种整体视域。从马克思开始，对人类历史动力的揭示不能再寄希望于对“本原”“实体”“属性”的探究，而必须将人类历史看作“关系”“过程”“社会生产”的结果。社会生产过程中的双方或多方的现实对抗、背离、分裂决定了社会条件下个体的“欲望”“意志”乃至“行动”。用马克思的话来说，就是“人们的社会存在决定人们的意识”。从整体上来看，通过对资本社会的研究，马克思揭示了资本社会的基本特征，尤其是这个时代中人的生存境况、生成机制及整个资本社会的分裂特征，这种分裂特征集中呈现在个体生存的基本处境中：个体与共同体的分裂，个体同“物”的分裂，个体之间的分裂，乃至个体自身的分裂。

首先，马克思揭示了资本社会“人”与“人”之间的生存论关联以及“人”与“共同体”之间的存在关联。马克思认为，在资本社会，个人切断了自身与“共同体”的原初关联：他不再“从属于自然发生的共同体”，他主要依靠自己的“社会的”“历史的”因素获取社会资源，这与宗法社会形成鲜明的对比；其次，他也不再“作为自觉的共同体成员使共同体从属于自己”，现代社会的“共同体”对于独立的主体而言，只能是“独立的、外在

① 《马克思恩格斯全集》第30卷，人民出版社1997年版，第221页。

的、偶然的、物的东西”，异于自己的东西，但这又是他们作为“独立的私人”同时又产生“社会关系”的现实条件。社会交往的主要现象就是“交换”，为了不同的需要，“交换的主体”生产不同的产品，适应各种不同的需要，在这种“交往”活动中，“每个人依赖于一切人的生产”，“一切人也依赖于每个人的生产”。[①] 借由“商品”的存在，资本社会的人建构了自己现实的“社会角色”：“买者”与“卖者”，在“交换”行为中，“买”“卖”作为对立的双方而存在。

马克思对“买者”与“卖者”的生存论关联做了深刻的辩证揭示，在这种揭示中资本社会作为“文明”的社会形态存在，因为买卖双方的交换活动的现实基础是彼此之间的“承认”活动。首先，他们必须承认对方是“所有者”，是将自己的“意志”渗透到自己的“商品”中的人，并且只能按照双方的“共同意志”，以“契约”为中介，通过“互相转让”而“互相占有”；其次，在交换活动中，现实的“主体自由”出现了，因为在交换中每个人将自身作为自我的目的，所有人对他而言都只是手段；最后，在目的与手段之间存在一种辩证的转化。每个人都既是目的又是手段，而且只要作为他人的手段，自己才能实现自己的目的，只要达到他人的目的自己才能成为他人的手段。马克思在这里揭示的“生存辩证法”会令人想到黑格尔的思辨辩证法，但它们之间存在本质性差别，这种“生存辩证法”不可能是黑格尔辩证法的结果，而且黑格尔对资本逻辑非自洽性的揭示，从根本上把自己同黑格尔的思辨区别开来了。[②]

这种“相互关联”在交往活动发生之前就预先存在了：它是“交换的自然条件”，但是这种“相互关联”对交换双方来说都是无关紧要的，它与他有利害关系，仅仅是因为它是他的利益所在。这就是说，在整个交换活动中，整个交换活动的“共同利益”虽然作为“事实”存在于交换双方的意识中，但这种“共同利益”并非交换活动的动因，它只存在于“自身反映的个别利益的背后”。尽管如此，交换的主体仍然可以具有“庄严的意识”，他不

---

① 《马克思恩格斯全集》第 31 卷，人民出版社 1998 年版，第 348 页。

② 王德峰：《马克思的历史批判方法》，《哲学研究》2013 年第 9 期。

顾他人利益而实现的自我利益，就是“被扬弃的个别利益”（他人的个别利益）即一般利益的实现。由此可见，在整个交换过程中，每个主体都是作为整个过程的最终目的，作为“支配一切的主体”而从这个交换行为中“返回”到自身，从而就实现了“主体的完全自由”，整个交换活动必须遵循下述原则，“自愿的交易；任何一方都不使用暴力；只有作为自身的手段或自我目的，才能成为他人的手段，最后意识到一般利益或共同利益只是自私利益的全面性。”①

其次，随着这种交换活动的展开，整个资本社会被笼罩在一种“物化原则”的宰制和“抽象统治”之中，个人生存于“异化”状态之中，人与人之间原初具体的直接联系消失了，人与人之间基本的社会关系是“毫不相干”“全面依赖”，人与人之间的关系表现在“交换价值”上，表现为“物”与“物”之间的关系，而人在社会生活中的存在根据就在于他是否能把生产作为“普遍物”的“交换价值”。而且，通过获得交换价值，人不但获得了社会的承认，也获得了相应的“支配他人活动”或者“支配社会财富”的社会权力。因此，在资本社会，人与人之间的冷漠关系具有一种历史必然性，而渴望人与人之间感性的、直观的、温情的社会关系反而是不合时宜的事情了。

“毫不相干的个人之间的互相的和全面的依赖，构成他们的社会联系。这种社会联系表现在交换价值上，因为对于每个人来说，只有通过交换价值，他自己的活动才成为他的活动或产品；他必须生产一般产品——交换价值，或本身孤立化的、个体化的交换价值，即货币。另一方面，每个个人行使支配别人的活动或支配社会财富的权力，就在于他是交换价值的或货币的所有者。他在衣袋里装着自己的社会权力和自己同社会的联系。”②

也就是说，尽管人类进入了一个“主体自由”的时代，他不再像古典时代那样屈身于各式各样的共同体中，但个体仍然不能决定自身的行动。个体不能拥有自身的个性，个性由社会决定并必须得到社会的承认与接纳。个

① 《马克思恩格斯全集》第 31 卷，人民出版社 1998 年版，第 354—355、357—358 页。

② 《马克思恩格斯全集》第 30 卷，人民出版社 1997 年版，第 105、106 页。

性只有在成为"社会的个性"的前提下才能成为现实的个性。没有个体能游离于"社会的个性"之外。个体丰富多样的个性消失了，似乎所有的人都在分享同一种模式的个性，或者拥有自身不被社会承认的作为"任性"的个性，成为边缘人与异类。"一般的东西"具有一种莫可名状的神奇的强大力量。个体不能拥有社会关系，而只能归属于不同的社会关系，而且这些社会关系作为个体的异己的东西而存在。从而，人与人之间的社会关系，本身属人的东西变成了一种"物"，人与人之间的关系转化成了人所生产或创造的"物"与"物"之间的东西，在这种社会状况中，之前的社会形态中被作为检审人的活动的真理性与意义的"德性""智慧"原则全都失去了社会效用，现在一切活动转向"物"。

"不管活动采取怎样的个人表现形式，也不管活动的产品具有怎样的特性，活动和活动的产品都是交换价值，即一切个性，一切特性都已被否定和消灭的一种一般的东西。……活动的社会性质，正如产品的社会形式和个人对生产的参与，在这里表现为对于个人是异己的东西，物的东西；不是表现为个人的互相关系，而是表现为他们从属于这样一些关系，这些关系是不以个人为转移而存在的，并且是由毫不相干的个人互相的利害冲突而产生的。活动和产品的普遍交换已成为每一单个人的生存条件，这种普遍交换，他们的相互联系，表现为对他们本身来说是异己的、独立的东西，表现为一种物。在交换价值上，人的社会关系转化为物的社会关系；人的能力转化为物的能力。"①

那么，导致资本社会这种"异化"的生存境况的根本原因何在呢？马克思认为"劳动"与"劳动的自然条件"之间的分离是使资本社会存在并成为资本社会所有分裂中最根本的分裂形态。马克思通过一番"财产权的辩证转化"展示了这种根本的分裂，而在这种根本分裂的基础上资本社会进一步催生了整个社会的全面分裂与对抗，不管其形式是显性的或隐性的。令人值得注意的是，马克思放弃了从劳动者的劳动能力、素质、对劳动的态度等方面来展开对这种分裂的分析，而是直接就"劳动"与"资本"的关系得以建

① 《马克思恩格斯全集》第30卷，人民出版社1997年版，第106—107页。

立的历史条件进行了分析。

马克思认为，“资本”与“劳动”的关系的建立以一个“历史过程”为前提。概括来说，这个历史过程产生了一系列分裂缓解，促使了“劳动者是所有者，或者说所有者本身从事劳动”的四种生产关系的解体：劳动者与“原料”（“土地”）的关系的解体，即劳动者不再拥有属于自己的土地；劳动者与“工具”的关系的解体，即劳动者不再是“工具所有者”；在劳动过程中，劳动者与所必需的“生活资料”的关系的解体，即劳动者不再拥有生活资料；“劳动者本身、活的劳动能力本身”作为“生产的客观条件”被人占有的关系的解体。其实质是“农奴制关系的解体”，“劳动者与土地分离的过程”也是使劳动者成为自耕农、小土地所有者、佃农（隶农）、自由的农民的土地所有制关系的解体；“行会关系的解体”“各种不同形式的保护关系的解体”。① 马克思认为，这种“历史过程”产生了“财产权”（劳动与财产的“同一性”）的辩证转化，对于“资本”方面而言，拥有了对资本的所有权就拥有了对他人劳动产品的权利，就拥有了对“他人劳动”的权利，而这种权利的实现并不需要支付相应的对等物，或者说它是“无偿的”；而对于“劳动”方面而言，“劳动能力”变成了必须将自己的劳动或者产品看作他人财产的义务。其次，所有权的意义发生了变革，原初的所有权以劳动作为根据，现在所有权则表现为占有他人而不是占有自己劳动的权利，分裂出现了：劳动者不能占有自己所生产的产品。吊诡的是，财富与劳动之间的分离表现以劳动与财富的同一性为出发点的结果。最为紧要的是，资本社会创造了一种比实际的物质结果更重要的结果，那就是整个生产过程及价值增殖的过程的结果首先表现为资本与劳动之间的关系的再生产，也就是说糟糕的不是资本增殖而是资本增殖产生的劳动—资本关系的永久化，劳动在将自己作为生产能力生产出来的同时生产出了与自己对立的资本，而资本在生产出自己的同时生产出了与自己对立的活劳动能力。②

我们看到，马克思对“资本”与“劳动”之间的分裂的分析实质指向

① 《马克思恩格斯全集》第 30 卷，人民出版社 1997 年版，第 490—491、496—497 页。

② 《马克思恩格斯全集》第 30 卷，人民出版社 1997 年版，第 450—451 页。

人们劳动过程中“人”与“物”分离基础上的“人”与“人”及人自身之间的分裂关系，这种关系呈现为“毫不相干”而又“全面依赖”的征象。在这种分析基础上，马克思进而将“劳动”中的“对象化劳动”（“原料和劳动工具”[价值实体]）与“活劳动”区分开来。① 通过这种区分，马克思揭示了在资本社会存在的“绝对分离”：“活劳动能力”与“作为资本存在”的价值、“劳动的客观条件”与“活劳动能力”、资本家的“人格”与工人的“人格”、“财产”与“劳动”、“对象化劳动”与“活劳动”、“价值”与“创造价值的活动”之间的异己性、分裂与对抗。

“同活劳动能力相独立的价值的独立的自为的存在——从而价值作为资本的存在；劳动的客观条件对活劳动能力的客观的漠不相干性即异己性——已达到如此地步，以致这些条件以资本家的人格的形式，即作为具有自己的意志和利益的人格化，同工人的人格相对立；财产即劳动的物质条件同活劳动能力的这种绝对的分裂或分离——以致劳动条件作为他人的财产，作为另一个法人的实在，作为这一个法人的意志的绝对领域，同活劳动能力相对立，因而另一方面，劳动表现为同人格化为资本家的价值相对立的，或者说同劳动条件相对立的他人的劳动；财产同劳动之间，活劳动能力同它们的实现条件之间，对象化劳动同活劳动之间，价值同创造价值的活动之间的这种绝对分离——从而劳动内容对工人本身的异己性；上述这种分裂，现在同样也表现为劳动本身的产品，表现为劳动本身的要素的对象化，客体化。”②

由此可见，通过对劳动与资本的关系的辩证转化，马克思揭示了资本社会生产方式下，劳动与资本的现实对抗的历史条件与辩证转化，这种分析并非人们所说的“道德理由”的结果，而是在经济分析下引起的必然的社会结果。马克思始终在“社会生产”这个背景之下展开自己对资本社会的揭示与批判，在其中“生产关系”占有重要位置。从马克思的政治经济学批判的角度来说，这种揭示是通过其核心理论即“价值理论”来呈现。

---

① 《马克思恩格斯全集》第30卷，人民出版社1997年版，第257页。

② 《马克思恩格斯全集》第30卷，人民出版社1997年版，第443—444页。

四、社会分裂的多重性：走向“价值理论”

在《资本论》第一卷第一篇第一章中，马克思开篇揭示了“商品”的本质及“使用价值”“价值”的来源及其交互关联。首先，商品作为“一个外界的对象，一个靠自己的属性来满足人的某种需要的物”，“物”的“有用性”使“物”成为“使用价值”，需要注意的是，这里的“使用价值”并非“自然产品”的“属性”“有用性”，而是“劳动产品”“物”的“属性”，因为它经过“人手”发生了“变化”，正如野地里的桃子与桃园里的桃子已经不一样了，前者是自然产品，而后者是劳动产品。这里的“使用价值”是“活劳动”的产物，是“个人的活动”的产物，因此“使用价值”被限定在“人类劳动”范围内。

马克思接着分析，除了产品的“物性”之外，“商品”就只有一个属性：“劳动产品”。如果“抽去”“使用价值”及“劳动的具体形式”，它就只是“相同的人类劳动”，“抽象人类劳动”，马克思将它称为“价值”：“同一的幽灵般的对象性，只是无差别的人类劳动的单纯凝结”。①

因此，商品具有“使用价值”与“价值”的“二重存在”。由于作为“劳动产品”的存在，商品的“二重性”来源于“劳动形态”的“二重性”，“特殊的实在劳动”或“私人劳动”产生商品的使用价值。“抽象人类劳动”或“一般社会劳动”产生商品的价值。与使用价值不同，在交换活动中，商品的价值实际上作为交换价值存在。

“商品是作为二重存在而互相对立着，实际上作为使用价值，观念上作为交换价值。现在，它们彼此把自己所包含的劳动的二重形式表现出来了，因为特殊的实在劳动作为它们的使用价值而实际存在着，而一般的抽象劳动时间则在它们的价格上取得想象的存在，在这种存在上，它们是同一价值实体的同样的、只有量的差别的化身。”②

---

① 《马克思恩格斯全集》第44卷，人民出版社2001年版，第49—51页。

② 《马克思恩格斯全集》第31卷，人民出版社1998年版，第463页。

在马克思对“商品”“二重性”的区分中，我们可以看到，马克思从“交换的劳动产品”中确定了商品的两个基本要素：“使用价值”与“价值”，并且揭示了它们之间的分裂与对立，也就是商品的“自然性”与“社会性”的分裂与对立，这种分裂与对立的实质是作为“私人”的人与作为“社会人”的分裂与对立。

“产品作为使用价值同作为价值的自身相矛盾，换句话说，从产品具有一定的质，作为一种特殊的物而存在，作为具有一定自然属性的产品，作为需要的实体来说，它同它自身作为价值，只在对象化劳动形式上具有的那种实体相矛盾。”①

需要注意的是，如果说“使用价值”属于一个自然范畴，那么“价值”就是一个社会范畴，价值反映的是“社会关系”：“生产者与消费者之间的关系”。因为，单个的产品无法根据自身来确定它的价值，它必须经过交换活动中的转化才能确定并实现自身的价值。

“商品必须和一个第三物相交换，而这个第三物本身不再是一种特殊的商品，而是作为商品的象征，是商品的交换价值本身的象征；因而可以说它代表劳动时间本身。”②

如果没有这个“第三物”，人们就无法确定一辆自行车与一台液晶电视机的价值量孰大孰小。只有通过它们彼此都归属的“共同的尺度”，它们的价值量的大小才能得到确定。也就是说，只有“作为价值”的“商品”之间才能按一定比例相互比较，这时，商品就作为“等价物”而存在，但在这种“等价物”中，商品的“自然属性”都会消失，“等价物”不再和其他任何商品发生“质”的关系，它成了一个尺度，一般的代表，一般的交换手段，作为一般等价物，它作为“货币”而存在。③

其次，这里的分析是在“交换”活动中进行的。因为分析商品的交换价值以交换活动作为自身的前提，如果产品不参与、进入交换活动，就说不上交换价值。在交换活动中，任何特殊的商品都必须转化为一种普遍的商

① 《马克思恩格斯全集》第 31 卷，人民出版社 1998 年版，第 386 页。

② 《马克思恩格斯全集》第 31 卷，人民出版社 1998 年版，第 93 页。

③ 《马克思恩格斯全集》第 30 卷，人民出版社 1997 年版，第 89 页。

品，而且这种普遍的商品就是作为一种一般象征劳动时间的商品，只有在与这种“一般产品”相交换的基础上，商品才能作为“交换价值”与任何其他商品交换。① 普遍的交换产生了具有普遍意义的“一般等价物”“货币”，其结果是，“商品”就必须作为与“货币”对立的东西而存在。“商品”与“货币”或“交换价值”之间的对立并非简单的对立，商品的“交换价值”在商品上“观念地”表现为货币，商品作为价格是“观念的货币”，而货币或“交换价值”对商品来说则只是商品自身的价格的“实在性”。在此基础上，商品在“作为铸币的货币”上就取得了“作为单纯价值的抽象的、片面的单转瞬即逝的存在”；商品的价值就这样消失在被购买的商品的“使用价值”上。需要指出的是，这种转化之所以可能的根本原因在于劳动的一般化，每个人的劳动必须转化为一般劳动，一种与个性无关的抽象劳动，这种一般的劳动时间对象化在一般商品中，从而使商品脱离了与劳动者的直观关联，它游离出来，成为与生产者、与商品的自然属性对立的东西，这就导致了劳动者与自己的活动及其产品相分离。②

这就是说，商品的交换价值不但必须拥有自身在商品上的存在，还必须拥有自身在货币上的存在，因此交换价值在这个意义上就与“自身的实体”发生了分离，这个实体也就是作为使用价值的商品，但它之所以与自身发生分立的原因是“这个实体的自然规定性同交换价值作为交换价值的一般规定发生了矛盾”。作为交换价值，任何一种商品都可以与其他商品等同或比较，因为在“质”上，每一种商品只代表在“量”上或多或少的交换价值，由此看来，商品之间的等同或它们之间的统一不同于与它们之间的自然差别，而在交换价值（货币）上，它既表现为商品共同的要素，又表现为与商品对立的、独立于商品的“第三物”。因此，交换价值就作为“商品”和“货币”的“二重性”而存在，当然，货币是价值最适当的形式，因为货币已经完全摆脱了商品的自然性的制约，但是，只要商品仍要保持自身为商品，那么货币就不会消失在商品身上，而是作为商品的价格存在，因此，交

① 《马克思恩格斯全集》第 30 卷，人民出版社 1997 年版，第 118、119 页。

② 《马克思恩格斯全集》第 30 卷，人民出版社 1997 年版，第 118 页。

换价值的存在是二重的，一重存在于商品的使用价值中，另一重存在于货币中，而借由社会交换，交换价值的这两种形式相互交换，并且由于这种交换，商品的价值才不会消失。①

如果进一步追问下去，我们就会发现，"商品"的"交换价值"只有在社会"交换"中才具有现实性，一旦退出交换领域，它就会变成单纯的"使用价值"，而不再是"商品"。在交换领域中，商品是作为"价格"存在的，在"价格"中它的"使用价值"的属性已经被否定了，而它的"交换价值"则得到了充分的肯定，当"商品"作为"货币"时，它的"使用价值"被否定了，当它不再"购买手段"时，它的"交换价值"就被否定了，而作为"使用价值"存在。

"商品作为价格，已经在观念上作为使用价值被否定，并作为交换价值被肯定，商品作为已实现的价格，即作为货币，是被否定的使用价值；商品作为已实现的货币，即作为被扬弃的购买手段，是被否定的交换价值，是已实现的使用价值。"②

马克思认为，"使用价值"与"交换价值"之间的对立的根本原因在于交换双方即买方与卖方的对立，一方看中的是商品的使用价值，另一方看中的是商品的交换价值，因此这就暗示这种分裂与对立的解决在交换主体的利益的同一性基础之中。

"使用价值本身是二重性地表现出来的；在卖者手中表现为交换价值的单纯的、特殊的化身，表现为交换价值的存在，而对于买者来说，则表现为使用价值本身，即满足特殊需要的对象；对他们两者来说，都表现为价格。"③

这样，我们就领会了商品本身所蕴含的分裂与矛盾，这种分裂与矛盾的根基不在于商品，而在于决定商品生产的生产方式，在这种生产方式中，买卖双方处于对立的地位，要克服这种对立，就必须克服资本生产方式，建

---

① 《马克思恩格斯全集》第 30 卷，人民出版社 1997 年版，第 113 页；《马克思恩格斯全集》第 31 卷，人民出版社 1997 年版，第 380 页。

② 《马克思恩格斯全集》第 31 卷，人民出版社 1998 年版，第 372 页。

③ 《马克思恩格斯全集》第 31 卷，人民出版社 1998 年版，第 371 页。

立“共同生产”的生产方式，也就是共产主义的公共生产。

我们已经阐释了商品在马克思那里蕴含的对立，也明确了商品的二重性存在与劳动的二重性存在，在这里的分析中，我们可以看到，商品的二重性实质上就是劳动的二重性，但这还仅仅限于对商品的“定性”“质”的分析，现实的生产活动与交换活动不能仅仅停留在“质”的分析上，还必须体现为“量”的分析。也就是如何确定商品的价值量的问题。

理解马克思的“价值理论”的关键是理解“使用价值”向“交换价值”的转化问题，作为“价值的社会形式”或者“社会形式本身”的“交换价值”① 不仅是马克思“价值理论”的基石，而且是整个资本社会的基石。

马克思认为，“商品”是用于交换的劳动产品，因此，生产“劳动产品”的“劳动”（“劳动时间”）决定了它的“价值”。但由于不同的生产者生产同样产品的劳动时间不尽相同，因此，无法由某个生产者的“劳动时间”来确定商品的“价值”。那么如何来确定整个社会都会接受的生产商品的劳动时间呢？

“价值是由客体化的劳动时间决定的，而不管劳动时间以怎样的形式客体化……对象化在各种商品使用价值中的劳动时间，是使使用价值成为交换价值，因而成为商品的实体，同时又计量商品的一定价值量。”②

马克思认为，为了真正理解交换价值由劳动时间决定，就必须在整个社会生产而不是个别生产中来理解三个方面的内容：首先，劳动是如何化为“无质”或“单纯量”的劳动；其次，生产交换价值的劳动借以成为社会劳动的特有方式；最后，以使用价值为结果的劳动与以交换价值为结果的劳动之间的区别。③ 在马克思看来，生产交换价值的劳动与商品使用价值的特殊物质无关，因此，它与劳动本身的特殊形式无关，而劳动本身的特殊形式恰恰是私人劳动，使用价值是不同私人劳动的产物，属于个性不同的劳动的结果。而作为交换价值，它们代表相同的，没有任何差别的劳动，从而也就是没有个性的劳动，也就是说，在这种劳动中，劳动者的个性、意志、品性等

① 《马克思恩格斯全集》第 31 卷，人民出版社 1998 年版，第 380 页。

② 《马克思恩格斯全集》第 31 卷，人民出版社 1998 年版，第 531、422 页。

③ 《马克思恩格斯全集》第 31 卷，人民出版社 1998 年版，第 422 页。

等都不存在了，它不再是具体的劳动而是"抽象一般劳动"。在这里，关键的问题是"私人劳动"如何转化为"抽象一般劳动"？马克思认为，一旦劳动具有由"社会联系"所决定的内容而不是由个体力量决定的内容，那么，劳动的这种"一般性形式"就是"通过劳动作为劳动总体的一个肢体，作为社会劳动的特殊存在方式的现实来证实的"①。这个劳动总体就是一个社会生产某种使用价值的总体劳动，如何计算这种总体劳动呢？马克思提出了一个概念："社会必要劳动时间"，它指的是"在现有的社会正常的生产条件下，在社会平均的劳动熟练程度和劳动强度下制造某种使用价值所需要的劳动时间"。②

马克思的"社会必要劳动时间"概念解决了同类产品的不同私人劳动时间之间所产生的对立与差异，但它仍然没有解决不同类的不同私人劳动时间之间所产生的社会对立与差异，当然，马克思不是没有思考过这个问题，他后来提出的"两大部类"的生产理论就是对这一问题的尝试性回答。

由此可见，马克思的"价值理论"不但阐明了"商品要素"的整体结构，而且还揭示了这种整体结构的内在矛盾与分裂，马克思将这种内在矛盾称为"二重性"。马克思揭示了"商品"的多重规定性，但是这些多重性或多样性规定并不是一套抽象的"经济学"范畴，而是深植于当代社会的社会关系中，它反映了当代人的社会关系。"商品"不只是一个经济学范畴，其实质是人们在交换过程中所形成的社会关系，从根本上来说，这些分裂与对立只是资本社会生产关系的经济表达。

小　结

在我们面对当代社会不断变革的社会境况时，马克思哲学尤其是他的资本批判理论的现实性意义问题是我们不能逃避的一个问题和难题。但是，

① 《马克思恩格斯全集》第 31 卷，人民出版社 1998 年版，第 354、426 页。

② 《马克思恩格斯全集》第 44 卷，人民出版社 2001 年版，第 52 页。

无论情境如何变革，对思想和事件的忠诚是思想者应有的内在品质。马克思的资本批判理论依然是其哲学思想的核心和根本之所。我们必须在马克思提供的思想视域内开放地重新解释并赋予我们的时代以新的社会原则。马克思资本批判理论的实质是对资本社会中人类及其个体的生存性的一种揭示，而这种揭示并非一种概念演变和推进，相反，它扎根于马克思揭示的人类历史的整体图景及其三种异质生存之间的过渡和发展。马克思着重揭示了人类历史的中间环节，这不是最终的环节，它必然要被新的社会原则所克服。通过对资本社会的分析，马克思揭示了人类在资本社会中分裂的原因、实质和特征，这种分裂的根由在于劳动和资本之间的分裂。在政治经济学的范畴内，它集中呈现为商品的多要素结构的内在分裂和对抗。因此，如果能够并且必须克服这种分裂和对抗，人们就必须从当代人类生活最重要的经济生活出发，对人类生存的内在分裂和对抗做出符合实情的阐发，只有如此，通过揭示这种分裂和对抗，我们才有可能从马克思出发并经由马克思来重构马克思哲学，使之具有更强大的生命力和更切合现实的思想品质。

（作者单位：上海海洋大学社会科学部）

责任编辑:孔　欢
封面设计:吴燕妮
版式设计:董晋伟
责任校对:张　莉

图书在版编目(CIP)数据

人的存在方式研究/陈学明,王平,孔明安,王治东 主编. —北京:人民出版社,2018.3

ISBN 978-7-01-018857-7

Ⅰ.①人…　Ⅱ.①陈…②王…③孔…④王…　Ⅲ.①人学-研究　Ⅳ.①B038

中国版本图书馆 CIP 数据核字(2018)第 013444 号

人的存在方式研究

REN DE CUNZAI FANGSHI YANJIU

陈学明　王平　孔明安　王治东　主编

人民出版社 出版发行
(100706　北京市东城区隆福寺街 99 号)

北京中科印刷有限公司印刷　新华书店经销

2018 年 3 月第 1 版　2018 年 3 月北京第 1 次印刷
开本:710 毫米×1000 毫米 1/16　印张:24
字数:368 千字

ISBN 978-7-01-018857-7　定价:66.00 元

邮购地址 100706　北京市东城区隆福寺街 99 号
人民东方图书销售中心　电话 (010)65250042　65289539